HISTOIRE

DE LA DÉCADENCE ET DE LA CHUTE

DE

L'EMPIRE ROMAIN,

TRADUITE DE L'ANGLAIS

D'ÉDOUARD GIBBON;

NOUVELLE ÉDITION

ENTIÈREMENT REVUE ET CORRIGÉE

PRÉCÉDÉE D'UNE NOTICE SUR LA VIE ET LE CARACTÈRE DE GIBBON,
ET ACCOMPAGNÉE DE NOTES CRITIQUES ET HISTORIQUES
RELATIVES, POUR LA PLUPART, A L'HISTOIRE
DE LA PROPAGATION DU CHRISTIANISME,

PAR M. F. GUIZOT.

Tome Deuxième.

A PARIS,

CHEZ LEDENTU, LIBRAIRE,

QUAI DES AUGUSTINS, N° 31.

1828.

HISTOIRE

DE LA DÉCADENCE ET DE LA CHUTE

DE L'EMPIRE ROMAIN.

II.

PARIS.—IMPRIMERIE DE CASIMIR,
Rue de la Vieille-Monnaie, n° 12.

HISTOIRE

DE LA DÉCADENCE ET DE LA CHUTE

DE

L'EMPIRE ROMAIN,

TRADUITE DE L'ANGLAIS

D'ÉDOUARD GIBBON.

NOUVELLE ÉDITION,

ENTIÈREMENT REVUE ET CORRIGÉE, PRÉCÉDÉE D'UNE NOTICE SUR LA VIE ET LE CARACTÈRE DE GIBBON, ET ACCOMPAGNÉE DE NOTES CRITIQUES ET HISTORIQUES RELATIVES, POUR LA PLUPART, A L'HISTOIRE DE LA PROPAGATION DU CHRISTIANISME,

PAR M. F. GUIZOT.

TOME DEUXIÈME.

A PARIS,

CHEZ LEDENTU, LIBRAIRE,

QUAI DES AUGUSTINS, N° 31.

MDCCCXXVIII.

HISTOIRE

DE LA DÉCADENCE ET DE LA CHUTE

DE L'EMPIRE ROMAIN.

CHAPITRE VIII.

De l'état de la Perse après le rétablissement de cette monarchie par Artaxercès.

Toutes les fois que Tacite abandonne son sujet pour faire paraître sur la scène les Germains ou les Parthes, il semble que ce grand écrivain se propose de détourner l'attention de ses lecteurs d'une scène monotone de vices et de misères. Depuis le règne d'Auguste jusqu'au temps d'Alexandre-Sévère, Rome n'avait eu à redouter que les tyrans et les soldats, ennemis cruels qui déchiraient son sein. Sa prospérité n'était que bien faiblement intéressée dans les révolutions qui se passaient au-delà du Rhin et de l'Euphrate; mais lorsque l'anarchie eut confondu tous les ordres de l'État, lorsque la puissance militaire eut anéanti l'autorité du prince, les lois du sénat, et même la discipline des camps, les Barbares de l'Orient et du Nord, qui avaient si long-temps menacé les frontières, attaquèrent ouvertement les provinces d'une monarchie qui s'écroulait. Leurs

Barbares de l'Orient et du Nord.

incursions, d'abord incommodes, devinrent bientôt des invasions formidables : enfin, après une longue suite de calamités réciproques, les conquérans s'établirent dans le centre de l'empire. Pour développer avec plus de clarté la chaîne de ces grands événemens, nous commencerons par nous former une idée du caractère, des forces et des projets de ces nations, qui vengèrent la cause d'Annibal et de Mithridate.

Révolutions d'Asie.

Dans les premiers siècles dont l'histoire fasse mention, tandis que les forêts qui couvraient le sein de l'Europe servaient d'asile à quelques hordes de sauvages errans, l'Asie comptait un grand nombre de villes florissantes, renfermées dans de vastes empires, où régnaient le luxe, les arts et le despotisme. Les Assyriens donnèrent des lois à l'Orient (1), jusqu'à ce que le sceptre de Ninus et de Sémiramis s'échappât des mains de leurs successeurs amollis. Les Mèdes et les Babyloniens se partagèrent leurs États, et furent eux-mêmes engloutis dans la monarchie des Perses, dont les conquêtes s'étendirent

---

(1) Un ancien chronologiste cité par Velleius-Paterculus (l. 1, c. 6), observe que les Assyriens, les Mèdes, les Perses et les Macédoniens, régnèrent en Asie mille neuf cent quatre-vingt-quinze ans depuis l'avénement de Ninus jusqu'à la défaite d'Antiochus par les Romains. Comme le dernier de ces deux événemens arriva cent quatre-vingt-neuf ans avant Jésus-Christ, le premier peut être placé deux mille cent quatre-vingt-quatre ans avant la même époque. Les observations astronomiques trouvées à Babylone, par Alexandre, remontaient cinquante ans plus haut.

au-delà des limites de l'Asie. Un descendant de Cyrus, Xerxès, suivi, dit-on, de deux millions *d'hommes*, fondit sur la Grèce; trente mille *soldats,* sous le commandement d'Alexandre, fils de Philippe, à qui les Grecs avaient remis le soin de leur vengeance et de leur gloire, suffirent pour subjuguer la Perse. Les Séleucus s'emparèrent des conquêtes des Macédoniens en Orient. Le règne de ces princes dura peu. Environ dans le temps qu'un traité ignominieux avec Rome les forçait de céder le pays situé en deçà du mont Taurus, ils furent chassés des provinces de la Haute-Asie par les Parthes, peuplade obscure, venue originairement de la Scythie. Ces nouveaux conquérans avaient formé un empire qui s'étendait de l'Inde aux frontières de la Syrie. Leur puissance formidable fut renversée par Ardshir ou Artaxercès, fondateur d'une nouvelle dynastie, qui, sous le nom des Sassanides, gouverna la Perse jusqu'à l'invasion des Arabes (1). Cette grande révolution, dont les Romains éprouvèrent bientôt la fatale influence, arriva la quatrième année du règne d'A-

---

(1) L'histoire de Perse fait mention de quatre dynasties depuis les premiers âges jusqu'à l'invasion des Sarrasins : celle des Pischdadides, celle des Céanides, celle des Aschkanides ou Arsacides, celle des Sassanides.

La première commence à Kaiomaros, que l'on confond souvent avec Noé. C'est le temps fabuleux; on y trouve des règnes de sept cents et de neuf cents ans. Les combats de ces premiers rois contre les *giels* ou mauvais esprits, et leurs disputes subtiles avec les *dews* ou fées, sont aussi

lexandre-Sévère, deux cent vingt-six ans après la naissance de Jésus-Christ (1).

Monarchie des Perses rétablie par Artaxercès.

Artaxercès avait acquis une grande réputation dans les armées d'Artaban, dernier roi des Parthes. Il paraît que ses services ne furent payés que d'ingratitude, récompense ordinaire d'un mérite supérieur, et que, banni d'abord de la cour d'Artaban, il fut ensuite forcé de lever l'étendard de la révolte. Son ori-

---

risibles que les combats de Jupiter, de Vénus, de Mars et des autres divinités grecques.

L'histoire de la dynastie des Céanides rappelle les héros grecs ou nos paladins : elle renferme les actions héroïques de Rostam, et ses combats contre Affendiar, le fils aîné de Guschtasps. Le grand Cyrus fut, pendant la durée de cette dynastie, le véritable fondateur du royaume des Perses. Le dernier de ces rois, Iskander, confia les satrapies aux grands du pays : l'un d'eux, Aschek ou Arsaces, se fit roi, et fut la tige de la dynastie des Arsacides.

Les historiens perses n'ont conservé le nom que d'un très-petit nombre de ces monarques, dont la race fut enfin chassée par Ardshir-Babekan ou Artaxercès, fondateur de la dynastie des Sassanides, qui dura quatre cent vingt-cinq ans. *Voyez* une dissert. de Fréret, *Mémoires de l'Acad. des Inscript. et Belles-Lettres*, t. XVI. (*Note de l'Éditeur.*)

(1) Dans la cinq cent trente-huitième année de l'ère de Séleucus. *Voyez* Agathias, l. II, p. 63. Ce grand événement (tel est le peu d'exactitude des Orientaux) est avancé par Eutychius jusque dans la dixième année du règne de Commode, et reculé par Moïse de Chorène jusque sous l'empereur Philippe. Ammien-Marcellin a puisé dans de bonnes sources pour l'histoire de l'Asie; mais il copie ses matériaux si servilement, qu'il représente les Arsacides encore assis sur le trône des Perses dans le milieu du quatrième siècle.

gine est à peine connue, et l'obscurité de sa naissance a donné lieu également à la malignité de ses ennemis et à la flatterie de ses partisans. Les uns prétendent qu'il était le fruit illégitime du commerce d'un soldat avec la femme d'un tanneur (1). Selon le rapport des autres, il descendait des anciens rois de Perse, quoique le temps et la fortune eussent insensiblement réduit ses ancêtres au rang de simples citoyens (2). Artaxercès s'empressa d'adopter cette dernière opinion. Comme héritier légitime de la monarchie, il résolut de faire valoir les droits qui l'appelaient au trône; et, rempli d'une noble ardeur, il forma le projet de délivrer les Perses de l'oppression sous laquelle ils avaient gémi plus de cinq siècles depuis la mort de Darius. Les Parthes furent vaincus; trois grandes batailles décidèrent de leur sort. Dans la dernière, le roi Artaban perdit la vie, et le courage de la nation fut pour jamais anéanti (3). Après une victoire si décisive, Artaxercès fit reconnaître solennellement son autorité dans une assemblée tenue à Balk, ville du Khorasan. Deux jeunes princes de la maison des Arsacides restèrent confondus parmi les satrapes prosternés autour du vainqueur. Un troisième, plus animé par le sentiment de son ancienne

---

(1) Le nom du tanneur était Babek; celui du soldat, Sassan : d'où Artaxercès fut nommé Babekan, et tous les descendans de ce prince ont été appelés *Sassanides*.

(2) D'Herbelot, *Bibliothèque orientale*, au mot *Ardshir*.

(3) Dion-Cassius, l. LXXX; Hérodien, l. VI, p. 207; Abulpharage Dyn., p. 80.

grandeur que par celui d'une nécessité présente, voulut se réfugier, avec une suite nombreuse, à la cour de son parent le roi d'Arménie. Cette troupe de fuyards fut surprise et arrêtée par la vigilance des Perses. Ainsi le vainqueur (1) ceignit fièrement le double diadème, et prit, à l'exemple de son prédécesseur, le surnom de roi des rois. Loin de se laisser éblouir par l'éclat du trône, le nouveau monarque s'occupa des moyens de justifier le choix de sa nation. Tous les titres pompeux qu'il avait rassemblés sur sa tête ne servirent qu'à lui inspirer la noble ambition de rétablir la religion et l'empire de Cyrus, et de rendre à sa patrie son ancienne splendeur.

<small>Réformation du culte des mages.</small> Durant le long esclavage de la Perse sous le joug des Macédoniens et des Parthes, les nations de l'Europe et de l'Asie avaient réciproquement adopté et corrompu les idées que la superstition avait créées dans ces deux parties du monde. A la vérité, les Arsacides avaient embrassé la religion des mages; mais ils en avaient altéré la pureté par un mélange de diverses idolâtries étrangères. Quoique sous leur règne on révérât dans tout l'Orient la mémoire de Zoroastre, l'ancien prophète et le premier philosophe des Perses (2), le langage mystérieux et vieilli dans le-

---

(1) *Voyez* Moïse de Chorène, l. II, c. 65-71.

(2) Hyde et Prideaux, qui ont composé, d'après les légendes persanes et leurs propres conjectures, une histoire très-agréable, prétendent que Zoroastre fut contemporain de Darius-Hystaspes; mais il suffit de faire remarquer que

quel était écrit le Zend-Avesta (1), devenait une source perpétuelle de discussions. On vit s'élever

---

les écrivains grecs, qui vivaient presque dans le même siècle, s'accordent à placer l'ère de Zoroastre quelques centaines d'années ou même mille ans plus haut. Cette observation n'a pas échappé à M. Moyle, qui, à l'aide d'une critique judicieuse, a soutenu contre le docteur Prideaux, son oncle, l'antiquité du prophète persan. *Voyez* son ouvrage, vol. II.

(1) Cet ancien idiome était appelé *le zend*. Le langage du commentaire, *le pehlvi*, quoique beaucoup plus moderne, a cessé, depuis plusieurs siècles, d'être une langue vivante. Ce seul fait, s'il est authentique, garantit suffisamment l'antiquité des ouvrages apportés en Europe par M. Anquetil, et que ce savant a traduits en français (*).

(*) *Zend* signifie *vie, vivant*. Ce mot désigne, soit la collection des livres canoniques des disciples de Zoroastre, soit la langue même dans laquelle ils sont écrits. Ce sont aussi les livres qui renferment *la parole de vie*, soit que la langue ait porté originairement le nom de *zend*, soit qu'on le lui ait donné à cause du contenu des livres. *Avesta* signifie *parole, oracle, révélation, leçon*: ce mot ne désigne pas non plus le titre d'un ouvrage particulier, mais la collection des livres de Zoroastre, comme *Révélation* d'Ormuzd. Cette collection se nomme ainsi tantôt *Zend-Avesta*, tantôt *Zend* tout court.

Le zend était l'ancienne langue de la Médie, comme le prouve son affinité avec les dialectes de l'Arménie et de la Géorgie; il était déjà langue morte sous les Arsacides, dans les pays même qui avaient servi de théâtre aux événemens que le Zend-Avesta rapporte. Quelques critiques, entre autres Richardson et sir W. Jones, ont révoqué en doute l'antiquité de ces livres: le premier a prétendu que le zend n'avait jamais été une langue écrite et parlée; qu'elle avait été inventée, dans des temps postérieurs, par les magiciens, pour servir à leur art; mais Kleuker, dans les dissertations qu'il a ajoutées à celles d'Anquetil et de l'abbé Foucher, a prouvé:

1° Que le zend était réellement une langue autrefois vivante et parlée dans une partie de la Perse;

2° Que la langue dans laquelle sont écrits les livres qui renferment

soixante-dix sectes : toutes expliquaient différemment les dogmes fondamentaux de leur religion ; et toutes étaient en butte aux traits satiriques des infidèles, qui rejetaient la mission et les miracles du prophète. Plein de respect pour le culte de ses ancêtres, Artaxercès entreprit d'abattre l'idolâtrie, de terminer les schismes, de confondre l'incrédulité, par la décision infaillible d'un conseil général. Dans cette vue, il convoqua les mages de toutes les parties de sa domination. Ces prêtres, qui avaient langui si long-temps dans le mépris et dans l'obscurité, obéirent avec transport. A la voix du souverain, ils ac-

---

la doctrine de Zoroastre est bien l'ancien zend ; en sorte qu'ils n'ont pu être écrits que dans un temps où cette langue était encore vivante et parlée ;

3° Que le zend, depuis qu'il est une langue parlée, n'a plus été en usage comme langue écrite ; de sorte que les livres écrits en zend n'ont pu l'être que dans le temps où le zend était langue vivante.

Quant à l'époque où le zend a été langue parlée et où Zoroastre a vécu, elle est encore parmi les érudits un objet de discussion : les uns, tels que Hyde et Anquetil lui-même, placent Zoroastre sous la dynastie des rois perses, commencée par Cyrus, et le font contemporain de Darius-Hystaspes ; ce qui placerait sa vie au milieu du sixième siècle avant Jésus-Christ ; les autres, tels que MM. Tychsen, Heeren, etc., le placent sous la dynastie des Mèdes, et pensent que le roi Guschtasps, sous lequel Zoroastre lui-même dit avoir vécu, est le même que Cyaxare 1er, de la race des Mèdes, qui régnait soixante-dix ans avant Cyrus, et cent ans avant Darius-Hystaspes. Cette opinion, appuyée sur plusieurs passages du Zend-Avesta, paraît la plus vraisemblable : la description que donne Zoroastre lui-même, au commencement de son *Vendidad*, des provinces et des principales villes du royaume de Guschtasps, ne saurait convenir aux rois perses, et s'applique à la dynastie des Mèdes. Quelques critiques, entre autres l'abbé Foucher, reconnaissent deux Zoroastre : le plus ancien (autrement appelé Zerdusht), véritable fondateur de la religion des mages, a dû vivre sous Cyaxare 1er ; et

coururent au nombre de quatre-vingt mille environ.
Comme une assemblée si tumultueuse ne pouvait
être guidée par la raison, ni donner prise à l'influence
de la politique, elle fut successivement réduite à
quarante mille, à quatre mille, à quatre cents, à
quarante, enfin aux sept mages les plus renommés
pour leur piété et pour l'étendue de leurs connaissances. Un d'entre eux, Erdaviraph, jeune, mais
saint pontife, reçut des mains de ses collègues trois
coupes remplies d'un vin soporifique. Il les but, et
tomba tout à coup dans un profond sommeil. A son
réveil, il instruisit le monarque et la multitude pleine

---

le second, simple réformateur, sous Darius-Hystaspes. Cette opinion n'est fondée que sur un passage de Pline l'Ancien, dont l'autorité est très-douteuse, parce que les connaissances des Grecs et
des Latins sur Zoroastre sont pleines d'incertitudes et de contra-
dictions. *Voyez* Hyde, *de Rel. vet. Pers.*, p. 303, 312, 335; une
dissertation du professeur Tychsen, *de Religionum zoroastrica-
rum, apud veteres gentes, vestigiis. In comment. soc. Goet.*, t. II,
p. 112; une dissertation de l'abbé Foucher sur la personne de
Zoroastre; *Mémoires de l'Académie des Inscript. et Belles-Lettres*,
t. XXVII, p. 253-394.

Le pehlvi était la langue des pays limitrophes de l'Assyrie, et
vraisemblablement de l'Assyrie elle-même. *Pehlvi* signifie *force, hé-
roïsme*; le pehlvi était aussi la langue des anciens héros et des rois
de Perse, des *forts*. On y trouve une foule de racines araméennes.
Anquetil le croit formé du zend; Kleuker ne partage pas cette idée:
« Le pehlvi, dit-il, est beaucoup plus coulant et moins surchargé de
voyelles que le zend. » Les livres de Zoroastre, écrits d'abord en
zend, furent traduits dans la suite en pehlvi et en parsi. Le pehlvi
était déjà tombé en désuétude sous la dynastie des Sassanides, mais
les savans l'écrivaient encore. Le parsi, originaire du Pars ou Far-
sistan, était alors le dialecte régnant. Voyez *Kleukers Anhang zum
Zend-Avesta*, t. II, part. I, p. 158; part. II, p. 3 *et seq.* (*Note
de l'Éditeur.*)

de foi, de son voyage au ciel, et des conférences particulières qu'il avait eues avec la Divinité. Ce témoignage surnaturel détruisit tous les doutes ; les articles de la foi de Zoroastre furent fixés avec précision, et d'une manière irrévocable (1). Essayons de tracer une légère esquisse du culte des Perses : elle servira non-seulement à développer leur caractère, mais encore à répandre un nouveau jour sur les rapports soit d'alliance, soit d'inimitié, qui ont eu lieu entre cette nation et le peuple romain (2).

<small>Théologie des Perses : deux principes.</small>

Le grand article de la religion de Zoroastre, l'article qui sert de base à tout le système, est la fameuse doctrine des deux principes : effort hardi et mal conçu de la philosophie orientale, pour concilier l'existence du mal moral et physique avec les attributs d'un créateur bienfaisant qui gouverne le monde. L'origine de toutes choses, le premier être, dans lequel ou par lequel l'univers existe, est appelé chez les Perses *le temps sans bornes*. Cependant, il faut l'avouer, cette substance infinie semble plutôt un être métaphysique, une abstraction de l'esprit, qu'un objet réel, animé

---

(1) Hyde, *de Religione veterum Persarum*, c. 21.

(2) J'ai principalement tiré ce tableau du *Zend-Avesta* de M. Anquetil, et du *Sadder* qui se trouve joint au traité du docteur Hyde : cependant, il faut l'avouer, l'obscurité étudiée d'un prophète, le style figuré des Orientaux, et l'altération qu'a pu souffrir le texte dans une traduction française ou latine, nous ont peut-être induit en erreur, et peuvent avoir introduit quelques hérésies dans cet abrégé de la théologie des Perses.

par le sentiment intime de sa propre existence, et doué de perfections morales. Par l'opération aveugle ou par la volonté intelligente de ce temps infini, qui ne ressemble que trop au chaos des Grecs, Ormuzd et Ahriman sont engendrés de toute éternité : principes secondaires, mais les seuls actifs de l'univers, possédant tous les deux le pouvoir de créer, et chacun forcé, par sa nature invariable, à exercer ce pouvoir selon des vues différentes (1). Le principe du bien est éternellement absorbé dans la lumière ; le principe du mal éternellement enseveli dans les ténèbres. Ormuzd tira l'homme du néant, le forma capable de vertu, et remplit son superbe séjour d'une foule de matériaux, sur lesquels devait s'élever l'édifice de son bonheur. Les soins vigilans de ce sage génie ramènent l'ordre constant des saisons, font mouvoir les planètes dans leurs orbites, et entretiennent l'harmonie des élémens. Mais il y a long-temps que la méchanceté d'Ahriman a percé l'*œuf* d'Ormuzd, ou, pour nous servir d'une expression plus simple, a violé l'harmonie de ses ouvrages. Depuis cette fatale irruption,

---

(1) Il y a ici une erreur : Ahriman n'est point forcé, *par sa nature invariable*, à faire le mal ; le Zend-Avesta reconnaît expressément (*voyez* l'Izeschné) qu'il était né *bon*; qu'à son origine il était *lumière;* mais l'envie le rendit mauvais; il devint jaloux de la puissance et des attributs d'Ormuzd : alors la lumière se changea en ténèbres, et Ahriman fut précipité dans l'abîme. *Voyez* l'Abrégé de la doctrine des anciens Perses, en tête du *Zend-Avesta*, par Anquetil, c. 2, §. 2. (*Note de l'Éditeur.*)

tout est bouleversé; les particules les plus déliées du bien et du mal sont intimement mêlées entre elles, et fermentent perpétuellement. Auprès des plantes les plus salubres croissent de funestes poisons. Les déluges, les embrasemens, les tremblemens de terre, attestent les combats de la nature; et l'homme, dans sa petite sphère, est sans cesse tourmenté par les assauts du vice et du malheur. Que les mortels se traînent en esclaves à la suite du barbare Ahriman; le fidèle Persan seul adore son ami, son protecteur, le grand Ormuzd. Il combat sous sa bannière éclatante; il marche auprès de lui, dans la ferme conviction qu'au dernier jour il partagera la gloire de son triomphe. A cette époque décisive, la sagesse lumineuse de la souveraine bonté rendra la puissance d'Ormuzd supérieure à la méchanceté de son rival. Désarmés et soumis, Ahriman (1) et ceux qu'il enchaîne à son char seront précipités dans les ténèbres; et la vertu

---

(1) D'après le *Zend-Avesta*, Ahriman ne sera point anéanti ou précipité pour jamais dans les ténèbres : à la résurrection des morts, il sera entièrement défait par Ormuzd; sa puissance sera détruite, son royaume bouleversé jusque dans ses fondemens : il sera purifié lui-même dans des torrens de métal embrasé; il changera de cœur et de volonté, deviendra saint, céleste, établira dans son empire la loi et la parole d'Ormuzd; se liera avec lui d'une amitié éternelle, et tous deux chanteront des hymnes de louange en l'honneur de l'Éternité par excellence. *Voyez* l'Abrégé précité, *ibid.*; *Kleukers Anhang*, IIIe partie, p. 85, n° 36; l'*Izeschné*, l'un des livres du *Zend-Avesta*.

D'après le *Sadder Bun-Dehesch*, ouvrage plus moderne,

maintiendra à jamais la paix et l'harmonie de l'univers (1).

La théologie de Zoroastre parut toujours obscure aux étrangers, et même au plus grand nombre de ses disciples. Cependant les observateurs les moins pénétrans ont été frappés de la simplicité vraiment philosophique qui caractérise la religion des Perses. « Ce peuple, dit Hérodote (2), rejette l'usage des temples, des autels et des statues. Il sourit des folles idées de ces nations qui s'imaginent que les dieux peuvent être issus des hommes, ou participer à leur nature. C'est sur la cime des plus hautes montagnes que les Perses offrent des sacrifices. Leur culte consiste principalement dans des prières et dans des hymnes sacrés. L'objet qu'ils invoquent est cet être suprême dont l'immensité remplit la vaste étendue des cieux. » Mais on reconnaît dans l'historien grec les idées du

Culte religieux.

―――――

Ahriman doit être anéanti ; mais cela est contraire et au texte même du Zend-Avesta, et à l'idée que son auteur nous donne du royaume de l'Éternité tel qu'il doit être après les douze mille ans assignés à la durée de la lutte entre le bien et le mal. (*Note de l'Éditeur.*)

(1) Aujourd'hui les Parsis (et en quelque façon le *Sadder*) érigent Ormuzd en cause première et toute-puissante, tandis qu'ils abaissent Ahriman, et le représentent comme un esprit inférieur, mais rebelle. Leur désir de plaire aux mahométans a peut-être contribué à épurer leur système théologique.

(2) Hérodote, l. 1, c. 131 ; mais le docteur Prideaux pense, avec raison, que l'usage des temples fut permis par la suite dans la religion des mages.

polythéisme, lorsqu'il attribue en même temps aux disciples de Zoroastre la coutume d'adorer la terre, l'eau, le feu, les vents, le soleil et la lune. De tout temps les Perses ont entrepris d'éloigner cette imputation, en expliquant les motifs d'une conduite un peu équivoque : s'ils révéraient les élémens, et surtout le feu, la lumière et le soleil, en leur langue Mithra (1), c'est qu'ils les regardaient comme les symboles les plus purs, les productions les plus no-

---

(1) Mithra n'était point le Soleil chez les Perses : Anquetil a combattu et victorieusement réfuté l'opinion de ceux qui les confondent, et elle est évidemment contraire au texte du Zend-Avesta. Mithra est le premier des génies ou *jzeds* créés par Ormuzd; c'est lui qui veille sur toute la nature : de là est venue la croyance de quelques Grecs, qui ont dit que Mithra était le *summus Deus* des Perses. Il a mille oreilles et dix mille yeux. Les Chaldéens paraissent lui avoir assigné un rang plus élevé que les Perses. C'est lui qui a donné à la terre la lumière du Soleil : le Soleil, nommé Khor (éclat), est ainsi un génie inférieur, qui, avec plusieurs autres génies, prend part aux fonctions de Mithra. Ces génies collaborateurs d'un autre génie sont appelés ses *kamkars*; mais ils ne sont jamais confondus dans le Zend-Avesta. Dans les jours consacrés à un génie, le Persan doit réciter, non-seulement les prières qui lui sont destinées, mais celles qui sont destinées à ses *kamkars* : ainsi l'hymne ou *iescht* de Mithra se récite dans le jour consacré au Soleil (Khor), *et vice versâ*. C'est probablement là ce qui parfois les a fait confondre; mais Anquetil avait lui-même relevé cette erreur, qu'ont signalée Kleuker et tous ceux qui ont étudié le Zend-Avesta. *Voyez* la huitième dissertation d'Anquetil; *Kleukers Anhang*, part. III, pag. 132. (*Note de l'Éditeur.*)

bles, et les agens les plus actifs de la nature et de la puissance divine (1).

Pour faire une impression profonde et durable sur l'esprit humain, toute religion doit exercer notre obéissance, en nous prescrivant des pratiques de dévotion dont il nous soit impossible d'assigner le motif. Elle doit encore gagner notre estime, en inculquant dans notre âme des devoirs de morale analogues aux mouvemens de notre propre cœur. Zoroastre avait employé avec profusion le premier de ces moyens, et suffisamment le second. Dès que le fidèle Persan avait atteint l'âge de puberté, on lui donnait une ceinture mystérieuse, gage de la protection divine; et depuis ce moment, toutes les actions de sa vie, les plus nécessaires comme les plus indifférentes, étaient également sanctifiées par des prières, des éjaculations ou des génuflexions. Aucune circonstance particulière ne devait le dispenser de ces cérémonies; la plus légère omission l'aurait rendu aussi coupable que s'il eût manqué à la justice, à la compassion, à la libéralité et à tous les devoirs de la morale (2).

Cérémonies et préceptes moraux.

---

(1) Hyde, *de Rel. Pers.*, c. 8. Malgré toutes leurs distinctions et toutes leurs protestations, qui paraissent assez sincères, leurs tyrans, les mahométans, leur ont toujours reproché d'être adorateurs idolâtres du feu.

(2) Zoroastre était beaucoup moins exigeant en fait de cérémonies, que ne le furent dans la suite les prêtres de sa doctrine : telle a été la marche de toutes les religions; leur culte, simple dans l'origine, s'est graduellement surchargé de pratiques minutieuses. La maxime du Zend-Avesta, rap-

D'un autre côté, ces devoirs essentiels étaient indispensablement prescrits au disciple de Zoroastre, qui voulait échapper aux persécutions d'Ahriman, et qui aspirait à vivre avec Ormuzd dans une éternité bienheureuse, où le degré de félicité est exactement proportionné au degré de piété et de vertu dont on a donné l'exemple sur la terre (1).

Encouragement de l'agriculture. Zoroastre ne s'exprime pas toujours en prophète ; quelquefois il prend le ton de législateur. C'est alors qu'il paraît s'occuper du bonheur des peuples, et laisse voir, sur ces différens sujets, une élévation d'esprit que l'on découvre rarement dans les méprisables ou extravagans systèmes de la superstition. Le jeûne et le célibat lui semblent odieux ; il condamne ces moyens si ordinaires d'acheter la faveur divine : selon lui, il n'est point de plus grand crime que de dédaigner ainsi les dons précieux d'une providence

---

portée ci-après, prouve que Zoroastre n'avait pas attaché à ces pratiques autant d'importance que Gibbon paraît le croire. C'est ce que prouve cette maxime, citée par Gibbon lui-même : « Celui qui sème des grains avec soin et avec activité, amasse plus de mérites que s'il avait répété dix mille prières. » Aussi n'est-ce point du Zend-Avesta que Gibbon a tiré la preuve de ce qu'il avance ; mais du Sadder, ouvrage très-postérieur. (*Note de l'Éditeur.*)

(1) *Voyez* le *Sadder*, dont la moindre partie consiste en préceptes de morale : les cérémonies prescrites sont infinies, et la plupart ridicules. Le fidèle Persan est obligé à quinze génuflexions, prières, etc., lorsqu'il coupe ses ongles ou satisfait à des besoins naturels, etc., ou toutes les fois qu'il met la ceinture sacrée. *Sadder*, art. 14, 50, 60.

bienfaisante. La religion des mages ordonne à l'homme pieux d'engendrer des enfans, de planter des arbres utiles, de détruire les animaux nuisibles, d'arroser le sol aride de la Perse, et de travailler à l'œuvre de son salut en cultivant la terre. On trouve dans le Zend-Avesta une maxime dont la sagesse doit faire oublier un grand nombre d'absurdités que ce livre renferme. « Celui qui sème des grains avec soin et avec activité, amasse plus de mérites que s'il avait répété dix mille prières (1). »

Tous les ans on célébrait au printemps une fête destinée à rappeler l'égalité primitive, et à représenter la dépendance réciproque du genre humain. Les superbes monarques de la Perse se dépouillaient de leur vaine pompe, et, environnés d'une grandeur plus véritable, ils paraissaient confondus dans la classe la plus humble, mais la plus utile de leurs sujets. Les laboureurs étaient alors admis sans distinction à la table du roi et des satrapes : le souverain recevait leurs demandes, écoutait leurs plaintes, et conversait familièrement avec eux. « C'est à vos travaux, leur disait-il (et s'il ne s'exprimait pas sincèrement, il parlait au moins le langage de la vérité), c'est à vos travaux que nous devons notre subsistance. Nos soins paternels assurent votre tranquillité : ainsi, puisque nous nous sommes également nécessaires, vivons ensemble ; aimons-nous comme frères, et que la concorde

---

(1) *Zend-Avesta*, tome I, p. 224; et *Précis du système de Zoroastre*, tome III.

règne toujours parmi nous (1). » Dans un État puissant et soumis au despotisme, une pareille fête dut, à la vérité, perdre insensiblement de son importance et de sa dignité. Mais, en admettant qu'elle fût devenue une représentation de théâtre, cette scène méritait bien d'avoir pour spectateur un souverain; et quelquefois elle pouvait imprimer une grande leçon dans l'âme d'un jeune prince.

Pouvoir des mages. Si toutes les institutions de Zoroastre eussent porté l'empreinte de ce caractère élevé, son nom eût été digne d'être prononcé avec ceux de Numa et de Confucius; et ce serait à juste titre que l'on donnerait à son système tous les éloges qui lui ont été prodigués par quelques-uns de nos théologiens, et même de nos philosophes. Mais, dans ses productions bizarres, fruit d'une passion aveugle et d'une raison éclairée, on reconnaît le langage de l'enthousiasme et de l'intérêt personnel. Les vérités importantes et sublimes qu'il annonce sont dégradées par un mélange de superstition méprisable et dangereuse. Les mages formaient une classe très-considérable de l'État. Nous les avons déjà vus paraître, dans une assemblée, au nombre de quatre-vingt mille. La discipline multipliait leurs forces; ils composaient une hiérarchie régulière répandue dans toutes les provinces de la Perse. Le principal d'entre eux résidait à Balk, où il recevait les hommages de toute la nation, comme chef visible de la religion, et comme successeur légitime de Zo-

---

(1) Hyde, *de Rel. Pers.*, c. 19.

roastre (1). Ces prêtres avaient des biens immenses : outre les terres les plus fertiles de la Médie (2), dont les Perses les voyaient jouir paisiblement, leurs revenus consistaient en une taxe générale sur les fortunes et sur l'industrie des citoyens (3). « Il ne suffit pas, s'écrie l'avide prophète, que vos bonnes œuvres surpassent en nombre les feuilles des arbres, les

---

(1) Le même, c. 28. Hyde et Prideaux affectent d'appliquer à la hiérarchie des mages les termes consacrés à la hiérarchie chrétienne.

(2) Ammien-Marcellin, XXIII, 6. Il nous apprend (si cependant nous pouvons croire cet auteur) deux particularités curieuses : la première, que les mages tenaient des bramines de l'Inde quelques-uns de leurs dogmes les plus secrets ; la seconde, que les mages étaient une tribu ou une famille aussi bien qu'un ordre.

(3) N'est-il pas surprenant que les dîmes soient d'institution divine dans la loi de Zoroastre comme dans celle de Moïse? Ceux qui ne savent pas comment expliquer cette conformité peuvent supposer, si cela leur convient, que dans des temps moins reculés, les mages ont inséré un précepte si utile dans les écrits de leur prophète (*).

(*) Le passage que cite Gibbon n'est point tiré des écrits de Zoroastre lui-même, mais du Sadder, ouvrage, comme je l'ai déjà dit, fort postérieur aux livres qui composent le Zend-Avesta, et fait par un mage pour servir au peuple : il ne faut donc pas attribuer à Zoroastre ce qu'il contient. Il est singulier que Gibbon paraisse s'y tromper; car Hyde lui-même n'a pas attribué le Sadder à Zoroastre, et fait remarquer qu'il est écrit en vers, tandis que Zoroastre a toujours écrit en prose. (Hyde, c. 1, p. 27.) Quoi qu'il en soit de cette dernière assertion, qui paraît peu fondée, la postériorité du Sadder est incontestable : l'abbé Foucher ne croit pas même que ce soit un extrait des livres de Zoroastre. *Voyez* sa dissertation déjà citée, *Mém. de l'Acad. des Inscript. et Belles-Lettres*, t. XXVII. (*Note de l'Éditeur.*)

gouttes de la pluie, les sables de la mer ou les étoiles du firmament; il faut encore, pour qu'elles vous soient profitables, que le *destour,* ou le prêtre, daigne les approuver. Vous ne pouvez obtenir une pareille faveur qu'en payant fidèlement à ce guide du salut la dîme de vos biens, de vos terres, de votre argent, de tout ce que vous possédez. Si le destour est satisfait, votre âme évitera les tourmens de l'enfer; vous serez comblés d'éloges dans ce monde-ci, et vous goûterez dans l'autre un bonheur éternel: car les destours sont les oracles de la Divinité; rien ne leur est caché, et ce sont eux qui délivrent tous les hommes (1). »

Ces maximes importantes de respect et d'une foi implicite étaient sans doute gravées avec le plus grand soin dans l'âme tendre des jeunes Perses, puisque l'éducation appartenait aux mages, et que l'on remettait entre leurs mains les enfans même de la famille royale (2). Les prêtres, doués d'un génie spéculatif, étudiaient et dérobaient aux yeux de la multitude les secrets de la philosophie orientale. Ils acquéraient, par des connaissances profondes ou par une grande habileté, la réputation d'être très-versés dans quelques sciences occultes, qui, par la suite, ont tiré des mages leur dénomination (3). Ceux qui

---

(1) *Sadder,* art. 8.
(2) Platon, dans l'*Alcibiade.*
(3) Pline (*Hist. nat.*, l. xxx, c. 1) observe que les magiciens tenaient le genre humain sous la triple chaîne de la religion, de la médecine, et de l'astronomie.

avaient reçu de la nature des dispositions plus actives que les autres, passaient leur vie dans le monde, au milieu des intrigues des cours et du tumulte des villes ; et tant qu'Artaxercès tint les rênes du gouvernement, la politique ou la superstition l'engagea à se laisser diriger par les avis de l'ordre sacerdotal, dont il rétablit la dignité dans tout son éclat (1).

Le premier conseil que les mages donnèrent à ce prince était conforme au génie intolérant de leur religion (2), à la pratique des anciens rois (3), et même à l'exemple de leur législateur, qui, victime du fanatisme, avait perdu la vie dans une guerre allumée par son zèle opiniâtre (4). Artaxercès proscrivit, par un arrêt rigoureux, l'exercice de tout culte, excepté celui de Zoroastre. Les temples des Parthes, et les statues de leurs monarques qui avaient reçu les honneurs de l'apothéose, furent renversés avec ignominie (5). On brisa facilement *l'épée d'A-*

Esprit de persécution.

---

(1) Agathias, l. IV, p. 134.

(2) M. Hume, dans l'*Histoire naturelle de la Religion*, remarque avec sagacité que les sectes les plus épurées et les plus philosophiques sont constamment les plus intolérantes.

(3) Cicéron, *de Legibus*, II, 10. Ce furent les mages qui conseillèrent à Xerxès de détruire les temples de la Grèce.

(4) Hyde, *de Rel. Pers.*, c. 23, 24; d'Herbelot, *Bibliothèque orientale*, au mot *Zerdusht*; Vie de Zoroastre, t. II du *Zend-Avesta*.

(5) Comparez Moïse de Chorène, l. II, c. 74, avec Ammien-Marcellin, XXIII, 6. Je ferai usage par la suite de ces passages.

ristote (1), nom que les Orientaux avaient imaginé pour désigner le polythéisme et la philosophie des Grecs. Les flammes de la persécution enveloppèrent les juifs et les chrétiens (2) les plus attachés à leurs dogmes; elles n'épargnèrent pas même les hérétiques de la nation : la majesté d'Ormuzd, qui ne pouvait reconnaître de rival, fut secondée par le despotisme d'Artaxercès, qui ne pouvait souffrir de rebelles, et les schismatiques furent bientôt réduits au nombre de quatre-vingt mille, nombre peu considérable pour un si vaste empire (3). Cet esprit de persécution déshonore le culte de Zoroastre; mais comme il ne produisit aucune dissension civile, il servit à resserrer les liens de la nouvelle monarchie, en rassemblant tous les habitans de la Perse sous les bannières d'une même religion.

<small>Établissement de l'autorité royale dans les provinces.</small>

Artaxercès, par sa valeur et par sa conduite, avait arraché le sceptre de l'Orient à la dynastie des Parthes. Lorsqu'il n'eut plus d'ennemis à combattre, il lui resta la tâche, plus difficile, d'établir dans toute l'étendue de la Perse une administration uniforme et vigoureuse. Les faibles Arsacides avaient cédé à leurs fils et à leurs frères les principales provinces

---

(1) Rabbi, Abraham, dans le *Tarickh-Schickard*, p. 108, 109.

(2) Basnage, *Histoire des Juifs*, l. VIII, c. 3. Sozomène, l. II, c. 1. Manès, qui souffrit une mort ignominieuse, peut être regardé comme hérétique de la religion des mages aussi bien que comme hérétique de la religion chrétienne.

(3) Hyde, *de Rel. Pers.*, c. 21.

et les grandes charges de la couronne, à titre de possession héréditaire. On avait permis aux *vitaxes*, dix-huit des plus puissans satrapes, de prendre le titre de roi. Une autorité idéale sur tant de rois vassaux flattait l'orgueil puéril du monarque. A peine même les Barbares, au milieu de leurs montagnes, et les Grecs de la Haute-Asie (1), dans le sein de leurs villes, reconnaissaient-ils l'autorité d'un maître aux ordres duquel ils obéissaient rarement. L'empire des Parthes présentait, sous d'autres noms, une vive image du gouvernement féodal (2), si connu depuis en Europe. L'activité du vainqueur ne lui permit pas de prendre de repos, qu'il n'eût tout soumis. Il parcourut en personne les provinces de la Perse, à la tête d'une armée nombreuse et disciplinée. La défaite des plus fiers rebelles, et la réduction des places les plus fortes (3), répandirent la terreur de ses armes,

---

(1) Ces colonies étaient extrêmement nombreuses. Séleucus-Nicator fonda trente-neuf villes, qu'il appela de son nom ou de celui de ses parens. (*Voyez* Appien, *in Syriac.*, p. 124.) L'ère de Séleucus, toujours en usage parmi les chrétiens de l'Orient, paraît, jusque dans l'année 508, la cent-quatre-vingt-seizième de Jésus-Christ, sur les médailles des villes grecques renfermées dans l'empire des Parthes. *Voyez* les *OEuvres de Moyle*, vol. 1, p. 273, etc., et M. Fréret, *Mém. de l'Académie*, t. XIX.

(2) Les Perses modernes appellent cette période la dynastie des rois des nations. *Voyez* Pline, *Hist. nat.*, VI, 25.

(3) Eutychius (tome 1, p. 367, 371, 375) rapporte le siége de l'île de Mesène dans le Tigre, avec des circonstances assez semblables à l'histoire de Nisus et de Scylla.

et contribuèrent à faire recevoir paisiblement son autorité. Les chefs tombèrent victimes d'une résistance opiniâtre; mais leurs partisans furent traités avec douceur (1). Une soumission volontaire était récompensée par des richesses et par des honneurs. Trop prudent pour laisser aucun sujet se parer des ornemens de la royauté, Artaxercès abolit tout pouvoir intermédiaire entre le trône et le peuple. Son royaume, à peu près aussi étendu que la Perse moderne, se trouvait borné de tous côtés par la mer et de grands fleuves. Il avait pour limites l'Euphrate, l'Oxus, l'Araxe, le Tigre, l'Indus; la mer Caspienne et le golfe Persique (2).

Étendue et population de la Perse.

―――――――――

(1) Agathias, II, 164. Les princes du Segestan défendirent leur indépendance pendant quelques années. Comme les romanciers, en général, placent dans une période reculée les événemens de leur temps, cette histoire véritable a peut-être donné lieu aux exploits fabuleux de Rostam, prince du Segestan.

(2) On peut à peine comprendre dans la monarchie persane la côte maritime de Gedrosie où Mekran, qui s'étend le long de l'océan Indien, depuis le cap de Jask (le promontoire Capella) jusqu'au cap Goadel. Du temps d'Alexandre, et probablement plusieurs siècles après, ce pays n'avait pour habitans que quelques tribus de sauvages ichthyophages, qui ne possédaient aucun art, qui ne reconnaissaient aucun maître, et que d'affreux déserts séparaient d'avec le reste du monde. (*Voyez* Arrien, *de Reb. indicis.*) Dans le douzième siècle, la petite ville de Taiz, que M. d'Anville suppose être la Tesa de Ptolémée, fut peuplée et enrichie par le concours des marchands arabes. (Voyez *Géographie nubienne*, p. 58, et *Géographie ancienne*, tome II,

Dans le dernier siècle, ce pays pouvait contenir cinq cent cinquante-quatre villes, soixante mille villages, et environ quarante millions d'âmes (1). Si l'on compare l'administration des Sassanides avec le gouvernement de la maison de Sefi, l'influence politique des mages avec celle de la religion mahométane, on supposera facilement que les États d'Artaxercès renfermaient au moins un aussi grand nombre de villes, de villages et d'habitans. Mais le défaut de ports sur les côtes, et dans l'intérieur la rareté de l'eau, ont toujours beaucoup nui au commerce et à l'agriculture des Perses, qui semblent, en parlant de leur population, s'être laissés aller à l'une des prétentions les moins relevées, mais les plus ordinaires de la vanité nationale.

Dès qu'Artaxercès eut triomphé de ses rivaux, son ambition se porta vers les États voisins, qui, durant le sommeil léthargique de ses prédécesseurs, avaient insulté avec impunité un royaume affaibli. Il remporta quelques victoires faciles sur les Scythes indisciplinés et sur les Indiens amollis; mais il trouva dans les Romains des ennemis formidables, dont les outrages réitérés l'excitaient à la vengeance,

Récapitulation des guerres entre les Parthes et les Romains.

---

p. 283.). Dans le siècle dernier, tout le pays était divisé entre trois princes, l'un mahométan, les deux autres idolâtres, qui maintinrent leur indépendance contre les successeurs de Shaw-Abbas. *Voyag. de Tavernier*, part. 1, l. v, p. 635.

(1) Pour l'étendue et pour la population de la Perse moderne, *voyez* Chardin, tome III, c. 1, 2, 3.

et avec lesquels il ne pouvait se mesurer sans employer les plus grands efforts.

Quarante ans de tranquillité, fruit de la valeur et de la modération, avaient succédé aux conquêtes de Trajan. L'empire, depuis l'avénement de Marc-Aurèle jusqu'au règne d'Alexandre-Sévère, avait été deux fois en guerre avec les Parthes; et quoique les Arsacides eussent alors développé toutes leurs forces contre une partie seulement des troupes romaines, les Césars furent presque toujours victorieux. A la vérité, le timide Macrin, enchaîné par une situation précaire, acheta la paix au prix de deux millions sterl. (1). Mais les généraux de Marc-Aurèle, l'empereur Sévère, son fils même, avaient érigé en Arménie, dans la Mésopotamie et en Assyrie, plusieurs trophées. Une relation imparfaite de leurs exploits aurait interrompu le récit intéressant des révolutions qui, dans cette période, agitèrent l'intérieur de l'empire. Comme ces événemens particuliers sont peu importans par eux-mêmes, nous ne parlerons ici que des calamités auxquelles furent souvent exposées deux des principales villes de l'Orient, Séleucie et Ctésiphon.

Séleucie et Ctésiphon. Séleucie, bâtie sur la rive occidentale du Tigre, à quinze lieues environ au nord de l'ancienne Babylone, était la capitale des Macédoniens, dans la Haute-Asie (2). Plusieurs siècles après la chute de leur em-

---

(1) Dion, l. xxviii, p. 1335.
(2) Pour connaître la situation exacte de Babylone, de

pire, cette ville avait conservé le véritable caractère de ses fondateurs : on y retrouvait encore les arts, le courage militaire et l'amour de la liberté qui distinguaient les colonies grecques. Un sénat, composé de trois cents nobles, gouvernait cette république indépendante. Six cent mille citoyens y vivaient tranquillement à l'abri de leurs remparts fortifiés ; et tant que les différens ordres de l'État demeurèrent unis, ils n'eurent que du mépris pour la puissance des Parthes. Mais quelquefois d'insensés factieux implorèrent le secours dangereux de l'ennemi commun, qu'ils voyaient posté presque aux portes de la ville (1). Les souverains des Parthes se plaisaient, comme les monarques de l'Indoustan, à mener la vie pastorale des Scythes leurs ancêtres. Ils campaient souvent dans la plaine de Ctésiphon, sur la rive orientale du Tigre, à la distance seulement de trois milles de Séleucie (2). Le luxe et le despotisme attiraient autour du prince une foule innombrable; et le petit village de Ctésiphon devint insensiblement une grande ville (3). Les

---

Séleucie, de Ctésiphon, de Modain et de Bagdad, villes souvent confondues l'une avec l'autre, *voyez* une excellente dissertation de M. d'Anville, *Mémoires de l'Académie*, tome xxx.

(1) Tacite, *Ann.*, xi, 42 ; Pline, *Hist. nat.*, vi, 26.
(2) C'est ce que l'on peut inférer de Strabon, l. vi, p. 743.
(3) Bernier, ce voyageur curieux qui suivit le camp d'Aurengzeb depuis Delhi jusqu'à Cachemire (voyez *Hist. des Voyages*, tome x), décrit avec une grande exactitude cette

Romains, sous le règne de Marc-Aurèle, pénétrèrent jusque dans ces contrées. Reçus en amis par la colonie grecque, ils attaquèrent, les armes à la main, le siége de la grandeur des Parthes. Les deux villes éprouvèrent cependant le même traitement. Les Romains flétrirent leurs lauriers (1) par le pillage de Séleucie et par le massacre de trois cent mille habitans. Cette superbe cité, qu'avait déjà épuisée le voisinage d'un rival trop puissant, succomba sous le coup fatal. Ctésiphon seule sortit de ses ruines, et, dans un espace de trente-trois ans, elle avait repris assez de force pour soutenir un siége opiniâtre contre l'empereur Sévère. Elle fut néanmoins emportée d'assaut, et le roi, qui la défendait en personne, se sauva précipitamment. Cent mille captifs et de riches dépouilles récompensèrent les travaux des soldats romains (2). Babylone, Séleucie, n'existaient plus :

A. 165.

A. 198.

---

immense ville mouvante. Les gardes à cheval consistaient en trente-cinq mille hommes, les gardes à pied en dix mille. On compta que le camp renfermait cent cinquante mille chevaux, mulets et éléphans, cinquante mille chameaux, cinquante mille bœufs, et entre trois et quatre cent mille personnes. Presque tout Delhi suivait la cour, dont la magnificence soutenait l'industrie de cette grande capitale.

(1) Dion, l. LXXI, p. 1178; *Histoire Auguste*, p. 38. Eutrope, VIII, 10. Eusèbe, *in Chron.* Quadratus (cité dans l'*Histoire Auguste*) entreprend d'excuser les Romains, en assurant que les habitans de Séleucie s'étaient d'abord rendus coupables de trahison.

(2) Dion, l. LXXV, p. 1263; Hérodien, l. III, p. 120; *Hist. Aug.*, p. 70.

ainsi, malgré tant de malheurs, Ctésiphon conserva le rang d'une des plus grandes capitales de l'Asie. En été, les vents rafraîchissans qui sortent des montagnes de la Médie, rendaient le séjour d'Ecbatane plus agréable aux monarques persans ; mais pendant l'hiver ils venaient jouir à Ctésiphon des douceurs d'un climat plus tempéré.

Les Romains, quoique victorieux, ne tirèrent aucun avantage réel ni durable de leurs expéditions, et jamais ils ne songèrent à conserver des conquêtes si éloignées, séparées de leur empire par de vastes déserts. L'acquisition de l'Oshroène, moins brillante à la vérité, leur devint bien plus importante. Ce petit État renfermait la partie septentrionale et la plus fertile de la Mésopotamie, entre le Tigre et l'Euphrate. Édesse, sa capitale, avait été bâtie à vingt milles environ au-delà du premier de ces fleuves ; et les habitans, depuis Alexandre, étaient un mélange de Grecs, d'Arabes, de Syriens et d'Arméniens (1). Les faibles monarques de ce royaume, placés entre les frontières de deux empires rivaux, paraissaient intérieurement disposés en faveur des Parthes ; cependant la puissance formidable de Rome leur arracha un hommage qu'ils ne rendirent qu'à regret,

Conquête de l'Oshroène par les Romains.

---

(1) Les habitans policés d'Antioche appelaient ceux d'Édesse un mélange de Barbares. Il faut cependant dire, en faveur de ceux-ci, qu'on parlait à Édesse l'araméen, le plus pur et le plus élégant des trois dialectes du syriaque. M. Bayer a tiré cette remarque (*Hist. Edess.*, p. 5) de George de Malatie, auteur syrien.

mais qu'attestent encore leurs médailles. Les Romains crurent devoir s'assurer de leur fidélité par des gages plus certains : après la guerre des Parthes, sous Marc-Aurèle, ils construisirent des forteresses au milieu de leur pays, et ils mirent une garnison dans l'importante place de Nisibis. Durant les troubles qui suivirent la mort de Commode, les princes de l'Oshroène entreprirent en vain de secouer le joug. La politique ferme de Sévère sut les contenir (1), et la conduite perfide de Caracalla termina une conquête facile. Abgare, dernier roi d'Édesse, fut envoyé à Rome chargé de fers; son royaume fut réduit en province, et sa capitale honorée du rang de colonie. Ainsi, dix ans avant la chute des Parthes, les Romains avaient obtenu au-delà de l'Euphrate un établissement fixe et permanent (2).

Artaxercès réclame les provinces de l'Asie et déclare la guerre aux Romains. A. 230.

Lorsque Artaxercès prit les armes, la gloire et la prudence auraient pu le justifier, s'il eût borné ses vues à l'acquisition ou à la défense d'une frontière utile. Mais l'ambition lui avait tracé un plan de conquête bien plus vaste; et il se persuada qu'il pouvait employer la raison, aussi bien que la force, pour soutenir ses prétentions excessives. Cyrus était le

---

(1) Dion, l. LXXV, p. 1248, 1249, 1250. M. Bayer a négligé ce passage important.

(2) Depuis Oshroès, qui donna un nouveau nom au pays, jusqu'au dernier Abgare, ce royaume a duré trois cent cinquante-trois ans. *Voyez* le savant ouvrage de M. Bayer : *Historia Oshroena et Edessena*.

modèle qu'il se proposait d'imiter. Ce héros, disait-il dans son message à l'empereur Alexandre-Sévère, subjugua le premier toute l'Asie, et ses successeurs en restèrent long-temps les maîtres. Leurs domaines touchaient à la Propontide et à la mer Égée. Des satrapes gouvernaient en leur nom la Carie et l'Ionie; enfin toute l'Égypte, jusqu'aux confins de l'Éthiopie, reconnaissait leur souveraineté (1). Leurs droits, ajoutait Artaxercès, avaient été suspendus par une longue usurpation, mais ils n'étaient pas détruits; et du moment où la naissance et le courage avaient placé la couronne sur sa tête, son premier devoir était de rétablir la gloire et les limites de la monarchie persane. Le grand roi (tel était le titre pompeux sous lequel il s'annonçait à l'empereur), le grand roi ordonnait donc aux Romains de se retirer immédiatement des provinces où régnaient autrefois ses ancêtres; et, satisfaits de rester paisiblement en possession de l'Europe, de céder aux Perses l'empire de l'Asie.

Quatre cents Perses, d'une beauté et d'une taille remarquables, furent chargés de ce fier message. Ils s'efforcèrent, par de superbes chevaux, par des armes magnifiques et par une suite brillante, de

---

(1) Xénophon, dans la préface de la *Cyropédie*, donne une idée claire et magnifique de l'étendue de la monarchie de Cyrus. Hérodote (l. III, c. 79, etc.) rend un compte très-détaillé et très-curieux de la division de l'empire en vingt grandes satrapies, par Darius-Hystaspes.

déployer l'orgueil et la grandeur de leur maître (1). Une pareille ambassade était moins une offre de négociation, qu'une déclaration de guerre. Les deux monarques rassemblèrent aussitôt toutes leurs forces; et prirent le parti de conduire leurs armées en personne.

Prétendue victoire d'Alexandre-Sévère.
A. 233.
Il existe encore un discours de l'empereur lui-même, qui fut prononcé à cette occasion dans le sénat. Si nous en croyons ce monument, qui semblerait devoir être authentique, la victoire d'Alexandre-Sévère égala toutes celles que le fils de Philippe avait autrefois remportées sur les Perses. L'armée du grand roi était composée de cent vingt mille chevaux tout enharnachés en airain, de dix-huit cents chariots armés de faux, et de sept cents éléphans qui portaient des tours remplies d'archers. Les annales de l'Asie n'ont jamais présenté de description si pompeuse : à peine même les Orientaux en ont-ils imaginé de semblables dans leurs romans (2). Malgré ce redoutable appareil, l'ennemi fut entièrement vaincu

---

(1) Hérodien, VI, 209, 212.

(2) À la bataille d'Arbelle, Darius avait deux cents chariots armés de faux. Dans l'armée nombreuse de Tigrane, qui fut vaincu par Lucullus, on ne comptait que soixante-dix mille chevaux complétement armés. Antiochus mena cinquante-quatre éléphans contre les Romains. Ce prince, au moyen des guerres et des négociations fréquentes qu'il avait eues avec les souverains de l'Inde, était parvenu à rassembler cent cinquante de ces animaux; mais on peut douter que le plus puissant monarque de l'Indoustan ait for-

dans une grande bataille où l'empereur romain développa tout le courage d'un soldat intrépide, et les talens d'un général expérimenté. Le grand roi prit la fuite. Un butin immense et la conquête de la Mésopotamie furent les fruits de cette journée mémorable. Telles sont les circonstances invraisemblables d'une relation dictée, selon toutes les apparences, par la vanité du monarque, composée par de vils flatteurs, et reçue avec transport par un sénat que l'éloignement et l'esprit d'adulation réduisaient au silence (1). Loin de penser que les armes d'Alexandre aient triomphé de la valeur des Perses, perçons au travers du nuage qui nous dérobe la vérité : peut-

---

mé sur le champ de bataille une ligne de sept cents éléphans. Au lieu de trois ou quatre mille éléphans que le grand Mogol avait, comme on le prétendait, Tavernier (*Voyages*, part. II, l. 1, p. 198) découvrit, après des recherches exactes, que ce prince en avait seulement cinq cents pour son bagage, et quatre-vingts ou quatre-vingt-dix pour le service de la guerre. Les Grecs ont varié sur le nombre de ceux que Porus mena sur le champ de bataille; mais Quinte-Curce (VIII, 13), qui, dans cet endroit, est judicieux et modéré, se contente de quatre-vingt-cinq éléphans remarquables par leur force et par leur grandeur. Dans le royaume de Siam, où ces animaux sont le plus nombreux et le plus estimés, dix-huit éléphans paraissent suffisans pour chacune des neuf brigades dont est composée une armée complète. Le nombre entier, qui est de cent soixante-deux éléphans de guerre, peut quelquefois être doublé. *Histoire des Voyages*, tome IX, p. 260.

(1) *Histoire Auguste*, p. 133.

être tout cet éclat d'une gloire imaginaire cache-t-il quelque disgrâce réelle (1).

Relation plus probable de la guerre. Nos soupçons sont confirmés par l'autorité d'un historien contemporain qui honore les vertus d'Alexandre, et qui expose de bonne foi les fautes de ce prince. Il trace d'abord le plan judicieux formé pour la conduite de la guerre. Trois armées romaines devaient s'avancer par différens chemins, et envahir la Perse dans le même temps : mais le talent et la fortune ne secondèrent pas les opérations de la campagne, quoiqu'elles eussent été sagement concertées. Dès que la première de ces armées se fut engagée dans les plaines marécageuses de la Babylonie, vers le confluent artificiel du Tigre et de l'Euphrate (2), elle se trouva environnée de troupes supérieures en nombre, et les flèches de l'ennemi la détruisirent entièrement. La seconde armée se flattait de pouvoir pénétrer dans le cœur de la Médie. L'alliance de Chosroès, roi d'Arménie (3), lui en facilitait l'entrée; et les montagnes, dont tout le pays est couvert, la met-

---

(1) *Voyez* une note ajoutée au chap. 6, sur le règne d'Alexandre-Sévère et sur cet événement. (*Note de l'Éditeur.*)

(2) M. de Tillemont a déjà observé que la géographie d'Hérodien est un peu confuse.

(3) Moïse de Chorène (*Hist. d'Arménie*, l. II, c. 71) explique cette invasion de la Médie, en avançant que Chosroès, roi d'Arménie, défit Artaxercès, et qu'il le poursuivit jusqu'aux confins de l'Inde. Les exploits de Chosroès ont été exagérés : ce prince agissait comme un allié dépendant des Romains.

taient à l'abri des attaques de la cavalerie persane. Les Romains ravagèrent d'abord les provinces voisines, et leurs premiers succès semblent excuser, en quelque sorte, la vanité de l'empereur; mais la retraite de ces troupes victorieuses fut mal dirigée, ou du moins malheureuse. En repassant les montagnes, les fatigues d'une route pénible et le froid rigoureux de la saison firent périr un grand nombre de soldats. Tandis que ces deux grands détachemens marchaient en Perse par les extrémités opposées, Alexandre, à la tête du principal corps d'armée, devait les soutenir en se portant au centre du royaume. Ce jeune prince, sans expérience, dirigé par les conseils de sa mère, ou peut-être par sa propre timidité, trompa la valeur de ses soldats, et renonça aux plus belles espérances. Après avoir passé l'été en Mésopotamie dans l'inaction, il ramena honteusement à Antioche une armée que les maladies avaient considérablement diminuée, et qu'irritait le mauvais succès de cette expédition. La conduite d'Artaxercès avait été bien différente. Volant avec rapidité des montagnes de la Médie aux marais de l'Euphrate, ce prince se montra partout où sa présence paraissait nécessaire; il repoussa lui-même l'ennemi, et, toujours supérieur à la fortune, il joignit à la plus grande habileté le courage le plus intrépide. Mais les combats opiniâtres qu'il eut à soutenir contre les vétérans des légions romaines lui coûtèrent l'élite de ses troupes: ses victoires même l'avaient épuisé. L'absence d'Alexandre, et la confusion qui suivit la mort de cet empereur, offraient en vain une nouvelle carrière à son ambition. Loin de chasser les Romains du continent de l'Asie, comme il le prétendait, il se trouva hors d'état de leur arracher la petite province de Mésopotamie (1).

<small>Caractère et maximes d'Artaxercès. A. 240.</small>

Le règne d'Artaxercès, qui, depuis la dernière défaite des Parthes, gouverna la Perse pendant quatorze ans, forme une époque mémorable dans les annales de l'Orient et même dans l'histoire de Rome. Son caractère semble avoir eu une expression forte et hardie qui distingue généralement le prince qui s'élève par le droit des armes, de celui que le droit de sa naissance appelle au trône de ses pères. Les Perses respectèrent sa mémoire jusqu'à la fin de leur monarchie, et son code de lois fut toujours la base de leur administration civile et religieuse (2). Plusieurs de ses maximes nous sont parvenues. Une entre autres prouve combien ce prince pénétrant connaissait les ressorts du gouvernement. « L'autorité du monarque, disait-il, doit être soutenue par une force militaire. Cette force ne peut se maintenir que par des impôts. Tous les impôts tombent à la fin sur l'agriculture; et l'agriculture ne fleurira jamais qu'à l'abri de la

---

(1) *Voyez*, pour le détail de cette guerre, Hérodien, l. VI, p. 209, 212. Les anciens abréviateurs et les compilateurs modernes ont aveuglément suivi l'*Histoire Auguste*.

(2) Eutychius, tome II, p. 180, publié par Pocoke. Le grand Chosroès-Noushirwan envoya le code d'Artaxercès à tous ses satrapes, comme la règle invariable de leur conduite.

modération et de la justice (1). » Le fils d'Artaxercès était digne de lui succéder. Sapor hérita des États de son père, et de ses idées de conquête contre les Romains ; mais ces projets ambitieux, trop vastes pour les Perses, firent le malheur des deux nations, et les plongèrent dans une suite de guerres sanglantes.

A cette époque, la nation persane, depuis longtemps civilisée et corrompue, était bien loin de posséder la valeur qu'inspirent l'indépendance, la force du corps et l'impétuosité de l'âme, qui ont livré l'empire de l'univers aux Barbares du septentrion. Les principes d'une tactique éclairée, qui rendirent triomphantes Rome et la Grèce, et qui distinguent aujourd'hui les habitans de l'Europe, n'ont jamais fait de progrès considérables en Orient. Les Perses n'avaient aucune idée de ces évolutions admirables qui dirigent et animent une multitude confuse, et ils ignoraient également l'art de construire, d'assiéger ou de défendre des fortifications régulières. Ils se fiaient plus à leur nombre qu'à leur courage, plus à leur courage qu'à leur discipline. Une victoire dispersait, aussi facilement qu'une défaite, leur infanterie composée d'une foule de paysans peu aguerris, presque

Puissance militaire des Perses.

Leur infanterie méprisable.

---

(1) D'Herbelot, *Bibl. orient.*, au mot *Ardshir*. Nous pouvons observer qu'après une ancienne période, remplie de fables, et un long intervalle d'obscurité, les annales de Perse ont commencé, avec la dynastie des Sassanides, à prendre un air de vérité.

sans armes, levés à la hâte et attirés sous les drapeaux par l'espoir du pillage. Le monarque et les seigneurs de sa cour transportaient dans les tentes l'orgueil et le luxe du sérail. Une suite inutile de femmes, d'eunuques, de chevaux et de chameaux, retardait les opérations militaires; et souvent, au milieu d'une campagne heureuse, l'armée persane se trouvait séparée ou détruite par une famine imprévue (1).

<small>Leur cavalerie excellente.</small> Mais les nobles de ce royaume conservèrent toujours, au sein de la mollesse et sous le joug du despotisme, un sentiment profond de courage personnel et d'honneur national. Dès qu'ils avaient atteint l'âge de sept ans, on leur enseignait à fuir le mensonge, à tirer de l'arc et à monter à cheval : ils excellaient surtout dans ces deux derniers arts (2). Les jeunes gens les plus distingués étaient élevés sous les yeux du monarque; ils apprenaient leurs exercices dans l'enceinte du palais. On les accoutumait de bonne heure à la sobriété et à l'obéissance; et leurs corps, endurcis par des chasses longues et pénibles, devenaient ensuite capables de supporter les plus grandes fatigues. Dans chaque province, le satrape avait à sa cour une école semblable. Les seigneurs persans

---

(1) Hérodien, l. VI, p. 214; Ammien Marcellin, l. XXIII, c. 6. On peut observer entre ces deux historiens quelque différence; effet naturel des changemens produits par un siècle et demi.

(2) Les Perses sont encore les cavaliers les plus habiles, et leurs chevaux les plus renommés de l'Orient.

étaient tenus au service militaire, en conséquence des terres et des maisons que la bonté du roi leur accordait, tant est naturelle l'idée du gouvernement féodal. Au premier signal, ils montaient à cheval et volaient aux armes, suivis d'une troupe brillante et remplie d'ardeur, qui se joignait aux corps nombreux des gardes, choisis avec soin parmi les esclaves les plus robustes et les aventuriers les plus braves de l'Asie. Ces cavaliers, également redoutables par l'impétuosité du choc et par la rapidité des mouvemens, menaçaient sans cesse l'empire romain; et les habitans des provinces orientales voyaient tous les jours se former les nuages qui présageaient les malheurs et la désolation de leur patrie (1).

---

(1) Hérodote, Xénophon, Hérodien, Ammien, Chardin, etc., m'ont fourni des données *probables* sur la noblesse persane. J'ai tiré de ces auteurs les détails qui m'ont paru convenir généralement à tous les siècles, ou en particulier à celui des Sassanides.

CHAPITRE IX.

Etat de la Germanie jusqu'à l'invasion des Barbares sous le règne de l'empereur Dèce.

Les sanglans démêlés des Perses avec Rome, et leur influence marquée sur la décadence et sur la chute de l'empire, nous ont engagé à faire connaître la religion et le gouvernement de ce peuple. Maintenant si nous portons nos regards vers le nord du globe, nous voyons d'abord les Scythes ou Sarmates errer avec leurs chevaux, leurs troupeaux, leurs femmes et leurs enfans, dans ces plaines immenses qui s'étendent depuis la mer Caspienne jusqu'à la Vistule, depuis les confins de la Perse jusqu'à ceux de la Germanie (1). Mais il n'est point de nation plus

---

(1) Les Scythes, même d'après les anciens, ne sont point les Sarmates. Les Grecs, après avoir divisé le monde en Grecs et Barbares, divisèrent les Barbares en quatre grandes classes : les Celtes, les Scythes, les Indiens et les Éthiopiens. Ils appelaient *Celtes* tous les habitans des Gaules. La Scythie s'étendait depuis la mer Baltique jusqu'au lac Aral; les peuples renfermés dans l'angle qui se trouvait au nord-ouest entre la Celtique et la Scythie furent nommés *Celto-Scythes*, et les Sarmates furent placés dans la partie méridionale de cet angle. Mais ces noms de Celtes, de Scythes, de Celto-Scythes et de Sarmates, ont été inventés, dit

digne que les Germains d'occuper une place considérable dans notre histoire. Ce sont eux qui d'abord eurent le courage de résister aux Romains, qui envahirent ensuite les domaines de ces superbes vainqueurs, et qui enfin écrasèrent leur puissance en

---

Schlœzer, par la profonde ignorance des Grecs en cosmographie, et n'ont point de réalité : ce sont des divisions purement géographiques qui n'ont aucun rapport avec la véritable filiation des peuples. Ainsi tous les habitans des Gaules sont appelés *Celtes* par la plupart des anciens; cependant les Gaules renfermaient trois nations tout-à-fait différentes : les Belges, les Aquitains, et les Gaulois proprement dits. *Hi omnes linguâ, institutis, legibus inter se differunt.* (Cæsar. Comm., c. 1.) C'est ainsi que les Turcs appellent tous les Européens des *Francs*. (*Schlœzers Allgemeine Nordische Geschichte,* p. 289, 1771. — Bayer (*de Origine et priscis sedibus Scytharum,* in Opusc., p. 64) dit : *Primus eorum, de quibus constat,* Ephorus *in quarto historiarum libro orbem terrarum inter* Scythas, Indos, Æthiopas *et* Celtas *divisit. Fragmentum ejus loci* Cosmas Indicopleustes *in topographiâ christianâ, f.* 148, *conservavit. Video igitur Ephorum, cùm locorum positus per certa capita distribuere et explicare constitueret, insigniorum nomina gentium vastioribus spatiis adhibuisse; nulla mala fraude at successu infelici. Nam Ephoro quoquo modo dicta pro exploratis habebant Græci plerique et Romani : ita gliscebat error posteritate. Igitur tot tamque diversæ stirpis gentes non modò intra communem quandam regionem definitæ, unum omnes Scytharum nomen his auctoribus subierunt, sed etiam ab illâ regionis adpellatione in eandem nationem sunt conflatæ. Sic Cimmeriorum res cum Scythicis, Scytharum cum Sarmaticis, Russicis, Hunnicis, Tataricis, commiscentur.* (Note de l'Éditeur.)

Occident. Des considérations plus fortes, et qui nous touchent de bien près, exigent encore toute notre attention. Les peuples les plus civilisés de l'Europe moderne sont sortis des forêts de la Germanie; et nous pourrions retrouver dans les institutions grossières des Barbares qui les habitaient alors, les principes originaux de nos lois et de nos mœurs. Tacite a fait un ouvrage sur les Germains: leur état primitif, leur simplicité, leur indépendance, ont été tracés par le pinceau de cet écrivain supérieur, le premier qui ait appliqué la science de la philosophie à l'étude des faits. Son excellent traité, qui renferme peut-être plus d'idées que de mots, a d'abord été commenté par une foule de savans: de nos jours, il a exercé le génie et la pénétration des historiens philosophes. Quelles que soient la richesse et l'importance de ce sujet, il a déjà été traité tant de fois, avec tant d'habileté et de succès, qu'il est devenu familier au lecteur et difficile pour l'auteur. Nous nous contenterons donc de rappeler quelques-unes des circonstances les plus intéressantes du climat, des mœurs et des institutions qui ont rendu des sauvages si redoutables à la puissance de Rome.

<small>Étendue de la Germanie.</small> La Germanie, si on en excepte la petite province de ce nom, située sur la rive occidentale du Rhin, qui avait subi le joug des Romains, renfermait le tiers de l'Europe. La Suède, le Danemarck, la Norwège, la Finlande, la Livonie, la Prusse, presque toute l'Allemagne, et la plus grande partie de la Pologne, étaient originairement habités par une seule

nation, partagée en différentes tribus; dont les traits, les mœurs, le langage, attestaient une origine commune, et laissaient apercevoir entre elles une ressemblance frappante (1). Le Rhin bornait à l'occident ces

---

(1) La Germanie n'avait pas une si grande étendue. « C'est d'après César, et surtout d'après Ptolémée, dit Gatterer, que nous pouvons connaître ce qu'était l'ancienne Germanie avant que les guerres des Romains eussent changé la situation des peuples. La Germanie, changée par ces guerres, nous a été décrite par Strabon, par Pline et par Tacite.... La Germanie proprement dite, ou grande Germanie, était bornée à l'ouest par le Rhin, à l'est par la Vistule, au nord par la pointe méridionale de la Norwége, par la Suède et par l'Estonie. Quant au midi, le Mein et les montagnes du nord de la Bohême en faisaient les limites. Avant César, le pays compris entre le Mein et le Danube était occupé en partie par les Helvétiens et par d'autres Gaulois, en partie par la forêt Hercynienne; mais depuis César jusqu'à la grande migration des peuples, ces bornes furent reculées jusqu'au Danube, ou, ce qui revient au même, jusqu'aux Alpes de la Souabe, quoique la forêt Hercynienne occupât encore, du sud au nord, un espace de neuf jours de marche sur les deux rives du Danube. » *Gatterer's Versuch einer allgemeinen Weltgeschichte*, p. 424, édit. de 1792.

Cette vaste contrée était loin d'être habitée par une seule nation partagée en différentes tribus d'une même origine : on pouvait y compter trois races principales, très-distinctes par leur langage, leur origine et leurs mœurs : 1° à l'orient, les Slaves ou Vandales; 2° à l'occident, les Cimriens ou Cimbres; 3° entre les Slaves et les Cimbres se trouvaient les Allemands proprement dits (les *Suèves* de Tacite). Le midi était habité, avant Jules-César, par des nations d'origine gauloise; les Suèves l'occupèrent dans la suite.

1° Les Slaves, appelés depuis Vandales (Wenden),

vastes contrées ; et vers le midi, les provinces illyriennes de l'empire en étaient séparées par le Danube. Depuis ce fleuve, une chaîne de montagnes, connues

---

étaient, selon quelques savans, aborigènes de la Germanie, et, selon d'autres, ne s'y sont introduits que plus tard, en s'emparant d'abord de la partie occidentale, abandonnée par les Vandales proprement dits, dont ils prirent aussi le nom. « Ces derniers appartenaient, dit Adelung, à la race des Suèves; Pline, Tacite et Dion-Cassius les nomment. Ils conquirent la Dacie sur les Goths; mais, chassés à leur tour, ils errèrent dans la Pannonie, dans les Gaules, en Espagne, et vinrent enfin trouver leur tombeau en Afrique, un peu avant l'an 534 de Jésus-Christ. *Adelungs ælteste Geschichte der Deutschen; ihrer Sprache bis zur Vœlkerwanderung.*

Schlœzer, au contraire, dans son *Histoire universelle du Nord*, fait considérer les Slaves comme originaires de la Germanie orientale, quoique inconnus aux Romains : il les divise en *Slaves méridionaux*, qui occupaient les pays que nous nommons aujourd'hui la Carniole et la Carinthie, la Styrie et le Frioul; et en *Slaves septentrionaux*, qui occupaient le Mecklenbourg, la Poméranie, le Brandebourg, la Haute-Saxe et la Lusace. Leur langue, l'esclavon, est la tige d'où sont sortis le russe, le polonais, le bohémien, les dialectes de la Lusace, de quelques parties du duché de Lunebourg, de la Carniole, de la Carinthie et de la Styrie, etc., ceux de la Croatie, de la Bosnie et de la Bulgarie. *Voyez* Schlœzer, *Histoire universelle du Nord*, p. 323-335.

Gatterer, dans son *Essai d'une Histoire universelle*, a mieux traité cette question; et son opinion me paraît prouvée. Il a montré que les pays situés à l'ouest du Niémen, de la Vistule et de la Theiss, avaient été habités jusqu'au troisième siècle par des peuples *non Slaves*, d'origine germa-

sous le nom de monts Krapacks, couvrait la Germanie du côté de la Hongrie et du pays des Daces. A l'orient, les défiances mutuelles des Germains et des

---

nique : les Slaves occupaient alors les terres situées à l'est de ces trois fleuves; ils étaient divisés, d'après Jornandès et Procope, en trois classes : les Vénèdes ou Vandales, les Antes, et les Slaves proprement dits. Les premiers prirent le nom de Vénèdes, au troisième siècle, après avoir chassé des pays situés entre le Mémel et la Vistule, les Vandales ou Vénèdes, Germains qui s'étendaient jusqu'aux monts Krapacks. Les Antes habitaient entre le Dniester et le Dnieper; au nord-ouest de la Crimée. Les Slaves proprement dits, ou Esclavons, habitaient, au sixième siècle, le nord de la Dacie, et paraissent avoir été le peuple que Trajan chassa de la Dacie méridionale. Pendant et après la grande migration des peuples, ces diverses tribus slaves s'avancèrent et envahirent tout le pays jusqu'aux rives de l'Elbe et de la Saal, occupé auparavant par les Germains que Tacite appelle Suèves. Ce n'est donc que depuis cette époque que les Slaves, du moins les Antes et les Esclavons, peuvent être compris dans la Germanie. Les Vandales slaves sont les seuls dont l'établissement en Germanie soit d'une date plus reculée. *Gatterers Versuch einer allgemeinen Weltgeschichte*, p. 538, éd. de 1792.

2° Adelung, dans son *Histoire ancienne de l'Allemagne*, divise les peuples germains (d'après César et dès les temps les plus anciens) en deux races principales, les Suèves et les non Suèves : il donne à ces derniers, qui habitaient la Germanie occidentale, la dénomination générale de Cimbres : c'était le nom des peuples qui avaient passé le Rhin long-temps avant César, et s'étaient emparés d'une grande partie de la Gaule, entre autres de la Belgique; César et Pline les appellent aussi *Belges*. Les habitans de la presqu'île du Jutland s'appelaient aussi *Cimbres*. Pline fait aussi

Sarmates marquaient légèrement quelques frontières souvent effacées par les conquêtes et par les alliances des différentes tribus de ces deux nations. Le septen-

---

mention de Cimbres qui se trouvaient sur la rive droite du Rhin : il paraît vraisemblable, d'après cela, que tous les habitans de la Germanie occidentale étaient des Cimbres. Les restes des Cimbres se retrouvent dans le pays de Galles et dans la Basse-Bretagne, où leur nom s'est conservé dans celui de *Cymri*. C'est à la race des Cimbres allemands, c'est-à-dire habitans de la rive droite du Rhin, qu'appartenaient plusieurs des tribus dont les noms se retrouvent dans les auteurs anciens, telles que les *Gutthones*, ceux du Jutland; *Usipeti*, dans la Westphalie; *Sigambri*, dans le duché de Berg, etc. *Adelungs ælteste geschichte der Deutschen*, p. 239 et suiv.

3° A l'orient des tribus cimbriques se trouvait la nation des Suèves, que les Romains ont connue très-anciennement, puisque L. Corn. Sisenna, qui vivait cent vingt-trois ans avant Jésus-Christ, en fait déjà mention. (Nonius v. *Lancea*.) Elle s'étendait jusqu'aux bords de la Vistule, et depuis la forêt Hercynienne jusqu'à la mer Baltique. A l'Orient, elle fut constamment pressée par les Slaves, qui la forcèrent à se jeter sur les Cimbres, dont une partie passa le Rhin et envahit le nord de la Gaule : de là vint la haine qui régnait entre les deux nations. Les écrivains grecs et romains comprennent ordinairement sous le titre de *Suèves* toutes les tribus qui habitaient dans l'espace que nous venons de déterminer; mais ils donnent parfois ce nom à des tribus particulières à qui ils n'en connaissaient point d'autre : ainsi César appelle presque toujours les Cattes (aujourd'hui les Hessois) *Suèves*. Plus tard, ce nom ne fut donné qu'aux Marcomans et aux Quades, qui le portaient lors de leur invasion dans la Gaule et en Espagne. (Les Marcomans habitaient d'abord le royaume de Wur-

trion resta toujours inconnu aux anciens : ils n'entrevirent qu'imparfaitement un océan glacé au-delà

temberg et le pays compris entre la Forêt-Noire et le Danube, dont ils avaient chassé les Helvétiens. Poussés par les Romains, ils s'établirent en Bohême, en Moravie et en Autriche, où ils subjuguèrent les Quades et où ils restèrent jusqu'à leur irruption dans l'Occident.) Le nom de Suèves s'est conservé dans celui de *Souabe. Adel. œlt. gesch. der Deutsch.*, p. 192 et suiv.

Telles sont les principales races qui habitaient la Germanie : elles se sont poussées d'Orient en Occident, et ont servi de tige aux races modernes; mais l'Europe septentrionale n'a pas été peuplée uniquement par elles; d'autres races d'origine différente, et parlant d'autres langues, l'ont habitée et y ont laissé des descendans. *Voyez* Schlœzer, *Hist. univ. du Nord*, p. 291.

Les tribus germaniques s'appelaient elles-mêmes, dans les temps très-reculés, du nom générique de Teutons (*Teuten, Deutschen*), que Tacite fait dériver de celui de l'un de leurs dieux, Tuisco. Il paraît plus vraisemblable que ce mot signifiait simplement *hommes, peuple*: une foule de nations sauvages n'ont pas su se donner un autre nom; ainsi les Lapons s'appellent *Almag, peuple;* les Samoïèdes, *Nilletz, Nissetsch, hommes*, etc. Quant au nom de *Germains* (*Germani*), César le trouva en usage dans la Gaule, et s'en servit comme d'un nom déjà connu des Romains. Plusieurs savans, d'après un passage de Tacite (*de Mor. Germ.*, c. 2), ont cru qu'il n'avait été donné aux Teutons que depuis César; mais Adelung a combattu victorieusement cette opinion. Le nom de *Germains* se retrouve dans les *Fastes capitolins. Voyez Gruter*, inscript. 2899, où le consul Marcellus, l'an de Rome 531, est dit avoir défait les Gaulois, les Insubriens et les *Germains*, commandés par Virdomar. Voyez *Adel. œlt. gesch. der Deutsch.*, p. 102. (*Note de l'Éditeur.*)

de la mer Baltique et de la péninsule ou des îles de la Scandinavie (1).

Climat. — Quelques écrivains ingénieux (2) ont soupçonné que l'Europe était autrefois bien plus froide qu'elle ne l'est à présent. Les plus anciennes descriptions de la Germanie tendent singulièrement à confirmer leur théorie. Il n'est question, en parlant de cette contrée, que de neige, de frimas et d'un hiver perpétuel. On doit peut-être s'arrêter peu à ces expressions générales, puisque nous n'avons aucune méthode pour réduire à la mesure exacte du thermomètre les sensations ou les expressions d'un orateur né sous le climat fortuné de la Grèce et de l'Asie. Il existe cependant deux circonstances remarquables et d'une nature moins équivoque : 1° La glace arrêtait souvent le cours des deux grands fleuves qui

---

(1) Les philosophes modernes de la Suède semblent convenir que les eaux de la mer Baltique diminuent dans une proportion régulière; et ils ont calculé que cette diminution est d'environ un demi-pouce par an. Le pays-bas de la Scandinavie devait être, il y a vingt siècles, couvert de la mer, tandis que les hauteurs s'élevaient au-dessus des eaux, comme autant d'îles différentes par leur forme et par leur étendue. Telle est réellement l'idée que Mela, Pline et Tacite nous donnent des contrées baignées par la mer Baltique. *Voyez*, dans la *Bibliothèque raisonnée*, tomes XL et XLV, un extrait étendu de l'*Histoire de Suède*, de Dalin, composée en suédois.

(2) En particulier M. Hume, l'abbé Dubos et M. Pelloutier. *Hist. des Celtes*, t. 1.

servaient de limites à l'empire. Pendant l'hiver, le Rhin et le Danube étaient capables de soutenir les fardeaux les plus énormes. Alors les Barbares, qui choisissaient ordinairement cette saison rigoureuse pour leurs incursions, transportaient, sans crainte et sans danger, sur une masse d'eau devenue immobile (1), leurs nombreuses armées, leur cavalerie et des chariots remplis de provisions de toute espèce. Les siècles modernes n'ont jamais été témoins d'un pareil phénomène. 2° Le renne, cet animal utile, dont le sauvage du Nord, condamné à vivre sous un ciel affreux, tire de si grands avantages, est d'une constitution qui supporte, qui exige même le froid le plus rigoureux. On le trouve sur le rocher du Spitzberg, à dix degrés du pôle. Il semble se plaire au milieu des neiges de la Sibérie et de la Laponie : aujourd'hui il ne peut vivre, encore moins se reproduire, dans aucune contrée au sud de la mer Baltique (2). Du temps de Jules-César, le renne, aussi bien que l'élan et le taureau sauvage, existait dans la forêt Hercynienne, qui couvrait alors une partie

---

(1) Diodore de Sicile, l. v, p. 340, édit. Wessel; Hérodien, liv. VI, p. 221; Jornandès, c. 55. Sur les rives du Danube, le vin était souvent gelé, et on l'apportait à table en gros morceaux : *frusta vini*. (Ovide, *Epist. ex Ponto*, l. IV; 7, 9, 10; Virgile, *Georg.*, l. III, 355.) Ce fait est confirmé par un observateur, soldat et philosophe, qui avait senti le froid rigoureux de la Thrace. *Voyez* Xénophon, *Retraite des dix mille*, l. VII, p. 560, édit. Hutchinson.

(2) Buffon, *Hist. nat.*, tome XII, p. 79, 116.

de l'Allemagne et de la Pologne (1). Les travaux des hommes expliquent suffisamment les causes de la diminution du froid. Ces bois immenses qui dérobaient la terre aux rayons du soleil (2), ont été détruits. A mesure que l'on a cultivé les terres et desséché les marais, la température du climat est devenue plus douce. Le Canada nous présente maintenant une peinture exacte de l'ancienne Germanie. Quoique située sous la même latitude que les plus belles provinces de la France et de l'Angleterre, cette partie du Nouveau-Monde éprouve le froid le plus rigoureux. Le renne y est commun : la terre reste ensevelie sous une neige profonde et impénétrable. Le fleuve Saint-Laurent est régulièrement gelé dans un temps où les eaux de la Seine et de la Tamise sont ordinairement débarrassées des glaces (3).

Ses effets sur les naturels.

On a souvent examiné l'influence du climat sur les corps et sur les esprits des Germains. Il est plus facile d'en exagérer les effets que de les déterminer avec précision. Quelques écrivains ont supposé, et ils croyaient tous pour la plupart, quoique peut-être sans aucune preuve suffisante, que le froid ri-

---

(1) César, *de Bell. gall.*, VI, 23, etc. Les Germains les plus instruits ne connaissaient pas les dernières limites de cette forêt, quoique quelques-uns d'entre eux y eussent fait plus de soixante journées de chemin.

(2) Cluvier (*Germania antiqua*, l. III, c. 47) recherche de tous côtés les plus petits restes de la forêt Hercynienne.

(3) Charlevoix, *Hist. du Canada.*

goureux du nord contribuait à la longue vie des habitans, et favorisait la propagation de l'espèce ; que les hommes de ces contrées étaient plus propres à la génération, et les femmes plus fécondes que dans les climats chauds et tempérés (1). Nous pouvons avancer avec plus d'assurance que les peuples du Septentrion avaient reçu de la nature de grands corps et une vigueur inépuisable, et qu'ils avaient en général sur ceux du Midi l'avantage d'une taille élevée (2). L'air âpre de la Germanie donnait aux naturels une sorte de force plus faite pour les exercices violens que pour un travail soutenu. Il leur inspirait une intrépidité qui résultait de leurs fibres et de leur organisation particulière. En temps de guerre, ces robustes enfans du Nord (3) sentaient à peine les rigueurs d'un hiver qui glaçait le courage du soldat romain. Incapables, à leur tour, de résister aux grandes chaleurs, ils éprouvaient pendant l'été une langueur et des maladies mortelles, et toute leur fougue se dissipait sous les feux brûlans du soleil de l'Italie (4).

---

(1) Olaus-Rudbek assure qu'en Suède les femmes ont dix ou douze enfans, et quelquefois vingt ou trente ; mais l'autorité de Rudbek est très-suspecte.

(2) *In hos artus, in hæc corpora, quæ miramur, excrescunt.* Tacite, *Germ.*, III, 20. Cluvier, l. 1, c. 14.

(3) Plutarque, *Vie de Marius.* Les Cimbres s'amusaient souvent à descendre, sur leurs larges boucliers, des montagnes de neige.

(4) Les Romains faisaient la guerre dans tous les climats ;

Origine des Germains.

En parcourant la surface du globe, il n'est point de partie considérable où l'on ne découvre des habitans; et partout l'histoire se tait sur la manière dont ces pays ont d'abord été peuplés. En vain l'esprit philosophique examine soigneusement l'enfance des grandes sociétés; il n'aperçoit que des ténèbres, et notre curiosité se consume en efforts inutiles. Lorsque Tacite considère la pureté du sang des Germains et l'aspect affreux de leur patrie, il est disposé à déclarer ces Barbares indigènes. Il est probable, et peut même paraître certain, que l'ancienne Germanie n'avait pas été originairement peuplée par des colonies étrangères déjà formées en corps politique (1). Ce qui paraît le plus vraisemblable, c'est que les sauvages errans de la forêt Hercynienne, rassemblés d'a-

---

partout leur vigueur et leur santé se soutenaient, en grande partie, par leur discipline excellente. On peut remarquer que l'homme est le seul animal qui puisse vivre et se reproduire dans toutes les contrées, depuis l'équateur jusqu'aux pôles. Sous ce rapport, le cochon est celui de tous les animaux qui semble approcher le plus de notre espèce.

(1) Tacite, *Germ.*, c. 3. Les Gaulois, dans leurs migrations, suivirent le cours du Danube, et se répandirent dans la Grèce et en Asie. Tacite n'a pu découvrir qu'une très-petite tribu qui conservât quelques traces d'une origine gauloise (*).

(*) *Gothines*, qu'il ne faut pas confondre avec les Goths (*Gothen*), tribu suève. Il y avait le long du Danube, du temps de César, plusieurs autres tribus d'origine gauloise, qui ne purent long-temps tenir contre les attaques des Suèves. Les Helvétiens qui habitaient à l'entrée de la Forêt-Noire, entre le Mein et le Danube, avaient été

bord en petit nombre, auront insensiblement formé un grand peuple connu sous le nom de nation germanique. Si l'on osait prétendre ensuite que ces sauvages fussent enfans de la terre qu'ils foulaient aux pieds, un pareil système serait condamné par la religion, et la raison ne fournirait aucune arme pour le défendre.

Ces doutes sensés sont bien opposés aux notions de la vanité nationale. Parmi les peuples qui ont adopté l'histoire de Moïse, l'arche de Noé est devenue ce que le siége de Troie avait été pour les Grecs et pour les Romains. Sur la base étroite de la vérité, l'imagination a placé l'immense et grossier colosse de la fable. Écoutez l'orgueilleux Irlandais (1); il peut

<small>Fables et conjectures.</small>

---

(1) Selon le docteur Keating (*Hist. d'Irlande*, p. 13, 14), le géant Parthólanus, qui était fils de Seara, fils d'Esra, fils de Sru, fils de Framant, fils de Fathaclan, fils de Magog, fils de Japhet, fils de Noé, débarqua sur la côte de Munster le 14 mai de l'année du monde 1978. Quoiqu'il réussît dans cette grande entreprise, la conduite déréglée de sa femme le rendit très-malheureux dans sa vie domestique, et l'irrita à un tel point, qu'il tua un lévrier qu'elle aimait beaucoup. Selon la remarque judicieuse du savant historien; ce fut le *premier* exemple de fausseté et d'infidélité parmi les femmes, que l'on vit alors en Irlande.

chassés long-temps avant César. Il fait aussi mention des *Volces Tectosages*, venus du Languedoc, établis autour de la Forêt-Noire. Les *Boïens*, qui avaient pénétré dans cette forêt, et qui ont laissé dans la *Bohême* des traces de leur nom, furent subjugués, au premier siècle, par les Marcomans. Les Boïens établis dans la Norique se fondirent dans la suite avec les Lombards, et reçurent le nom de *Boïo-Avii* (Bavière). (*Note de l'Éditeur.*)

aussi bien que le sauvage des déserts de la Tartarie (1), vous montrer, dans un fils de Japhet, la tige d'où sont sortis ses ancêtres. Le dernier siècle a produit une foule de savans d'une érudition profonde et d'un esprit crédule, qui, guidés par la lueur incertaine des légendes, des traditions, des conjectures et des étymologies, ont conduit les enfans et les petits-fils de Noé depuis la tour de Babel jusqu'aux extrémités de la terre. De tous ces critiques si judicieux, celui qui mérite le plus d'être remarqué, est Olaus-Rudbek, professeur de l'université d'Upsal (2). Ce zélé citoyen fait de son pays natal le théâtre de toutes les merveilles que la fable et l'histoire ont célébrées. C'est de la Suède que les Grecs ont tiré leur alphabet, leur astronomie, leur religion. La Suède était, selon lui, une contrée délicieuse dont l'Atlantique de Platon, le pays des Hyperboréens, les îles Fortunées, le jardin des Hespérides, et même les Champs-Élysées, ne nous ont donné qu'une idée imparfaite. Un climat si favorisé de la nature ne pouvait rester long-temps désert après le déluge. En peu d'années la famille de Noé, composée d'abord de huit personnes, compte vingt mille rejetons. Alors le savant Rudbek les sépare en petites colonies, et les dis-

---

(1) *Histoire généalogique des Tartares*, par Abulghazi Bahadur Khan.

(2) Son ouvrage, qui a pour titre *Atlantica*, est singulièrement rare. Bayle en a donné deux extraits fort curieux. *Rép. des lettres*, janvier et février 1685.

persé sur toute la terre pour en couvrir la surface et propager l'espèce humaine. Le détachement germain ou suédois, commandé, si je ne me trompe, par Askenaz, fils de Gomer, fils de Japhet, se conduisit dans cette grande entreprise avec une activité extraordinaire. Bientôt le Nord envoie de nombreux essaims en Europe, en Asie et en Afrique ; et, pour me servir de la métaphore de l'auteur, le sang se porta des extrémités au cœur de l'univers.

Mais tous ces systèmes savans d'antiquités germaniques viennent se briser contre un seul fait trop bien attesté pour donner lieu au moindre doute, et d'une espèce trop décisive pour qu'il soit possible d'y répondre. Les Germains, du temps de Tacite, n'avaient point l'usage des lettres (1), connaissance précieuse qui distingue principalement un peuple

Les Germains n'avaient pas l'usage des lettres.

---

(1) Tacite, *Germ.*, II, 19. *Litterarum secreta viri pariter ac feminæ ignorant.* Nous pouvons nous contenter de cette autorité décisive, sans entrer dans des disputes obscures, concernant l'antiquité des caractères runiques. Selon le savant Celsius, Suédois, qui joignit l'érudition à la philosophie, ces caractères n'étaient autre chose que les lettres romaines, avec les courbes changées en lignes droites pour la facilité de la gravure. *Voyez* Pelloutier, *Histoire des Celtes*, l. II, c. 2 ; *Dictionnaire diplomatique*, t. I, p. 223. Nous pouvons ajouter que les plus anciennes inscriptions runiques sont supposées être du troisième siècle, et que le plus ancien écrivain qui ait parlé des caractères runiques est Venantius-Fortunatus (*Carm.* VII, 18), qui vivait vers la fin du sixième siècle.

Barbara fraxineis pingatur runa tabellis.

civilisé d'une horde de sauvages plongés dans les ténèbres de l'ignorance, ou incapables de réflexion. Privé de ce secours artificiel, l'homme perd le souvenir ou altère la nature des idées qu'il a reçues. Bientôt les modèles s'effacent, les matériaux disparaissent, le jugement devient faible et inactif, l'imagination reste languissante, ou, si elle veut prendre l'essor, elle n'enfante que des chimères. Enfin, l'âme, abandonnée à elle-même, méconnaît insensiblement l'exercice de ses plus nobles facultés. Pour nous convaincre de cette vérité importante, considérons l'état actuel de la société. Quelle distance immense entre l'homme instruit et le paysan entièrement privé de la connaissance des lettres! Le premier, par le secours de la lecture ou la réflexion, multiplie sa propre expérience; il parcourt tout l'univers; il se transporte dans les siècles les plus éloignés. L'autre, attaché à la glèbe qui l'a vu naître, borné à quelques années d'existence, l'emporte à peine en intelligence sur ce bœuf, tranquille compagnon de ses travaux. On trouvera une différence encore plus grande parmi les nations que parmi les individus. N'en doutons point, sans une méthode propre à exprimer les pensées par des figures, un peuple ne conservera jamais de monumens historiques. Incapable de percer dans les sciences abstraites, jamais il ne pourra cultiver avec succès les arts utiles et agréables de la vie.

<small>Des arts, de l'agriculture.</small> Ces arts furent entièrement inconnus aux habitans du Nord. Les Germains passaient leurs jours dans un état de pauvreté et d'ignorance que de vains décla-

mateurs se sont plu à décorer du nom de vertueuse simplicité. On compte maintenant en Allemagne environ deux mille trois cents villes (1) entourées de murs. Dans une étendue de pays beaucoup plus considérable, Ptolémée n'a pu découvrir que quatre-vingt-dix bourgs ou villages, qu'il décore du nom pompeux de villes (2). Selon toutes les apparences, les forêts de la Germanie ne renfermaient que des fortifications grossières, élevées sans art, pour mettre les femmes, les enfans et les troupeaux à l'abri d'une invasion subite, tandis que les guerriers marchaient à la rencontre de l'ennemi (3). Tacite rapporte, comme un fait constant, que, de son temps, ces Barbares n'avaient aucune ville (4). Ils affectaient de mépriser les ouvrages de l'industrie romaine : toutes ces enceintes redoutables leur paraissaient plutôt une prison qu'un lieu de sûreté (5). Leurs maisons

---

(1) *Recherches philosophiques sur les Américains*, t. III, p. 228. Cet ouvrage curieux est, dit-on, d'un Allemand.

(2) Le géographe d'Alexandrie est souvent critiqué par l'exact Cluvier.

(3) *Voyez* César et le savant M. Whitaker, dans son *Histoire de Manchester*, tome I.

(4) Tacite, *Germ.*, 15.

(5) Lorsque les Germains ordonnèrent aux Ubiens, habitans de Cologne, de secouer le joug des Romains, et de reprendre, avec leur nouvelle liberté, leurs anciennes mœurs, ils exigèrent d'eux qu'ils démoliraient immédiatement les murailles de la colonie. *Postulamus à vobis, muros coloniæ, munimenta servitii, detrahatis ; etiam fera anima-*

isolées ne formaient aucun village régulier (1). Chaque sauvage fixait ses foyers indépendans sur le terrain auquel un bois, un champ, une fontaine, l'engageaient à donner la préférence. Là on n'employait ni pierres, ni briques, ni tuiles (2). Toutes ces habitations n'étaient réellement que des huttes peu élevées, de figure circulaire, construites en bois qui n'avait point été façonné, couvertes de chaume et percées vers le haut pour laisser un passage libre à la fumée. Dans l'hiver, le Germain n'avait, pour se garantir du froid le plus rigoureux, qu'un léger manteau fait de la peau de quelque animal. Les tribus du Nord portaient des fourrures, et les femmes filaient elles-mêmes une sorte de toile grossière dont elles se servaient (3). Le gibier de toute espèce dont les forêts étaient remplies, procurait à ces peuples une nourriture abondante et le plaisir de la chasse (4). De nombreux troupeaux, moins remarquables, il est vrai, par leur beauté que par

---

lia, si clausa teneas, virtutis obliviscuntur. Tacite, *Hist.*, IV, 64.

(1) Les maisons dispersées, qui forment un village en Silésie, s'étendent sur une longueur de plusieurs milles. *Voyez* Cluvier, l. 1, c. 13.

(2) Cent quarante ans après Tacite, quelques bâtimens plus réguliers furent construits près les bords du Rhin et du Danube. Hérodien, l. VII, p. 234.

(3) Tacite, *Germ.*, 17.

(4) Tacite, *Germ.*, 5.

leur utilité (1), formaient leurs principales richesses. Leur contrée ne produisait que du blé; on n'y voyait ni vergers, ni prairies artificielles; et comment l'agriculture se serait-elle perfectionnée dans un pays où, tous les ans, une nouvelle division de terres labourables occasionait un changement universel dans les propriétés, et dont les habitans, attachés à cette coutume singulière, laissaient en friche, pour éviter toute dispute, une grande partie de leur territoire (2)?

L'argent, l'or et le fer, étaient extrêmement rares en Germanie. Les naturels n'avaient ni la patience ni le talent nécessaires pour tirer du sein de la terre ces riches veines d'argent qui depuis ont récompensé si libéralement les soins des souverains de Saxe et de Brunswick. La Suède, dont les mines fournissent maintenant du fer à toute l'Europe, ignorait également ses trésors. A voir les armes des Germains, on jugera facilement qu'ils avaient peu de fer, puisqu'ils ne pouvaient en employer beaucoup à l'usage qui devait paraître le plus noble aux yeux d'un peuple belliqueux. Les guerres et les traités avaient introduit quelques espèces romaines, d'argent pour la plupart, chez les nations qui habitaient les bords du Rhin et du Danube; mais les tribus plus éloignées n'avaient aucune idée de la

Et des métaux.

---

(1) César, *de Bell. gall.*, VI, 21.
(2) Tacite, *Germ.*, 26; César, VI, 22.

monnaie. Leur commerce borné consistait dans l'échange des marchandises; et de simples vases d'argile leur paraissaient aussi précieux que ces coupes d'argent dont Rome avait fait des présens à leurs princes et à leurs ambassadeurs (1). Ces faits principaux instruisent mieux un esprit capable de réflexion que tout le détail minutieux d'une foule de circonstances particulières. La valeur de la monnaie a été fixée, par un consentement général, pour exprimer nos besoins et nos propriétés, comme les lettres ont été inventées pour rendre nos pensées. Ces deux institutions, en augmentant la force de la nature humaine, et en donnant à nos passions une énergie plus active, ont contribué à multiplier les objets qu'elles devaient représenter. L'usage de l'or et de l'argent est, en grande partie, idéal; mais il serait impossible de calculer les services nombreux et importans que l'agriculture et tous les arts ont retirés du fer, lorsque ce métal a été épuré par le feu et façonné par la main industrieuse de l'homme. En un mot, la monnaie est l'attrait le plus universel de l'industrie humaine; le fer en est l'instrument le plus puissant. Otez à un peuple ces deux moyens; qu'il ne soit ni excité par l'un ni secondé par l'autre, il ne pourra jamais sortir de la plus grossière barbarie (2).

---

(1) Tacite, *Germ.*, 6.
(2) On prétend que les Mexicains et les Péruviens, sans connaître l'usage de la monnaie ou du fer, ont fait de grands

Si nous contemplons un peuple sauvage, dans quelque partie du globe que ce puisse être, nous verrons une quiétude indolente et l'indifférence sur l'avenir former la partie dominante de son caractère. Dans un État civilisé, l'âme tend à se développer ; toutes ses facultés sont perpétuellement exercées, et la grande chaîne d'une dépendance mutuelle embrasse et resserre les individus. La portion la plus considérable de la société est constamment employée à des travaux utiles. Quelques-uns, placés par la fortune au-dessus de cette nécessité, peuvent cependant occuper leur loisir en suivant l'intérêt ou la gloire, en augmentant leurs biens, en perfectionnant leur intelligence, ou en se livrant aux devoirs, aux plaisirs, aux folies même de la vie sociale. Les Germains n'avaient aucune de ces ressources. Ils abandonnaient aux vieillards, aux gens infirmes, aux femmes et aux esclaves, les détails domestiques, la culture des terres et le soin des troupeaux. Privé de tous les arts qui pouvaient remplir son loisir, le guerrier fainéant, semblable aux animaux, passait ses jours et ses nuits à manger et à dormir. Et cependant, combien la nature ne diffère-t-elle pas d'elle-même ! selon la remarque d'un écrivain qui en avait sondé toute la profondeur, ces mêmes sauvages étaient tour à tour les

<small>Leur indolence.</small>

---

progrès dans les arts. Ces arts, et les monumens qu'ils ont produits, ont été singulièrement exagérés. *Voyez* les *Recherches sur les Américains,* t. II, p. 153., etc.

plus indolens et les plus impétueux des hommes. Ils aimaient l'oisiveté, ils détestaient le repos (1). Leur âme languissante, accablée de son propre poids, cherchait avidement quelque sensation nouvelle, quelque objet capable de lui donner des secousses. La guerre et ses horreurs avaient seules des charmes pour ces caractères indomptés. Dès que le bruit des armes se faisait entendre, le Germain, transporté, sortait tout à coup de son engourdissement : il volait aux combats ; il se précipitait au milieu des dangers. Les violens exercices du corps et les mouvemens rapides de l'âme lui donnaient un sentiment plus vif de son existence. Dans quelques tristes intervalles de paix, ces Barbares se livraient sans aucune modération aux excès de la boisson et du jeu. Ces deux plaisirs, dont l'un enflammait leurs passions et l'autre éteignait leur raison, contribuaient ainsi, par des moyens différens, à les délivrer de la peine de penser. Ils mettaient leur gloire à rester à table des journées entières. Souvent ces assemblées de débauche étaient souillées du sang de leurs parens et de leurs amis (2). Ils payaient avec la plus scrupuleuse exactitude les dettes d'honneur ; car ce sont eux qui nous ont appris à désigner ainsi les dettes du jeu. L'infortuné qui, dans son désespoir, avait risqué sa personne et sa liberté au hasard d'un coup de dé, se soumet-

---

(1) Tacite, *Germ.*, 15.
(2) *Idem*, 22, 23.

tait patiemment à la décision du sort. Garrotté, exposé aux traitemens les plus durs, quelquefois même vendu comme esclave dans les pays étrangers, il obéissait sans murmure à un maître plus faible, mais plus heureux (1).

Une bière, faite sans art avec du froment ou de l'orge, et acquérant par la *corruption*, selon l'énergique expression de Tacite, une sorte de ressemblance avec le vin, suffisait aux habitans de la Germanie pour leurs parties ordinaires de débauche; mais ceux qui avaient goûté les vins délicieux de l'Italie et de la Gaule, soupiraient après une espèce d'ivresse plus agréable. Ils ne songèrent cependant pas, comme on l'a exécuté depuis avec tant de succès, à planter des vignes sur les bords du Rhin et du Danube, et l'industrie ne leur procura jamais de matières pour un commerce avantageux. La nation aurait rougi de devoir à un travail pénible ce qu'elle pouvait obtenir par les armes (2). Le goût immodéré des Barbares de toutes les nations pour les liqueurs fortes les engagea souvent à envahir les régions comblées des présens si enviés de l'art ou de la nature. Le Toscan qui livra l'Italie aux Celtes, les attira dans sa patrie en leur montrant les excellens fruits et les vins précieux que produisait un climat

Leur goût pour les liqueurs fortes.

---

(1) Tacite, *Germ.*, 24. Les Germains avaient peut-être tiré leurs jeux des Romains; mais la passion du jeu est singulièrement inhérente à l'espèce humaine.

(2) Tacite, *Germ.*, 14.

plus fortuné (1). Ce fut ainsi que, durant les guerres du seizième siècle, les Allemands accoururent en France pour piller les riches coteaux de la Bourgogne et de la Champagne (2). L'ivrognerie, aujourd'hui le plus bas, mais non le plus dangereux de nos vices, peut, chez des peuples moins civilisés, occasioner une bataille, une guerre ou une révolution.

<small>Population de la Germanie.</small>

Depuis Charlemagne, dix siècles de travaux ont adouci le climat et fertilisé le sol de la Germanie : un million d'ouvriers et de laboureurs mènent à présent une vie aisée et agréable dans un pays où cent mille guerriers paresseux trouvaient à peine autrefois de quoi subsister (3). Les Germains destinaient leurs immenses forêts au plaisir de la chasse : ils employaient en pâturages la plus grande partie de leurs terres, en cultivaient une très-petite portion d'une manière fort imparfaite, et se plaignaient ensuite de l'aridité et de la stérilité d'une contrée qui

---

(1) Plutarque, *Vie de Camille*; Tite-Live, v, 33.

(2) Dubos, *Hist. de la Monarchie française*, tome I, p. 193.

(3) La nation helvétienne, qui sortit du pays appelé maintenant la Suisse, contenait trois cent soixante-huit mille personnes de tout âge et de tout sexe. (César, *de Bell. gall.*, l. 1, 29.) Aujourd'hui le nombre des habitans du pays de Vaud (petit district situé sur les bords du lac de Genève, et plus distingué par la politesse des mœurs que par l'industrie) se monte à cent douze mille cinq cent quatre-vingt-onze. *Voyez* une excellente dissertation de M. Muret, dans les *Mémoires de la Société de Berne*.

refusait de nourrir ses habitans. Lorsqu'une famine cruelle venait les convaincre de la nécessité des arts, ils n'avaient souvent alors d'autre ressource que d'envoyer au dehors le quart, ou peut-être le tiers de leur jeunesse (1). Une possession et une jouissance assurées sont les liens qui attachent un peuple à sa patrie; mais les Germains portaient avec eux ce qu'ils avaient de plus cher, et, dès qu'ils voyaient briller l'espoir d'une conquête ou d'un riche butin, ils abandonnaient la vaste solitude des bois, et marchaient aux combats avec leurs troupeaux, leurs femmes et leurs enfans. Les nombreux essaims qui sortirent ou qui parurent sortir de la *grande fabrique des nations*, ont été multipliés par l'effroi des vaincus et par la crédulité des siècles suivans. Des faits ainsi exagérés ont insensiblement établi une opinion soutenue depuis par de très-habiles écrivains : on s'est imaginé que du temps de César et de Tacite le Nord était infiniment plus peuplé qu'il ne l'est de nos jours (2). Des recherches plus exactes sur les causes de la population semblent avoir convaincu les philosophes modernes de la fausseté, de l'impossibilité même de cette hypothèse. Aux noms de

---

(1) Paul-Diacre, c. 1, 2, 3. Davila, Machiavel, et le reste de ceux qui ont suivi Paul-Diacre, n'ont point assez connu la nature de ces migrations, lorsqu'ils les ont représentées comme des entreprises concertées et régulières.

(2) Sir William Temple et M. de Montesquieu s'abandonnent sur ce sujet à la vivacité ordinaire de leur imagination.

Mariana et de Machiavel (1), nous pouvons en opposer d'aussi respectables, ceux de Hume et de Robertson (2).

Liberté.

Un peuple guerrier qui n'a point de villes, qui néglige tous les arts, et qui ne connaît l'usage ni des lettres ni de la monnaie, trouve cependant dans la jouissance de la liberté quelque compensation à cet état de barbarie : tels étaient les Germains ; leur pauvreté assurait leur indépendance. En effet, nos possessions et nos désirs sont les chaînes les plus fortes du despotisme. « Les Suéones, dit Tacite (3), honorent les richesses : aussi sont-ils soumis à un monarque absolu. Les armes ne sont pas parmi eux, comme chez les autres peuples germaniques, entre les mains de tout le monde ; le roi les tient en dépôt sous la garde d'un homme de confiance, et cet homme n'est pas citoyen ; ce n'est pas même un affranchi, c'est un esclave. Les voisins des Suéones, les Sitones (4), sont tombés au-dessous de la servitude ; ils obéissent à une femme (5). » En faisant cette exception, Tacite reconnaît la vérité du principe général

---

(1) Machiavel, *Histoire de Florence*, liv. 1 ; Mariana, *Hist. d'Espagne*; l. v, c. 1.

(2) Robertson, *Hist. de Charles-Quint*; Hume, *Essais polit.*

(3) Traduction de l'abbé de La Bletterie.

(4) Tacite, *Germ.*, 44, 45. Frenshemius, qui a dédié son *Supplément de Tite-Live* à Christine, reine de Suède, croit devoir paraître très-fâché contre le Romain qui traite avec si peu de respect les reines du Nord.

(5) Les Suéones et les Sitones étaient les anciens habi-

que nous avons exposé sur la théorie du gouvernement; nous sommes seulement en peine de concevoir par quels moyens les richesses et le despotisme ont pénétré dans une partie du Nord si éloignée, et ont pu éteindre la flamme généreuse qui brillait dans les contrées voisines des provinces romaines. Comment les ancêtres de ces Norwégiens et de ces Danois, si connus depuis par leur caractère indomptable, se sont-ils laissé enlever le sceau de la liberté germanique (1)? Quelques tribus des bords de la Baltique reconnaissaient l'autorité des rois, sans avoir abandonné les droits de l'homme (2); mais dans presque toute la Germanie, la forme du gouver-

---

tans de la Scandinavie; leur nom se retrouve dans celui de *Suède*: ils n'appartenaient point à la race des Suèves, mais à celle des peuples non Suèves ou Cimbres, que les Suèves, dans des temps très-anciens, repoussèrent en partie vers l'occident, en partie vers le nord : ils se mêlèrent dans la suite avec les tribus suèves, entre autres avec les Goths, qui ont laissé les traces de leur nom et de leur domination dans l'île de Gothland. (*Note de l'Éditeur.*)

(1) Ne pouvons-nous pas imaginer que la superstition enfanta le despotisme? Les descendans d'Odin, dont la race existait encore en 1060, régnèrent, dit-on, en Suède plus de mille ans. Le temple d'Upsal était l'ancien siége de la religion et de l'empire. En 1153, je trouve une loi singulière qui défendait l'usage et la profession des armes à toute personne, excepté aux gardes du roi. N'est-il pas vraisemblable que cette loi fut colorée par le prétexte de faire revivre une ancienne institution? Voyez l'*Histoire de Suède*, par Dalin, dans la *Biblioth. raisonnée*, t. XL et XLV.

(2) Tacite, *Germ.*, c. 43.

nement était une démocratie, tempérée, il est vrai, et modérée moins par des lois générales et positives que par l'ascendant momentané de la naissance ou de la valeur, de l'éloquence ou de la superstition (1).

Assemblées
du
peuple. Les gouvernemens civils ne sont, dans leur première origine, que des associations volontaires formées pour la sûreté commune : pour parvenir à ce but désiré, il est absolument nécessaire que chaque individu se croie essentiellement obligé de soumettre ses opinions et ses actions particulières au jugement du plus grand nombre de ses associés. Les Germains se contentèrent de cette ébauche informe, mais hardie, de la société politique. Dès qu'un jeune homme, né de parens libres, avait atteint l'âge viril, on l'introduisait dans le conseil général de la nation ; on lui donnait solennellement la lance et le bouclier. Il prenait aussitôt place parmi ses compatriotes, et devenait un membre de la république militaire, égal en droit à tous les autres. Les guerriers de la tribu s'assemblaient en de certains temps fixes, ou dans des occasions extraordinaires. L'administration de la justice, l'élection des magistrats et les grands intérêts de la guerre et de la paix, se décidaient par le suffrage libre de tous les citoyens. A la vérité un corps choisi des grands ou des chefs de la nation préparait quelquefois et proposait les affaires les plus importantes (2). Les magistrats pouvaient délibérer

---

(1) Tacite, *Germ.*, c. 11, 12, 13, etc.
(2) Grotius change une expression de Tacite, *pertractan-*

et persuader ; le peuple seul avait le droit de prononcer et d'exécuter. La promptitude et la violence caractérisaient presque toujours les résolutions des Germains. Ces Barbares, qui faisaient consister la liberté à satisfaire la passion du moment, et le courage à braver les dangers, rejetaient en frémissant les conseils timides de la justice ou de la politique. Leur indignation éclatait alors par un sombre murmure. Mais lorsqu'un orateur plus populaire leur proposait de venger quelque injure, de briser même les fers du dernier des citoyens ; lorsqu'il appelait ses compatriotes à la défense de l'honneur national ou à l'exécution de quelque entreprise pénible et glorieuse, un choc terrible d'épées et de boucliers exprimait les transports et les applaudissemens de toute l'assemblée. Les Germains ne se rassemblaient jamais que couverts de leurs armes ; et, au milieu des délibérations les plus sérieuses, on avait tout à craindre du caprice aveugle d'une multitude féroce qu'enflammaient l'esprit de discorde et l'usage des liqueurs fortes, et toujours prête à soutenir par la violence des résolutions prises au sein du tumulte. Combien de fois avons-nous vu les diètes de Pologne teintes de sang, et le parti le plus nombreux forcé de céder à la faction la plus séditieuse (1) !

Autorité des princes et des magistrats.

Lorsqu'une tribu avait à redouter quelque inva-

---

tur, en *prætractantur* : cette correction est également juste et ingénieuse.

(1) Souvent même, dans l'ancien parlement d'Angleterre,

sion, elle se choisissait un général. Si le danger devenait plus pressant, et qu'il menaçât l'État entier, plusieurs tribus concouraient à l'élection du même général. C'était au guerrier le plus brave que l'on confiait le soin important de mener ses compatriotes sur le champ de bataille. Il devait leur donner l'exemple plutôt que des ordres ; mais cette autorité, quoique bornée, était toujours suspecte ; elle expirait avec la guerre, et en temps de paix les Germains ne reconnaissaient aucun chef suprême (1). L'assemblée générale nommait cependant des *princes* pour administrer la justice, ou plutôt pour accommoder les différends (2) dans leurs districts respectifs. En choisissant ces magistrats, on avait autant égard à la naissance qu'au mérite (3). La nation leur accordait à chacun une garde et un conseil de cent personnes. Il paraît que le premier d'entre eux jouissait, pour le rang et pour les honneurs, d'une prééminence qui engagea quelquefois les Romains à le décorer du titre de roi (4).

<small>Plus absolue sur les propriétés que sur les personnes des Germains.</small>

Pour se représenter tout le système des mœurs des Germains, il suffit de comparer deux branches

---

les barons emportaient une question, moins par le nombre des voix que par celui de leurs suivans armés.

(1) César, *de Bell. gall.*, VI, 23.

(2) *Minuunt controversias*; expression très-heureuse de César.

(3) *Reges ex nobilitate, duces ex virtute sumunt.* Tacite, *Germ.*, 7.

(4) Cluvier, *Germ. ant.*, l. 1, c. 38.

remarquables de l'autorité de leurs princes. Ces magistrats disposaient entièrement de toutes les terres de leur district, et ils en faisaient chaque année un nouveau partage (1). D'un autre côté, la loi leur défendait de punir de mort, d'emprisonner, de frapper même un simple citoyen (2). Des hommes si jaloux de leurs personnes, si peu occupés de leurs propriétés, n'avaient certainement aucune idée des arts ni de l'industrie ; mais ils devaient être animés par un sentiment élevé de l'honneur et de l'indépendance.

Les Germains ne connaissaient d'autres devoirs que ceux qu'ils s'étaient eux-mêmes imposés. Le soldat le plus obscur dédaignait de se soumettre à l'autorité du magistrat. Le jeune guerrier de la naissance la plus illustre ne rougissait pas du titre de *compagnon*. « Chaque prince avait une troupe de gens qui s'attachaient à lui et qui le servaient. Il y avait entre eux une émulation singulière pour obtenir quelque distinction auprès du prince, et une même émulation entre les princes sur le nombre et la bravoure de leurs compagnons. C'est la dignité, c'est la puissance d'être toujours entouré d'un essaim de jeunes gens que l'on a choisis; c'est un ornement dans la paix, c'est un rempart dans la guerre. On se rend célèbre dans sa nation et chez les peuples voisins, si l'on surpasse les autres par le nombre et par

Service volontaire.

---

(1) César, VI, 22; Tacite, *Germ.*, 26.
(2) Tacite, *Germ.*, 7.

le courage de ses compagnons; on reçoit des présens; les ambassades viennent de toutes parts. Souvent la réputation décide de la guerre. Dans le combat, il est honteux au prince d'être inférieur en courage; il est honteux à la troupe de ne point égaler la valeur du prince. C'est une infamie éternelle de lui avoir survécu. L'engagement le plus sacré, c'est de le défendre. Si une cité est en paix, les princes vont chez celles qui font la guerre; c'est par là qu'ils conservent un grand nombre d'amis. Ceux-ci reçoivent d'eux le cheval du combat, et le javelot terrible. Les repas, peu délicats, mais grands, sont une espèce de solde pour eux; le prince ne soutient ses libéralités que par les guerres et les rapines (1). »

Cette institution, qui affaiblissait le gouvernement des différens États de la Germanie, donnait un nouveau ressort au caractère général des nations qui l'habitaient. Elle développait parmi elles le germe de toutes les vertus dont les Barbares sont susceptibles. C'est du même foyer que sont sorties long-temps après la valeur, la fidélité, la courtoisie et l'hospitalité qui distinguèrent nos anciens chevaliers. Un célèbre écrivain de nos jours aperçoit dans les dons honorables accordés par le chef à ses braves compagnons, l'origine des fiefs que les seigneurs barbares, après la conquête des provinces romaines, distribuèrent à leurs vassaux, en exigeant pareillement

---

(1) Tacite, *Germ.*, 13, 14. Traduction de Montesquieu, *Esprit des Lois*, l. xxx, c. 3.

d'eux l'hommage et le service militaire (1). Ces conditions cependant sont entièrement contraires aux maximes des Germains, qui aimaient à faire des présens, mais qui auraient rougi d'imposer ou d'accepter aucune obligation (2).

Dans les siècles de chevalerie, au moins si l'on en croit les vieux romanciers, tous les hommes étaient braves, toutes les femmes étaient chastes. La dernière de ces vertus, quoique bien plus difficile à acquérir et à conserver que la première, est attribuée presque sans exception aux femmes des Germains. La polygamie avait lieu seulement parmi les princes; encore ne se la permettaient-ils que pour multiplier leurs alliances. Les divorces étaient défendus par les mœurs, plutôt que par les lois. On punissait l'adultère comme un crime rare et impardonnable. Ni l'exemple ni la coutume ne pouvaient justifier la séduction (3). Il nous est permis de croire que Tacite s'est un peu laissé entraîner au noble plaisir d'opposer la vertu des Barbares à la conduite disso-

Chasteté des Germains.

---

(1) *Esprit des Lois*, l. xxx, c. 3. Au reste, l'imagination brillante de Montesquieu est corrigée par la logique exacte de M. l'abbé de Mably, *Observ. sur l'Hist. de France*, t. 1, page 356.

(2) *Gaudent muneribus, sed nec data imputant, nec acceptis obligantur.* Tacite, *Germ.*, 21.

(3) La femme coupable d'adultère était fouettée dans tout le village. Ni la richesse ni la beauté ne pouvaient exciter de compassion, ni lui procurer un second mari. Tacite, *Germ.*, 18, 19.

lue des femmes romaines : cependant son récit renferme plusieurs circonstances frappantes, qui donnent un air de vérité ou du moins de probabilité à ce qu'il nous rapporte de la chasteté et de la foi conjugale des Germains.

<small>Ses causes probables.</small>

Les progrès de la civilisation ont certainement mis un frein aux passions les plus violentes de la nature humaine ; mais ils semblent avoir été moins favorables à la chasteté, dont le principal ennemi est la mollesse de l'âme. Les raffinemens de la société, en répandant du charme sur le commerce des deux sexes, en altèrent la pureté. La grossière impulsion de l'amour devient plus dangereuse lorsqu'elle s'ennoblit, ou plutôt se déguise, en s'alliant à un sentiment passionné. Les grâces, la politesse, l'élégance des vêtemens, augmentent l'éclat de la beauté, et enflamment les sens par la voie de l'imagination. Ces divertissemens, ces danses, ces spectacles, où les mœurs sont si peu respectées, sont autant de piéges tendus à la fragilité des femmes, et leur présentent une foule d'occasions dangereuses (1). Parmi les sauvages grossiers qui habitaient le Septentrion, la pauvreté, la solitude et les soins pénibles de la vie domestique garantissaient les femmes de ces dangers. Le chaume, qui laissait leurs cabanes ouvertes de

---

(1) Ovide emploie deux cents vers à chercher les endroits les plus favorables à l'amour. Il regarde surtout le théâtre comme le lieu le plus propre à rassembler les beautés de Rome, et à leur inspirer la tendresse et la sensualité.

tous côtés à l'œil de l'indiscrétion ou de la jalousie, était pour la fidélité conjugale un rempart plus sûr que les murs, les verroux et les eunuques d'un harem. A cette cause on en peut ajouter une plus honorable. Les Germains traitaient leurs femmes avec estime et confiance; ils les consultaient dans les occasions les plus importantes, et ils se plaisaient à croire que leur âme renfermait une sainteté et une sagesse surnaturelles. Quelques-unes de ces interprètes du destin, telles que Velléda dans la guerre des Bataves, gouvernèrent, au nom de la Divinité, les plus fières d'entre les nations germaniques (1); sans être adorées comme déesses, les autres jouissaient de la considération que méritaient les compagnes libres des soldats, associées, comme l'indiquaient les cérémonies mêmes du mariage, à une vie de fatigue, de travaux et de gloire (2). Dans les grandes invasions, les camps des Barbares étaient remplis d'une multitude de femmes, qui, fermes au milieu du bruit des armes, contemplaient d'un œil intrépide le spectacle effrayant de la destruction, et les blessures honorables de leurs fils et de leurs époux (3). Des armées en déroute ont été plus d'une fois ramenées à la victoire par le désespoir généreux

---

(1) Tacite, *Hist.*, IV, 62, 65.
(2) Le présent de mariage était une paire de bœufs, des chevaux et des armes. (*Germ.*, c. 18.) Tacite traite ce sujet avec un peu trop de pompe.
(3) Le changement de *exigere* en *exugere* est une excellente correction.

des femmes, qui redoutaient bien moins la mort que la servitude. S'il ne restait plus de ressource, elles savaient, par leurs propres mains, se dérober, ainsi que leurs enfans, aux outrages du vainqueur (1). De pareilles héroïnes ont des droits à notre admiration; mais nous ne croirons sûrement pas qu'elles aient été aimables ni propres à inspirer de l'amour. Elles ne pouvaient imiter les vertus fortes de l'homme, sans renoncer à cette douceur attrayante qui fait à la fois le charme et la faiblesse de la femme. L'orgueil apprenait aux Germaines à étouffer tout mouvement de tendresse qui aurait porté la moindre atteinte à l'honneur, et l'honneur du sexe a toujours été la chasteté. Les sentimens et la conduite de ces fières matrones sont à la fois une des causes, un des effets et l'une des preuves du caractère général de la nation. Le courage des femmes, quoique produit par le fanatisme ou soutenu par l'habitude, n'est qu'une image faible et imparfaite de la valeur qui distingue les hommes d'un siècle ou d'une contrée.

Religion. Le système religieux des Germains, si l'on peut donner ce nom aux opinions grossières d'une nation sauvage, avait pour principe leurs besoins, leurs craintes et leur ignorance (2). Ils adoraient

---

(1) Tacite, *Germ.*, 7; Plutarque, *Vie de Marius*. Les femmes des Teutons, avant de se tuer et de massacrer leurs enfans, avaient offert de se rendre, à condition qu'elles seraient reçues comme esclaves des vestales.

(2) Tacite a traité cet obscur sujet en peu de mots, et

des objets visibles et les grands agens de la nature : le soleil et la lune, la terre et le feu. Ils avaient en même temps imaginé des divinités qui présidaient, selon eux, aux occupations les plus importantes de la vie humaine. Ces Barbares croyaient pouvoir découvrir la volonté des êtres supérieurs par quelques pratiques ridicules de divination ; et le sang des hommes qu'ils immolaient au pied des autels de leurs dieux, leur paraissait l'offrande la plus précieuse et la plus agréable. On s'est trop empressé d'applaudir à leurs notions sur la Divinité qu'ils ne renfermaient pas dans l'enceinte d'un temple, et qu'ils ne représentaient sous aucune forme humaine. Rappelons-nous que les Germains n'avaient pas la moindre idée de la sculpture, et qu'ils connaissaient à peine l'art de bâtir ; il nous sera facile d'assigner le véritable motif d'un culte qui venait bien moins d'une supériorité de raison que d'un manque d'industrie. Des bois antiques, consacrés par la vénération des siècles, étaient les seuls temples des Germains : là résidait la majesté d'une puissance invisible. Ces sombres retraites, en ne présentant aucun objet distinct de crainte ou de culte réel, inspiraient un sentiment bien plus pro-

---

Cluvier en cent vingt-quatre pages. Le premier aperçoit en Germanie les dieux de la Grèce et de Rome ; l'autre assure positivement que, sous les emblèmes du soleil, de la lune et du feu, ses pieux ancêtres adoraient la Trinité dans l'unité.

fond d'horreur religieuse (1); et l'expérience avait appris à des prêtres grossiers tous les artifices qui pouvaient maintenir et fortifier des impressions terribles si conformes à leurs intérêts (2).

Son influence dans la paix. La même ignorance qui rend les Barbares incapables de concevoir ou d'adopter l'empire utile des lois, les livre sans défense aux terreurs aveugles de la superstition. Les prêtres germains profitèrent de cette disposition de leurs compatriotes, et ils exercèrent même dans les affaires temporelles une autorité que le magistrat n'aurait osé prendre. Le fier guerrier se soumettait patiemment à la verge de la correction, lorsque la main vengeresse tombait sur lui pour exécuter, non la justice des hommes, mais l'arrêt immédiat du dieu de la guerre (3). Souvent la puissance ecclésiastique suppléait les défauts de l'administration civile. L'autorité divine intervenait constamment dans les assemblées populaires pour y maintenir l'ordre et le silence; et quelquefois elle s'occupait d'objets plus importans au bien de l'État. On faisait, en certains temps, une procession solen-

---

(1) Le bois sacré décrit par Lucain avec une horreur si sublime, était dans le voisinage de Marseille; mais il y en avait plusieurs de la même espèce en Germanie.

(2) Les anciens Germains avaient des idoles informes, et, dès qu'ils commencèrent à se bâtir des demeures plus fixes, ils élevaient aussi des temples, tels que celui de la déesse Tanfana, qui présidait à la divination. *Voyez* Adelung, *Hist. anc. des Germains*, p. 296. (*Note de l'Éditeur.*)

(3) Tacite, *Germ.*, 7.

nelle dans les pays actuellement connus sous le nom de Mecklenbourg et de Poméranie. Le symbole inconnu de la déesse Herthe (la terre), couvert d'un voile épais, sortait avec pompe de l'île de Rugen, sa résidence ordinaire : placée sur un char tiré par des génisses, elle visitait de cette manière plusieurs tribus de ses adorateurs. Pendant sa marche, les querelles étaient suspendues, les cris de guerre étouffés ; le Germain belliqueux déposait ses armes : il pouvait goûter alors les douceurs de la paix et de la tranquillité (1). La *trève de Dieu*, si souvent et si inutilement proclamée par le clergé du onzième siècle, ne fut qu'une imitation de cette ancienne coutume (2).

Mais la religion avait bien plus de force pour enflammer que pour modérer les passions violentes des Germains. L'intérêt et le fanatisme portaient souvent les prêtres à sanctifier les entreprises les plus audacieuses et les plus injustes, par l'approbation du ciel et par l'assurance du succès. Les étendards, tenus long-temps en dépôt dans les bois sacrés, brillaient tout à coup sur le champ de bataille (3) ; on dévouait l'armée ennemie, avec de terribles imprécations, aux dieux de la guerre et du

Dans la guerre.

---

(1) Tacite, *Germ.*, 40.

(2) Robertson, *Histoire de Charles-Quint*, volume 1, note 21.

(3) Tacite, *Germ.*, 7. Ces étendards n'étaient que des têtes d'animaux sauvages.

tonnerre (1). Dans la religion du soldat, la lâcheté est le plus grand des crimes : elle paraissait telle aux yeux des Germains. L'homme courageux se rendait digne des faveurs et de la protection de leurs belliqueuses divinités. Le malheureux qui avait perdu son bouclier était banni à jamais de toutes les assemblées civiles et religieuses. Quelques tribus du Nord semblent avoir embrassé la doctrine de la transmigration (2); d'autres avaient imaginé un paradis grossier, où les héros s'enivrent pendant toute l'éternité (3). Elles convenaient toutes qu'une vie passée dans les combats et une mort glorieuse pouvaient seules assurer un avenir heureux, soit dans ce monde-ci, soit dans l'autre.

Les bardes. L'immortalité, si vainement promise au héros germain par ses prêtres, lui était, jusqu'à un certain point, assurée par les bardes. Cette classe d'hommes singuliers a mérité l'attention de tous ceux qui ont étudié les antiquités des Celtes, des Scandinaves et des Germains. Des recherches exactes ont fait con-

---

(1) *Voyez* un exemple de cette coutume. Tacite, *Ann.*, XIII, 57.

(2) César, Diodore et Lucain paraissent attribuer cette doctrine aux Gaulois; mais M. Pelloutier (*Hist. des Celtes*, l. III, c. 18) travaille à réduire leurs expressions à un sens plus orthodoxe.

(3) Pour connaître cette doctrine grossière, mais séduisante, *voyez* la fable IXe de l'*Edda*, dans la trad. curieuse de ce livre, donnée par M. Mallet, *Introduction à l'Histoire du Danemarck*.

naître le génie, le caractère des bardes : on sait combien leurs emplois importans inspiraient de vénération pour leur personne. Il est plus difficile d'exprimer, de concevoir même cette fureur pour les armes, cet enthousiasme militaire qu'ils allumaient par leurs chants dans le cœur de leurs compatriotes. Chez un peuple civilisé, le goût de la poésie est plutôt un amusement de l'imagination qu'une passion de l'âme ; et cependant lorsque, dans le calme de la retraite, nous lisons les combats décrits par Homère ou par le Tasse, insensiblement la fiction nous séduit; nous ressentons quelques feux d'une ardeur martiale. Mais combien sont faibles et froides les sensations que reçoit un esprit tranquille dans le silence de l'étude! C'était au moment de la bataille, c'était au milieu des fêtes de la victoire, que les bardes célébraient les exploits des anciens héros, et qu'ils faisaient revivre les ancêtres de ces guerriers belliqueux qui écoutaient avec transport des chants barbares, mais animés (1). La poésie tendait à inspirer la soif de la gloire et le mépris de la

---

(1) Tacite, *Germ.*, 3; Diodore de Sicile, l. v; Strabon, l. iv, p. 197. On peut se rappeler le rang que Démodocus tenait à la cour du roi des Phéaciens, et l'ardeur que Tyrtée inspira aux Spartiates découragés. Cependant il est peu vraisemblable que les Grecs et les Germains fussent le même peuple. Nos antiquaires s'épargneraient beaucoup d'érudition frivole, s'ils se donnaient la peine de réfléchir que des situations semblables produiront naturellement des mœurs semblables.

mort; et ces passions, enflammées par le bruit des armes et par la vue des dangers, devenaient le sentiment habituel de l'âme des Germains (1).

<small>Causes qui ont arrêté les progrès des Germains.</small>

Telles étaient la situation et les mœurs des Germains. Le climat, l'ignorance de ces Barbares, qui ne connaissaient ni les lettres, ni les arts, ni les lois, leurs notions sur l'honneur, sur la bravoure et sur la religion, le sentiment qu'ils avaient de la liberté, leur inquiétude dans la paix, leur ardeur pour la guerre, tout contribuait à former un peuple de héros. Pourquoi, pendant les deux siècles et demi qui s'écoulèrent depuis la défaite de Varus jusqu'au règne de l'empereur Dèce, ces guerriers formidables ne se distinguèrent-ils par aucune entreprise impor-

---

(1) Outre ces chants de guerre, les Germains chantaient dans leurs repas de fête (Tacite, *Ann.*, l. 1, c. 65), et auprès du cadavre des héros morts. Le roi Théodoric, de la tribu des Goths, tué dans une action contre Attila, fut honoré par des chants, tandis qu'on l'emportait du champ de bataille. (Jornandès, c. 41.) Le même honneur fut rendu aux restes d'Attila. (Jornandès, c. 49.)

Selon quelques historiens, les Germains chantaient aussi à leurs noces; mais cela me paraît peu d'accord avec leurs coutumes, qui ne faisaient guère du mariage que l'achat d'une femme. D'ailleurs on n'en trouve qu'un seul exemple; celui du roi goth Ataulphe, qui chanta lui-même l'hymne nuptial en épousant Placidie, sœur des empereurs Arcadius et Honorius (Olympiodor., p. 8); encore ce mariage fut-il célébré selon les rites des Romains, dont les chants faisaient partie. Adelung, *Hist. anc. des Germains*, p. 382. (*Nota de l'Éditeur.*)

tante? pourquoi firent-ils à peine impression sur les faibles habitans des provinces de l'empire, asservis par le luxe et par le despotisme? Si leurs progrès furent alors arrêtés, c'est qu'ils manquaient à la fois d'armes et de discipline, et que leur fureur fut détournée par les discordes intestines qui, durant cette période, déchirèrent le sein de leur patrie.

I. On a raison de dire que la possession du fer assure bientôt à une nation celle de l'or. Mais les Germains, également privés de ces métaux précieux, furent réduits à les acquérir lentement et par les seuls efforts d'un courage destitué de moyens étrangers: « Le fer n'est pas en abondance chez ces peuples, autant qu'on en juge par leurs armes. Peu font usage de l'épée ou de la pertuisane : ils ont des lances, ou *framées,* comme ils les appellent, dont le fer est étroit et court, mais si bien acérées et si maniables, qu'elles sont également propres à combattre de près ou de loin. Leur cavalerie n'a que la lance et le bouclier. Chaque fantassin a de plus un certain nombre de javelots. Alerte, parce qu'il est sans habits, ou couvert d'une simple saye, il les lance à une distance incroyable (1). Ces guerriers ne se piquent d'aucune magnificence, ou plutôt ils n'en connaissent d'autre que d'embellir leurs boucliers des plus brillantes couleurs. Il est rare qu'ils aient

Manque d'armes.

---

(1) *Missilia spargunt.* Tacite, *Germ.,* 6. Soit que cet historien ait employé une expression vague, soit qu'il ait voulu dire que ces dards étaient lancés au hasard.

des cuirasses. On voit à peine un ou deux casques dans toute une armée. Leurs chevaux ne sont remarquables ni par la vitesse, ni par la beauté, ni dressés à tourner en tous sens comme les nôtres (1). » Plusieurs de leurs nations se rendirent cependant célèbres par leur cavalerie; mais, en général, la principale force des Germains consistait dans une infanterie (2) redoutable, rangée en différentes colonnes, selon la distinction des tribus et des familles. Trop impétueux pour s'accommoder des délais et pour supporter les fatigues, ces soldats, à peine armés, s'élançaient sur le champ de bataille sans aucun ordre et en poussant des cris terribles. Quelquefois la fougue d'un courage inné renversait la valeur moins libre et moins naturelle des mercenaires romains. Mais comme les Barbares jetaient tout leur feu dès le premier choc, ils ne savaient ni se rallier ni faire retraite. Un premier échec assurait leur défaite; une défaite entraînait presque toujours une destruction totale. Lorsque nous nous rappelons l'armure complète des Romains, les exercices, la discipline et les évolutions de leurs troupes, leurs camps fortifiés et leurs machines de guerre, nous ne pouvons assez nous étonner que des sauvages nus, et sans autre secours que leur valeur, aient

Et de discipline.

---

(1) Traduction de l'abbé de La Bletterie. (*Note du Trad.*)

(2) C'était en quoi les Germains étaient principalement distingués des Sarmates, qui combattaient généralement à cheval.

osé se mesurer contre des légions formidables et les différens corps d'auxiliaires qui secondaient leurs opérations. Il fallut, pour balancer les forces, que le luxe eût énervé la vigueur des Romains, et qu'un esprit de désobéissance et de sédition eût relâché la discipline de leurs armées. Rome perdit elle-même de sa supériorité en recevant dans ses armées des Barbares auxiliaires ; démarche fatale qui leur apprit insensiblement l'art de la guerre et de la politique. Quoiqu'elle les admît en petit nombre et avec la plus grande circonspection, l'exemple de Civilis aurait dû lui apprendre qu'elle s'exposait à un danger évident, et que ses précautions n'étaient pas toujours suffisantes (1). Durant les discordes intestines qui suivirent la mort de Néron, cet adroit et intrépide Batave, que ses ennemis ont daigné comparer avec Annibal et avec Sertorius (2), forma le noble projet de briser les fers de ses compatriotes, et de rendre leur nom célèbre. Huit cohortes bataves, dont le courage avait été éprouvé dans les guerres de Bretagne et d'Italie, se rangèrent sous son étendard. Il introduisit au sein de la Gaule une armée de Germains. A son approche, Trèves et Langres, cités

---

(1) La relation de cette entreprise occupe une grande partie du IVe et du Ve livre de l'Histoire de Tacite, qui a traité ce sujet avec plus d'éloquence que de clarté. Sir Henry Saville relève dans sa narration plusieurs inexactitudes.

(2) Tacite, *Hist.*, IV, 13. Comme eux il avait perdu un œil.

importantes, furent forcées d'embrasser sa cause. Il défit les légions, détruisit leurs camps fortifiés, et employa contre les Romains les talens et la science militaire qu'il avait acquis en servant avec eux. Lorsque enfin, après une défense opiniâtre, il fut contraint de céder à la puissance de l'empire, il assura sa liberté et celle de sa patrie par un traité honorable. Les Bataves demeurèrent en possession des îles du Rhin (1), comme alliés, et non comme sujets de la monarchie romaine.

<small>Dissensions civiles des Germains.</small>

II. Les Germains auraient paru bien redoutables, si toutes leurs forces réunies eussent agi dans la même direction. La totalité du pays qu'ils occupaient pouvait contenir un million de guerriers, puisque tous ceux qui étaient en âge de porter les armes désiraient de s'en servir. Mais cette indocile multitude, incapable de concevoir ou d'exécuter aucun projet tendant à la gloire nationale, se laissait entraîner par une foule d'intérêts divers et souvent contraires les uns aux autres. La Germanie renfermait plus de quarante États indépendans; et même, dans chaque État, les différentes tribus qui le composaient ne se tenaient entre elles que par de faibles liens. Ces Barbares s'enflammaient aisément; ils ne savaient pas pardonner une injure, encore moins une insulte.

---

(1) Ces îles étaient renfermées entre les deux anciennes branches du Rhin, telles qu'elles subsistaient avant que la face du pays eût été changée par l'art et par la nature. *Voyez* Cluvier, *Germ. ant.*, l. II, c. 30, 37.

Dans leur colère implacable, ils ne respiraient que le sang. Les disputes qui arrivaient si fréquemment dans leurs parties tumultueuses de chasse ou de débauche, suffisaient pour provoquer des nations entières. Les vassaux et les alliés d'un chef puissant partageaient ses animosités. Punir le superbe, ou enlever les dépouilles du faible, étaient également des motifs de guerre. Les plus formidables États de la Germanie affectaient d'étendre autour de leurs territoires d'immenses solitudes et des frontières dévastées. La distance respectueuse que leurs voisins avaient soin d'observer à leur égard attestait la terreur de leurs armes, et les mettait en quelque sorte à l'abri du danger d'une invasion subite (1).

« Les Bructères (2) ne sont plus (c'est maintenant Tacite (3) qui parle) : leur hauteur insupportable, le désir de profiter de leurs dépouilles, ou peut-être le ciel, protecteur de notre empire, ont réuni contre eux les peuples voisins (4), qui les ont chassés et détruits. Les dieux nous ont ménagé jusqu'au

Fomentées par la politique de Rome.

---

(1) César, de Bell. gall., l. VI, 23.
(2) Les Bructères étaient une tribu non suève qui habitait au-dessous des duchés d'Oldenbourg et de Lauenbourg, sur les bords de la Lippe et dans les montagnes du Hartz. Ce fut chez eux que la prêtresse Velléda se rendit célèbre. (*Note de l'Éditeur.*)
(3) Traduction de l'abbé de La Bletterie. (*Note du Trad.*)
(4) Nazarius, Ammien., Claudien, etc., en font mention dans le quatrième et dans le cinquième siècle, comme d'une tribu de Francs. *Voyez* Cluvier, *Germ. ant.*, l. III, c. 13.

plaisir d'être spectateurs du combat. Plus de soixante mille hommes ont péri, non sous l'effort des armes romaines, mais, ce qui est plus magnifique, pour nous servir de spectacle et d'amusement. Si les peuples étrangers ne peuvent se résoudre à nous aimer, puissent-ils du moins se haïr toujours! Dans cet état de grandeur (1) où les destins de Rome nous ont élevés, la fortune n'a plus rien à faire que de livrer nos ennemis à leurs propres dissensions (2). » Ces sentimens, moins dignes de l'humanité que du patriotisme de Tacite, expriment les maximes invariables de la politique de ses concitoyens. En combattant les Barbares, une victoire n'aurait été ni utile ni glorieuse; il paraissait bien plus sûr de les diviser. Les trésors et les négociations de Rome pénétrèrent dans le cœur de la Germanie, et les empereurs employèrent avec dignité toutes sortes de moyens pour séduire ceux de ces peuples dont leur situation, sur les bords du Rhin ou du Danube, pouvait rendre l'amitié aussi avantageuse que leur inimitié eût été incommode. On flattait la vanité des principaux chefs par des présens de peu de valeur, qu'ils recevaient comme objets de luxe, ou comme marques de dis-

---

(1) On lit communément *urgentibus;* mais le bon sens, Juste-Lipse et quelques manuscrits, se déclarent pour *vergentibus.*

(2) Tacite, *Germ.*, 33. Le dévot abbé de La Bletterie, très-irrité contre Tacite, rappelle ici le diable, qui *fut homicide dès le commencement,* etc.

tinction. Dans les guerres civiles, la faction la plus faible cherchait à se fortifier en formant des liaisons secrètes avec les gouverneurs des provinces frontières. Toutes les querelles des Germains étaient fomentées par les intrigues de Rome; tous leurs projets d'union et de bien public renversés par l'action puissante de la jalousie et de l'intérêt particulier (1).

Sous le règne de Marc-Aurèle, presque tous les Germains, des Sarmates même, entrèrent dans une conspiration générale qui glaça l'empire d'effroi. Quel motif pouvait rassembler tout à coup tant de nations différentes, depuis l'embouchure du Rhin jusqu'à celle du Danube (2)? Il nous est impossible de déterminer si ce fut la raison, la nécessité ou la passion qui les réunit. Nous devons seulement être assurés que les Barbares ne furent ni attirés par l'indolence, ni provoqués par l'ambition de l'empereur romain. Une invasion si dangereuse exigeait toute la fermeté et toute la vigilance de Marc-Aurèle. Il confia plusieurs postes importans à d'habiles généraux, et il prit en personne le commandement de

Union passagère contre Marc-Aurèle.

(1) On peut voir dans Tacite et dans Dion plusieurs traces de cette politique; et l'on peut juger, en considérant les principes de la nature humaine, qu'il en existait bien davantage.

(2) *Hist. Aug.*, p. 31; Ammien-Marcellin, l. xxxi, c. 5; Aurel.-Victor. L'empereur Marc-Aurèle fut réduit à vendre les meubles magnifiques du palais, et à enrôler les esclaves et les malfaiteurs.

ses armées dans la province du Haut-Danube, où sa présence paraissait plus nécessaire. Après plusieurs campagnes sanglantes, où la victoire fut souvent disputée, il vint à bout de dompter la résistance de ces Barbares. Les Quades et les Marcomans (1), qui avaient donné le signal de la guerre, en furent les principales victimes. Ces peuples habitaient les rives du Danube. L'empereur les força de se retirer à cinq milles au-delà de ce fleuve (2), et de lui livrer la fleur de leur jeunesse, qui fut aussitôt envoyée en Bretagne, où elle pouvait servir d'ôtage, et devenir utile dans l'armée (3). Les fréquentes rebellions des Quades et des Marcomans avaient tellement irrité Marc-Aurèle, qu'il se proposait de réduire leur pays en province. La mort l'en empêcha; mais cette ligue redoutable, la seule dont l'histoire fasse mention dans les deux premiers siècles de l'empire, fut entièrement dissipée, et il n'en subsista aucune trace parmi les peuples du Nord.

---

(1) Les Marcomans, colonie qui, venue des rives du Rhin, occupait la Bohême et la Moravie, avaient, dans des temps plus anciens, érigé une grande monarchie, et s'étaient rendus formidables sous leur roi Maroboduus. *Voyez* Strabon, l. VII; Velleius-Paterculus, II, 105; Tacite, *Ann.*, II, 63.

(2) M. Wotton (*Histoire de Rome*, p. 166) prétend qu'ils eurent ordre de se retirer dix fois plus loin. Son raisonnement est spécieux sans être décisif : cinq milles suffisaient pour une barrière fortifiée.

(3) Dion, l. LXXI et LXXII.

Jusqu'à présent nous nous sommes borné aux principaux traits des mœurs de la Germanie, sans essayer de décrire ou de distinguer les différentes tribus que cette contrée renfermait au temps de César, de Tacite et de Ptolémée. Nous parlerons en peu de mots de leur origine, de leur situation et de leur caractère particulier, à mesure qu'elles se présenteront dans la suite de cette histoire. Les nations modernes sont des sociétés fixes et permanentes, liées entre elles par les lois et par le gouvernement; les arts et l'agriculture les tiennent constamment attachées à leur pays natal. Les tribus germaniques étaient des associations volontaires et mouvantes, composées de soldats, je dirais presque de sauvages. Le même territoire, exposé à un reflux perpétuel de conquêtes et de migrations, changeait plus d'une fois d'habitans dans un court espace de temps. Lorsque plusieurs communautés s'unissaient pour former un plan d'invasion ou de défense, elles donnaient un nouveau titre à leur nouvelle confédération. La dissolution d'une ancienne ligue rendait aux tribus indépendantes les dénominations qui leur étaient propres, et qu'elles avaient oubliées pendant long-temps. Un peuple vaincu adoptait souvent le nom du vainqueur. Quelquefois des flots de volontaires accouraient de tous côtés se ranger sous les étendards d'un chef renommé. Son camp devenait leur patrie; et bientôt quelque circonstance particulière servait à désigner toute la multitude. Ces peuples féroces, effaçant et renouvelant sans cesse les distinctions qui

Distinction des tribus germaniques.

servaient à les séparer, étaient perpétuellement confondus ensemble par les sujets consternés de l'empire romain.(1).

<small>Leur nombre.</small>

Les guerres et l'administration des affaires publiques sont les principaux sujets de l'histoire; mais le nombre des personnages qui remplissent la scène varie selon les différentes conditions du genre humain. Dans les grandes monarchies, des millions d'hommes, condamnés à l'obscurité, se livrent en paix à des occupations utiles. L'écrivain et le lecteur n'ont alors devant les yeux qu'une cour, une capitale, une armée régulière, et les pays qui peuvent être le théâtre de la guerre; mais, au sein des discordes civiles, chez un peuple libre et barbare, ou dans de petites républiques (2), les situations deviennent bien plus intéressantes : presque tous les membres de la société sont en action, et méritent par conséquent d'être connus. Les divisions irrégulières des Germains, leur agitation perpétuelle, éblouissent notre imagination : il semble que leur nombre se multiplie. Cette énumération prodigieuse

---

(1) *Voyez* une excellente dissertation sur l'origine et sur les migrations des peuples dans les *Mémoires de l'Académie des Inscriptions*, tome XVIII, p. 48-71. Il est bien rare que l'antiquaire et le philosophe se trouvent si heureusement réunis.

(2) Croirions-nous qu'Athènes ne contenait que vingt-un mille citoyens, et Sparte trente-neuf mille seulement? *Voy.* Hume et Wallace, sur la population des temps anciens et modernes.

de rois et de guerriers, d'armées et de nations, ne doit pas nous faire oublier que les mêmes objets ont sans cesse été représentés sous des dénominations différentes, et que les dénominations les plus magnifiques ont été souvent prodiguées aux objets les moins importans.

CHAPITRE X.

Les empereurs Dèce, Gallus, Émilien, Valérien et Gallien. Irruption générale des Barbares. Les trente tyrans.

<small>Nature du sujet.
An 248-268.</small>

Depuis les jeux séculaires célébrés avec tant de pompe par Philippe, jusqu'à la mort de l'empereur Gallien, vingt ans de calamités désolèrent et déshonorèrent l'univers romain. Durant cette période désastreuse, dont tous les instans furent marqués par la honte et par le malheur, les provinces restèrent exposées aux invasions des Barbares, et gémirent sous le despotisme des tyrans militaires : l'empire s'affaissait de tous côtés ; ce grand corps semblait toucher au moment de sa ruine. La confusion des temps et le manque de matériaux présentent d'égales difficultés à l'historien qui voudrait mettre un ordre suivi dans sa narration. Entouré de fragmens imparfaits, toujours concis, souvent obscurs, quelquefois contradictoires, il est réduit à recueillir, à comparer, à conjecturer ; et quoiqu'il ne lui soit pas permis de ranger ses conjectures dans la classe des faits, il peut suppléer au défaut des monumens historiques par la connaissance générale de l'homme et du jeu des passions, lorsque, n'étant retenues par aucun frein, elles exercent toute leur violence.

Ainsi l'on concevra, sans difficulté, que les massacres successifs de tant d'empereurs dûrent relâcher tous les liens de fidélité entre les princes et les sujets; que les généraux de Philippe étaient disposés à imiter l'exemple de leur maître, et que le caprice des armées, accoutumées depuis long-temps à de fréquentes et violentes révolutions, pouvait élever sur le trône le dernier des soldats. L'histoire se contente d'ajouter que la première rebellion contre l'empereur Philippe éclata parmi les légions de Mœsie, dans l'été de l'année 249. Le choix de ces troupes séditieuses tomba sur Marinus, officier subalterne (1). Philippe prit l'alarme : il craignit que ces premières étincelles ne causassent un embrasement général. Déchiré par les remords d'une conscience coupable, et tremblant à la vue du danger qui le menaçait, il fit part au sénat de la révolte des légions. Le morne silence qui régna d'abord dans l'assemblée attestait la crainte, et peut-être le mécontentement général, jusqu'à ce qu'enfin Dèce, l'un des sénateurs, prenant un caractère conforme à la noblesse de son extraction, osât montrer plus de fermeté que le prince. Il parla de la conspiration comme d'un soulèvement passager et digne de mépris, et il traita Marinus de vain fantôme, qui serait détruit en peu de jours par la

L'empereur Philippe.

Services, révolte, victoire et règne de l'empereur Dèce.
An 249.

---

(1) L'expression dont se servent Zozime et Zonare peut signifier également que Marinus commandait une centurie, une cohorte ou une légion.

même inconstance qui l'avait créé. Le prompt accomplissement de la prophétie frappa l'empereur. Rempli d'une juste estime pour celui dont les conseils avaient été si utiles, il le crut seul capable de rétablir l'harmonie et la discipline dans une armée dont l'esprit inquiet n'avait pas été entièrement calmé après la mort du rival de Philippe. Dèce refusa long-temps d'accepter cet emploi; il voulait faire entendre au prince combien il était dangereux de présenter un chef habile à des soldats animés par le ressentiment et par la crainte. L'événement justifia encore sa prédiction : les légions de Mœsie forcèrent leur juge à devenir leur complice; elles ne lui laissèrent que l'alternative de la mort ou de la pourpre. Après une démarche si décisive, il n'avait plus à balancer; il mena ou fut obligé de suivre son armée jusqu'aux confins de l'Italie, tandis que Philippe, rassemblant toutes ses forces pour repousser le compétiteur redoutable qu'il avait lui-même élevé, marchait à sa rencontre. Les troupes impériales étaient supérieures en nombre; mais les rebelles formaient une armée de vétérans, commandés par un général habile et expérimenté (1). Philippe fut ou

---

(1) Il naquit à Bubalie, petit village de la Pannonie. (Eutrope, ix; Victor, *in Cæsarib. et epit.*) Cette circonstance, à moins qu'elle ne soit purement accidentelle, semble détruire l'opinion qui faisait remonter l'origine de ce prince aux Decius. Six cents ans d'illustration avaient anobli cette famille; mais les Decius n'avaient d'abord été que

tué dans le combat, ou mis à mort quelques jours après à Vérone. Les prétoriens massacrèrent à Rome son fils, qu'il avait associé à l'empire. L'heureux Dèce, moins criminel que la plupart des usurpateurs de ce siècle, fut universellement reconnu par les provinces et par le sénat. On dit qu'immédiatement après avoir été forcé d'accepter le titre d'Auguste, il avait, par un message particulier, assuré Philippe de sa fidélité et de son innocence, déclarant solennellement qu'à son arrivée en Italie il quitterait les ornemens impériaux, et reprendrait le rang d'un sujet soumis. Ses protestations pouvaient être sincères; mais, dans la situation où la fortune l'avait placé, il lui aurait été difficile de recevoir ou d'accorder le pardon (1).

Le nouvel empereur avait à peine employé quelques mois au rétablissement de la paix et à l'administration de la justice, lorsqu'il fut tout à coup appelé sur les rives du Danube par des cris de guerre et par l'invasion des Goths. C'est ici la première occasion importante où l'histoire fasse mention de ce grand peuple qui, bientôt après, renversa la monarchie romaine, saccagea le Capitole, et donna des

Il marche contre les Goths.
An 250.

---

des plébéiens d'un mérite distingué : on les voit paraître parmi les premiers qui partagèrent le consulat avec les superbes patriciens. *Plebeiæ Deciorum animæ*, etc. Juvénal, sat. VIII, 254. *Voyez* le beau discours de Decius, dans Tite-Live, x, 9, 10.

(1) Zozime, l. I, p. 20; Zonare, l. XII, p. 624, édition du Louvre.

lois à la Gaule, à l'Espagne et à l'Italie. Ses conquêtes en Occident ont laissé des traces si profondes, que même encore aujourd'hui on se sert, quoique fort improprement, du nom de Goths pour désigner tous les Barbares grossiers et belliqueux.

<small>Origine des Goths.</small>

Dans le commencement du sixième siècle, les Goths, maîtres de l'Italie, et devenus souverains d'un puissant empire, se livrèrent au plaisir de contempler leur ancienne gloire et l'avenir brillant qui s'offrait à leurs yeux. Ils désirèrent de perpétuer le souvenir de leurs ancêtres, et de transmettre leurs exploits aux siècles futurs. Le savant Cassiodore, principal ministre de la cour de Ravenne, remplit les vœux des conquérans. Son histoire des Goths consistait en douze livres; elle est maintenant réduite à l'abrégé imparfait de Jornandès (1). Ces écrivains ont eu l'art de passer avec rapidité sur les malheurs de leur nation, de célébrer son courage lorsqu'il était secondé par la fortune, et d'orner ses triomphes de plusieurs trophées érigés en Asie par les Scythes. Sur la foi incertaine de quelques poésies, les seules archives des Barbares, ils font venir originairement les Goths (2) de la Scandina-

---

(1) *Voyez* les préfaces de Cassiodore et de Jornandès. Il est surprenant que la dernière ait été omise dans l'excellente édition des écrivains goths, donnée par Grotius.

(2) Les Goths ont habité la Scandinavie, mais n'en sont point originaires. Cette grande nation était anciennement de la race des Suèves; elle occupait, du temps de Tacite

vie (1). Cette vaste péninsule, située à l'extrémité septentrionale de l'ancien continent, n'était pas inconnue aux conquérans de Rome. De nouveaux liens d'amitié avaient resserré les premiers nœuds du sang. On avait vu un roi scandinave abdiquer volontairement sa sauvage dignité, et se rendre à Ravenne pour y passer le reste de ses jours au milieu d'une cour tranquille et polie (2). Des vestiges, qui ne peuvent être attribués à la vanité nationale, attestent l'ancienne résidence des Goths dans les contrées au nord de la Baltique. Depuis le géographe Ptolémée, le midi de la Suède semble avoir

---

et long-temps auparavant, le Mecklenbourg, la Poméranie, la Prusse méridionale et le nord-ouest de la Pologne. Peu avant la naissance de Jésus-Christ, et dans les premières années qui la suivirent, ils appartenaient à la monarchie de Marbod, roi des Marcomans; mais Cotualda, jeune prince goth, les délivra de cette tyrannie, et établit lui-même son pouvoir sur le royaume des Marcomans, déjà très-affaibli par les victoires de Tibère. La puissance des Goths, à cette époque, doit avoir été assez grande; ce fut probablement d'eux que le *Sinus Codanus* (mer Baltique) prit ce nom, comme il prit celui de *mare Suevicum* et de *mare Venedicum* lors de la supériorité des Suèves proprement dits et des Vénèdes. L'époque à laquelle les Goths ont passé en Scandinavie est inconnue. *Voyez* Adel., *Hist. anc. des Allem.*, p. 260; Gatterer, *Essai d'une Histoire univers.*, p. 458. (*Note de l'Éditeur.*)

(1) Jornandès cite, d'après l'autorité d'Ablavius, quelques anciennes chroniques des Goths composées en vers. *De Reb. geticis*, c. 4.

(2) Jornandès, c. 3.

toujours appartenu à la partie la moins entreprenante de la nation, et même aujourd'hui un pays considérable est divisé en Gothie orientale et occidentale. Depuis le neuvième siècle jusqu'au douzième, tandis que le christianisme s'avançait à pas lents dans le Septentrion, les Goths et les Suédois formaient, sous la même domination, deux nations différentes, et quelquefois ennemies (1). Le dernier de ces deux noms a prévalu, sans anéantir le premier. Les Suédois, assez grands par eux-mêmes pour se contenter de leur réputation dans les armes, ont toujours réclamé l'ancienne gloire des Goths. Dans un moment de ressentiment contre la cour de Rome, Charles XII fit entendre que ses troupes victorieuses n'avaient pas dégénéré de leurs braves ancêtres, dont la valeur avait autrefois subjugué la reine du monde (2).

Religion des Goths.

Le célèbre temple d'Upsal subsistait encore à la fin du onzième siècle dans cette ville, la plus considérable de celles des Goths et des Suédois. L'or enlevé par les Scandinaves, dans leurs expéditions

---

(1) *Voyez* les extraits assez étendus des ouvrages d'Adam de Brême, et de Saxon le Grammairien, qui se trouvent dans les Prolégomènes de Grotius. Adam de Brême écrivait en 1077, et Saxon le Grammairien vers l'année 1200.

(2) Voltaire, *Histoire de Charles* XII, l. III. Lorsque les Autrichiens demandaient du secours à Rome contre Gustave-Adolphe, ils ne manquaient jamais de représenter ce conquérant comme le successeur direct d'Alaric. Harte, *Hist. de Gustave*, vol. II, p. 123.

maritimes, en faisait le principal ornement; et la superstition y avait consacré, sous des formes grossières, les trois principales divinités, le dieu de la guerre, la déesse de la génération et le dieu du tonnerre. Dans la fête générale que l'on célébrait chaque neuvième année, deux animaux de toute espèce, sans en excepter l'espèce humaine, étaient immolés avec la plus grande cérémonie, et leurs corps ensanglantés suspendus dans le bois sacré qui tenait au temple (1). Les seules traces qui subsistent maintenant de ce culte barbare sont contenues dans l'Edda, système de mythologie compilé en Islande vers le treizième siècle, et que les savans de Suède et de Danemarck ont étudié comme le reste le plus précieux de leurs anciennes traditions.

Malgré l'obscurité mystérieuse de l'Edda, il est facile de distinguer deux personnages confondus sous le nom d'Odin, le dieu de la guerre et le grand législateur de la Scandinavie. Celui-ci est le Mahomet du Nord; ce fut lui qui institua une religion adaptée au climat et au peuple. De nombreuses tribus, sur les deux rives de la Baltique, furent subjuguées par la valeur invincible d'Odin, par son

<small>Institutions d'Odin; sa mort.</small>

---

(1) *Voyez* Adam de Brême, dans les Prolégomènes de Grotius, p. 104. Le temple d'Upsal fut détruit par Ingo, roi de Suède, qui monta sur le trône en 1075; et environ quatre-vingts ans après, on éleva sur ses ruines une cathédrale chrétienne. *Voyez* l'Histoire de Suède, par Dalin, dans la *Bibliot. raisonnée*.

éloquence persuasive et par sa réputation d'habile magicien. Pendant le cours d'une vie longue et heureuse, il ne s'était occupé qu'à propager sa religion : il y mit le sceau par une mort volontaire. Redoutant les approches ignominieuses des maladies et des infirmités, il résolut d'expirer comme il convenait à un guerrier. Dans une assemblée solennelle des Suédois et des Goths, il se fit neuf blessures mortelles. « Je cours, disait-il en rendant le dernier soupir, préparer le festin des héros dans le palais du dieu de la guerre (1). »

Hypothèse agréable, mais incertaine, touchant Odin.

Le lieu de la naissance d'Odin et de sa résidence habituelle est désigné sous le nom d'*As-gard*. L'heureuse conformité de ce nom avec *As-bourg* ou *As-of* (2), mots dont la signification est la même, sert de base à un système historique si ingénieux, que nous souhaiterions qu'il fût vrai (3). On suppose qu'Odin était le chef d'une tribu de Barbares qui habitèrent les bords des Palus-Méotides, jusqu'à ce que la chute de Mithridate et les armes victorieuses de Pompée fissent trembler le Nord pour sa liberté. Odin, trop faible pour résister à un pouvoir si for-

---

(1) Mallet, *Introd. à l'Hist. du Danemarck.*

(2) Mallet, c. iv, p. 55, a tiré de Strabon, de Pline, de Ptolémée et d'Étienne de Byzance, les vestiges de ce peuple et de cette ville.

(3) Il ne peut l'être : Bayer a prouvé que la ville d'Asof ne paraissait que dans le douzième siècle de l'histoire. *Voyez* sa dissertation sur l'histoire d'Asof, dans le deuxième volume de la collection de l'*Hist. russe.* (Note de l'Édit.)

midable, ne céda qu'en frémissant : forcé de quitter son pays natal, il conduisit sa tribu, depuis les frontières de la Sarmatie asiatique jusqu'en Suède, avec le projet véritablement grand de former, dans des retraites inaccessibles à la servitude, une religion et un peuple qui pussent servir un jour sa vengeance immortelle, lorsque ses invincibles Goths, animés par l'enthousiasme de la gloire, sortiraient en nombreux essaims des environs du pôle pour châtier les oppresseurs du genre humain (1).

Quand même tant de générations successives du peuple goth auraient été capables de conserver quelques faibles traces de leur origine des Scandinaves, ce n'est pas à des Barbares sans lettres que nous pourrions demander un détail exact des temps et des circonstances de leurs migrations. Le passage de

Migrations des Goths de la Scandinavie en Prusse.

---

(1) Il est difficile d'admettre comme un fait authentique l'expédition merveilleuse d'Odin, qui pourrait fournir le sujet d'un beau poëme épique, en faisant remonter à une époque si mémorable l'inimitié des Goths et des Romains. Selon le sens le plus naturel de l'*Edda*, et l'interprétation des plus habiles critiques, As-gard n'est point réellement une ville de la Sarmatie asiatique : c'est le nom du séjour mystérieux des dieux ; c'est l'Olympe de la Scandinavie. Le prophète était supposé en descendre, lorsqu'il vint annoncer sa nouvelle religion à la nation des Goths, qui étaient déjà établis dans la partie méridionale de la Suède (*).

(*) On peut consulter sur ce sujet une lettre curieuse du Suédois Ihre, conseiller de chancellerie à Upsal, imprimée à Upsal, chez Edman, en 1772, et traduite en allemand par M. Schlœzer, à Gœttingue, chez Dieterichs, 1773. (*Note de l'Éditeur.*)

la Baltique était une entreprise facile et naturelle. Les habitans de la Suède avaient un nombre suffisant de vaisseaux à rames (1); et depuis Carlscroon jusqu'aux ports les plus voisins de la Prusse et de la Poméranie, la distance n'est que d'environ cent milles. Ici enfin nous marchons à la lueur de l'histoire sur un terrain solide. Du moins, en remontant jusqu'à l'ère chrétienne (2), au plus tard jusqu'au siècle des Antonins (3); nous voyons les Goths établis à l'embouchure de la Vistule, et dans cette fertile province où long-temps après furent bâties les villes commerçantes de Thorn, d'Elbing, de Konigsberg et de Dantzick (4). A l'occident de ces contrées, les nombreuses tribus des Vandales se répandirent le long des rives de l'Oder, et des côtes maritimes du Mecklenbourg et de la Poméranie. Une ressemblance frappante de mœurs, de traits, de religion et de langage, semble indiquer que les Vandales et les Goths étaient originairement une grande et même nation (5). Ceux-ci paraissent avoir

---

(1) Tacite, *Germ.*, 44.

(2) Tacite, *Ann.*, II, 62. Si l'on pouvait ajouter foi aux voyages de Pythéas de Marseille, il faudrait convenir que les Goths avaient passé la mer Baltique au moins trois cents ans avant Jésus-Christ.

(3) Ptolémée, l. II.

(4) Par les colonies allemandes qui suivirent les armes des chevaliers teutoniques. Ces aventuriers terminèrent, dans le treizième siècle, la conquête et la conversion de la Prusse.

(5) Pline (*Hist. nat.*, IV, 14) et Procope (*in Bell. vand.*,

été subdivisés en Ostrogoths, Visigoths et Gépides (1). La distinction des diverses tribus vandales

---

l. I, c. 1) ont suivi la même opinion. Ces deux auteurs vivaient dans des siècles éloignés, et ils employèrent différentes voies pour chercher la vérité (*).

(1) Les Ostrogoths et les Visigoths, ou les Goths orientaux et occidentaux, avaient été ainsi désignés lorsqu'ils habitaient la Scandinavie (**). Par suite, dans toutes leurs marches et dans tous leurs établissemens, ils conservèrent avec leurs noms la même situation respective qui les leur avait fait donner. La première fois qu'ils sortirent de Suède,

(*) Cette opinion est peu vraisemblable. Les Vandales et les Goths appartenaient également à la grande division des Suèves, mais ces deux tribus étaient très-différentes. Ceux qui ont traité cette partie de l'histoire me paraissent avoir négligé de remarquer que les anciens donnaient presque toujours le nom du peuple puissant et vainqueur à toutes les tribus faibles et vaincues : ainsi Pline appelle *Vindili*, Vandales, tous les peuples du nord-est de l'Europe, parce qu'à cette époque les Vandales étaient sans doute la tribu conquérante. César, au contraire, rangeait sous le nom de *Suèves* plusieurs des tribus que Pline met sous celui de Vandales, parce que les Suèves proprement dits étaient alors la tribu la plus puissante de la Germanie. Quand les Goths, devenus à leur tour conquérans, eurent soumis les peuplades qui se trouvaient sur leur chemin, ces peuplades perdirent leur nom en perdant leur liberté, et devinrent d'origine gothique: Les Vandales eux-mêmes furent considérés alors comme des Goths; les Hérules, les Gépides, etc., eurent le même sort. Une origine commune fut ainsi attribuée à des peuples qui n'avaient été réunis que par les conquêtes d'une nation, et cette confusion a causé une foule d'erreurs en histoire. (*Note de l'Éditeur.*)

(**) Ce n'est point en Scandinavie que les Goths ont été divisés en Ostrogoths et Visigoths; cette division eut lieu après leur irruption en Dacie au troisième siècle : ceux qui venaient du Mecklenbourg et de la Poméranie furent appelés Visigoths; ceux qui venaient du midi de la Prusse et du nord-ouest de la Pologne se nommaient Ostrogoths. Adel., *Hist. anc. des Allem.*, p. 202; Gatt., *Hist. univ.*, p. 431. (*Note de l'Éditeur.*)

fut plus fortement marquée par les noms indépendans d'Hérules, de Bourguignons, de Lombards, et d'une foule d'autres petits États, qui formèrent, pour la plupart, dans les siècles suivans, de puissantes monarchies.

De la Prusse en Ukraine. Dans le siècle des Antonins, les Goths habitaient encore la Prusse. Déjà, sous le règne d'Alexandre-Sévère, leurs hostilités et leurs incursions fréquentes avaient annoncé leur voisinage aux Romains de la Dacie (1). Cet intervalle, qui est d'environ soixante-dix ans, est donc la période où nous devons placer la seconde migration des Goths, lorsqu'ils se portèrent de la Baltique au Pont-Euxin ; mais il est impossible d'en démêler la cause au milieu des différens ressorts qui faisaient mouvoir des Barbares errans. La peste ou la famine, une victoire ou une défaite, un oracle des dieux, ou l'éloquence d'un chef entreprenant, suffisaient pour les attirer dans les climats plus tempérés du Midi. Outre l'influence d'une religion guerrière, leur nombre et leur intrépidité les mettaient en état d'affronter les plus grands

---

la colonie, dans son enfance, était contenue dans trois vaisseaux. Un de ces bâtimens, qui n'était pas si bon voilier que les deux autres, fut retardé dans sa route ; et l'équipage, qui forma ensuite une grande nation, reçut le nom de Gépides ou *Traîneurs*. Jornandès, c. 17.

(1) *Voyez* un fragment de Pierre Patrice, dans l'ouvrage intitulé, *Excerpta legationum*; et pour la date la plus probable, *voyez* Tillemont, *Histoire des Empereurs*, t. III, p. 346.

dangers. Leurs boucliers ronds et leurs épées courtes les rendaient formidables, lorsqu'ils en venaient aux mains. Leur noble soumission à des rois héréditaires donnait à leurs conseils une union et une stabilité peu communes (1). Amala, le héros de ce siècle, le dixième aïeul de Théodoric, roi d'Italie, était digne de les commander. Ce chef illustre soutenait, par l'ascendant du mérite personnel, la noblesse de son origine, qu'il attribuait aux *Ansès* ou demi-dieux de la nation (2).

Le bruit d'une grande entreprise, répandu dans la Germanie, excita le courage des plus braves guerriers de plusieurs nations vandales, que nous voyons, un petit nombre d'années après, prendre part à la guerre sous le nom générique de Goths (3). Les conquérans se rendirent d'abord sur les rives du Prypek, rivière que les anciens ont universellement regardée comme la branche méridionale du Borys-

La nation des Goths s'accroît dans sa marche.

---

(1) *Omnium harum gentium insigne, rotunda scuta, breves gladii, et erga reges obsequium.* Tacite, *Germ.*, 43. Le commerce de l'ambre procura vraisemblablement du fer à la nation des Goths.

(2) Jornandès, c. 13, 14.

(3) Les Hérules et les Bourguignons sont particulièrement nommés. Voyez l'*Histoire des Germains*, par Mascou, l. v. Un passage de l'*Histoire Auguste*, p. 28, paraît faire allusion à cette grande migration. La guerre des Marcomans fut occasionée en partie par la pression des tribus barbares, qui fuyaient devant les armes de Barbares plus septentrionaux.

thène (1). Ce grand fleuve, qui arrose les plaines de la Pologne et de la Russie, servit de direction aux Barbares, et leur procura pendant toute leur marche une provision constante d'eau, et d'excellens pâturages pour les nombreux troupeaux qui les accompagnaient. Pleins de confiance en leur propre bravoure, ils pénétrèrent dans des contrées inconnues, sans songer aux puissances qui auraient pu s'opposer à leurs progrès. Les Bastarnes et les Vénèdes furent les premiers qui se présentèrent. La fleur de leur jeunesse prit parti, de gré ou de force, dans l'armée des Goths. Les Bastarnes occupaient le nord des monts Krapacks. L'immense contrée qui séparait ces peuples des sauvages de Finlande était habitée, ou plutôt dévastée, par les Vénèdes (2). On a quelques raisons de croire que les Bastarnes, qui se distinguèrent dans la guerre de Macédoine (3), et qui formèrent ensuite ces tribus redoutables de Peucins, de Borans, de Carpiens, etc., tiraient leur origine de la Germanie (4). Nous sommes encore

---

(1) D'Anville, *Géographie ancienne*, et la troisième partie de son incomparable carte d'Europe.
(2) Tacite., *Germ.*, 46.
(3) Cluvier., *Germ. ant.*, l. III, c. 43.
(4) Les Bastarnes ne sauraient être regardés comme originaires de la Germanie : Strabon et Tacite paraissent en douter ; Pline est le seul qui les appelle positivement Germains : Ptolémée et Dion les traitent de Scythes, dénomination vague à cette époque de l'histoire ; Tite-Live, Plutarque et Diodore de Sicile les nomment Gaulois ; et cette

mieux fondés à placer dans la Sarmatie le berceau des Vénèdes, qui devinrent si fameux dans le moyen âge (1); mais le mélange du sang et des mœurs sur la frontière douteuse de ces deux vastes régions embarrasse souvent l'observateur le plus exact (2). En s'avançant plus près du Pont-Euxin, les Goths rencontrèrent des races plus pures de Sarmates, les Jaziges, les Alains (3) et les Roxolans. Les Goths furent vraisemblablement les premiers Germains qui

<small>Distinction des Germains et des Sarmates.</small>

---

opinion est la plus vraisemblable. Ils descendaient des Gaulois venus en Germanie sous la conduite de Sigovèse. On les trouve toujours associés à des tribus gauloises, telles que les Boïens, les Taurisques, etc., et non aux tribus germaniques : les noms de leurs chefs ou princes, Chlonix, Chlondicus, Deldon, ne sont pas des noms germains. Ceux qui s'étaient établis dans l'île *Peuce*, sur le Danube, prirent le nom de *Peucins*.

Les Carpiens paraissent en 237 comme une tribu suève qui fit une irruption dans la Mœsie. Dans la suite ils reparaissent sous les Ostrogoths, avec lesquels ils se sont probablement amalgamés. *Voy*. Adel., *Hist. anc. des All.*, p. 236 et 278. (*Note de l'Éditeur.*)

(1) Les Vénèdes, les *Slaves* et les Antes étaient trois grandes tribus du même peuple. Jornandès, c. 24 (*).

(2) Tacite mérite certainement ce titre, et même sa prudente incertitude prouve l'exactitude de ses recherches.

(3) Jac. Reineggs croit avoir trouvé dans les montagnes du Caucase quelques descendans de la nation des Alains; les Tartares les appellent *Edeki-Alan* : ils parlent un dialecte particulier de l'ancienne langue des Tartares du Cau-

(*) Ces trois tribus formaient la grande nation des Slaves.
(*Note de l'Éditeur.*)

aperçurent les bouches du Tanaïs et du Borysthène. Il est facile de connaître ce qui distinguait particulièrement les peuples de la Germanie et de la Sarmatie. Des cabanes fixes ou des tentes mobiles, les lois du mariage, qui permettaient d'épouser une ou plusieurs femmes, un habit serré ou des robes flottantes, une force militaire qui consistait principalement en infanterie ou en cavalerie; telles sont les marques caractéristiques de ces deux grandes portions du genre humain. Il ne faut pas surtout oublier l'usage des langues teutonique et esclavonne, dont la dernière s'est répandue, par la voie des armes, des confins de l'Italie au voisinage du Japon.

<small>Description de l'Ukraine.</small> Avant d'attaquer les provinces romaines, les Goths possédaient déjà l'Ukraine, pays d'une grande étendue et d'une rare fertilité. Il est partagé presque également par le Borysthène, qui reçoit des deux côtés les eaux de plusieurs rivières navigables. Cette vaste contrée renfermait en quelques endroits des bois immenses de chênes antiques et très-élevés. L'abondance du gibier et du poisson, les ruches innombrables que l'on trouvait dans les cavités des rocs ou dans le creux des vieux arbres, et qui, même en ces temps grossiers, formaient une branche considérable de commerce, la beauté du bétail, la température de l'air, un sol propre à toute espèce de grains,

---

case. *V.* J! Reineggs, *Descr. du Caucase* (en allem.), p. 11, p. 15. (*Note de l'Éditeur.*)

la richesse de la végétation, tout attestait la libéralité de la nature, et invitait l'industrie de l'homme (1). Les Goths dédaignèrent ces avantages : une vie de paresse, de pauvreté et de rapine, leur parut toujours préférable.

Les hordes des Scythes qui bordaient leurs nouveaux établissemens du côté de l'Orient, ne leur offraient que le hasard incertain d'une victoire inutile : l'aspect brillant des campagnes romaines avait bien plus d'attraits pour eux. Les champs de la Dacie, cultivés par des habitans industrieux, pouvaient être moissonnés par un peuple guerrier. Les successeurs de Trajan consultèrent moins les véritables intérêts de l'État que de fausses idées de grandeur, lorsqu'ils conservèrent les conquêtes de ce prince au-delà du Danube. Il est probable que leur politique affaiblit l'empire du côté de ce fleuve. La Dacie, province nouvelle et à peine soumise, n'était ni assez forte pour résister aux Barbares, ni assez opulente pour assouvir leur cupidité. Tant que les rives éloignées du Niester servirent de bornes à l'empire, les fortifications du bas Danube furent gardées avec moins de précautions : ensevelis dans une fatale sécurité,

Les Goths envahissent les provinces romaines.

---

(1) *Histoire généalogique des Tartares*, p. 593. M. Bell (vol. II, p. 379.) traversa l'Ukraine, en voyageant de Pétersbourg à Constantinople. La face du pays représente exactement aujourd'hui ce qu'il était autrefois, puisque entre les mains des Cosaques il reste toujours dans un état de nature.

les habitans de la Mœsie se persuadèrent qu'une distance trop vaste pour être franchie les mettait à l'abri de tout danger de la part des Barbares. L'irruption des Goths, sous le règne de Philippe, les tira de leur funeste erreur. Le roi ou chef de cette fière nation traversa avec mépris la province de la Dacie, et passa le Niester et le Danube, sans rencontrer aucun obstacle. Les troupes romaines ne connaissaient déjà plus de discipline; elles livrèrent à l'ennemi les postes importans qui leur avaient été confiés, et la crainte d'un juste châtiment en fit passer un grand nombre sous les étendards des Goths. Tous ces Barbares parurent enfin devant Marcianopolis (1), ville bâtie par Trajan en l'honneur de sa sœur, et qui servait alors de capitale à la seconde Mœsie (2). Les habitans se crurent trop heureux de racheter à prix d'argent leurs biens et leurs personnes; et les conquérans retournèrent dans leurs déserts, plutôt encouragés que satisfaits par ce premier succès de leurs armes contre un État faible, mais opulent. Dèce fut bientôt informé que Cniva, roi des Goths, avait

---

(1) Aujourd'hui Prebislaw, chez les Bulgares. D'Anville, *Géogr. anc.*, t. 1, p. 311. (*Note de l'Éditeur.*)

(2) Dans le seizième chapitre de Jornandès, au lieu de *secundo Mœsiam*, on peut substituer *secundam*, la seconde Mœsie, dont Marcianopolis était certainement la capitale. (*Voyez* Hiéroclès, *de Provinciis*, et Wesseling, *ad locum*, p. 636, *Itineraria*.) Il est étonnant qu'une faute si palpable du copiste ait échappé à la correction judicieuse de Grotius.

passé une seconde fois le Danube avec des troupes plus nombreuses; que ses détachemens répandaient de tous côtés la désolation en Mœsie; et que le principal corps d'armée, composé de soixante-dix mille Germains et Sarmates, pouvait se porter aux entreprises les plus audacieuses. Une invasion si formidable exigeait la présence du monarque, et le développement de toutes ses forces.

Déce trouva les Goths occupés au siège de Nicopolis, sur le Jatrus, un de ces monumens qui devaient perpétuer le souvenir des exploits de Trajan (1). A son approche ils se retirèrent; mais avec le projet de voler à une conquête plus importante, et d'attaquer Philippopolis (2), ville de Thrace, bâtie par le père d'Alexandre, presque au pied du mont Hémus (3). L'empereur les suivit par des marches forcées dans un pays difficile; mais lorsqu'il se croyait encore à une distance considérable de leur arrière-garde, Cniva se tourna contre lui avec une violente impétuosité. Le camp des Romains fut pillé; et, pour

Divers événemens de la guerre des Goths. An 250.

---

(1) Le lieu qu'occupait cette ville est encore appelé Nicop. La petite rivière sur les bords de laquelle elle était située tombe dans le Danube. D'Anville, *Géogr. anc.*, t. 1, p. 307.

(2) Aujourd'hui Philippopolis ou Philiba; sa situation entre des collines la faisait aussi appeler *Trimontium*. D'Anville, *Géogr. anc.*, t. 1, p. 295. (*Note de l'Éditeur.*)

(3) Étienne de Byzance, *de Urbibus*, p. 740; Wesseling, *Itineraria*, p. 136. Zonare, par une méprise singulière, attribue la fondation de Philippopolis au prédécesseur immédiat de l'empereur Déce.

la première fois, leur souverain prit la fuite devant une troupe de Barbares à peine armés. Après une grande résistance, Philippopolis, privée de secours, fut emportée d'assaut. On assure que cent mille personnes perdirent la vie dans le sac de cette ville (1). Plusieurs prisonniers de marque ajoutèrent à l'importance du butin; et Priscus, frère du dernier empereur Philippe, ne rougit point de prendre la pourpre, sous la protection des plus cruels ennemis de Rome (2). Cependant la longueur du siége avait donné le temps à Dèce de ranimer le courage, de rétablir la discipline, et d'augmenter le nombre de ses troupes. Il intercepta différens partis de Barbares, qui accouraient de la Germanie pour venir partager la victoire de leurs compatriotes (3). Des officiers d'une fidélité et d'une valeur éprouvées (4) eurent ordre de garder les passages des montagnes; les fortifications du Danube furent réparées et mises en état de défense; enfin le prince employa les plus

---

(1) Ammien, xxxi, 5.

(2) Aurelius-Victor, c. 29.

(3) Les mots *victoriæ carpicæ*, qui se trouvent sur quelques médailles de l'empereur Dèce, insinuent ces avantages.

(4) Claude, qui régna depuis avec tant de gloire, gardait les Thermopyles avec deux cents Dardaniens, cent hommes de cavalerie pesante et cent soixante de cavalerie légère, soixante archers crétois, et mille hommes de nouvelles troupes bien armées. *Voyez* une lettre originale de l'empereur à cet officier, dans l'*Hist. Auguste*, p. 200.

grands efforts pour s'opposer aux progrès ou à la retraite des Goths. Encouragé par le retour de la fortune, il se préparait à frapper de plus grands coups, et il attendait avec inquiétude le moment de venger sa propre gloire et celle des armes romaines (1).

Dans le temps qu'il luttait contre la violence de la tempête, son esprit calme et réfléchi, au milieu du tumulte de la guerre, méditait sur les causes plus générales qui, depuis le siècle des Antonins, avaient précipité si impétueusement la décadence de la grandeur romaine. Il découvrit bientôt qu'il était impossible de replacer cette grandeur sur une base solide, sans rétablir la vertu publique, les principes fondamentaux de la constitution, les mœurs antiques de l'État, et la majesté opprimée des lois. Pour exécuter un projet si beau, mais si difficile, il résolut de faire revivre l'ancien office de censeur, magistrature importante qui avait beaucoup contribué à maintenir le gouvernement (2), jusqu'à ce qu'usurpée par les Césars, elle eût perdu son intégrité primitive, et fût tombée insensible-

Dèce rétablit l'office de censeur dans la personne de Valérien.

---

(1) Jornandès, c. 16-18; Zozime, l. 1, p. 22. Il est aisé de découvrir, dans le récit général de cette guerre, les préjugés opposés de l'auteur grec et de l'historien des Goths. Ils ne se ressemblent que par le manque d'exactitude.

(2) Montesquieu, *Grandeur et décadence des Romains*, c. 8. Il parle de la nature et de l'usage de la censure avec sa sagacité ordinaire et avec une précision peu commune.

ment en oubli (1). Persuadé que la faveur du souverain peut donner la puissance, mais que l'estime du peuple confère seule l'autorité, Dèce abandonna le choix d'un censeur au libre suffrage du sénat. Les voix unanimes, ou plutôt les acclamations de l'assemblée, nommèrent Valérien comme le plus digne de remplir cet auguste emploi. Ce vertueux citoyen, qui fut depuis revêtu de la pourpre, servait alors avec distinction dans les troupes. Dès que l'empereur eut appris son élection, il assembla dans son camp un conseil général, et, avant de donner l'investiture au nouveau censeur, il crut devoir lui rappeler la difficulté et l'importance de sa charge. « Heureux Valérien, dit le prince à son illustre sujet, heureux d'avoir mérité l'approbation du sénat et de la république! acceptez la censure, et réformez les mœurs du genre humain. Vous choisirez parmi les sénateurs ceux qui méritent de conserver leur rang dans cette auguste assemblée. L'ordre équestre vous devra le rétablissement de son ancienne splendeur. En augmentant les revenus de l'État, songez à diminuer les charges publiques. Partagez en plusieurs classes régulières la multitude confuse des citoyens. Que la puissance militaire, les richesses,

---

(1) Vespasien et Titus furent les derniers censeurs. (Pline, *Hist. nat.*, VII, 49; Censorin, *de Die natali*.) La modestie de Trajan ne lui permit pas d'accepter un honneur dont il était digne, et son exemple fut une loi pour les Antonins. *Voyez* le *Panégyrique* de Pline, c. 45 et 60.

les vertus et les ressources de Rome, soient l'objet constant de votre attention. Vos décisions auront force de loi. L'armée, le palais, les ministres de la justice, les grands officiers de l'empire, sont soumis à votre tribunal : nul n'est excepté que les consuls ordinaires (1), le préfet de la ville, le roi des sacrifices et la première des vestales, aussi long-temps que cette vierge conservera sa chasteté; et même ce petit nombre, qui peut ne pas redouter la sévérité du censeur romain, s'efforcera de gagner son estime (2). »

Un magistrat revêtu d'un pouvoir si étendu aurait été moins le ministre que le collègue de son maître (3). Valérien redoutait, avec raison, une place qui devait l'exposer aux soupçons et à l'envie. Sa modestie parut alarmée de la grandeur du poste où on voulait le placer. Après avoir insisté sur sa propre insuffisance et sur la corruption du siècle, il représenta fort adroitement que l'office de censeur ne pouvait être séparé de la dignité impériale, et que les mains d'un sujet étaient trop faibles pour

Ce projet impraticable et sans effet.

---

(1) Malgré cette exemption, Pompée parut cependant devant le tribunal du censeur pendant son consulat. L'occasion était, à la vérité, également singulière et honorable. Plutarque, *Vie de Pompée*, p. 630.

(2) *Voyez* le discours original dans l'*Histoire Auguste*, p. 173, 174.

(3) C'est peut-être ce qui a trompé Zonare. Cet auteur suppose que Valérien fut alors déclaré le collègue de Dèce. L. XII, p. 625.

supporter l'énorme fardeau d'une telle administration (1). Les événemens de la guerre arrêtèrent bientôt l'exécution d'un projet séduisant, mais impraticable, mirent Valérien à l'abri du danger, et épargnèrent probablement au prince la honte de ne pas réussir. Un censeur peut maintenir les mœurs d'un État; il ne saura jamais les rétablir. Il est impossible que l'autorité d'un pareil magistrat soit avantageuse, qu'elle produise même aucun effet, à moins qu'il ne trouve dans le cœur du peuple un sentiment vif d'honneur et de vertu, et qu'il ne soit soutenu par un respect religieux pour l'opinion publique, et par une foule de préjugés utiles favorisant les mœurs nationales. Dans un temps où ces principes sont anéantis, l'office de censeur doit dégénérer en vaine représentation, ou devenir un instrument d'oppression (2) et de despotisme. Il était plus aisé de vaincre les Goths que de déraciner les vices de l'État, et cependant la première de ces entreprises coûta à l'empereur son armée et la vie.

Défaite et mort de Dèce et de son fils.

Environnés des troupes romaines, les Goths se trouvaient exposés à des attaques continuelles. Le siége de Philippopolis leur avait coûté leurs meilleurs soldats, et le pays dévasté n'offrait plus de subsistance à ce qui restait de cette multitude de

---

(1) *Histoire Auguste*, p. 174. La réponse de l'empereur est omise.

(2) Telles que les tentatives d'Auguste pour la réforme des mœurs. Tacite, *Ann.*, III, 24.

Barbares indisciplinés. Dans cette extrémité, ils auraient volontiers rendu leur butin et leurs prisonniers pour avoir la permission de se retirer paisiblement; mais l'empereur se croyait sûr de la victoire, et, résolu de répandre une terreur salutaire parmi toutes les nations du Nord, il refusa d'écouter aucun accommodement. Les Barbares intrépides préférèrent la mort à l'esclavage. La bataille se donna sous les murs d'une ville obscure de la Mœsie, appelée *Forum Terebronii* (1). L'armée des Goths était rangée sur trois lignes, et, par un effet du hasard ou d'une sage disposition, un marais couvrait le front de leur troisième ligne. Au commencement de l'action, le fils de Dèce, jeune prince de la plus belle espérance, et déjà revêtu de la pourpre, fut percé d'une flèche, et tomba mort à la vue d'un père affligé, qui, rassemblant toute sa fermeté, rappela à son armée consternée que la perte d'un soldat importait peu à la république (2). Le choc fut terrible; c'était le combat du désespoir contre la douleur et la rage. Enfin la première ligne des Goths fut enfoncée; la seconde, qui s'avançait pour la soutenir, eut le

---

(1) Tillemont, *Histoire des Empereurs*, tome III, p. 598. Comme Zozime et quelques-uns de ceux qui l'ont suivi prennent le Danube pour le Tanaïs, ils placent le champ de bataille dans les plaines de la Scythie.

(2) Aurelius-Victor place la mort des deux Dèces dans deux actions différentes; mais j'ai préféré le récit de Jornandès.

même sort. La troisième seulement restait entière, disposée à disputer le passage du marais que l'ennemi présomptueux eut l'imprudence de vouloir forcer. La fortune change tout à coup. « Tout est contre les Romains, la profondeur du marécage, un terrain où l'on enfonce pour peu qu'on s'arrête, où l'on glisse quand on fait un pas; la pesanteur de la cuirasse, la hauteur des eaux, qui ne permet pas de lancer le javelot. Au contraire, les Barbares, habitués à combattre dans les terrains marécageux; outre l'avantage de la taille, avaient encore celui des longues piques, dont ils atteignaient de loin (1). » Après d'inutiles efforts, l'armée romaine fut ensevelie dans ce marais, et jamais on ne put retrouver le corps de l'empereur (2). Tel fut le destin de Dèce, âgé pour lors de cinquante ans; monarque accompli, actif dans la guerre, affable au sein de la paix (3). Son fils aurait été digne de lui succéder. La vie et la mort de ces deux princes les ont fait comparer aux plus brillans modèles de la vertu républicaine (4).

Élection de Gallus. An 251. Décembre.

Ce coup funeste abattit pour quelque temps l'in-

---

(1) J'ai hasardé de tirer de Tacite (*Ann.*, 1, 64) le tableau d'une action semblable entre une armée romaine et une tribu germanique. *La traduction est de l'abbé de La Bletterie.*

(2) Jornandès, c. 18.; Zozime, l. 1, p. 22; Zonare, l. XII, p. 627; Aurelius-Victor.

(3) Les Dèces furent tués avant la fin de l'année 251, puisque les nouveaux princes prirent possession du consulat dans les calendes de janvier qui suivirent.

(4) L'*Histoire Auguste*, p. 223, leur donne une place

solence des légions. Il paraît qu'elles attendirent patiemment et reçurent avec soumission le décret du sénat qui réglait la succession à l'empire. Un juste respect pour la mémoire de Dèce éleva sur le trône le seul fils qui lui survécût. Hostilien eut le titre d'empereur; mais, avec un rang égal, on donna une autorité plus réelle à Gallus, dont l'expérience et l'habileté parurent proportionnées à l'importance des soins qui lui étaient confiés, la tutelle d'un jeune prince, et le gouvernement de l'empire en danger (1). Le premier soin du nouvel empereur fut de délivrer les provinces illyriennes de l'oppression cruelle d'un ennemi victorieux. Il consentit à laisser entre les mains des Goths un butin immense, fruit de leur invasion; et, ce qui ajoutait à la honte de l'État, il leur abandonna un grand nombre de prisonniers d'une naissance et d'un mérite distingués. Sacrifiant tout au désir d'apaiser le ressentiment de ces fiers vainqueurs, et de faciliter leur départ, il fournit abondamment leur camp de toutes les provisions qu'ils pouvaient désirer. Il s'engagea même à leur payer tous les ans une somme considérable, à condition qu'ils n'infesteraient plus les provinces romaines (2).

An 252.

Retraite des Goths.

Gallus achète la paix en payant aux Barbares un tribut annuel.

---

très-honorable parmi le petit nombre des bons princes qui régnèrent entre Auguste et Dioclétien.

(1) *Hæc ubi patres compere......decernunt.* Victor, *in Cæsaribus.*

(2) Zonare, l. XII, p. 628.

Dans le siècle des Scipions, les rois, qui recherchaient la protection de la république, ne dédaignaient pas de recevoir des présens de peu de valeur, mais auxquels la main d'un allié puissant attachait le plus grand prix. Une chaise d'ivoire, un simple manteau de pourpre, une coupe d'argent, ou quelques pièces de cuivre (1), satisfaisaient les souverains les plus opulens de la terre. Lorsque Rome eut englouti les trésors des nations, les Césars crurent qu'il était de leur grandeur, et même de leur politique, d'exercer envers les alliés de l'État une libéralité constante et réglée par une sage modération : ils secouraient la pauvreté des Barbares, honoraient leur mérite, et récompensaient leur fidélité. Ces marques volontaires de bonté ne paraissaient pas arrachées par la crainte ; elles venaient seulement de la générosité ou de la gratitude des Romains. Les amis et les supplians avaient des droits aux présens et aux subsides de l'empereur : ceux qui les réclamaient comme une dette (2) essuyaient un dur re-

---

(1) Le riche monarque d'Égypte accepta avec joie et avec reconnaissance une chaise (*sella*), une robe (*toga*), et une coupe (*patera*) d'or du poids de cinq livres. (Tite-Live, l. XXVII, 4.) *Quina millia æris* (qui valaient environ dix-huit livres st. en monnaie de cuivre) étaient le présent ordinaire que la république donnait aux ambassadeurs étrangers. Tite-Live, XXXI, 9.

(2) *Voyez* quelle fut encore la fermeté d'un général romain sous le règne d'Alexandre-Sévère. *Excerpta legationum*, p. 25, édition du Louvre.

fus. Mais la clause d'un paiement annuel à un en- *Mécontentement public.*
nemi vainqueur ne peut être regardée que comme
un tribut ignominieux : les Romains, jusque-là maîtres du monde, n'avaient point encore été accoutumés à recevoir la loi d'une troupe de Barbares. Le
prince qui, par une concession nécessaire, avait
probablement sauvé sa patrie, devint l'objet du mépris et de l'aversion générale. Hostilien avait été enlevé au milieu des ravages de la peste; on imputa
sa mort à Gallus (1); le cri de la haine attribua
même la défaite de Dèce aux conseils perfides de son
odieux successeur (2). La tranquillité que Rome goûta
la première année de son administration (3) servit
plutôt à enflammer qu'à apaiser le mécontentement
public; et, dès que le danger de la guerre eut été
éloigné, on sentit plus fortement et d'une manière
bien plus vive l'infamie de la paix.

Mais quel dut être le ressentiment des Romains *Victoire et révolte d'Émilien. An 253.*
lorsqu'ils découvrirent qu'ils n'avaient point assuré
leur repos, même au prix de leur honneur? Le fatal secret de l'opulence et de la faiblesse de l'empire
avait été révélé à l'univers. De nouveaux essaims de
Barbares, enhardis par le succès de leurs compa-

---

(1) Pour la peste, *voyez* Jornandès; c. 19; et Victor,
in Gæsaribus.

(2) Ces accusations improbables sont rapportées par Zozime, l. 1, p. 23, 24.

(3) Jornandès, c. 19. L'écrivain goth a du moins observé
la paix que ses compatriotes victorieux avaient jurée à
Gallus.

triotes, et ne se croyant pas enchaînés par les mêmes traités, répandirent la désolation dans les provinces de l'Illyrie, et portèrent la terreur jusqu'au pied du Capitole. Un gouverneur de Pannonie et de Mœsie entreprit la défense de l'État, que paraissait abandonner le timide Gallus. Émilien rallia les troupes dispersées et ranima leur courage abattu. Tout à coup les Barbares sont attaqués, mis en déroute, chassés et poursuivis au-delà du Danube. Le général victorieux distribua aux compagnons de ses exploits l'argent destiné pour le tribut, et les acclamations de l'armée le proclamèrent empereur sur le champ de bataille (1). Gallus semblait avoir oublié les intérêts de l'État au milieu des plaisirs de l'Italie ; informé presque dans le même instant des succès, de la révolte et de la marche rapide de son ambitieux lieutenant, il s'avança au devant de lui jusqu'aux plaines de Spolète. Lorsque les armées furent en présence, les soldats de Gallus comparèrent la conduite ignominieuse de leur souverain avec la gloire de son rival : ils admiraient la valeur d'Émilien ; ils étaient attirés par la libéralité avec laquelle il offrait à tous les déserteurs une augmentation de paye considérable (2). Le meurtre de Gallus et de son fils Volusien termina la guerre civile ; le sénat donna une sanction légale aux droits de la conquête. Les lettres d'Émilien à cette assemblée sont un mélange

Gallus abandonné et tué.
An 253.
Mai.

---

(1) Zozime, l. 1, p. 25, 26.
(2) Victor, *in Cæsaribus*.

de modération et de vanité : il l'assurait qu'il remettrait à sa sagesse l'administration civile, et que, content de la qualité de général, il maintiendrait la gloire de la république, et délivrerait l'empire en peu de temps des Barbares de l'Orient et du Nord (1). Son orgueil eut lieu d'être satisfait des louanges des sénateurs. Il existe encore des médailles où il est représenté avec le nom et les attributs d'Hercule victorieux et de Mars vengeur (2).

Si le nouveau monarque possédait les talens nécessaires pour remplir ses magnifiques promesses, il n'en eut pas du moins le temps ; moins de quatre mois s'écoulèrent entre son élévation et sa chute (3). Il avait vaincu Gallus, et succomba sous un compétiteur plus formidable que Gallus. Cet infortuné prince avait chargé Valérien, déjà revêtu du titre honorable de censeur, d'amener à son secours les légions de la Gaule et de la Germanie (4). Valérien exécuta cette commission avec zèle et avec fidélité ; arrivé trop tard pour sauver son souverain, il résolut de le venger. La sainteté de son caractère et plus encore la supériorité de son armée, imprimèrent du respect aux troupes d'Émilien, qui restaient

Valérien venge la mort de Gallus, et est proclamé empereur.

---

(1) Zonare, l. XII, p. 628.
(2) *Banduri numismata*, p. 94.
(3) Eutrope, l. IX, c. 6, dit *tertio mense*. Eusèbe ne parle pas de cet empereur.
(4) Zozime, l. I, p. 28. Eutrope et Victor placent l'armée de Valérien dans la Rhétie.

toujours campées dans les plaines de Spolète. Ces soldats indisciplinés n'avaient jamais été dirigés par aucun principe; devenus alors incapables d'attachement personnel, ils ne balancèrent pas à tremper leurs mains dans le sang d'un prince qui venait d'être l'objet de leur choix. Ils commirent seuls le crime (1); Valérien en recueillit le fruit. A la vérité, la guerre civile porta ce sage citoyen sur le trône; mais il en monta les degrés avec une innocence rare dans ce siècle de révolutions, puisqu'il ne devait ni reconnaissance ni fidélité au souverain dont il prenait la place.

Valérien avait environ soixante ans (2) lorsqu'il commença son règne. Ce ne furent ni le caprice de la populace ni les clameurs de l'armée qui lui mirent la couronne sur la tête; il semblait obéir à la voix unanime de l'univers romain. Dans la carrière des honneurs qu'il avait successivement obtenus, il avait mérité la faveur des princes vertueux, et s'était montré l'ennemi des tyrans (3). La noblesse de son

---

(1) Aurelius-Victor dit qu'Émilien mourut de maladie; Eutrope, en parlant de sa mort, ne dit point qu'il fut assassiné. (*Note de l'Éditeur.*)

(2) Il avait environ soixante-dix ans lorsqu'il fut pris par les Perses, ou, comme il est plus probable, lorsqu'il mourut. *Hist. Aug.*, p. 173; Tillemont, *Hist. des Emp.*, t. III, p. 893, n° 1.

(3) *Inimicus tyrannorum, Hist. Aug.*, p. 173. Dans la lutte glorieuse du sénat contre Maximin, Valérien se montra de la manière la plus courageuse. *Hist. Aug.*, p. 156.

extraction, la douceur et la pureté de ses mœurs, l'étendue de ses connaissances et la grande expérience qu'il avait acquise, lui attiraient la vénération du sénat et du peuple. Si le genre humain, selon la remarque d'un ancien auteur, eût été libre de se donner un maître, son choix serait tombé sur Valérien (1). Peut-être le mérite de cet empereur ne répondait-il pas à sa réputation : son habileté ou du moins son courage se ressentait peut-être de la langueur et du refroidissement de l'âge. La conviction de sa propre faiblesse engagea Valérien à partager le trône avec un associé plus jeune et plus actif. Les circonstances ne demandaient pas moins un général qu'un monarque, et l'expérience du censeur romain aurait dû lui désigner le collègue le plus digne par ses talens militaires de recevoir la pourpre comme la récompense de son mérite. Au lieu de faire un choix judicieux, qui, en affermissant son règne, aurait rendu sa mémoire chère à la postérité, Valérien ne consulta que les mouvemens de sa tendresse ou de sa vanité ; il conféra les honneurs suprêmes à son fils Gallien, jeune prince dont les vices efféminés avaient été jusqu'alors cachés dans l'obscurité d'une condition privée (2). Le père et le fils gouvernèrent ensemble l'univers durant sept ans en-

Malheur général des règnes de Valérien et de Gallien. Années 253-258.

---

(1) Selon la distinction de Victor, il paraît que Valérien reçut de l'armée le titre d'*Imperator,* et du sénat, celui d'*Auguste.*

(2) D'après Victor et quelques médailles, M. de Tillemont

viron. Gallien régna seul pendant huit autres années; mais toute cette période ne présente qu'une suite non interrompue de calamités et de confusion. L'empire romain, attaqué de tous côtés, éprouva à la fois la fureur aveugle des Barbares du dehors, et l'ambition cruelle des usurpateurs domestiques. Pour mettre de l'ordre et de la clarté dans notre narration, nous suivrons moins la succession incertaine des dates, que la division plus naturelle des sujets. Les plus dangereux ennemis de Rome furent alors :

<small>Incursions des Barbares.</small>

1° les Francs, 2° les Allemands, 3° les Goths, 4° les Perses. Sous ces dénominations générales nous comprendrons des tribus moins considérables, qui se sont aussi rendues célèbres par leurs exploits, mais dont les noms rudes et obscurs ne serviraient qu'à surcharger la mémoire et à fatiguer l'attention du lecteur.

<small>Origine et confédération des Francs.</small>

I. Comme la postérité des Francs forme une des nations les plus grandes et les plus éclairées de l'Europe, l'érudition et le génie se sont épuisés pour découvrir l'état primitif de ses barbares ancêtres. Aux contes de la crédulité ont succédé les systèmes de l'imagination. L'esprit de recherche a scrupuleusement examiné tous les passages qui pouvaient éclaircir cette matière, et s'est porté sur tous les lieux où il a cru apercevoir de faibles traces d'une origine

---

(tome III, p. 710) conclut, avec raison, que Gallien fut associé à l'empire vers le mois d'août de l'année 253.

obscure. On a placé dans la Pannonie (1), dans la Gaule, dans le nord de la Germanie (2), l'origine de cette fameuse colonie de guerriers. Enfin les critiques les plus sensés, rejetant les fausses migrations de conquérans imaginaires, ont embrassé une opinion qui, par sa simplicité même, nous paraît être la seule vraie (3). Selon leurs savantes conjectures, les anciens habitans du Weser et du Bas-Rhin se réunirent vers l'an 240 (4), et formèrent une nouvelle confédération sous le nom de Francs. Le cercle de Westphalie, le landgraviat de Hesse, les duchés de Brunswick et de Lunebourg étaient autrefois la patrie des Chauques, qui, dans leurs marais inaccessibles, défiaient les armes romaines (5), des Chérusques, fiers du nom d'Arminius, des Cattes, redoutables par la force et par l'intrépidité de leur infanterie, et de plusieurs autres tribus (6) moins

---

(1) On a formé différens systèmes pour expliquer un passage difficile de Grégoire de Tours, l. II, c. 9.

(2) Le géographe de Ravenne (l. 1, 11), en parlant de *Mauringania*, sur les confins du Danemarck, comme de l'ancienne demeure des Francs, a fourni à Leibnitz la base d'un système ingénieux.

(3) *Voyez* Cluvier, *Germ. ant.*, III, c. 20; M. Freret, *Mém. de l'Académie*, tome XVIII.

(4) Vraisemblablement sous le règne de Gordien. La circonstance particulière qui y donna lieu a été pleinement examinée par Tillemont, tome III, p. 710, 1181.

(5) Pline, *Hist. nat.*, XVI, 1. Les panégyristes font souvent allusion aux marais des Francs.

(6) La confédération des Francs paraît avoir été formée,

puissantes et moins célèbres (1). L'amour de la liberté était la passion dominante de ces Germains; la jouissance de cette liberté, leur plus précieux trésor; et le mot qui désignait cette jouissance, l'expression la plus agréable à leur oreille. Ils méritaient, ils prirent, ils conservèrent la dénomination de Francs ou hommes libres : titre honorable qui cachait, mais qui ne détruisait pas les noms particuliers des différens peuples de la confédération (2). Un consentement tacite et un avantage réciproque dictèrent les premières lois de l'union; l'expérience et l'habitude la cimentèrent par degrés. La ligue des Francs pourrait être en quelque sorte comparée avec le corps helvétique, où chaque canton, retenant sa souveraineté indépendante, concourt avec les autres, dans la cause commune, sans reconnaître de chef suprême ni d'assemblée représentative (3). Mais le principe des deux confédérations est extrêmement différent :

1°. des Chauques (*Chauci*); 2° des Sicambres, habitans du duché de Berg; 3° des Attuariens, au nord des Sicambres, dans la principauté de Waldeck, entre la Dimel et l'Eder; 4° des Bructères, sur les bords de la Lippe et dans le Hartz; 5° des Chamaviens (*Gambrivii* de Tacite); qui s'étaient établis dans le pays des Bructères, lors de la confédération des Francs; 6° des Cattes, dans la Hesse. (*Note de l'Éditeur.*)

(1) Tacite, *Germ.*, 30, 37.

(2) On voit paraître la plupart de ces anciens noms dans une période moins éloignée. Voyez-en des vestiges dans Cluvier, *Germ. ant.*, l. III.

(3) Simler, *de Repub. helv.*, cum notis Fusclin.

une paix de deux cents ans a récompensé la politique sage et vertueuse des Suisses. L'inconstance, la soif du pillage et la violation des traités les plus solennels, ont déshonoré le caractère des Francs.

Depuis long-temps les Romains éprouvaient la valeur entreprenante des habitans de la Basse-Germanie ; tout à coup les forces réunies de ces Barbares menacèrent la Gaule d'une invasion plus formidable, et exigèrent la présence de Gallien, l'héritier et le collègue de l'empereur (1). Tandis que ce prince et Salonin, son fils, encore enfant, déployaient dans la cour de Trèves toute la majesté du trône, les armées se signalèrent sous le commandement de Posthume. Quoique cet habile général trahît par la suite la famille de Valérien, il fut toujours fidèle à la cause importante de la monarchie. Le langage perfide des panégyriques et des médailles parle obscurément d'une longue suite de victoires ; des titres, des trophées attestent, si l'on peut ajouter foi à un pareil témoignage, la réputation de Posthume, qui est souvent appelé le vainqueur des Germains et le libérateur de la Gaule (2).

<small>Ils envahissent la Gaule.</small>

---

(1) Zozime, l. 1, p. 27.
(2) M. de Bréquigny (*Mémoires de l'Académie*, t. xxx) nous a donné une vie très-curieuse de Posthume. On a formé plusieurs fois le projet d'écrire la vie des empereurs d'après les médailles et les inscriptions, et jusqu'à présent cet ouvrage manque (*).

(*) M. Eckhel, conservateur du cabinet des médailles, et profes-

Ils ravagent l'Espagne.

Mais un simple fait, le seul à la vérité dont nous ayons une connaissance certaine, renverse en grande partie ces monumens de la vanité et de l'adulation. Le Rhin, quoique décoré du titre de sauvegarde des provinces, fut une bien faible barrière contre l'esprit de conquête qui animait les Francs. Leurs dévastations rapides s'étendirent depuis ce fleuve jusqu'au pied des Pyrénées. Ils franchirent bientôt ces hautes montagnes que la nature semblait leur opposer. L'Espagne n'avait jamais redouté les incursions des Germains; elle fut incapable de leur résister. Pendant douze ans, la plus grande partie du règne de Gallien, cette contrée opulente devint le théâtre des hostilités destructives auxquelles se livraient des ennemis inégaux en force. Tarragone, capitale florissante d'une province tranquille, fut saccagée et presque détruite (1); et du temps d'Orose, qui écrivait dans le cinquième siècle, de misérables cabanes, éparses au milieu des ruines d'un grand nombre de villes magnifiques, rappelaient encore la rage des Barbares (2). Lorsque le pays

---

(1) Aurélius-Victor, c. 33. Au lieu de *penè direpto.*, le sens et l'expression demandent *deleto*, quoiqu'à la vérité il soit également difficile, par des raisons fort différentes, de corriger le texte des meilleurs écrivains et des plus mauvais.

(2) Du temps d'Ausone (à la fin du quatrième siècle),

seur d'antiquités à Vienne, et mort dernièrement, a rempli cette lacune par son excellent ouvrage: *Doctrina numorum veterum conscripta à Jos. Eckhel*, 8 vol. in-4°. *Vindobonæ*, 1797.

(*Note de l'Éditeur.*)

épuisé n'offrit plus aucune espèce de butin, les Francs s'emparèrent de quelques vaisseaux dans les ports d'Espagne (1), et passèrent en Mauritanie. Quel dut être, à la vue de ces peuples féroces, l'étonnement d'une région si éloignée? Lorsqu'ils abordèrent sur la côte d'Afrique, où l'on ne connaissait ni leur nom, ni leurs mœurs, ni leurs traits, ils parurent sans doute tomber tout à coup d'un nouveau monde (2).

Et passent en Afrique.

II. Au-delà de l'Elbe, dans cette partie de la Haute-Saxe que l'on appelle aujourd'hui le marquisat de Lusace, il existait anciennement un bois révéré, siége formidable de la religion des Suèves. Personne ne pouvait pénétrer dans son enceinte sacrée sans être lié et sans reconnaître, par cette humiliante cérémonie et par des prosternations, la présence immédiate de la divinité souveraine (3). Le patriotisme ne contribuait pas moins que la superstition à consacrer le Sonnenwald, ou bois des Semnones (4). Selon la créance universelle, la nation avait reçu sa première existence sur ce lieu sacré. Les nombreuses tribus qui se glorifiaient d'être du

Origine et renommée des Suèves.

Ilerda ou Lerida était dans un état de ruine, suite vraisemblablement de cette invasion. Ausone, *épit.* xxv, 58.

(1) M. Valois se trompe donc lorsqu'il suppose que les Francs ont envahi l'Espagne par mer.

(2) Aurelius-Victor; Eutrope, ix, 6.

(3) Tacite, *Germ.*, 38.

(4) Cluvier, *Germ. ant.*, iii, 25.

sang des Suèves, y envoyaient en certains temps des ambassadeurs; la mémoire de leur extraction commune se perpétuait par des rites barbares et des sacrifices humains. Les habitans des contrées intérieures de la Germanie, depuis les bords de l'Oder jusqu'à ceux du Danube, portaient le nom général de Suèves. Ces peuples étaient distingués des autres Germains par une mode particulière d'arranger leurs longs cheveux, qu'ils rassemblaient en forme de nœud sur le haut de la tête. Ils tenaient beaucoup à un ornement qui faisait paraître leurs rangs plus élevés et plus terribles sur le champ de bataille (1). Les Germains, si jaloux de la gloire militaire, reconnaissaient tous la supériorité des Suèves; ils ne croyaient pas que ce fût une honte de fuir devant une nation à laquelle les dieux immortels eux-mêmes n'auraient pas résisté; c'est ainsi que s'exprimèrent les tribus des Tenctères et des Usipètes, qui marchèrent avec une grande armée au devant du dictateur César (2).

Différentes tribus de Suèves prennent le nom d'Allemands.

Sous le règne de Caracalla, un nombreux essaim de Suèves parut sur les rives du Mein et dans le voisinage des provinces romaines, attirés par l'espoir de trouver des vivres, du butin ou de la gloire (3). Cette armée de volontaires levés à la

---

(1) *Sic Suevi à cæteris Germanis, sic Suevorum ingenui à servis separantur.* Quelle orgueilleuse distinction!

(2) César, *in Bell. gall.*, IV, 7.

(3) Victor, *in Caracallá*; Dion-Cassius, l. LXVII, p. 1350.

hâte, forma par degrés une grande nation; et comme elle était composée d'une foule de tribus différentes, elle prit le nom d'Allemands (ou *All-men, tous hommes*) (1), pour désigner à la fois leurs différentes races et la bravoure qui leur était commune (2). Ils se rendirent bientôt formidables aux

---

(1) La nation des *Allemands* n'a point été formée originairement par les Suèves proprement dits; ceux-ci ont toujours conservé leur nom particulier : ils firent peu après, l'an de Jésus-Christ 357, une irruption dans la Rhétie, et ce ne fut que long-temps après qu'ils furent réunis aux Allemands; encore en ont-ils toujours été distingués dans les archives : aujourd'hui même les peuples qui habitent le nord-ouest de la Forêt-Noire s'appellent *Schwaben, Souabiens, Suèves*, tandis que ceux qui habitent près du Rhin, dans l'Ortenau, le Brisgaw, le margraviat de Bade, ne se regardent point comme *Souabiens*, et sont originairement Allemands.

Les Tenctères et les Usipiens, habitans de l'intérieur et du nord de la Westphalie, ont été, selon Gatterer, le noyau de la nation allemande : ils occupaient le pays où l'on vit paraître pour la première fois le nom des Allemands, vaincus, en 213, par Caracalla. Ils étaient, selon Tacite (*Germ.*, c. 32), très-exercés à combattre à cheval, et Aurélius-Victor donne aux Allemands le même éloge; enfin ils n'ont jamais fait partie de la ligue des Francs. Les Allemands devinrent dans la suite le centre autour duquel se rassemblèrent une foule de tribus germaniques. *Voyez* Eumène, *Panégyr.*, c. 2; Ammien-Marcellin, XVIII, 2. — XXIX, 4. (*Note de l'Éditeur.*)

(2) Cette étymologie, bien différente de celles qui amusent l'imagination des savans, nous a été conservée par Asinius-Quadratus, historien original cité par Agathias, I, c. 5.

Romains par leurs incursions. Les Allemands combattaient principalement à cheval; et leur cavalerie tirait encore une nouvelle force d'un mélange d'infanterie légère, choisie parmi les jeunes guerriers les plus braves et les plus actifs, et accoutumés par de fréquens exercices à suivre les cavaliers dans les marches les plus longues, dans les chocs les plus furieux et dans les retraites les plus précipitées (1).

<small>Les Allemands envahissent la Gaule et l'Italie.</small>
Ces fiers Germains, étonnés d'abord des préparatifs immenses d'Alexandre-Sévère, tremblèrent devant son successeur, Barbare qui les égalait en courage et en férocité; mais, toujours prêts à fondre sur les frontières de l'empire, ils augmentèrent le désordre général qui le déchira après la mort de Dèce. Les riches provinces de la Gaule éprouvèrent leur fureur, et ce peuple arracha le premier le voile qui dérobait à l'univers la faible majesté de l'Italie. Un nombreux corps d'Allemands traversa le Danube, pénétra par les Alpes rhétiennes dans les plaines de la Lombardie, s'avança jusqu'à Ravenne, et déploya ses étendards victorieux presqu'à la vue de la capitale (2). Cette insulte et le danger de l'État rallumèrent dans l'esprit des sénateurs quelque étincelle de leur ancienne vertu. Les empereurs se trouvaient

---

(1) Ce fut ainsi que les Suèves combattirent contre César, et cette manœuvre mérita l'approbation du vainqueur. *In Bell. gall.*, 1, 48.

(2) *Hist. Aug.*, p. 215; 216; Dexippus, *Excerpta legationum*, p. 8; saint Jérôme, *Chron.*; Orose, VII, 22.

alors engagés dans des guerres très-éloignées; Valérien en Orient, et Gallien sur les bords du Rhin : toutes les espérances, toutes les ressources des Romains étaient en eux-mêmes. Dans cette extrémité, le sénat prit la défense de la république; il mit en ordre de bataille les gardes prétoriennes qui avaient été laissées dans la ville; et, pour compléter leur nombre, il enrôla les plus forts et les plus zélés des plébéiens. Les Allemands, surpris de voir tout à coup une armée plus nombreuse que la leur, repassèrent en Germanie chargés de butin; et le timide Romain prit pour une victoire la retraite des ennemis (1).

Ils sont repoussés de devant Rome par le sénat et par le peuple.

Lorsque Gallien eut appris que les Barbares avaient été forcés d'abandonner les murs de Rome, loin d'approuver la conduite du sénat, il craignit que son courage ne le portât un jour à délivrer Rome de la tyrannie domestique, aussi bien que des invasions étrangères. Sa lâche ingratitude parut visiblement dans un édit qui défendait aux sénateurs d'exercer aucun emploi militaire, et même d'approcher du camp des légions : mais ces alarmes n'étaient pas fondées. Les patriciens, énervés par le luxe et par les richesses, retombèrent bientôt dans leur caractère naturel; ils acceptèrent comme une faveur cette exemption flétrissante de service; et, contens pourvu qu'on les laissât jouir de leurs théâtres, de leurs bains et de leurs maisons de campagne, ils

Gallien interdit aux sénateurs le service militaire.

---

(1) Zozime, l. 1ᵉʳ, p. 34.

abandonnèrent avec joie les soins dangereux du gouvernement aux mains grossières des paysans et des soldats (1).

<small>Traité de ce prince avec les Allemands.</small>
Un écrivain du bas-empire parle d'une autre invasion des Allemands, plus formidable, mais dont l'événement fut plus glorieux pour Rome. Trois cent mille de ces Barbares furent défaits, dit-on, près de Milan, dans une bataille où Gallien combattit en personne avec dix mille Romains seulement (2). Mais, selon toute probabilité, ce qu'il faut voir dans le récit de cette étonnante victoire, c'est la crédulité de l'historien, ou peut-être les exploits exagérés de quelque lieutenant de l'empereur. Gallien employa des armes d'une nature bien différente pour défendre l'Italie de la fureur des Germains. Il épousa Pipa, fille d'un roi des Marcomans, tribu suève, souvent confondue avec les Allemands dans leurs guerres et dans leurs conquêtes (3); et il accorda au père, pour prix de son alliance, un établissement considérable en Pannonie. Il paraît que les charmes naturels d'une beauté sauvage fixèrent l'inconstance de l'empereur, et que les liens de la politique furent resserrés par ceux de l'amour. Mais l'orgueilleuse Rome conservait encore ses préjugés.

---

(1) Aurelius-Victor, *in Gallieno et Probo*. Ses plaintes respirent un grand esprit de liberté.

(2) Zonare, l. XII, p. 631.

(3) L'un des Victor l'appelle roi des Marcomans; l'autre, roi des Germains.

elle refusa le nom de mariage à l'alliance profane d'un citoyen avec une Barbare, et l'épouse de Gallien ne fut jamais désignée que sous le titre flétrissant de sa concubine (1).

III. Nous avons déjà tracé la marche des Goths, depuis la Scandinavie, au moins depuis la Prusse, jusqu'à l'embouchure du Borysthène ; et nous les avons vus porter ensuite leurs armes victorieuses sur les bords du Danube. Les provinces romaines que ce fleuve séparait de leurs établissemens furent perpétuellement infestées par les Germains et par les Sarmates, sous les règnes de Valérien et de Gallien ; mais les habitans se défendirent avec une fermeté et un bonheur extraordinaires. Les pays qui étaient le théâtre de la guerre fournissaient aux légions un secours inépuisable d'excellens soldats : parmi ces paysans d'Illyrie, il y en eut plus d'un qui, parvenu au commandement des armées, déploya les talens d'un général habile. Les ennemis, campés sur les bords du Danube, menaçaient sans cesse les frontières : quoique leurs détachemens pénétrassent quelquefois jusqu'aux confins de la Macédoine et de l'Italie, les lieutenans de l'empereur arrêtaient leur progrès, ou les coupaient dans leurs retraites (2). Une nouvelle route vint s'offrir alors aux Barbares,

Incursion des Goths.

---

(1) *Voyez* Tillemont, *Histoire des Empereurs*; tome III, p. 398, etc.
(2) *Voyez* les Vies de Claude, d'Aurélien et de Probus, dans l'*Histoire Auguste*.

et l'inondation couvrit d'autres contrées. Après avoir conquis l'Ukraine, les Goths devinrent bientôt maîtres de la côte septentrionale du Pont-Euxin : cette mer baignait au midi les provinces opulentes et amollies de l'Asie-Mineure, où l'on trouvait tout ce qui pouvait attirer un peuple barbare et conquérant, et rien de ce qui aurait pu lui résister.

Ils s'emparent du royaume du Bosphore.

Les rives du Borysthène ne sont qu'à vingt lieues du passage étroit (1) qui communique à la Tartarie-Crimée, péninsule connue chez les anciens sous le nom de Chersonèse Taurique (2). C'est sur ce rivage affreux qu'Euripide a placé la scène d'une de ses plus intéressantes tragédies (3). L'imagination de ce poëte savait embellir des plus brillantes couleurs les traditions de l'antiquité. Les sacrifices sanglans offerts à Diane, l'arrivée d'Oreste et de Pylade, le triomphe de la religion et de la vertu sur la férocité sauvage, sont l'emblême d'une vérité historique. Les Tauris, premiers habitans de la péninsule, avaient des mœurs cruelles ; elles s'adoucirent insensiblement par leur commerce avec les Grecs qui s'établirent le long des côtes maritimes. Ces colons dégénérés et des Barbares à peine civilisés formèrent le

---

(1) Sa largeur est environ d'une demi-lieue. *Hist. générale des Tartares*, p. 598.

(2) M. de Peyssonnel, qui avait été consul français à Caffa, dans ses Observations sur les peuples barbares qui ont habité les bords du Danube.

(3) Euripide, dans sa tragédie d'*Iphigénie en Tauride*.

petit royaume du Bosphore, dont la capitale avait été bâtie sur le détroit par où les eaux des Palus-Méotides tombent dans le Pont-Euxin. A compter de la guerre du Péloponèse, le Bosphore fut un État indépendant (1); ensuite il fut subjugué par l'ambitieux Mithridate (2); il céda plus tard, comme le reste des États de ce prince, à la force des armes romaines. Après la chute de la république (3), les rois du Bosphore obéirent à l'empire; leur alliance ne lui fut point inutile. Leurs armes, leurs présens, et quelques fortifications élevées le long de l'isthme, fermèrent aux Sarmates l'entrée d'un pays qui, par sa situation particulière et par la bonté de ses ports, dominait le Pont-Euxin et l'Asie-Mineure (4). Tant que le sceptre fut entre les mains d'une famille de rois héréditaires, ces monarques s'acquittèrent de leurs fonctions importantes avec vigilance et avec succès; des factions domestiques, et les craintes ou l'intérêt des usurpateurs obscurs qui s'étaient emparés du trône vacant, introduisirent les Goths dans le centre du Bosphore. Outre l'acquisition d'un pays

---

(1) Strabon, l. VII, p. 309. Les premiers rois du Bosphore furent alliés d'Athènes.

(2) Appien, *in Mithrid.*

(3) Ce royaume fut réduit par les armes d'Agrippa. Orose, VI, 21; Eutrope, VII, 9. Les Romains s'avancèrent une fois à trois journées du Tanaïs. Tacite, *Ann.*, XII, 17.

(4) *Voyez* le *Toxaris* de Lucien, s'il est possible de croire à la sincérité et aux vertus du Scythe qui raconte une grande guerre de sa nation contre les rois du Bosphore.

fertile, les conquérans obtinrent assez de vaisseaux pour transporter leurs armées sur les côtes de l'Asie (1). Les bâtimens du Pont-Euxin étaient d'une forme singulière : on ne se servait, pour naviguer sur cette mer, que de légers bateaux plats, construits en bois seulement sans aucun mélange de fer, et sur lesquels, dès que la tempête approchait, on disposait un petit toit incliné (2). Tranquilles dans ces cabanes flottantes, les Goths bravaient une mer inconnue, et s'abandonnaient à des matelots que la force seule avait contraints à les servir, et dont l'adresse ne devait pas leur être moins suspecte que la fidélité. Mais l'espoir du butin bannissait toute idée de danger, et une intrépidité naturelle suppléait à la confiance plus raisonnable qu'inspirent la science et l'expérience. Sans doute des guerriers si audacieux murmuraient souvent contre des guides timides, qui, n'osant se livrer à la merci des flots sans les assurances les plus fortes d'un calme constant, pouvaient à peine se résoudre à perdre les côtes de vue. Telle est du moins aujourd'hui la pratique des Turcs (3); et ces peuples ne sont vraisemblablement pas inférieurs dans l'art de la navigation aux anciens habitans du Bosphore.

Ils acquièrent des forces navales.

---

(1) Zozime, l. 1, p. 28.
(2) Strabon, l. xi; Tacite, *Hist.*, iii, 47. On les appelait *camaræ*.
(3) *Voyez* une peinture très-naturelle de la navigation du Pont-Euxin, dans la seizième lettre de Tournefort.

La flotte des Goths laissa la Circassie à gauche, et parut d'abord vers Pityus (1), la dernière limite des provinces romaines, ville pourvue d'un bon port (2), et défendue par une forte muraille. Ils y trouvèrent une résistance qu'ils n'attendaient pas de la faible garnison d'une forteresse éloignée. Les Barbares furent repoussés : cet échec sembla diminuer la terreur de leur nom. Tous leurs efforts devinrent inutiles, tant que la garde de cette frontière fût confiée à Successianus, officier d'un rang et d'un mérite supérieurs. Mais aussitôt que Valérien l'eut élevé à un poste plus honorable et moins important, ils renouvelèrent leurs attaques, et la destruction de Pityus effaça le souvenir de leur premier revers (3).

Première expédition maritime de ces peuples.

En suivant le contour de l'extrémité orientale du Pont-Euxin, la navigation est d'environ trois cent milles (4) depuis Pityus jusqu'à Trébisonde. Les Goths se portèrent à la vue de la Colchide, si fameuse par

Les Goths assiégent et prennent Trébisonde.

---

(1) Aujourd'hui Pitchinda. D'Anville, *Géogr. anc.*, t. II, p. 115. (*Note de l'Éditeur.*)

(2) Arrien place la garnison frontière à Dioscurias ou Sebastopolis, à quarante-quatre milles à l'est de Pityus (*). De son temps, la garnison du Phase ne consistait qu'en quatre cents hommes d'infanterie. *Voy.* le Périple du Pont-Euxin.

(3) Zozime, l. 1, p. 30.

(4) Arrien (*in Periplo maris Eux.*, 130) dit que la distance est de deux mille six cent dix stades.

(*) Aujourd'hui Iskuriah. D'Anville, *Géogr. anc.*, t. 1, p. 115.
(*Note de l'Éditeur.*)

l'expédition des Argonautes; ils entreprirent même, mais sans succès, de piller un riche temple à l'embouchure du Phase. Trébisonde, célébrée dans la *Retraite des dix mille* comme une ancienne colonie grecque (1), devait sa splendeur et ses richesses à la magnificence de l'empereur Adrien, qui avait construit un pont artificiel sur une côte où la nature n'a creusé aucun havre assuré (2). La ville était grande et fort peuplée; une double enceinte de murs semblait défier la fureur des Barbares, et la garnison venait d'être renforcée de dix mille hommes. Mais quels avantages peuvent suppléer à la vigilance et à la discipline? Énervées par le luxe et ensevelies dans la débauche, les nombreuses troupes de Trébisonde dédaignaient de garder des fortifications qu'elles jugeaient imprenables. Les Goths ne tardèrent pas à découvrir l'extrême négligence des assiégés: aussitôt ils préparent un grand amas de fascines, escaladent les murs dans le silence de la nuit, et parcourent la ville l'épée à la main. Les malheureux habitans périrent sous le fer du vainqueur, tandis que leurs lâches défenseurs se sauvèrent par les portes opposées à l'attaque. Les temples les plus sacrés et les plus beaux édifices furent enveloppés dans une destruction commune. Les Goths se trouvèrent en pos-

---

(1) Xénophon, *Retraite des dix mille*, l. IV, p. 348, édit. de Hutchinson.

(2) Arrien, p. 129. L'observation générale est de Tournefort.

session d'un butin immense. Les contrées voisines avaient déposé leurs trésors dans Trébisonde comme dans un lieu de sûreté. Les superbes dépouilles de cette ville remplirent une grande flotte qui mouillait alors dans son port. Les Barbares, libres de dévaster toute la province du Pont (1), emmenèrent avec eux une quantité prodigieuse de captifs; ils enchaînèrent aux rames de leurs vaisseaux les plus robustes d'entre ces malheureuses victimes; enfin, fiers du succès de leur première expédition navale, ils retournèrent en triomphe dans leurs nouveaux établissemens du royaume du Bosphore (2).

Lorsque les Goths se mirent une seconde fois en mer, ils rassemblèrent des forces plus considérables en hommes et en bâtimens; mais ils prirent une route tout-à-fait différente; et, dédaignant les provinces épuisées du Pont, ils suivirent la côte occidentale de la mer Noire, passèrent devant les bouches du Borysthène, du Niester et du Danube, prirent dans leurs courses un grand nombre de bateaux de pêcheurs, et s'approchèrent du canal resserré où le Pont-Euxin verse ses eaux dans la Méditerranée, et sépare l'Europe de l'Asie. La garnison de Chalcédoine campait alors près du temple de Jupiter Urius, sur un promontoire qui commandait l'entrée du détroit. Ce petit corps de troupes était supérieur aux Bar-

Seconde expédition des Goths.

---

(1) *Voyez* une lettre de saint Grégoire Thaumaturge, évêque de Néo-Césarée, citée par Mascou, v. 37.
(2) Zozime, l. 1, p. 32, 33.

bares, tant leurs invasions répondaient peu à l'effroi qu'elles inspiraient. Mais c'était en nombre seulement que les Romains surpassaient l'ennemi; ils abandonnèrent avec précipitation un poste avantageux, et livrèrent à la discrétion des Goths la ville de Chalcédoine, abondamment fournie d'armes et d'argent. Les conquérans, prêts à se transporter par mer ou par terre dans les provinces intérieures de l'empire, menaçaient à la fois l'Europe et l'Asie. Tandis qu'ils balançaient sur la route qu'ils devaient prendre, Nicomédie (1), éloignée seulement de soixante milles du camp de Chalcédoine (2), leur fut montrée comme une conquête facile. Incapable de soutenir un siége, cette ancienne capitale des rois de Bithynie renfermait de grandes richesses. Un perfide transfuge conduisit la marche, dirigea les attaques, et partagea le butin; car les Goths avaient appris assez de politique pour récompenser le traître qu'ils détestaient. Nicée, Pruse, Apamée, Cios (3), villes qui, rivales de Nicomédie, en avaient quelquefois imité la splendeur, eurent le même sort, et bientôt toute la Bithynie éprouva les plus cruelles calamités. Depuis longtemps les faibles habitans de l'Asie ne connaissaient

{Les villes de Bithynie saccagées.}

---

(1) Elle a conservé son nom joint à la préposition de lieu dans celui d'Is-Nikmid. D'Anville, *Géogr. anc.*, t. II, p. 23. (*Note de l'Éditeur.*)

(2) *Itiner. Hierosolym.*, p. 572; Wesseling.

(3) Aujourd'hui Is-nik, Bursa, Mondania, Ghio ou Kemlik. D'Anville, *Géogr. anc.*, t. II, p. 21, 22. (*Note de l'Éditeur.*)

plus l'usage des armes : trois cents ans de paix avaient éloigné toute idée de danger. Les anciennes murailles tombaient en ruines, et les revenus des cités les plus opulentes servaient à la construction des bains, des temples et des théâtres (1).

Lorsque Cyzique résista aux efforts de Mithridate (2), on y voyait trois arsenaux remplis de blé, d'armes et de machines de guerre (3); deux cents galères défendaient son port, et des lois sages veillaient à sa conservation. Cette place n'avait rien perdu de son état florissant; mais il ne lui restait de son ancienne force qu'une situation avantageuse dans une petite île de la Propontide, qui tenait par deux ponts seulement au continent de l'Asie. Après avoir saccagé Pruse, les Goths s'avancèrent à dix-huit milles (4) de Cyzique, avec l'intention de la détruire. Un heureux accident retarda la ruine de cette ville. La saison était pluvieuse, et les eaux du lac Apolloniates, réservoir de toutes les sources du mont Olympe, s'élevèrent à une hauteur extraordinaire. La petite rivière de Rhindacus, qui en sort, devint tout à coup un torrent large et rapide, qui arrêta les progrès des Goths. Ils avaient probablement laissé

Retraite des Goths.

___

(1) Zozime, l. 1, p. 32, 33.
(2) Il assiégea la place avec quatre cents galères, cent cinquante mille hommes de pied et une nombreuse cavalerie. *Voyez* Plutarq., *in Lucull.*; Appien, *in Mithrid.*; Cicéron, *pro lege Manilia*, c. 8.
(3) Strabon, l. XII, p. 573.
(4) Pococke, *Description de l'Orient*, l. II, c. 23, 24.

leur flotte à Héraclée : ce fut dans cette ville qu'ils se rendirent avec une longue suite de chariots chargés des dépouilles de la Bithynie ; et ils traversèrent cette malheureuse province à la lueur des flammes de Nicée et de Nicomédie, qu'ils brûlèrent par caprice (1). On parle obscurément d'un combat douteux qui assura leur retraite (2) ; mais une victoire même complète ne leur aurait été que fort peu avantageuse, puisque l'approche de l'équinoxe d'automne les avertissait de hâter leur retour. Naviguer sur le Pont-Euxin avant le mois de mai ou après celui de septembre, est, aux yeux des Turcs modernes, le comble de l'imprudence et de la folie (3).

Troisième expédition maritime des Goths.

Lorsque nous apprenons que la troisième flotte équipée par les Goths, dans les ports de la Chersonèse Taurique, consistait en cinq cents voiles (4), aussitôt notre imagination multiplie leurs forces, et se représente un armement formidable ; mais, selon le témoignage du judicieux Strabon (5), les bâtimens de corsaires, dont faisaient usage les Barbares du Pont et de la petite Scythie, ne pouvaient contenir

---

(1) Zozime, l. 1, p. 33.

(2) George Syncelle rapporte une histoire inintelligible du prince *Odenat*, qui défit les Goths, et qui fut tué par le prince *Odenat*.

(3) *Voyages de Chardin*, t. 1, p. 45. Il navigua avec les Turcs, de Constantinople à Caffa.

(4) George Syncelle, p. 382, parle de cette expédition comme si elle eût été entreprise par les Hérules.

(5) Strabon, l. xi, p. 495.

que vingt-cinq ou trente hommes ; ainsi, nous ne craindrons pas d'assurer que quinze mille guerriers au plus s'embarquèrent pour cette grande expédition. Impatiens de franchir les limites du Pont-Euxin, ils dirigèrent leur course destructive du Bosphore Cimmérien au Bosphore de Thrace. A peine avaient-ils gagné le milieu du détroit, qu'ils furent rejetés tout à coup à l'entrée. Un vent favorable les porta le lendemain en peu d'heures dans la mer Tranquille, ou plutôt dans le lac de la Propontide. Ils s'emparèrent de la petite île de Cyzique, et détruisirent cette ville, célèbre depuis plusieurs siècles. De là, sortant par le passage étroit de l'Hellespont, ils tournèrent toutes ces îles répandues sur l'Archipel ou la mer Égée. Les captifs et les déserteurs dûrent alors leur être absolument nécessaires pour gouverner leurs vaisseaux, et pour les guider dans leurs différentes incursions sur les côtes de la Grèce et de l'Asie. Enfin ils abordèrent au Pirée, cet ancien monument de la grandeur d'Athènes, dont il était éloigné de cinq milles (1). Les habitans de cette ville semblaient déterminés à une vigoureuse défense. Ils avaient essayé quelques préparatifs ; et Cléodame, l'un des ingénieurs nommés par l'empereur pour fortifier les villes maritimes contre les Goths, avait déjà commencé à relever les murailles, qui n'avaient point été réparées depuis Sylla. Les efforts de son art furent inutiles ; et les Barbares devinrent maîtres de la patrie

Ils passent le Bosphore et l'Hellespont.

---

(1) Pline, *Hist. nat.*, III, 7.

des Muses. Tandis qu'ils s'abandonnaient au pillage et à des désordres de tout genre, leur flotte, qu'ils avaient laissée dans le port sous une faible garde, fut tout à coup attaquée par Dexippus. Ce brave citoyen s'était échappé du sac d'Athènes avec l'ingénieur Cléodame; et, rassemblant à la hâte une bande de volontaires, tant paysans que soldats, il vengea en quelque sorte les malheurs de sa patrie (1).

Ravagent la Grèce et menacent l'Italie.

Cet exploit, quelque éclat qu'il ait pu jeter au milieu des ténèbres qui couvraient alors la gloire d'Athènes, servit plutôt à irriter qu'à abattre le caractère indomptable des conquérans du Nord. Un incendie général ravagea dans le même temps toute la Grèce. Thèbes et Argos, Corinthe et Sparte, ces républiques si long-temps rivales, et qui s'étaient illustrées par tant d'actions mémorables les unes contre les autres, ne purent mettre une armée en campagne, ni même défendre leurs fortifications ruinées. Le feu de la guerre se répandit par mer et par terre depuis la pointe de Sunium jusqu'à la côte occidentale de l'Épire. Déjà les Goths se montraient presqu'à la vue de l'Italie, lorsque l'approche d'un danger si imminent réveilla l'indolent Gallien. Sorti

---

(1) *Hist. Aug.*, p. 181; Victor, c. 33; Orose, VII, 42; Zozime, l. 1, p. 35; Zonare, l. XII, p. 635; George Syncelle, p. 382. Ce n'est pas sans quelque attention que nous pouvons expliquer et concilier leurs récits imparfaits : on aperçoit toujours des traces de la partialité de Dexippus dans la relation de ses exploits et de ceux de ses compatriotes.

tout à coup de l'ivresse du plaisir, l'empereur prit les armes. Il paraît que sa présence réprima l'audace et divisa les forces de l'ennemi. Naulobatus, chef des Hérules, accepta une capitulation honorable, entra au service de Rome avec un détachement considérable de ses compatriotes, et fut revêtu des ornemens de la dignité consulaire, qui jusque-là n'avait jamais été profanée par la main d'un Barbare (1). Un grand nombre de Goths, dégoûtés des périls et des fatigues d'un voyage ennuyeux, s'enfoncèrent dans la Mœsie avec le projet de gagner, par le Danube, leurs établissemens en Ukraine. L'exécution d'une entreprise si téméraire devait causer leur ruine totale : le peu d'union qui régnait entre les généraux romains procura aux Barbares les moyens de s'échapper (2). Ceux d'entre eux qui infestaient encore les terres de l'empire, se retirèrent enfin sur leurs vaisseaux ; et, prenant leur route à travers l'Hellespont et le Bosphore, ils ravagèrent les rives de Troie, dont le nom, immortalisé par Homère, survivra probablement au souvenir des conquêtes d'un peuple féroce. Dès qu'ils furent en sûreté dans le bassin de la mer Noire, ils descendirent à Anchialus, ville de Thrace, bâtie au pied du mont Hœmus.

Leur séparation et leur retraite.

---

(1) George Syncelle, p. 382. Ce corps d'Hérules fut pendant long-temps fidèle et fameux.

(2) Claude, qui commandait sur le Danube, avait des vues très-justes, et se conduisait avec courage. Son collègue fut jaloux de sa réputation. *Hist. Aug.*, p. 181.

Ce pays, célèbre par la salubrité de ses bains chauds, leur offrait, après tant de fatigues, un asile agréable; ils y goûtèrent pendant quelque temps les douceurs du repos. La navigation qui leur restait à faire, pour terminer leur voyage, était courte et facile (1). Tels furent les divers événemens de cette troisième et fameuse entreprise navale. On aura peut-être de la peine à concevoir comment une armée, composée d'abord de quinze mille hommes, a pu soutenir les pertes d'une expédition si hasardeuse, et former tant de corps séparés. Mais à mesure que le fer, les naufrages et la chaleur du climat diminuaient le nombre de ces guerriers, il était sans cesse renouvelé par des troupes de brigands et de déserteurs qui accouraient de toutes parts pour piller les provinces de l'empire, et par une foule d'esclaves fugitifs, souvent originaires de la Germanie ou de la Sarmatie, qui saisissaient avec empressement l'occasion glorieuse de briser leurs chaînes et de se venger. Dans toutes ces guerres, la portion la plus considérable de danger et d'honneur appartient à la nation des Goths. Les annales imparfaites de ce siècle distinguent quelquefois et le plus souvent confondent les tribus qui combattirent sous leurs étendards; et, comme les flottes des Barbares parurent sortir de l'embouchure du Tanaïs, on désigna fréquemment ces différens peuples réunis par le nom vague, mais plus connu, de Scythes (2).

---

(1) Jornandès, c. 20.
(2) Zozime et les autres Grecs (tels que l'auteur du *Phi-*

Au milieu des calamités générales qui affligent le genre humain, la mort d'un individu, quelque grand qu'il soit, est un événement peu remarquable, et la destruction du plus superbe édifice semble ne devoir pas mériter la moindre attention. Nous ne pouvons cependant oublier le sort du temple de Diane à Éphèse, qui, après être sorti sept fois de ses ruines avec un nouvel éclat (1), fut enfin brûlé par les Goths, dans leur troisième invasion navale. Les arts de la Grèce et les richesses de l'Asie avaient contribué à la construction de ce magnifique monument. Il s'élevait sur cent vingt-sept colonnes d'ordre ionique ; ces colonnes, toutes d'un marbre de grand prix, avaient été données par des monarques religieux, et chacune avait soixante pieds de haut. Les sculptures admirables, ouvrages de Praxitèle, qui ornaient l'autel, représentaient la naissance des divins enfans de Latone, la retraite d'Apollon après le meurtre des Cyclopes, et la clémence de Bacchus, qui pardonnait aux Amazones vaincues (2). Peut-être le sculpteur avait-il tiré ces sujets des légendes et des traditions favorites du pays. Le temple d'Éphèse n'avait que quatre cent vingt-cinq

Ruine du temple d'Éphèse.

---

lopatris) donnent le nom de Scythes aux peuples que Jornandès et les auteurs latins appellent constamment du nom de Goths.

(1) *Hist. Aug.*, p. 178; Jornandès, c. 20.
(2) Strabon, l. XIV, p. 640; Vitruve, l. 1, c. 1; préface, l. VII; Tacite, *Annal.*, III, 61; Pline, *Histor. nat.*, XXXVI, 14.

pieds de diamètre, les deux tiers environ de la longueur sur laquelle a été bâtie l'église de Saint-Pierre de Rome (1). Dans ses autres dimensions, il était encore plus inférieur à ce chef-d'œuvre de l'architecture moderne. Les bras spacieux d'une croix chrétienne exigent une largeur bien plus grande que les temples oblongs des païens. Les artistes les plus hardis de l'antiquité auraient été effrayés, si on leur eût proposé d'élever en l'air un dôme sur les proportions du Panthéon. Au reste, le temple de Diane était admiré comme une des merveilles du monde. Les Perses, les Macédoniens et les Romains en avaient tour à tour révéré la sainteté et augmenté la magnificence (2). Mais les sauvages grossiers de la Baltique étaient dépourvus de goût pour les arts, et méprisaient les terreurs idéales d'une superstition étrangère (3).

<small>Conduite des Goths à Athènes.</small> On rapporte à cette époque une autre circonstance qui serait digne d'être remarquée, si nous n'étions

---

(1) La longueur de Saint-Pierre de Rome est de huit cent quarante palmes romaines : chaque palme est de huit pouces trois lignes. *Voyez* les *Mélanges* de Greave; vol. 1, p. 233, sur le pied romain.

(2) Au reste, la politique des Romains les avait engagés à resserrer les limites du sanctuaire, ou asile que différens privilèges avaient successivement étendu jusqu'à deux stades autour du temple. Strabon, l. XIV, p. 641; Tacite, *Ann.*, III, 60; etc.

(3) Ils n'offraient aucun sacrifice aux dieux de la Grèce. *Voyez* les Lettres de saint Grégoire Thaumaturge.

fondés à croire qu'elle n'a jamais existé que dans l'imagination d'un sophiste. Lorsque les Goths saccagèrent Athènes, ils rassemblèrent, dit-on, toutes les bibliothèques de cette ville, et se disposèrent à livrer aux flammes tant de dépôts précieux des connaissances humaines. Ce qui les sauva du feu, ce fut cette opinion semée par un de leurs chefs, qu'il fallait laisser aux Grecs des meubles si propres à les détourner de l'exercice des armes, et à les amuser à des occupations oisives et sédentaires (1). En admettant la vérité du fait, l'habile conseiller, quoique d'une politique plus raffinée que ses compatriotes, raisonnait comme un Barbare ignorant. Chez les nations les plus puissantes et les plus civilisées, le génie s'est développé presque en même temps dans tous les genres, et le siècle des arts a généralement été le siècle de la gloire et de la vertu militaire.

IV. Les nouveaux souverains de la Perse, Artaxercès et son fils Sapor, avaient triomphé, comme nous l'avons déjà vu, de la maison d'Arsace. Parmi tant de princes de cette ancienne famille, Chosroès, roi d'Arménie, avait seul conservé sa vie et son indépendance. La force naturelle de son pays, le secours des déserteurs et des mécontens qui se rendaient perpétuellement à sa cour, l'alliance des Romains, et, par-dessus tout, son propre courage, le ren-

Conquête de l'Arménie par les Perses.

---

(1) Zonare, l. XII, p. 635. Une pareille anecdote convenait parfaitement au goût de Montaigne : il en fait usage dans son agréable chapitre sur le pédantisme, l. I, c. 24.

dirent invincible. Après s'être défendu avec succès durant une guerre de trente ans, il fut assassiné par les émissaires de Sapor, roi de Perse. Les satrapes d'Arménie, qui, fidèles à l'État, voulaient en assurer la gloire et la liberté, implorèrent la protection des Romains en faveur de Tiridate, l'héritier légitime de la couronne. Mais le fils de Chosroès sortait à peine de la plus tendre enfance, les alliés étaient éloignés, et le monarque persan s'avançait vers la frontière à la tête d'une armée formidable. Un serviteur zélé sauva le jeune Tiridate, qui devait être la ressource de sa patrie. L'Arménie, devenue province d'un grand royaume, demeura pendant plus de vingt-sept ans sous le joug des Perses (1). Ébloui par l'éclat d'une conquête facile, et comptant sur la faiblesse ou sur les malheurs des Romains, Sapor obligea les fortes garnisons de Carrhes et de Nisibis à évacuer ces places, et il répandit la terreur et la désolation le long des rives de l'Euphrate.

Valérien marche en Orient.

La perte d'une frontière importante, la ruine d'un allié naturel et fidèle, et les succès rapides de l'ambitieux Sapor, remplirent Rome d'indignation pour l'insulte faite à sa grandeur, et de crainte sur le danger qui la menaçait. Valérien, persuadé que la vigilance de ses lieutenans suffisait pour garder le Rhin

---

(1) Moïse de Chorène, l. II, c. 71, 73, 74; Zonare, l. XII, p. 628. La relation authentique de l'auteur arménien sert à rectifier le récit confus de l'historien grec. Celui-ci parle des enfans de Tiridate, qui alors était lui-même un enfant.

et le Danube, résolut, malgré son âge avancé, de marcher en personne à la défense de l'Euphrate. Son passage dans l'Asie-Mineure suspendit les entreprises navales des Goths, et fit jouir cette province infortunée d'un calme passager et trompeur. L'empereur traversa l'Euphrate, rencontra les Perses près des murs d'Édesse, fut vaincu et fait prisonnier par Sapor. Les particularités de ce grand événement nous sont représentées d'une manière obscure et imparfaite : cependant, éclairés par une faible lueur, nous sommes en état d'apercevoir du côté de l'empereur romain une longue suite d'imprudences, de fautes et de malheurs mérités. Il se confiait aveuglément en Macrien, son préfet du prétoire (1). Cet indigne ministre rendit son maître l'effroi des sujets opprimés, et le mépris des ennemis de Rome (2). Conduite par les conseils faibles ou perfides de Macrien, l'armée impériale se trouva dans une situation où la valeur et la science militaire devenaient également inutiles (3). En vain les Romains firent-ils les plus grands efforts pour s'ouvrir un chemin à travers l'armée persane ; ils furent repoussés avec une perte considérable (4). Sapor, dont les troupes supérieures en nombre tenaient assiégé le camp de

Il est vaincu et fait prisonnier par Sapor. An 260.

___

(1) *Hist. Aug.*, p. 191. Comme Macrien était ennemi des chrétiens, ils l'accusèrent de magie.
(2) Zozime, l. 1, p. 33.
(3) *Hist. Aug.*, p. 174.
(4) Victor, *in Cæsarib.*; Eutrope, IX, 7.

l'ennemi, attendit patiemment que les horreurs de la peste et de la famine eussent assuré sa victoire. Bientôt les légions murmurèrent hautement contre Valérien, et lui imputèrent les maux qu'elles éprouvaient ; leurs clameurs séditieuses demandaient une prompte capitulation. On offrait aux Perses des sommes immenses pour acheter la permission de faire une retraite honteuse ; mais Sapor, sûr de vaincre, refusa l'argent avec dédain ; il retint même les députés, et, s'avançant en ordre de bataille jusqu'au pied du rempart des Romains, il insista pour avoir une conférence personnelle avec leur monarque. Valérien fut réduit à la nécessité de commettre sa dignité et sa vie à la foi du vainqueur. L'entrevue se termina comme on devait naturellement s'y attendre : l'empereur fut mis aux fers, et les troupes consternées déposèrent leurs armes (1). Dans ce moment de triomphe, l'orgueil et la politique engagèrent Sapor à placer sur le trône vacant de Rome un souverain dont il pût entièrement disposer. Un obscur fugitif d'Antioche, Cyriades, livré à toutes sortes de vices, fut choisi pour déshonorer la pourpre romaine. Les troupes captives obéirent aux ordres du superbe Persan, et ratifièrent, par des acclamations forcées, l'élection de leur indigne souverain (2).

---

(1) Zozime, l. 1, p. 33 ; Zonare, l. xii, p. 630 ; Pierre Patrice, *Excerpta legationum*, p. 29.

(2) *Hist. Aug.*, p. 185. Le règne de Cyriades est placé dans cette collection avant la mort de Valérien ; mais j'ai

L'esclave couronné s'empressa de gagner la fa- *Sapor ravage la Syrie, la Cilicie et la Cappadoce.*
veur de son maître, en trahissant son pays natal. Il
conduisit Sapor à la capitale de l'Orient : les Perses
traversèrent l'Euphrate, prirent le chemin de Chalcis, et leur cavalerie se porta vers Antioche avec
une telle rapidité, que, si nous en croyons un historien très-judicieux (1), cette ville fut surprise au
moment où la multitude oisive assistait aux jeux du
cirque. Les magnifiques édifices d'Antioche, monumens publics et maisons particulières, furent pillés
ou détruits, et ses nombreux habitans mis à mort ou
menés en captivité (2). La fermeté du grand-prêtre
d'Émèse arrêta pour un instant l'impétuosité de ce
torrent qui désolait toutes les provinces de l'Asie.
Revêtu de ses habits sacerdotaux, et suivi d'une
troupe considérable de paysans fanatiques, armés
seulement de frondes, il sauva son dieu et ses domaines des mains sacriléges des disciples de Zoroastre (3) : mais la destruction de Tarse et de plusieurs autres villes prouve qu'excepté dans cette seule
circonstance, la conquête de la Syrie et celle de la

---

préféré une suite probable d'événemens à la chronologie
douteuse d'un écrivain très-peu exact.

(1) Le témoignage décisif d'Ammien-Marcellin (XXIII, 5)
fixe sous le règne de Gallien le sac d'Antioche, que plusieurs auteurs placent quelque temps plus haut.

(2) Zozime, l. 1, p. 35.

(3) Malala (t. 1, p. 391) dénature ce qu'il y a de probable dans cet événement par quelques circonstances fabuleuses.

Cilicie coûtèrent à peine à l'armée des Perses quelques instans de retard. Les Romains renoncèrent aux avantages que leur offraient les défilés du mont Taurus contre un ennemi dont la principale force consistait en cavalerie, et qui aurait eu à soutenir un combat très-inégal dans les gorges étroites des montagnes. Sapor, ne trouvant aucune résistance, forma le siége de Césarée, capitale de la Cappadoce. Quoique du second rang, cette ville pouvait contenir quatre cent mille âmes : Démosthènes y commandait, moins par le choix de l'empereur que par le mouvement qui l'avait porté à s'offrir volontairement pour la défense de sa patrie : il suspendit pendant long-temps la ruine de la place; enfin, lorsque Césarée eut succombé par la perfidie d'un médecin, Démosthènes se fit jour au milieu des Perses, qui avaient ordre de ne rien négliger pour s'emparer de sa personne. Tandis qu'il échappait à un ennemi qui aurait pu honorer ou punir sa valeur opiniâtre, plusieurs milliers de ses concitoyens furent enveloppés dans un massacre général. Sapor est accusé d'avoir exercé envers ses prisonniers des cruautés inouïes (1). Ces imputations ont sans doute été dictées, en grande partie, par l'animosité natio-

---

(1) Zonare, l. XII, 630. Les corps de ceux qui avaient été massacrés remplissaient de profondes vallées. Des troupes de prisonniers étaient conduites à l'eau comme des bêtes, et un grand nombre de ces infortunés périssaient faute de nourriture.

nale : ce sont les derniers cris de l'orgueil humilié et de la vengeance impuissante. Cependant, il faut l'avouer, le même prince qui avait déployé en Arménie la bienfaisance d'un législateur, ne se montra aux Romains qu'avec la férocité d'un conquérant. Il désespérait de pouvoir former aucun établissement permanent dans l'empire ; et, occupé seulement à laisser derrière lui d'affreux déserts, il transportait dans ses États les habitans et les trésors des provinces (1).

Dans le temps que l'Asie tremblait au nom de Sapor, ce prince reçut en présent un grand nombre de chameaux chargés des marchandises les plus précieuses et les plus rares ; ces richesses, dignes d'être offertes aux plus grands rois, étaient accompagnées d'une lettre noble à la fois et respectueuse de la part d'Odenat, l'un des plus illustres et des plus opulens sénateurs de Palmyre. « Quel est cet Odenat ? dit le fier vainqueur, en faisant jeter ses présens dans l'Euphrate; quel est ce vil esclave qui ose écrire si insolemment à son maître ? S'il veut conserver l'espoir d'adoucir son châtiment, qu'il vienne se prosterner au pied de notre trône, qu'il paraisse devant nous les mains liées derrière le dos : s'il hésite, une prompte destruction écrasera sa tête, sa race et son pays (2). » L'extrémité cruelle où le Palmyrénien se

Hardiesse et succès d'Odenat contre Sapor.

---

(1) Zozime (l. 1, p. 25) assure que Sapor aurait pu rester maître de l'Asie s'il n'eût point préféré le butin aux conquêtes.

(2) Pierre Patrice, *Excerpta legat.*, p. 29.

trouvait réduit développa les sentimens généreux cachés dans son âme. Odenat se rendit devant Sapor; mais il s'y rendit en armes, inspirant son courage à la petite armée qu'il avait levée dans les villages de la Syrie (1) et dans les tentes du désert (2). Il voltigea autour des Perses, les harassa dans leur retraite, s'empara d'une partie de leurs richesses; et, ce qui était infiniment plus précieux qu'aucun trésor, il enleva plusieurs des femmes du grand roi, qui fut enfin obligé de repasser l'Euphrate à la hâte, avec quelques marques de confusion (3). Par cet exploit, Odenat jeta les fondemens de la gloire et de la fortune dont il devait jouir dans la suite. La majesté de Rome, avilie par un Persan, fut vengée par un Syrien ou un Arabe de Palmyre.

Sort de Valérien. La voix de l'histoire, qui n'est souvent que l'organe de la haine ou de la flatterie, reproche à Sapor d'avoir indignement abusé des droits de la victoire. On prétend que le malheureux Valérien, chargé de fers et couvert des ornemens de la pourpre impériale, offrit long-temps aux regards de la multitude le triste spectacle de la grandeur renversée. Toutes les fois que le monarque persan mon-

---

(1) *Syrorum agrestium manu.* Sextus-Rufus, c. 23. Selon Rufus, Victor, l'*Hist. Aug.* (p. 192), et plusieurs inscriptions, Odenat était un citoyen de Palmyre.

(2) Il jouissait d'une si grande considération parmi les tribus errantes, que Procope (*de Bell. pers.*, l. II, c. 5) et Jean Malala (t. 1, p. 391) l'appellent prince des Sarrasins.

(3) Pierre Patrice, p. 25.

tait à cheval, il plaçait son pied sur le cou d'un empereur romain. Malgré toutes les remontrances de ses alliés, qui ne cessaient de lui rappeler les vicissitudes de la fortune, qui lui peignaient la puissance encore formidable de Rome, et qui l'exhortaient à faire de son illustre captif le gage de la paix et non un objet d'insulte, Sapor demeura toujours inflexible. Lorsque Valérien succomba sous le poids de la honte et de la douleur, sa peau, garnie de paille, et conservant une forme humaine, resta suspendue pendant plusieurs siècles dans le temple le plus célèbre de la Perse : monument de triomphe plus réel que tous ces simulacres de cuivre ou d'airain érigés si souvent par la vanité romaine (1). Cette histoire est touchante, et renferme une grande morale; mais il est permis de la révoquer en doute. Les lettres encore existantes des princes de l'Orient à Sapor sont évidemment fausses (2) : d'ailleurs, est-il naturel de supposer qu'un monarque si jaloux de sa dignité ait ainsi dégradé, même dans la personne d'un rival,

---

(1) Les auteurs chrétiens insultent aux malheurs de Valérien; les païens le plaignent. M. de Tillemont a rassemblé avec soin leurs divers témoignages, tome III, p. 739, etc. L'histoire orientale, avant Mahomet, est si peu connue, que les Perses modernes ignorent entièrement la victoire de Sapor, événement si glorieux pour la nation. *Voyez* la *Biblioth. orientale*.

(2) Une de ces lettres est d'Artavasdes, roi d'Arménie. Comme l'Arménie était alors une province de Perse, le roi, le royaume ni la lettre ne peuvent avoir existé.

la majesté des rois ? Quelque traitement que l'infortuné Valérien ait éprouvé en Perse, il est du moins certain que ce prince, le premier empereur de Rome qui soit tombé entre les mains de l'ennemi, passa ses tristes jours dans une captivité sans espérance.

<small>Caractère et administration de Gallien.</small>

Depuis long-temps Gallien supportait avec peine la censure sévère d'un père et d'un collègue : il reçut la nouvelle de ses malheurs avec un plaisir secret, et avec une indifférence marquée. « Je savais, dit-il, que mon père était homme; et puisqu'il s'est conduit avec courage, je suis satisfait. » Tandis que Rome consternée déplorait le sort de son souverain, de vils courtisans applaudissaient à la dure insensibilité du fils de ce malheureux prince, et le louaient d'être parvenu à la fermeté parfaite d'un héros et d'un philosophe (1). Il serait difficile de saisir les traits du caractère léger, variable et inconstant que développa Gallien dès que, devenu seul maître de l'empire, il ne fut plus retenu par aucune contrainte. La vivacité de son esprit le rendait propre à réussir dans tout ce qu'il entreprenait; et, comme il manquait de jugement, il embrassa tous les arts, excepté les seuls dignes d'un souverain, ceux de la guerre et du gouvernement. Il possédait plusieurs sciences curieuses, mais inutiles : orateur facile, poëte élégant (2),

---

(1) *Voyez* sa Vie dans l'*Histoire Auguste*.

(2) Il existe encore un très-joli épithalame composé par Gallien pour le mariage de ses neveux :

Ite ait, o juvenes, pariter sudate medullis

habile jardinier, excellent cuisinier, il était le plus méprisable de tous les princes. Tandis que les affaires les plus importantes de l'État exigeaient ses soins et sa présence, il s'occupait à converser avec le philosophe Plotin (1), ou, plus souvent encore, il passait son temps dans la débauche ou dans des amusemens frivoles : tantôt il se préparait à être initié aux mystères de la Grèce, tantôt il sollicitait une place à l'aréopage d'Athènes. Sa magnificence prodigue insultait à la misère générale, et la pompe ridicule de ses triomphes aggravait le poids des calamités publiques (2). On venait perpétuellement lui annoncer des invasions, des défaites et des révoltes; ces tristes nouvelles n'excitaient en lui qu'un sou-

---

Omnibus inter vos; non murmura vestra columbæ, Brachia non hederæ, non vincant oscula conchæ.

(1) Il était sur le point de donner à Plotin une ville ruinée de la Campanie, pour essayer d'y réaliser la république de Platon. *Voyez la vie de Plotin*, par Porphyre, dans la *Bibliothèque grecque* de Fabricius, l. IV.

(2) Une médaille, qui porte la tête de Gallien, a fort embarrassé les antiquaires, par les mots de la légende, *Gallienæ Augustæ*, et par ceux qu'on voit sur le revers, *Ubique pax*. M. Spanheim suppose que cette médaille fut frappée par quelques ennemis de Gallien, et que c'était une satire sévère de la conduite efféminée de ce prince. Mais comme l'ironie paraît indigne de la gravité de la monnaie romaine, M. de Vallemont a tiré d'un passage de Trebellius-Pollion (*Hist. Aug.*, p. 198) une explication ingénieuse et naturelle. *Galliena* était la cousine germaine de l'empereur;

rire d'indifférence. Choisissant, avec un mépris affecté, quelque production particulière d'une province perdue, il demandait froidement si Rome ne pouvait subsister sans le lin d'Égypte ou sans les étoffes d'Arras. La vie de Gallien présente cependant de courts intervalles où ce prince, irrité par quelque injure récente, déploya tout à coup l'intrépidité d'un soldat et la cruauté d'un tyran; mais bientôt, rassasié de sang ou fatigué de la résistance, il reprenait insensiblement la mollesse naturelle et l'indolence de son caractère (1).

Les trente tyrans.

Tandis que les rênes de l'État flottaient en de si faibles mains, il n'est pas étonnant que toutes les provinces de l'empire aient vu s'élever contre le fils de Valérien une foule d'usurpateurs. Les écrivains de l'*Histoire Auguste* ont cru jeter plus d'intérêt dans leur récit en comparant les trente tyrans de Rome

---

en délivrant l'Afrique de l'usurpateur Celsus; elle mérita le titre d'*Augusta*. On voit sur une médaille de la collection du cabinet du roi, une pareille inscription de *Faustina Augusta* autour de la tête de Marc-Aurèle. Pour les mots *ubique pax*, il est facile de les expliquer par la vanité de Gallien, qui aura peut-être saisi quelque calme momentané. Voyez *Nouvelles de la république des lettres*, janvier 1700, p. 21-34.

(1) Je crois que ce caractère singulier nous a été fidèlement transmis. Le règne de son successeur immédiat fut court et agité; et les historiens, qui écrivirent avant l'élévation de la famille de Constantin, ne pouvaient avoir aucune espèce d'intérêt à représenter sous de fausses couleurs le caractère de Gallien.

avec les trente tyrans d'Athènes : cette idée est probablement ce qui les a engagés à choisir ce nombre célèbre et connu (1). Dans tous les points, le parallèle est imparfait et ridicule. Quelle ressemblance pouvons-nous apercevoir entre un conseil de trente personnes réunies pour opprimer une seule ville, et une liste incertaine de rivaux indépendans, dont l'élévation et la chute se succédaient sans aucun ordre dans l'étendue d'une vaste monarchie? Le nombre même de trente ne peut être complet qu'en comprenant parmi ces tyrans les enfans et les femmes qui furent honorés du titre impérial. Le règne de Gallien, au milieu des troubles qui le déchirèrent, ne produisit que dix-neuf prétendans au trône : Cyriades, Macrien, Baliste, Odenat et Zénobie en Orient; dans la Gaule et dans les provinces occidentales, Posthume, Lolien, Victorin et sa mère Victoria, Marius et Tetricus; en Illyrie et sur les confins du Danube, Ingenuus, Régilien et Auréole; dans le Pont (2), Saturnin; Trébellien en Isaurie; dans la Thessalie, Pison; Valens en Achaïe; Émilien en Égypte, et Celsus en Afrique. Les monumens de la vie et de la mort de tous ces prétendans sont ense-

Ils n'étaient réellement que dix-neuf.

---

(1) Pollion paraît singulièrement embarrassé pour compléter le nombre.

(2) L'histoire n'a pas désigné d'une manière précise le pays où Saturnin prit la pourpre; mais il y avait un tyran dans le Pont, et l'on connaît les provinces qui furent le théâtre de la rebellion de tous les autres.

velis dans l'obscurité; nous ne pourrions les éclaircir qu'en entrant dans des détails dont la sécheresse rebuterait le lecteur sans lui rien apprendre d'utile. Bornons-nous donc à quelques traits généraux qui marquent fortement la condition des temps et les caractères de ces usurpateurs, et qui fassent connaître leurs prétentions, leurs motifs, leurs destinées, et les suites funestes de leur rebellion (1).

<small>Caractère et mérite de ces tyrans.</small> On sait que les anciens employaient souvent le nom de *tyran* pour désigner ceux qui s'emparaient de l'autorité suprême par des voies illégitimes. Cette dénomination odieuse n'avait alors aucun rapport avec l'abus du pouvoir. Plusieurs des prétendans qui levèrent l'étendard de la révolte contre l'empereur Gallien, étaient de brillans modèles de vertu; ils possédaient presque tous beaucoup de talens et de fermeté. Leur mérite leur avait attiré la faveur de Valérien, et les avait insensiblement élevés aux premières dignités de l'État. Les généraux, qui prirent le titre d'Auguste, s'étaient concilié le respect de leur armée par leur habileté à maintenir la discipline, ou son admiration par leur bravoure et leurs exploits, ou son affection par leur générosité et leur franchise : ils furent souvent proclamés sur le champ de la victoire. L'armurier Marius lui-même, le moins illustre de ces candidats, se distingua par l'intrépidité de son courage, par une force de corps extraor-

---

(1) Tillemont (tome III, p. 1163) les compte d'une manière un peu différente.

dinaire et par l'honnêteté de ses mœurs grossières (1). La médiocrité de la profession qu'il venait d'exercer, jette, il est vrai, un air de ridicule sur son élévation soudaine ; mais sa naissance ne pouvait pas être plus obscure que celle de la plupart de ses rivaux, qui, nés de paysans, étaient d'abord entrés au service comme simples soldats (2). Dans les siècles de confusion, un génie actif trouve la place qui lui a été assignée par la nature : au milieu des troubles qu'enfante la guerre, le mérite militaire est la route qui mène à la gloire et à la grandeur. Parmi les dix-neuf tyrans, on ne voyait de sénateur que Tericus ; Pison seul était noble. Le sang de Numa coulait, après vingt-huit générations successives, dans les veines de Calphurnius-Pison (3), qui, lié par les femmes aux plus illustres citoyens, avait le droit de décorer sa maison des images de Crassus et du grand Pompée (4). Ses ancêtres avaient été cons-

Leur naissance obscure.

(1) *Voyez* le discours de Marius, dans l'*Histoire Auguste*, p. 197. La conformité des noms a pu seule engager Pollion à imiter Salluste.

(2) Marius fut tué par un soldat qui lui avait jadis servi d'ouvrier dans sa boutique, et qui lui dit en le frappant : « Voilà le glaive que tu as forgé toi-même. » *Treb. in ejus vitâ.* (Note de l'Éditeur.)

(3) *Vos ô Pompilius sanguis!* C'est ainsi que s'exprime Horace, en s'adressant aux Pisons. Voyez l'*Art poétique*, v. 292, avec les notes de Dacier et de Sanadon.

(4) Tacite, *Ann.*, xv, 48. *Hist.*, 1, 15. Dans le premier de ces passages, on peut hasarder de changer *paternâ* en *maternâ*. Depuis Auguste jusqu'au règne d'Alexandre-Sé-

tamment revêtus de tous les honneurs que pouvait accorder la république; et les Calphurniens, seuls des anciennes familles de Rome, avaient échappé à la tyrannie cruelle des Césars. Les qualités personnelles de Pison ajoutaient un nouveau lustre à sa race. L'usurpateur Valens, qui le fit périr, avouait, avec de profonds remords, qu'un ennemi même aurait dû respecter en Pison la sainte image de la vertu. Quoique Pison eût perdu la vie en portant les armes contre Gallien, le sénat, avec la généreuse permission de l'empereur, décerna les ornemens du triomphe à la mémoire d'un si vertueux rebelle (1).

Cause de leur rebellion.

Les lieutenans de Valérien, sincèrement attachés à un prince qu'ils estimaient, ne pouvaient se résoudre à servir la molle indolence de son indigne fils. Le trône de l'univers romain n'était soutenu par aucun principe de fidélité, et la trahison paraissait, en quelque sorte, justifiée par le patriotisme. Cependant, si nous examinons attentivement la conduite de ces usurpateurs, nous verrons que la crainte a été plus souvent que l'ambition le motif qui les a poussés à la révolte. Ils redoutaient les soupçons

---

vère, chaque génération a vu un ou plusieurs Pisons revêtus du consulat. Un Pison fut jugé digne du trône par Auguste. (Tacite, *Annal.*, 1, 13.) Un autre fut le chef d'une conspiration formidable contre Néron. Un troisième fut adopté et déclaré César par Galba.

(1) *Hist. Aug.*, p. 195. Le sénat, dans un moment d'enthousiasme, semble avoir compté sur l'approbation de Gallien.

cruels de Gallien; la capricieuse violence de leurs troupes ne leur causait pas moins d'alarmes. Si la faveur dangereuse de l'armée les déclarait dignes de la pourpre, c'étaient autant de victimes condamnées à une mort certaine. La prudence même leur aurait conseillé de s'assurer pendant quelques instans la jouissance de l'empire, et de tenter la fortune des armes, plutôt que d'attendre la main d'un bourreau. Lorsque les clameurs des soldats forçaient un chef à prendre les marques de l'autorité souveraine, il déplorait quelquefois sa malheureuse destinée. « Vous avez perdu, dit Saturnin à ses troupes le jour de son élévation, vous avez perdu un commandant utile, et vous avez fait un bien malheureux empereur (1). »

Les révolutions sans nombre dont il avait été témoin, justifiaient ses appréhensions. Des dix-neuf tyrans qui prirent les armes sous le règne de Gallien, il n'y en a aucun dont la vie ait été tranquille, ou la mort naturelle. Dès qu'ils avaient été revêtus de la pourpre ensanglantée, ils inspiraient à leurs partisans les mêmes craintes ou la même ambition qui avait occasioné leur révolte. Environnés de conspirations domestiques, de séditions militaires et de guerres civiles, ils tremblaient sur le bord de l'abîme dans lequel, après les anxiétés les plus cruelles, ils se voyaient tôt ou tard précipités. Ces monarques précaires recevaient cependant les hon-

Leur mort violente.

---

(1) *Hist. Aug.*, p. 196.

neurs dont pouvait disposer la flatterie des armées et des provinces qui leur obéissaient; mais leurs droits, fondés sur la rebellion, n'ont jamais pu obtenir la sanction de la loi, ni être consignés dans l'histoire. L'Italie, Rome et le sénat embrassèrent constamment la cause de Gallien, qui seul fut regardé comme le souverain de l'empire. A la vérité, ce prince ne dédaigna point de reconnaître les armes victorieuses d'Odenat, qui méritait cette honorable distinction par sa conduite respectueuse envers le fils de Valérien. Le sénat, avec l'approbation générale des Romains, et du consentement de l'empereur, conféra le titre d'Auguste au brave Palmyrénien; et le gouvernement de l'Orient, qu'il possédait déjà, semble lui avoir été confié d'une manière si indépendante, qu'il le laissa comme une succession particulière à son illustre veuve Zénobie (1).

Suites fatales de ces usurpations.

Le spectacle de ce passage rapide et continuel de la chaumière au trône, et du trône au tombeau, eût pu amuser un philosophe indifférent, s'il était possible à un philosophe de rester indifférent au milieu des calamités générales du genre humain. L'élévation de tant d'empereurs, leur puissance, leur mort, devinrent également funestes à leurs sujets et à leurs partisans. Le peuple, écrasé par d'horribles exactions, leur fournissait les largesses immenses qu'ils distribuaient aux troupes pour prix de leur fatale

---

(1) L'association du brave Palmyrénien fut l'acte le plus populaire de tout le règne de Gallien. *Hist. Aug.*, p. 180.

grandeur. Quelque vertueux que fût leur caractère, quelle que pût être la pureté de leurs intentions, ils se trouvaient obligés de soutenir leur usurpation par des actes fréquens de rapines et d'inhumanité. Lorsqu'ils tombaient, ils enveloppaient des armées et des provinces dans leur chute : il existe encore un ordre affreux de Gallien à l'un de ses ministres après la perte d'Ingenuus, qui avait pris la pourpre en Illyrie. On ne peut lire sans frémir d'horreur la lettre de ce prince, qui joignait à la mollesse la férocité d'un tyran cruel. « Il ne suffit pas, dit-il, d'exterminer ceux qui ont porté les armes; le hasard de la guerre aurait pu m'être aussi utile. Que tous les mâles, sans respect pour l'âge, périssent; pourvu que dans l'exécution des enfans et des vieillards vous trouviez le moyen de sauver notre réputation. Faites mourir quiconque a laissé échapper une expression, s'est permis une pensée contre moi; *contre moi,* le fils de Valérien, le frère et le père de tant de princes (1). Songez qu'Ingenuus fut empereur. Déchirez, tuez, mettez en pièces. Je vous écris de ma propre main : je voudrais vous inspirer mes propres senti-

---

(1) Gallien avait donné le titre de César et d'Auguste à son fils Salonin, tué dans la ville de Cologne par l'usurpateur Posthume. Un second fils de Gallien prit le nom et le rang de son frère aîné. Valérien, frère de Gallien, fut aussi associé à l'empire. D'autres frères, des sœurs, des neveux et des nièces de l'empereur formaient une famille royale très-nombreuse. *Voyez* Tillemont, tome III, et M. de Brequigny, dans les *Mém. de l'Académie*, tome XXXII, p. 262.

mens (1). » Tandis que les forces de l'État se dissipaient en querelles particulières, les provinces sans défense restaient exposées aux attaques de quiconque voulait les envahir. Les plus courageux d'entre les usurpateurs, luttant sans cesse contre les dangers de leur situation, se trouvaient obligés de conclure avec l'ennemi commun des traités ignominieux, de payer aux Barbares des tributs oppressifs pour acheter leur neutralité ou leurs services, et d'introduire des nations guerrières et indépendantes jusque dans le centre de la monarchie romaine (2).

Tels étaient les Barbares; tels les tyrans qui, sous les règnes de Valérien et de Gallien, démembrèrent les provinces, et réduisirent l'empire à un état d'abaissement et de désolation d'où il semblait ne pouvoir jamais se relever. Autant que nous l'a permis la disette des matériaux, nous avons essayé de tracer avec ordre et avec clarté les événemens généraux de cette période désastreuse; il nous reste encore à parler des désordres de la Sicile, des tumultes d'Alexandrie, et de la rebellion des Isauriens : ces faits particuliers peuvent servir à jeter une vive lumière sur l'affreux tableau que nous venons de présenter.

---

(1) *Hist. Aug.*, p. 188.
(2) Régilien avait quelques bandes de Roxolans à son service; Posthume, un corps de Francs. Ce fut peut-être en qualité d'auxiliaires que ces derniers pénétrèrent en Espagne.

I. Toutes les fois que de nombreuses troupes de brigands, multipliées par le succès et par l'impunité, osent braver publiquement les lois de leur pays, au lieu de chercher à s'y soustraire, c'est une preuve certaine que la dernière classe de la société s'aperçoit et abuse de la faiblesse du gouvernement. La situation de la Sicile la mettait à l'abri des Barbares, et la province désarmée ne pouvait soutenir un usurpateur; elle fut déchirée par de plus viles mains. Après avoir pillé cette île, autrefois florissante et toujours fertile, une troupe séditieuse de paysans et d'esclaves y régna pendant quelque temps, et rappela le souvenir de ces guerres honteuses que Rome avait eu à soutenir dans ses plus beaux jours (1). Les dévastations dont le laboureur était victime ou complice, ruinaient l'agriculture en Sicile; et comme les principales terres appartenaient à de riches sénateurs, dont une des fermes comprenait souvent tout le territoire d'une ancienne république, ces troubles affectèrent peut-être la capitale de l'empire plus vivement que toutes les conquêtes des Goths et des Perses.

Désordres de la Sicile.

II. La fondation d'Alexandrie, projet noble, conçu et exécuté par le fils de Philippe, était un monument de son génie. Bâtie sur un plan magnifique et régulier, cette grande ville, qui ne le cédait qu'à Rome elle-même, avait quinze milles de circonfé-

Tumulte d'Alexandrie.

---

(1) L'*Hist. Auguste*, p. 177, l'appelle *servile bellum*. *Voyez* Diodore de Sicile, l. xxxiv.

rence (1). On y comptait trois cent mille habitans libres, outre un nombre au moins égal d'esclaves (2). Son port servait d'entrepôt aux riches marchandises de l'Arabie et de l'Inde, qui affluaient dans la capitale et dans les provinces de l'empire. L'oisiveté y était inconnue; les différentes manufactures de verre, de lin et de papyrus, employaient une quantité prodigieuse de bras. Hommes, femmes, vieillards, enfans, tous subsistaient par leur industrie; le boiteux même ou l'aveugle ne manquait pas d'occupations convenables à son état (3). Mais le peuple d'Alexandrie, composé de plusieurs nations, réunissait à la vanité et à l'inconstance des Grecs l'opiniâtreté et la superstition des Égyptiens. Le plus léger motif, une disette momentanée de poisson ou de lentilles, l'oubli d'un salut accoutumé, une méprise pour quelque préséance dans les bains publics, quelquefois même une dispute de religion (4), suffisait, en tout temps, pour exciter des orages au milieu de cette grande multitude, et y élever des ressentimens furieux et implacables (5). Lorsque la captivité de

---

(1) Pline, *Hist. nat.*, v, 10.
(2) Diodore de Sicile, l. xvii; p. 590, édition de Wesseling.
(3) *Voyez* une lettre très-curieuse d'Adrien, dans l'*Histoire Auguste*, p. 245.
(4) Tel que le meurtre d'un chat sacré. *Voyez* Diodore de Sicile, l. i.
(5) *Histoire Auguste*, p. 195. Cette longue et terrible sédition fut occasionée par une dispute qui s'éleva entre un soldat et un bourgeois, au sujet de souliers.

Valérien et l'indolence de son fils eurent relâché l'autorité des lois, les Alexandrins s'abandonnèrent à la rage effrénée de leurs passions; leur malheureuse patrie devint le théâtre d'une guerre civile qui, pendant plus de douze ans, fut à peine suspendue (1) par un petit nombre de trèves courtes et mal observées. On avait coupé toute communication entre les différens quartiers de la ville; toutes les rues étaient teintes de sang; tous les édifices considérables avaient été convertis en autant de citadelles; enfin, le tumulte ne s'apaisa que lorsqu'une grande partie d'Alexandrie eut été entièrement détruite. Cent ans après, la vaste et magnifique enceinte du Bruchion (2), avec ses palais et son muséum, résidence des rois et des philosophes, présentait déjà, comme aujourd'hui, une affreuse solitude (3).

III. La rebellion obscure de Trebellianus, proclamée en Isaurie, petite province de l'Asie-Mineure, eut des suites singulières et mémorables. Un officier de Gallien détruisit bientôt ce fantôme de roi; mais ses partisans, désespérant d'obtenir leur pardon,

Rebellion des Isauriens.

---

(1) Denis, *apud* Euseb., *Hist. Ecclés.*, vol. VII, p. 21; Ammien, XXII, 16.

(2) Le *Bruchion* était un quartier d'Alexandrie qui s'étendait sur le plus grand des deux ports, et qui renfermait plusieurs palais qu'habitèrent les Ptolémées. D'Anville, *Géogr. anc.*, tome III, p. 10. (*Note de l'Éditeur.*)

(3) Scaliger, *Animadvers. ad Euseb. chron.*, p. 258. Trois dissertations de M. Bonamy, dans les *Mém. de l'Acad.*, tome IX.

résolurent de se soustraire à l'obéissance, non-seulement de l'empereur, mais encore de l'empire; et ils reprirent tout à coup leurs mœurs sauvages, dont les traits primitifs n'avaient jamais été entièrement effacés. Ils trouvèrent une retraite inaccessible dans leurs rochers escarpés, branche de cette grande chaîne de montagnes connue sous le nom de mont Taurus. La culture de quelques vallées fertiles (1) leur procura les nécessités de la vie, et leur brigandage les objets de luxe. Situés au centre de la monarchie romaine, ils restèrent long-temps dans la barbarie. Les successeurs de Gallien, incapables de les soumettre par la force ou par la politique, élevèrent des forteresses autour de leur pays (2). Ces précautions, qui décelaient la faiblesse de l'État, ne furent pas toujours suffisantes pour réprimer les incursions de ces ennemis domestiques: les Isauriens, étendant par degrés leur territoire jusqu'au rivage de la mer, s'emparèrent de l'occident de la Cilicie, pays montueux, autrefois la retraite de ces hardis pirates contre lesquels la république avait été obligée d'employer toutes ses forces sous la conduite du grand Pompée (3).

<small>Famine et peste.</small>

Nos préjugés lient si étroitement l'ordre de l'univers avec le destin de l'homme, que cette sombre

---

(1) Strabon, l. XII, p. 569.
(2) *Hist. Aug.*, p. 197.
(3) *Voyez* Cellarius, *Géogr. anc.*, tome II, p. 137, sur les limites de l'Isaurie.

période de l'histoire a été ornée d'inondations, de tremblemens de terre, de météores, de ténèbres surnaturelles et d'une foule de prodiges faux ou de faits exagérés (1). Une famine longue et générale offrit une calamité d'un genre plus sérieux. Celle qui se fit sentir alors était une suite inévitable de la tyrannie et de l'oppression qui, en détruisant les moissons, enlevaient les productions présentes et l'espoir d'une nouvelle récolte. La famine est presque toujours accompagnée de maladies épidémiques, effet ordinaire d'une nourriture peu abondante et malsaine. D'autres causes doivent cependant avoir contribué à cette peste cruelle, qui, depuis 250 jusqu'en 265, ravagea sans interruption toutes les provinces, toutes les villes et presque toutes les familles de l'empire romain. Pendant quelque temps on vit mourir à Rome cinq mille personnes par jour, et plusieurs villes qui avaient échappé aux mains des Barbares furent entièrement dépeuplées (2).

Il nous est parvenu une circonstance très-curieuse, qui n'est peut-être pas inutile à remarquer dans le triste calcul des calamités humaines. On conservait dans la ville d'Alexandrie un registre exact des citoyens qui avaient droit à une distribution de blé. On trouva que, sous le règne de Gallien,

Diminution de l'espèce humaine.

---

(1) *Hist. Aug.*, p. 177.
(2) *Hist. Aug.*, p. 177; Zozime, l. 1, p. 24; Zonare, l. XII, p. 623; Eusèbe, *Chronicon;* Victor, *in Epitom.;* Victor, *in Cæsar.;* Eutrope, IX, 5; Orose, VII, 21.

le nombre des individus de quatorze à quatre-vingts ans qui avaient part à cette rétribution, ne s'élevait pas au-dessus de celui des hommes de quarante à soixante-dix ans, qui la recevaient dans des temps antérieurs (1). Ce fait authentique, en y appliquant les meilleures tables de mortalité, prouve évidemment qu'Alexandrie avait perdu plus de la moitié de ses habitans. Si nous osions étendre l'analogie aux autres provinces, nous pourrions soupçonner que la guerre, la peste et la famine avaient emporté en peu d'années la moitié de l'espèce humaine (2).

---

(1) Eusèbe, *Hist. Ecclés.*, VII, 21. Le fait est tiré des lettres de Denis, qui, dans le temps de ces troubles, était évêque d'Alexandrie.

(2) Dans un grand nombre de paroisses, onze mille personnes ont été trouvées entre les âges de quatorze et de quatre-vingts; cinq mille trois cent soixante-cinq entre ceux de quarante et de soixante-dix. *Voyez* M. de Buffon, *Hist. nat.*, tome II, p. 590.

CHAPITRE XI.

Règne de Claude. Défaite des Goths. Victoires, triomphe et mort d'Aurélien.

Sous les règnes déplorables de Valérien et de Gallien, l'empire avait été opprimé et presque détruit par les tyrans, les soldats et les Barbares. Il fut sauvé par une suite de princes, qui tiraient leur obscure origine des provinces martiales de l'Illyrie. Durant un espace de trente ans environ, Claude, Aurélien, Probus, Dioclétien et ses collègues triomphèrent des ennemis étrangers et domestiques de l'État, rétablirent, avec la discipline, la force des frontières, et méritèrent le titre glorieux de restaurateurs de l'univers romain.

Un tyran efféminé fit place à une succession de héros. Le peuple indigné contre Gallien lui imputait tous ses malheurs; et réellement ils tiraient, pour la plupart, leur source des mœurs dissolues et de l'administration indolente de ce prince. Il n'avait pas même ces sentimens d'honneur qui suppléent si souvent au manque de vertu publique, et tant que la possession de l'Italie ne lui fut pas disputée, une victoire remportée par les Barbares, la perte d'une province, ou la rebellion d'un général, troubla rarement le cours paisible de sa vie voluptueuse.

Auréole envahit l'Italie, est vaincu et assiégé dans Milan.

An 268.	Enfin une armée considérable, campée sur le Haut-Danube, donna la pourpre impériale à son chef Auréole, qui, dédaignant les montagnes de la Rhétie, province stérile et resserrée, passa les Alpes, s'empara de Milan, menaça Rome, et somma Gallien de venir sur le champ de bataille disputer la souveraineté de l'Italie. L'empereur, irrité de l'insulte et alarmé à la vue d'un danger si pressant, développa tout à coup cette vigueur cachée qui perçait quelquefois à travers l'indolence de son caractère; et, s'arrachant au luxe du palais, il parut en armes à la tête des légions, traversa le Pô, et marcha au devant de son compétiteur. Le nom défiguré de *Pontirole* (1) rappelle encore le souvenir d'un pont sur l'Adda, qui, durant l'action, dut être un objet de la plus grande importance pour les deux armées. L'usurpateur fut entièrement défait, et reçut même une blessure dangereuse. Il se sauva dans Milan, qui fut aussitôt assiégé. Le vainqueur fit dresser contre les murailles toutes les machines de guerre connues des anciens. Auréole, incapable de résister à des forces supérieures, et sans espérance d'aucun secours étranger, se représentait déjà les suites funestes d'une rebellion malheureuse.

Sa dernière ressource était de séduire la fidélité

---

(1) *Pons Aureoli*, à treize milles de Bergame, et à trente-deux de Milan. *Voyez* Cluvier, *Ital. ant.*, tome I, p. 245. Ce fut près de cette place que se livra la bataille de Cassano, où les Français et les Autrichiens combattirent, en 1703,

des assiégeans. Il répandit dans leur camp des libelles, pour exhorter les soldats à se séparer d'un prince indigne, qui sacrifiait le bonheur public à son luxe, et la vie de ses meilleurs sujets aux plus légers soupçons. Les artifices d'Auréole inspirèrent la crainte et le mécontentement aux principaux officiers de son rival. Il se forma une conspiration dans laquelle entrèrent Héraclien, préfet du prétoire; Marcien, général habile et renommé; Cécrops, qui commandait un nombreux corps de gardes dalmates. La mort de Gallien fut résolue: Les conjurés voulaient terminer d'abord le siége de Milan; mais la vue du danger qui redoublait à chaque instant de délai, les força de hâter l'exécution de leur audacieuse entreprise. La nuit était fort avancée, et l'empereur avait prolongé les plaisirs de la table. Tout à coup on vient lui annoncer qu'Auréole, à la tête de toutes ses troupes, a fait une sortie vigoureuse. Gallien, qui ne manqua jamais de courage personnel, quitte avec précipitation le lit magnifique sur lequel il était couché, et, sans se donner le temps de prendre ses armes ou d'assembler ses gardes, il monte à cheval et court à toute bride vers le lieu supposé de l'attaque. Il se trouve bientôt environné d'ennemis déclarés ou couverts: un dard lancé au milieu de l'obscurité par une main incon-

---

avec tant d'opiniâtreté. L'excellente relation du chevalier de Folard, qui était présent, donne une idée très-distincte du terrain. *Voyez* le *Polybe* de Folard, tome III, p. 223-248.

Mort de Gallien. An 268. 20 mars.

nue lui fait une blessure mortelle. Des sentimens patriotiques qui s'élevèrent dans l'âme de Gallien quelques momens avant sa mort, l'engagèrent à nommer pour son successeur un prince digne de régner. Sa dernière volonté fut que l'on donnât les ornemens impériaux à Claude, qui commandait alors un détachement dans le voisinage de Pavie. Au moins ce bruit ne tarda-t-il pas à se répandre; et les conjurés, qui étaient déjà convenus de placer Claude sur le trône, s'empressèrent d'obéir aux ordres de leur maître. La mort de Gallien parut d'abord suspecte aux troupes; elles commençaient à manifester leur ressentiment. Un présent de vingt pièces d'or distribué à chaque soldat détruisit leurs soupçons et apaisa leur colère. L'armée ratifia l'élection, et reconnut le mérite du nouveau souverain (1).

Caractère et avénement de l'empereur Claude.

Malgré les fables inventées par la flatterie (2), pour illustrer l'origine de Claude, l'obscurité qui la couvrait en prouve suffisamment la bassesse. Il paraît seulement qu'il avait pris naissance dans une

---

(1) Sur la mort de Gallien, *voyez* Trebellius-Pollion, dans l'*Histoire Auguste*, p. 181; Zozime, l. I, p. 37; Zonare, l. XII, p. 634; Eutrope, IX, 11; Aurelius-Victor, *in Epit.*; Victor, *in Cæsar*. J'ai comparé tous ces auteurs, et j'en ai tiré parti; mais j'ai principalement suivi Aurelius-Victor, qui paraît avoir eu les meilleurs mémoires.

(2) Quelques-uns ont voulu assez ridiculement le supposer bâtard du jeune Gordien. La province de Dardanie a donné lieu à d'autres de prétendre qu'il tirait son origine de Dardanus et des anciens rois de Troie.

des provinces du Danube, qu'il passa sa jeunesse au milieu des armes, et que son courage modeste lui attira la faveur et la confiance de l'empereur Dèce. Le sénat et le peuple le jugeaient dès-lors capable de remplir les emplois les plus importans, et reprochaient à Valérien la négligence avec laquelle il le laissait dans le poste subalterne de tribun. L'empereur ne tarda pas à distinguer le mérite de Claude, qui fut nommé général en chef de la frontière d'Illyrie, avec le commandement de toutes les troupes de la Thrace, de la Mœsie, de la Dacie, de la Pannonie et de la Dalmatie. Valérien lui donna en même temps les appointemens de préfet d'Égypte, lui accorda le rang et les honneurs dont jouissait le proconsul d'Afrique, et lui promit le consulat. Par ses victoires sur les Goths, Claude obtint du sénat l'honneur d'une statue, et il excita la jalousie de Gallien qu'il méprisait. Comment un soldat aurait-il estimé un souverain si dissolu ? Il est peut-être bien difficile de déguiser un juste mépris. Quelques expressions indiscrètes de Claude furent officieusement rapportées à l'empereur. La réponse de Gallien à un officier de confiance peint le caractère de ce prince, et l'esprit du temps. « Vous me parlez, dans votre dernière dépêche (1), de quelques suggestions malignes qui ont indisposé contre nous Claude, notre

---

(1) *Notoria*, dépêche que les empereurs recevaient, à certains temps marqués, des *frumentarii*, ou agens dispersés dans les provinces. Nous pourrons en parler dans la suite.

parent et notre ami ; rien ne pouvait me toucher plus sérieusement que ce que vous me marquez à ce sujet. Au nom de la fidélité que vous me devez, employez toutes sortes de moyens pour apaiser le ressentiment de Claude ; mais conduisez votre négociation avec secret : qu'elle ne parvienne pas à la connaissance des troupes de Dacie. Elles sont déjà fort irritées, et leur fureur pourrait s'augmenter. J'ai envoyé moi-même à leur chef quelques présens, n'épargnez rien pour les lui rendre agréables. Surtout qu'il ne soupçonne pas que son imprudence m'est connue : la crainte de ma colère le porterait à des conseils désespérés (1). »

Cette lettre si humble, dans laquelle il sollicitait sa réconciliation avec un sujet mécontent, était accompagnée de présens consistant en une somme considérable, en habits magnifiques, et en vaisselle d'or et d'argent. C'est ainsi que Gallien sut apaiser l'indignation et dissiper les craintes de son général d'Illyrie ; et durant le reste de son règne la formidable épée de Claude ne fut jamais tirée que pour défendre un maître qu'il ne pouvait estimer. A la fin, il est vrai, il accepta la pourpre teinte du sang de Gallien ; mais, éloigné du camp des conjurés, il n'avait pas trempé dans leurs complots ; et, quoique peut-être il applaudît à la chute du tyran, nous osons

---

(1) *Hist. Aug.*, p. 208. Gallien décrit la vaisselle, les habits, etc., en homme qui aimait ces objets de luxe, et qui s'y connaissait.

présumer qu'il n'y eut aucune part (1). Claude avait environ cinquante-quatre ans lorsqu'il monta sur le trône.

Le siége de Milan continuait toujours; Auréole découvrit bientôt que ses artifices avaient servi seulement à élever contre lui un adversaire plus redoutable. Il essaya de proposer à Claude un traité d'alliance et de partage : « Dites-lui, répliqua l'intrépide empereur, que de pareilles offres pouvaient être faites à Gallien; Gallien les aurait peut-être écoutées patiemment; il aurait pu accepter un collègue aussi méprisable que lui (2). ». Ce dur refus intimida les assiégés. Le mauvais succès d'une dernière tentative leur ôta toute espérance. Auréole rendit la ville, et fut forcé de se livrer à la discrétion du vainqueur. L'armée le déclara digne de mort; après une faible résistance, Claude consentit à l'exécution de la sentence. Les sénateurs ne montrèrent pas moins de zèle pour leur nouveau souverain. Ils ratifièrent, peut-être avec des transports sincères, l'élection de Claude; et, comme son prédécesseur avait été leur ennemi personnel, ils exercèrent, sous le voile de la justice, une vengeance sévère contre ses amis et contre sa

Mort d'Auréole.

---

(1) Julien (*orat.* 1, p. 6) assure que Claude obtint l'empire d'une manière juste et même sainte; mais on peut se méfier de la partialité d'un parent.

(2) *Hist. Aug.*, p. 203. Il se trouve dans les divers historiens quelques légères variations concernant les circonstances de la dernière défaite et de la mort d'Auréole.

famille. Triste interprète des lois, le sénat eut la permission d'ordonner le châtiment des coupables; le prince se réserva le plaisir et le mérite d'obtenir par son intercession une amnistie générale (1).

<small>Clémence et justice de Claude.</small>

De pareils actes de clémence pourraient paraître l'effet de l'ostentation, et font moins connaître le véritable caractère de Claude, qu'une circonstance peu importante en elle-même où ce prince sembla suivre les mouvemens de son propre cœur. Les fréquentes rebellions des provinces avaient rendu presque tous les habitans coupables de lèse-majesté; presque toutes les propriétés avaient encouru la confiscation, et souvent Gallien avait déployé sa libéralité en distribuant à ses officiers les dépouilles de ses sujets. A l'avénement de Claude, une vieille femme se jeta à ses pieds, lui demandant justice d'un général qui, sous le dernier empereur, avait obtenu une concession arbitraire de son patrimoine. Le général était Claude lui-même, dont la vertu n'avait pas entièrement échappé à la contagion des temps. Le reproche fit rougir le prince; mais il méritait la confiance que cette infortunée mettait dans son équité: l'aveu de sa faute fut accompagné d'une prompte

---

(1) Aurelius-Victor, *in Gallien*. Le peuple demanda hautement aux dieux que Gallien fût livré aux supplices de l'enfer. Le sénat condamna, par un décret, ses amis et ses parens à être précipités du Capitole. Un officier du revenu public, accusé de malversation, eut les yeux arrachés, tandis que l'on instruisait son procès.

restitution et de dédommagemens considérables (1).

Claude voulait rendre à l'empire son ancienne splendeur. Pour exécuter une entreprise si difficile, il fallait d'abord réveiller dans ses soldats un sentiment d'ordre et d'obéissance. Il leur représenta, avec l'autorité d'un ancien général, que le relâchement de la discipline avait introduit une foule de désordres dont les troupes elles-mêmes commençaient enfin à sentir les pernicieux effets; qu'un peuple ruiné par l'oppression et devenu indolent par désespoir, ne pouvait plus fournir à de nombreuses armées les moyens de se livrer à la débauche, ni même ceux de subsister ; que le danger de chaque individu augmentait avec le despotisme de l'ordre militaire. « En effet, ajoutait-il, des princes qui tremblent sur le trône, sont sans cesse portés à sacrifier la vie de tout sujet suspect. » L'empereur s'étendit, en outre, sur les suites funestes d'un caprice violent, dont les soldats étaient les premières victimes, puisque leurs élections séditieuses avaient été si souvent suivies de guerres civiles qui détruisaient la fleur des légions, moissonnée dans les combats, ou par l'abus cruel de la victoire. Il peignit des plus vives couleurs l'épuisement des finances, la désolation des provinces, la honte du nom romain, et le triomphe insolent des Barbares avides. « C'est contre ces Barbares, s'écriait-il, que je prétends diriger les premiers efforts de vos armes. Que Tetricus règne pendant quelque temps

_____

(1) Zonare., l. XII, p. 137.

dans les provinces occidentales; que Zénobie même conserve la domination de l'Orient (1). Ces usurpateurs sont mes ennemis personnels; je ne songerai jamais à venger des injures particulières qu'après avoir sauvé un empire prêt à s'écrouler, et dont la ruine, si nous ne nous hâtons de la prévenir, écrasera l'armée et le peuple. ».

Les Goths envahissent l'empire. An 269.

Les diverses tribus de la Germanie et de la Sarmatie, qui combattaient sous les étendards des Goths, avaient déjà rassemblé un armement plus formidable qu'aucun de ceux que l'on eût vus jusque-là sortir du Pont-Euxin. Sur les rives du Niester, un des grands fleuves qui se jettent dans cette mer, ces Barbares construisirent une flotte de deux mille ou même de six mille voiles (2). Ce nombre, tout incroyable qu'il paraît, n'aurait pu suffire pour transporter leur prétendue armée de trois cent vingt mille hommes. Quelle qu'ait été la force réelle des Goths, la vigueur de leurs efforts et le succès de leur expédition ne répondirent pas à la grandeur de leurs préparatifs. En traversant le Bosphore, leurs pilotes, sans expérience, furent emportés par la rapidité du courant; et l'entassement de cette multitude de vaisseaux dans

---

(1) Zonare fait ici mention de Posthume; mais les registres du sénat (*Hist. Aug.*, p. 203) prouvent que Tetricus était déjà empereur des provinces occidentales.

(2) L'*Histoire Auguste* rapporte le plus petit nombre; Zonare, le plus grand : l'imagination vive de M. de Montesquieu lui a fait donner la préférence à ce dernier auteur.

un canal étroit, causa la perte d'un assez grand nombre qui se brisèrent l'un contre l'autre, ou échouèrent sur le rivage. Les Barbares firent des descentes sur différentes côtes de l'Europe et de l'Asie; mais le pays ouvert avait déjà été dévasté; et, lorsqu'ils se présentèrent devant les villes fortifiées, ils furent repoussés honteusement et avec perte. Un esprit de découragement et de division s'éleva dans la flotte. Quelques chefs dirigèrent leur course vers les îles de Crète et de Chypre; mais les principaux, suivant une route plus directe, débarquèrent enfin près du mont Athos, et assaillirent l'opulente ville de Thessalonique, capitale de toutes les provinces de Macédoine. Leurs attaques, dirigées sans art, mais avec toute la force d'un courage intrépide, furent bientôt interrompues par l'approche de Claude, qui se hâtait d'accourir sur un théâtre digne d'un prince belliqueux, à la tête de tout ce qui restait encore des anciennes forces de l'empire romain. Impatiens d'en venir aux mains, les Goths lèvent leur camp, abandonnent le siége de Thessalonique, laissent leurs vaisseaux au pied du mont Athos, traversent les hauteurs de la Macédoine, et courent à un combat dont le succès leur ouvrait l'entrée de l'Italie.

Il existe encore une lettre originale de Claude, adressée au sénat et au peuple dans cette occasion mémorable. « Pères conscrits, dit l'empereur, sachez que trois cent vingt mille Goths ont envahi le territoire romain. Si je les défais, votre gratitude sera la récompense de mes services. Si je succombe, n'ou-

Détresse et fermeté de Claude.

bliez pas que je suis le successeur de Gallien. La république est de toutes parts fatiguée et épuisée. Nous avons à combattre après Valérien, après Ingenuus, Regillianus, Celsus, Lollianus, Posthume, et mille autres, qu'un juste mépris pour Gallien a forcés de se révolter. Nous manquons de dards, de piques et de boucliers. Les provinces les plus belliqueuses de l'empire, la Gaule et l'Espagne, sont entre les mains de Tetricus; et nous rougissons d'avouer que les archers d'Orient obéissent à Zénobie. Quelque chose que nous exécutions, ce sera toujours suffisamment grand (1). » Le style ferme et mélancolique de cette lettre annonce un héros peu inquiet de sa destinée, connaissant tout le danger de sa situation, mais qui trouvait des espérances bien fondées dans les ressources de son propre génie.

Sa victoire sur les Goths. L'événement surpassa son attente et celle de l'univers. Par les victoires les plus signalées il arracha l'empire aux Barbares qui le déchiraient, et il mérita de la postérité le surnom glorieux de Claude le Gothique. Les relations imparfaites d'une guerre irrégulière (2) nous empêchent de décrire l'ordre et les circonstances de ses exploits; cependant, s'il nous était permis de nous servir d'une pareille expression,

---

(1) Trebellius-Pollion, dans l'*Histoire Auguste*, p. 204.
(2) *Hist. Aug.*, dans Claude, Aurélien et Probus; Zozime, l. 1, p. 38-42; Zonare, l. XII, p. 638; Aurelius-Victor, *Epitom.*; Victor le jeune, *in Cæsar.*; Eutrope, IX, 11; Eusèbe, *in Chron.*

nous pourrions distribuer en trois actes cette fameuse tragédie. 1° La bataille décisive fut livrée près de Naissus, ville de Dardanie (1). Les légions plièrent d'abord, accablées par le nombre et glacées d'effroi par de premiers malheurs; leur ruine paraissait inévitable, si la conduite habile de l'empereur ne leur eût ménagé un prompt secours. Un fort détachement sortant tout à coup des passages secrets et difficiles des montagnes, dont il s'était emparé par son ordre, attaqua subitement les derrières des Goths victorieux. L'activité de Claude mit à profit cet instant favorable. Il ranima le courage de ses troupes, rétablit leurs rangs, et pressa l'ennemi de toutes parts. On prétend que dans cette bataille cinquante mille hommes restèrent sur la place. De nombreux corps de Barbares, retranchés derrière leurs chariots, se retirèrent, ou plutôt s'échappèrent à l'abri de cette fortification mobile. 2° Nous pouvons présumer qu'un obstacle insurmontable, peut-être la fatigue ou la désobéissance des vainqueurs, empêcha Claude d'achever en un jour la destruction des Goths. La guerre se répandit dans les provinces de Mœsie, de Thrace et de Macédoine, et les opérations de la campagne, tant sur mer que sur terre, se bornèrent à des marches, des surprises et des engagemens fortuits qui ne présentent que des mêlées sans aucune action régulière. Lorsque les Romains souffraient

---

(1) Aujourd'hui Nissa. C'est la patrie de Constantin. D'Anville, *Géogr. anc.*, t. 1, p. 308. (*Note de l'Éditeur.*)

quelque échec, leur lâcheté ou leur imprudence en était le plus souvent la cause ; mais les talens supérieurs de leur souverain ; la parfaite connaissance qu'il avait du pays, ses sages mesures, et son discernement dans le choix de ses officiers, assurèrent presque toujours le succès de ses armes. Tant de victoires lui procurèrent un butin immense, qui consistait principalement en troupeaux et en prisonniers. Une troupe choisie de jeunes Barbares fut incorporée dans les légions ; les autres prisonniers furent vendus comme esclaves ; et le nombre des femmes captives était si considérable, que chaque soldat en eut deux ou trois pour sa part : d'où nous pouvons juger que les Goths n'avaient point envahi l'empire seulement pour le dévaster, mais qu'ils avaient aussi formé quelque projet d'établissement, puisqu'ils avaient mené leurs familles même dans une expédition navale. 3° Leur flotte fut prise ou coulée à fond : perte irréparable qui intercepta leur retraite. Les Romains formèrent une vaste enceinte de postes distribués avec art, courageusement soutenus, et qui, se resserrant par degrés vers un centre commun, forcèrent les Barbares de se réfugier dans les parties les plus inaccessibles du mont Hémus, où ils trouvèrent un asile assuré, mais où ils eurent à peine de quoi subsister. Dans le cours d'un hiver rigoureux, durant lequel ils furent assiégés par les troupes de l'empereur, la famine, la peste, le fer et la désertion, diminuèrent continuellement toute cette multitude. Au retour du printemps, on ne vit parai-

An 270.

tre sous les armes qu'une petite bande de guerriers hardis et désespérés, reste de cette puissante armée qui s'était embarquée à l'embouchure du Niester.

La peste, qui avait emporté tant de Barbares, devint fatale à leur vainqueur. Après deux ans d'un règne court, mais glorieux, Claude rendit les derniers soupirs à Sirmium, au milieu des pleurs et des acclamations de ses sujets. Prêt à expirer, il assembla ses principaux officiers ; et leur recommanda Aurélien, un de ses généraux, comme le plus digne du trône, et comme le plus capable d'exécuter le grand projet qu'il avait à peine eu le temps d'entreprendre. Les vertus de Claude, sa valeur, son affabilité (1), sa justice et sa tempérance, son amour pour la gloire et pour la patrie, le placent au rang de ce petit nombre de princes qui honorèrent la pourpre romaine. Ses vertus cependant doivent une partie de leur célébrité au zèle particulier et à la complaisance des écrivains courtisans du siècle de Constantin, arrière-petit-fils de Crispus, le frère aîné de Claude. La voix de la flatterie apprit bientôt à répéter que les dieux, après avoir enlevé Claude avec tant de précipitation, récompensaient son mérite et sa piété, en perpétuant à jamais l'empire dans sa famille (2).

Mort de Claude, qui recommande Aurélien pour son successeur. Mars.

---

(1) Selon Zonare (l. XII, p. 638), Claude, avant sa mort, le revêtit de la pourpre ; mais ce fait singulier n'est point confirmé par les autres historiens, qui paraissent plutôt le contredire.

(2) *Voyez* la *Vie de Claude* par Pollion, et les discours

Usurpation et chute de Quintilius.

Malgré ces oracles, la grandeur des Flaviens (nom que se donna la maison de Constance) ne brilla que plus de vingt ans après son fondateur; et même l'élévation de Claude causa la ruine de Quintilius son frère, qui n'eut point assez de modération ou assez de courage pour descendre au rang inférieur que lui avait assigné le patriotisme du dernier empereur. Immédiatement après la mort de ce prince, Quintilius prit inconsidérément la pourpre dans la ville d'Aquilée, où il commandait une armée considérable. Quoique son règne n'ait duré que dix-sept jours (1), il eut le temps d'obtenir la sanction du sénat, et d'éprouver une sédition de la part des troupes.

Avril.

Dès qu'il eut appris que les légions redoutables du Danube avaient conféré la puissance impériale au brave Aurélien, il se sentit accablé sous la réputation et le mérite de son rival; et, s'étant fait ouvrir les veines, il s'épargna la honte de disputer le trône avec des forces trop inégales (2).

Origine et services d'Aurélien.

Le plan général de cet ouvrage ne nous permet

---

de Mamertin, d'Eumène et de Julien. *Voyez* aussi *les Césars* de Julien, p. 313. Ce n'est point l'adulation qui fait parler ainsi Julien, mais la superstition et la vanité.

(1) C'est ce que rapportent la plupart des anciens historiens; mais le nombre de ses médailles, la variété des types qu'elles portent, semblent exiger plus de temps, et rendent plus probable le rapport de Zozime, qui le fait régner quelques mois. (*Note de l'Éditeur.*)

(2) Zozime, l. 1, p. 42. Pollion (*Hist. Aug.*, p. 207) lui accorde des vertus, et dit que, semblable à Pertinax, il

pas d'entrer dans de grands détails sur les actions de chaque empereur après son avénement, encore moins de décrire les diverses particularités de cette portion de sa vie écoulée avant qu'il montât sur le trône. Nous nous contenterons d'observer que le père d'Aurélien était un paysan du territoire de Sirmium, où il faisait valoir une petite ferme qui appartenait à Aurelius, riche sénateur. Son fils, passionné pour les armes, entra au service comme simple soldat ; il obtint successivement les grades de centurion, de préfet d'une légion, d'inspecteur du camp, de général ou duc d'une frontière, comme on les appelait alors ; enfin, durant la guerre des Goths, il exerça l'important emploi de commandant en chef de la cavalerie. Dans ces différens postes il se distingua par une valeur extraordinaire (1), par une discipline rigide et par des exploits éclatans. Il reçut le consulat de l'empereur Valérien qui, selon le langage pompeux du siècle, le désigna par les noms de sauveur de l'Illyrie, de restaurateur de la Gaule, et de rival des Scipions. A la recommandation de cet empereur, un sénateur d'un rang et d'un mérite dis-

---

mourut, comme lui, de la main de ses soldats indisciplinés. Selon Dexippus, il mourut de maladie.

(1) Theoclius (tel qu'il est cité dans l'*Hist. Aug.*, p. 211) assure que, dans un jour, il tua de sa main quarante-huit Sarmates, et neuf cent cinquante dans plusieurs autres actions. Les soldats, pleins d'admiration pour cette valeur héroïque, la célébrèrent dans leurs chansons grossières, dont le refrain était *mille, mille, mille occidit*.

tingués, Ulpius Crinitus, qui tirait son origine de la même source que Trajan, adopta le paysan de Pannonie, lui donna sa fille en mariage, et le fit sortir, par ses richesses, de l'honorable pauvreté où il s'était toujours maintenu (1).

Ce prince ne régna que quatre ans et neuf mois environ; mais tous les instans de cette courte période sont remplis d'événemens mémorables. Il termina la guerre des Goths, châtia les Germains qui avaient envahi l'Italie, retira la Gaule, l'Espagne et la Bretagne des mains de Tétricus, et détruisit la puissance orgueilleuse que Zénobie avait élevée en Orient sur les débris de l'empire désolé.

Aurélien dut cette suite non interrompue de succès à sa rigidité scrupuleuse pour la discipline. Ses réglemens militaires sont contenus dans une lettre très-concise, qu'il écrivit à un de ses officiers subalternes, en lui ordonnant de les faire exécuter, s'il veut devenir tribun, ou s'il est attaché à la vie. Le jeu, la table et l'art de la divination, sont sévèrement défendus. L'empereur espère que ses soldats seront modestes, sobres et laborieux; qu'ils auront soin de tenir leur armure brillante, leurs épées affilées, leurs vêtemens et leurs chevaux en état de paraître, au moindre signal, sur le champ de bataille; qu'ils observeront la frugalité et la chasteté, et qu'ils vivront

---

(1) Acholius (*ap. Hist. Aug.*, p. 213) décrit la cérémonie de l'adoption célébrée à Byzance en présence de l'empereur et de ses grands officiers.

paisiblement dans leurs quartiers, sans endommager les champs de blé, sans dérober même une brebis, une poule ou une grappe de raisin, sans exiger des habitans du sel, de l'huile ou du bois. «Ce que l'État leur donne, continue l'empereur, suffit pour leur subsistance. Que leurs richesses proviennent des dépouilles de l'ennemi, et non des larmes de nos sujets (1).» Un seul exemple fera connaître la rigueur et même la cruauté d'Aurélien. Un soldat avait séduit la femme de son hôte : le coupable fut attaché à deux arbres, qui, forcément courbés l'un vers l'autre, déchirèrent ses membres, en se redressant tout à coup. Quelques exécutions semblables inspirèrent un effroi salutaire : les châtimens d'Aurélien étaient terribles; mais il avait rarement occasion de punir plus d'une fois la même offense. Sa conduite donnait une sanction à ses lois; et les légions séditieuses redoutaient un chef qui, après avoir appris à obéir, était digne de commander.

A la mort de Claude, les Goths avaient repris courage. L'appréhension d'une guerre civile avait obligé à retirer, pour les employer ailleurs, les troupes qui gardaient les passages du mont Hémus et les bords

Traité de ce prince avec les Goths.

---

(1) *Hist. Aug.*, p. 211. Cette lettre laconique est vraiment d'un soldat; elle est remplie de phrases et d'expressions militaires, dont quelques-unes ne peuvent être entendues sans difficulté. Saumaise explique très-bien *ferramenta samiata* : le premier de ces mots signifie toute arme offensive, et contraste très-bien avec *arma*, arme défensive; le second signifie tranchant et bien affilé.

du Danube. Selon toutes les apparences, les tribus des Goths et des Vandales, qui n'avaient point encore porté les armes contre l'empire, profitèrent d'une occasion si favorable, quittèrent leurs établissemens en Ukraine, traversèrent les fleuves, et se joignirent en foule à leurs compatriotes pour piller les provinces romaines. Aurélien marcha au devant de cette nouvelle armée. L'approche seule de la nuit mit fin à un combat sanglant et douteux (1). Les Goths et les Romains, épuisés par les calamités sans nombre qu'ils avaient réciproquement causées et souffertes pendant une guerre de vingt ans, consentirent à un traité durable et avantageux. Les Barbares le sollicitaient avec empressement; les légions, auxquelles l'empereur remit prudemment la décision de cette affaire importante, s'empressèrent de le ratifier. Les Goths promirent de fournir aux armées de Rome un corps de deux mille auxiliaires, entièrement composé de cavalerie, à condition qu'ils ne seraient pas troublés dans leur retraite, et qu'on leur accorderait près du Danube un marché régulier, pourvu par les soins de l'empereur, mais dont ils feraient les frais. Le traité fut observé par eux avec une fidélité si religieuse, qu'un parti de cinq cents hommes s'étant écarté du camp pour piller, le roi ou général des Barbares fit arrêter leur chef, et le condamna à être percé de dards, comme une victime dévouée à la sainteté de leurs engagemens. Il

---

(1) Zozime, l. 1, p. 45.

est assez vraisemblable que les mesures d'Aurélien contribuèrent à entretenir ces dispositions pacifiques. Ce prince avait exigé pour ôtages les enfans des chefs ennemis. Les fils furent élevés près de sa personne dans la profession des armes ; il donna aux jeunes filles une éducation romaine, et, en les mariant à quelques-uns de ses principaux officiers, il unit insensiblement les deux nations par les liens les plus étroits et les plus chers (1).

Il leur cède la Dacie.

Mais la condition la plus importante de la paix avait été plutôt entendue qu'exprimée dans le traité. Aurélien retira les troupes romaines de la Dacie, et abandonna tacitement cette grande province aux Goths et aux Vandales (2). La fermeté de son jugement lui fit apercevoir les solides avantages d'une pareille concession, et lui apprit à dédaigner la honte dont il semblait couvrir son règne, en resserrant ainsi les frontières de l'empire. Les sujets de la Dacie quittèrent des possessions éloignées qu'ils ne pouvaient ni cultiver ni défendre, et s'établirent en deçà du Danube. Bientôt le pays situé au midi de ce fleuve fut plus peuplé et plus florissant. Des terres fertiles que les irruptions fréquentes des Barbares

---

(1) Dexippus (*Excerpta legat.*, p. 12), en rapportant ce trait, l'attribue aux Vandales. Aurélien fit épouser une de ces princesses barbares à son général Bonosus, qui était très-disposé à boire avec les Goths, et très-propre à découvrir leurs secrets. *Hist. Aug.*, p. 247.

(2) *Hist. Aug.*, p. 222 ; Eutrope, ix, 15 ; Sextus-Rufus, c. 9 ; Lactance, *de Mortibus persecutorum*, c. 9.

avaient changées en déserts, furent cédées à ces hommes industrieux, et une nouvelle province de Dacie perpétua le souvenir des conquêtes de Trajan. L'ancienne contrée de ce nom retint cependant un nombre considérable de ses anciens habitans qui redoutaient plus l'exil que la domination des Goths (1). Après avoir renoncé à l'obéissance de l'empire, ces Romains dégénérés continuèrent à le servir, en introduisant parmi leurs nouveaux maîtres les premières notions de l'agriculture, les arts utiles et les commodités de la vie civilisée. La Dacie, devenue indépendante, fut souvent son plus ferme rempart contre les invasions des sauvages du Nord; et les rives opposées du Danube se trouvèrent insensiblement liées par des rapports de commerce et de langage. A mesure que les Barbares se fixaient dans leurs nouveaux domaines, un sentiment d'intérêt les attachait à l'alliance de Rome; et l'intérêt, lorsqu'il est permanent, produit souvent une amitié sincère et utile. Les différentes tribus qui occupèrent l'ancienne Dacie, formèrent insensiblement une grande nation. Les Goths conservèrent toujours parmi elles la supériorité du rang et de la gloire : tous ces peuples réunis prétendirent à l'honneur imaginaire de

---

(1) Les Valaques conservent encore plusieurs vestiges de la langue latine, et se sont vantés, dans tous les siècles, d'être descendus des Romains. Ils ne se sont pas mêlés avec les Barbares, dont ils sont entourés de tous côtés. *Voyez* un Mémoire de M. d'Anville sur l'ancienne Dacie, *Mém. de l'Académie*, t. xxx.

descendre des Scandinaves. L'heureuse ressemblance du nom de Gètes servit à la fois leur crédulité et leur vanité : ils se persuadèrent que, dans des temps très-reculés, leurs ancêtres, déjà maîtres de ces régions, avaient reçu de Zamolxis le bienfait des lumières, et qu'ils avaient arrêté le progrès des armes victorieuses de Sésostris et de Darius (1).

Tandis que la conduite ferme et modérée d'Aurélien rétablissait la frontière d'Illyrie, les Allemands (2) violèrent les conditions de la paix que Gallien avait achetée, ou qui leur avaient été imposées par Claude. Leur jeunesse bouillante ne respirait que la guerre ; ils volèrent tout à coup aux armes, et parurent sur le champ de bataille avec quarante mille chevaux (3) et une infanterie double de la cavalerie (4). Quelques villes de la Rhétie furent les premiers objets de

Guerre contre les Allemands.

---

(1) *Voyez* le premier chapitre de Jornandès. Cependant les Vandales (c. 22) conservèrent quelque temps leur indépendance entre les rivières *Marisia* et *Crissia* (Maros et Keres), qui tombent dans la Teiss.

(2) Dexippus, p. 7-12 ; Zozime, l. 1, p. 43 ; Vopiscus, Vie d'Aurélien, dans l'*Hist. Auguste*. Quoique ces historiens diffèrent dans les noms (*Alemanni, Juthungi* et *Marcomanni*), il est évident qu'ils ont voulu parler du même peuple et de la même guerre ; mais il faut beaucoup de soin pour les concilier et pour les expliquer.

(3) Chanteclerc, avec son exactitude ordinaire, traduit trois cent mille : sa version est également contraire au sens commun et à la grammaire.

(4) On peut remarquer, comme un exemple de mauvais goût, que Dexippus applique à l'infanterie légère des Alle-

leur avarice; mais, leur audace croissant avec le succès, leur marche rapide traça une ligne de dévastation depuis le Danube jusqu'aux rives du Pô (1).

Ann. 270.
Septembre. L'empereur apprit presqu'en même temps l'irruption et la retraite des Barbares. Aussitôt, rassemblant un corps de troupes choisies, il s'avança secrètement et avec célérité le long des lisières de la forêt Hercynienne. Les Allemands, chargés des dépouilles de l'Italie, arrivèrent au Danube sans soupçonner que, sur la rive opposée, une armée romaine, cachée dans un poste avantageux, se disposait à intercepter leur retour. Aurélien favorisa leur fatale sécurité; il laissa environ la moitié de leurs forces passer le fleuve sans inquiétude et sans précautions. Leur situation et l'étonnement dont ils furent saisis lui assurèrent une victoire facile. Il poussa plus loin ses avantages. Ce prince habile disposa ses légions en un croissant, dont les deux extrémités traversaient le Danube; ces extrémités, se rapprochant tout à coup vers le centre, entourèrent l'arrière-garde des Allemands. Cette manœuvre imprévue terrassa les Barbares. De quelque côté qu'ils jetassent les yeux, ils n'apercevaient qu'un pays dévasté, un fleuve profond et rapide, un ennemi victorieux et implacable.

Dans cette dure extrémité, ils ne dédaignèrent plus

---

mands les termes techniques propres seulement à la phalange des Grecs.

(1) On lit à présent, dans Dexippus, *Rhodanus* : c'est avec raison que M. de Valois a substitué le mot *Eridanus*.

de demander la paix. Aurélien reçut leurs ambassadeurs à la tête de son camp, avec une pompe militaire propre à leur imprimer l'idée de la grandeur et de la discipline de Rome. Les légions, rangées en ordre de bataille, se tenaient sous les armes dans un silence imposant. Les principaux commandans, revêtus des marques de leur dignité, entouraient à cheval le trône de l'empereur. Derrière le trône, les images sacrées du prince et de ses prédécesseurs (1), les aigles dorées, et les tableaux sur lesquels étaient écrits en lettres d'or les noms et les titres honorables des légions, brillaient dans l'air, élevés sur de hautes piques couvertes d'argent. Lorsque l'empereur prit séance, son maintien noble, sa beauté mâle et sa figure majestueuse (2), apprirent aux Barbares à révérer la personne aussi bien que la pourpre de leur vainqueur. Les députés se prosternèrent contre terre en silence; ils eurent ordre de se relever, et on leur accorda la liberté de parler, ce qu'ils firent avec le secours des interprètes. Ils cherchèrent à diminuer leur perfidie, exagérèrent leurs exploits, s'étendirent sur les vicissitudes de la fortune, vantèrent les avantages de la paix, et, avec une confiance mal placée,

---

(1) L'empereur Claude était certainement du nombre; mais nous ignorons jusqu'où s'étendait cette marque de respect. Si elle remontait à César et à l'empereur Auguste, elle devait former un spectacle bien imposant, une longue suite des maîtres du monde.

(2) Vopiscus, *Hist. Aug.*, p. 210.

ils demandèrent un subside considérable pour prix de l'alliance qu'ils offraient aux Romains. La réponse d'Aurélien fut sévère et impérieuse. Il traita leurs offres avec mépris, et leurs demandes avec indignation. Après leur avoir reproché d'ignorer également l'art de la guerre et les lois de la paix, il les renvoya, en ne leur laissant que le choix de se mettre entièrement à sa discrétion, ou d'attendre les effets terribles de son ressentiment (1). Aurélien aurait pu céder à la nation des Goths une province éloignée; mais il savait combien il était dangereux de se fier ou de pardonner à des Barbares perfides, dont la puissance formidable tenait l'Italie dans des alarmes continuelles.

Les Allemands envahissent l'Italie.

Il paraît qu'immédiatement après cette conférence, quelque événement imprévu exigea la présence de l'empereur en Pannonie. Il remit à ses généraux le soin de terminer la destruction des Allemands par le fer ou par le moyen plus sûr de la famine. Mais l'activité du désespoir a souvent triomphé de la confiance indolente qu'inspire la certitude du succès. Les Barbares, ne pouvant traverser le camp romain et le Danube, forcèrent les postes plus faibles ou moins soigneusement gardés qui leur fermaient l'entrée des provinces, et ils retournèrent avec une célérité incroyable, mais par une route différente, vers les montagnes d'Italie (2). Aurélien, qui croyait la guerre

---

(1) Dexippus leur fait prononcer un discours recherché et prolixe, digne d'un sophiste grec.

(2) *Hist. Aug.*, p. 215.

entièrement finie, apprit avec chagrin que les Allemands s'étaient échappés, et qu'ils ravageaient déjà le territoire de Milan. Les légions eurent ordre de suivre, aussi promptement qu'il était possible à ces corps pesans, la marche rapide d'un ennemi dont l'infanterie et la cavalerie s'avançaient avec une vitesse presque égale. Quelques jours après, l'empereur lui-même vola au secours de l'Italie, à la tête de tous les prétoriens qui avaient servi dans les guerres d'Illyrie (1), et d'un corps choisi d'auxiliaires, parmi lesquels on voyait les ôtages et la cavalerie des Vandales.

Comme les troupes légères des Allemands couraient tout le pays entre les Alpes et les Apennins, la découverte, l'attaque et la poursuite de leurs nombreux détachemens, exerçaient sans cesse la vigilance d'Aurélien et de ses généraux. Les opérations de la campagne ne se bornèrent cependant pas à des actions particulières. On parle de trois combats opiniâtres dans lesquels les deux armées mesurèrent toutes leurs forces avec des succès divers (2). Le premier fut livré près de Plaisance; et les Romains essuyèrent une si grande perte, que, selon l'expression d'un auteur très-prévenu pour Aurélien, on appréhenda la dissolution prochaine de l'empire (3). Ces rusés Barbares, ayant suivi la lisière des bois, tom-

Et sont enfin vaincus par Aurélien.

---

(1) Dexippus, p. 12.
(2) Victor le jeune, dans Aurélien.
(3) Vopiscus, *Hist. Aug.*, p. 216.

bèrent tout à coup, à l'approche de la nuit, sur les légions fatiguées et encore dans le désordre d'une longue marche. Il eût été difficile de résister à l'impétuosité du choc des Barbares : le massacre fut horrible. Enfin l'empereur rallia ses troupes, et par sa constance et sa fermeté rétablit, jusqu'à un certain point, l'honneur de ses armes. La seconde bataille se donna près de Fano, en Ombrie, dans la plaine qui, cinq cents ans auparavant, avait été si fatale au frère d'Annibal (1); tant les Germains victorieux s'étaient avancés en Italie par les voies Flaminienne et Émilienne, avec le projet de surprendre les habitans de Rome, et de saccager la maîtresse du monde. Mais Aurélien veillait à sa sûreté : toujours attaché à la poursuite de l'ennemi, il remporta enfin une victoire complète (2). Les débris de l'armée vaincue furent exterminés dans une troisième et dernière bataille, près de Pavie, et l'Italie n'eut plus à redouter les incursions des Allemands.

<small>Cérémonies superstitieuses.</small>

La crainte a été la première cause de la superstition : chaque nouvelle calamité excite les mortels tremblans à tâcher de conjurer la colère de leurs invisibles ennemis. Quoique l'espoir le plus assuré de

---

(1) La petite rivière, ou plutôt le torrent du Métaure, près de Fano, a été immortalisée par le bonheur qu'elle a eu de trouver un historien tel que Tite-Live et un poëte tel qu'Horace.

(2) Elle nous est parvenue par une inscription trouvée à Pesaro. *Voyez* Gruter, CCLXXVI, 3.

la république fût dans la valeur et dans la conduite d'Aurélien, cependant, lorsqu'on attendait à chaque instant les Barbares aux portes de Rome, le sénat ordonna, par un décret solennel, que les livres de la sibylle fussent consultés, tant était grande la consternation générale ! L'empereur lui-même, porté par un principe de religion ou de politique, approuva des mesures si salutaires : il écrivit même au sénat pour lui reprocher sa lenteur (1). Le prince offre, dans sa lettre, de fournir à tous les frais des sacrifices, et de donner tous les animaux, tous les captifs que les dieux exigeraient. Malgré ces promesses magnifiques, il ne paraît pas qu'aucune victime humaine ait expié de son sang les fautes du peuple romain. Les oracles de la sibylle prescrivirent des cérémonies moins cruelles ; elles consistaient en processions de prêtres revêtus de robes blanches, en chœurs de jeunes garçons et de vierges, en lustrations de la ville et des campagnes voisines, en sacrifices dont l'influence pût arrêter les Barbares, et les empêcher de passer le terrain mystérieux où ils avaient été célébrés. Ces pratiques superstitieuses, quelque puériles qu'elles pussent être, ne furent pas inutiles au succès de la guerre ; et, si dans la bataille décisive de Fano les Allemands crurent voir une armée de spectres combattant pour Aurélien, ces alliés ima-

Ann. 271.
11 janvier.

---

(1) « On s'imaginerait, dit-il, que vous êtes assemblés dans une église chrétienne, non dans le temple de tous les dieux. »

ginaires fournirent au prince un secours bien réel et bien considérable (1).

<small>Fortifications de Rome.</small> Malgré la confiance que les Romains pouvaient avoir dans ces remparts fantastiques, l'expérience du passé et la crainte de l'avenir les engagèrent à construire des fortifications réelles et d'une nature plus solide. Sous les successeurs de Romulus, les sept collines de Rome avaient été entourées d'une muraille de plus de treize milles de circonférence (2). Cette enceinte paraît peut-être bien vaste, comparée à la force et à la population de l'État dans son enfance; mais les premiers habitans de Rome avaient besoin de défendre une grande étendue de pâturages et de terres labourables contre les incursions fréquentes et subites des peuples du Latium, leurs ennemis perpétuels. A mesure que la grandeur romaine s'éleva,

---

(1) Vopiscus (*Hist. Aug.*, p. 215, 216) donne un long détail de ces cérémonies, tiré des registres du sénat.

(2) Pline, *Hist. nat.*, III, 5. Pour appuyer cette observation, examinons l'état de la ville dans le temps de la république. Le mont Célien fut pendant long-temps un bois de chênes, et le mont Viminal était couvert d'osiers. Dans le quatrième siècle, le mont Aventin était une retraite solitaire sans habitation; jusqu'au règne d'Auguste, le mont Esquilin fut un terrain malsain, destiné à enterrer les morts; et les nombreuses inégalités que les anciens remarquaient sur le mont Quirinal, prouvent qu'il n'était pas couvert de bâtimens. Des sept collines, le Capitole et le mont Palatin seulement, avec les vallées adjacentes, furent occupés par les premiers habitans de Rome. Ce sujet demanderait une dissertation.

la ville et le nombre des habitans devinrent plus considérables ; insensiblement tout le terrain fut occupé, les anciens murs ne servirent plus de limites, de superbes édifices couvrirent le Champ-de-Mars, et des faubourgs magnifiques, bâtis sur toutes les avenues, annoncèrent la capitale de l'univers (1). L'opinion vulgaire donnait plus de cinquante milles de circuit à la nouvelle muraille, commencée par Aurélien (2), et finie sous le règne de Probus ; des observations plus exactes la réduisent à vingt-un milles environ (3). Ce grand, mais affligeant ouvrage, par le soin que l'on prenait de pourvoir à la défense de la capitale, n'annonçait que trop la décadence de la monarchie. Les Romains, qui, dans un siècle plus fortuné, confiaient aux armes des légions la sûreté des camps établis sur les frontières (4), étaient bien loin de soupçonner qu'il serait un jour nécessaire de fortifier le siège de l'empire contre les invasions des Barbares (5).

La victoire de Claude sur les Goths, et les exploits

Aurélien défait entièrement deux usurpateurs.

---

(1) *Exspatiantia tecta multas addidere urbes.* Telle est l'expression de Pline.

(2) *Hist. Aug.*, p. 222. Juste-Lipse et Isaac-Vossius ont adopté avec empressement cette mesure.

(3) *Voyez* Nardini; *Roma ant.*, l. 1, c. 8.

(4) Tacite, *Hist.*, IV, 23.

(5) Pour la muraille d'Aurélien, *voyez* Vopiscus, *Hist. Aug.*, p. 216, 222; Zozime, l. 1, p. 43; Eutrope, IX, 15; Aurelius-Victor, *in Aurel.*; Victor le jeune, *in Aurel.*; Eusèbe, saint Jérôme et Idatius, *Chron.*

d'Aurélien contre les Allemands, faisaient espérer des jours plus heureux. Déjà Rome avait repris sa supériorité sur les nations du Nord; il était réservé au vainqueur des Allemands de punir les tyrans domestiques, et de réunir les membres épars de l'empire. Quoiqu'il eût été reconnu par le sénat et par le peuple, les frontières de l'Italie, de l'Afrique, de l'Illyrie et de la Thrace, resserraient les bornes de sa souveraineté. La Gaule, l'Espagne et la Bretagne, l'Égypte, la Syrie et l'Asie-Mineure, obéissaient toujours à deux rebelles qui, seuls de tant de prétendans, avaient échappé aux dangers de leur situation; et, pour mettre le comble à la honte de Rome, ces trônes rivaux avaient été usurpés par des femmes.

Succession d'usurpateurs en Gaule.

Les Gaules avaient vu s'élever et tomber une foule de monarques qui se succédèrent rapidement. Les vertus sévères de Posthume furent la cause de sa perte. Après la chute d'un compétiteur qui avait pris la pourpre à Mayence, il refusa d'abandonner à ses troupes le pillage de la ville rebelle. Leur avarice trompée les rendit furieuses (1); elles massacrèrent Posthume dans la septième année de son règne. Une

---

(1) Son compétiteur était Lollien ou Ælien, si toutefois ces noms désignent la même personne (*). *Voyez* Tillemont, tome III, p. 1177.

(*) Les médailles qui portent le nom de *Lollianus* sont réputées fausses, excepté une seule, qui se trouvait dans le musée du prince de Waldeck : il en existe plusieurs qui portent le nom de *Lælianus*, qui paraît avoir été celui du compétiteur de Posthume. Eckh., *Doct. num. vet.*, t. VII, p. 449. (*Note de l'Éditeur.*)

cause moins honorable précipita du trône Victorinus, son collègue. Les dérèglemens de ce prince ternissaient ses qualités brillantes (1) : souvent, pour satisfaire ses passions, il employait la violence, sans égard pour les lois de la société, ou même pour celles de l'amour (2). Il périt à Cologne, victime des complots de quelques maris jaloux, dont la vengeance eût été plus excusable s'ils eussent épargné l'innocence de son fils. Après le meurtre de tant de vaillans princes, il est assez étonnant qu'une femme ait contenu pendant long-temps les fières légions de la Gaule ; ce qui doit paraître encore plus singulier, c'est qu'elle était la mère de l'infortuné Victorinus. Les artifices et les trésors de Victoria la mirent en état de couronner successivement Marius et Tétricus, de tenir ces empereurs dans sa dépendance, et de régner sous leurs noms avec une mâle fermeté. Elle

---

(1) Le caractère de ce prince, tel que nous l'a laissé Julius-Aterianus (*ap. Hist. Aug.*, p. 187), paraît si bien tracé, et d'une manière si impartiale, qu'il mérite d'être rapporté :

Victorino, qui post Junium Posthumium Gallias rexit, neminem existimo præferendum : non in virtute Trajanum; non Antoninum in clementiâ; non in gravitate Nervam ; non in gubernando ærario Vespasianum ; non in censurâ totius vitæ ac severitate militari Pertinacem vel Severum. Sed omnia hæc libido, et cupiditas voluptatis mulierariæ sic perdidit, ut nemo audeat virtutes ejus in litteras mittere, quem constat omnium judicio meruisse puniri.

(2) Il viola la femme d'Attitianus, employé de l'armée. *Hist. Aug.*, p. 186. Aurelius-Victor, *in Aurel.*

fit frapper à son coin des espèces d'or, d'argent et de cuivre; elle prit les titres d'*Augusta* et de *mère des camps*; enfin son autorité n'expira qu'avec sa vie, dont le cours fut peut-être abrégé par l'ingratitude de Tetricus (1).

<small>Règne et défaite de Tetricus.</small>

Lorsque celui-ci, dirigé par les conseils de son ambitieuse bienfaitrice, monta sur le trône, il avait le gouvernement de la tranquille province d'Aquitaine; emploi convenable à son caractère et à son éducation. Devenu maître de la Gaule, de l'Espagne et de la Bretagne, il fut pendant quatre ou cinq ans l'esclave et le souverain d'une armée licencieuse, qu'il redoutait, et dont il était méprisé. La valeur et la fortune d'Aurélien firent espérer à Tetricus d'être

<small>Ann. 271.</small>

bientôt délivré du joug qu'il portait. Ce malheureux prince osa découvrir à l'empereur sa triste situation; il le conjura de venir au secours d'un rival infortuné. Si les légions de la Gaule eussent été informées de cette correspondance secrète, elles auraient probablement immolé leur général. Il ne pouvait abandonner le sceptre de l'Occident sans avoir recours à un acte de trahison contre lui-même. Il affecta les apparences d'une guerre civile, s'avança dans la plaine à la tête de ses troupes, les posta de la manière la plus désavantageuse, instruisit Aurélien de toutes ses résolutions, et passa de son côté, au commencement de l'action, avec un petit nombre d'amis

---

(1) Pollion lui donne une place parmi les trente tyrans. *Hist. Aug.*, p. 200.

choisis. Les soldats rebelles, quoiqu'en désordre et consternés de la désertion inattendue de leur chef, se défendirent long-temps avec le courage du désespoir. Ils furent enfin taillés en pièces, presque jusqu'au dernier, dans cette bataille sanglante et mémorable qui se donna près de Châlons en Champagne (1). Un nombreux corps d'auxiliaires, composé de Francs et de Bataves (2), repassa le Rhin à la persuasion du vainqueur, ou forcé par la terreur de ses armes. Leur retraite rétablit la tranquillité générale, et la puissance d'Aurélien fut respectée depuis le mur d'Antonin jusqu'aux colonnes d'Hercule.

Dès le règne de Claude, la ville d'Autun, seule et sans secours, avait osé se déclarer contre les légions de la Gaule. Après avoir éprouvé pendant un siége de sept mois toutes les horreurs de la famine, elle avait été prise d'assaut et saccagée (3).

―――――――――――

(1) Pollion, *Hist. Aug.*, p. 196; Vopiscus, *Hist. Aug.*, p. 220; les deux Victor, *Vies de Gallien et d'Aurélien*; Eutrope, IX, 13; Eusèbe, *in Chron*. De tous ces écrivains, les deux derniers seulement, non sans de fortes raisons, placent la chute de Tetricus avant celle de Zénobie. M. de Boze (*Académ. des Inscriptions*, tome XXX) ne voudrait pas les suivre, et M. de Tillemont (tome III, p. 1189) ne l'ose pas. J'ai été de meilleure foi que l'un, et plus hardi que l'autre.

(2) Victor le jeune, *in Aurel*. On lit dans Eumène *Batavicæ*; quelques critiques, sans aucune raison, voudraient changer ce mot en *Bagaudicæ*.

(3) Eumène, *in vet. Paneg.*, IV, 8.

Lyon, au contraire, avait résisté avec la plus grande opiniâtreté aux armes d'Aurélien. L'histoire dit que Lyon fut puni (1); elle ne parle pas de la récompense d'Autun. Telle est en effet la politique des guerres civiles. Les injures laissent des traces profondes : on oublie les services les plus importans. La vengeance est utile, la reconnaissance dispendieuse.

<small>Caractère de Zénobie. Ann. 272.</small>

Aurélien ne se fut pas plus tôt emparé de la personne et des provinces de Tetricus, qu'il tourna ses armes contre Zénobie, cette fameuse reine de Palmyre et de l'Orient. Dans l'Europe moderne plusieurs femmes ont soutenu glorieusement le fardeau d'un empire, et notre propre siècle en offre de beaux exemples. Mais, si nous en exceptons Sémiramis, dont les exploits paraissent incertains, Zénobie est la seule femme dont le génie supérieur ait brisé le joug de cette indolence servile à laquelle les mœurs et le climat de l'Asie assujettissaient son sexe (2). Elle se disait descendue des anciens rois macédoniens qui régnèrent en Égypte : sa beauté égalait

<small>Sa beauté et son érudition.</small>

celle de Cléopâtre, et elle surpassait de bien loin cette princesse en valeur et en chasteté (3). Élevée

---

(1) Vopiscus, *Hist. Aug.*, p. 246. Autun ne fut rétabli que sous le règne de Dioclétien. *Voyez* Eumène, *de restaurandis Scholis.*

(2) Presque tout ce que l'on rapporte des mœurs de Zénobie et d'Odenat est pris dans l'*Hist. Aug.*, où leurs vies ont été écrites par Trebellius-Pollion. *Voyez* p. 192, 198.

(3) Elle ne recevait jamais les caresses de son mari que

au-dessus de son sexe par ses qualités éminentes, Zénobie était encore la plus belle des femmes. Elle avait (car en parlant d'une femme, ces bagatelles deviennent des détails importans) le teint brun, les dents d'une blancheur éclatante, une voix forte et harmonieuse, et de grands yeux noirs, dont une douceur attrayante tempérait la vivacité. L'étude avait éclairé son esprit, et en avait augmenté l'énergie naturelle. Elle n'ignorait pas le latin; mais elle possédait au même degré de perfection le grec, le syriaque et la langue égyptienne. Elle avait composé pour son usage un abrégé de l'histoire d'Orient; et, guidée par le sublime Longin, elle comparait familièrement les beautés d'Homère et de Platon.

Cette femme accomplie avait épousé Odenat, qui, né dans une condition privée (1), monta sur le trône de l'Orient. Elle devint bientôt l'amie et la compagne d'un héros. Odenat aimait passionnément la chasse : en temps de paix, il se plaisait à poursuivre les bêtes farouches du désert, les lions, les panthères et les ours ; Zénobie se livrait avec la même ardeur à ce dangereux exercice. Endurcie à la fatigue,

Sa valeur.

---

dans la vue d'avoir des enfans. Si ses espérances étaient trompées, elle faisait un nouvel essai le mois suivant.

(1) Selon Zozime, Odenat était d'une famille illustre de Palmyre; et, selon Procope, il était prince des Sarrasins qui habitaient sur les bords de l'Euphrate. Eckh., *Doct. num. vet.*, t. VII, p. 489. (*Note de l'Éditeur.*)

elle dédaigna bientôt l'usage des chars couverts : on la voyait le plus ordinairement à cheval, vêtue d'un habit militaire; quelquefois elle marchait à pied, et faisait plusieurs milles à la tête des troupes. Les succès d'Odenat furent attribués, en grande partie, à la valeur et à la prudence extraordinaires de sa femme. Les victoires brillantes des deux époux sur le grand roi, qu'ils poursuivirent deux fois jusqu'aux portes de Ctésiphon, devinrent la source de leur gloire et de leur puissance; les armées qu'ils commandaient, et les provinces qu'ils avaient sauvées, ne voulurent avoir pour souverains que leurs invincibles chefs. Lorsque l'infortuné Valérien tomba entre les mains des Perses, le sénat et le peuple de Rome respectèrent un étranger qui vengeait la majesté de l'empire. L'insensible Gallien lui-même consentit à partager la pourpre avec Odenat, et il lui donna le titre de collègue.

Elle venge la mort de son mari. Après avoir chassé de l'Asie les Goths qui la dévastaient, le prince palmyrénien se rendit à la ville d'Émèse en Syrie. Il avait triomphé de tous ses ennemis à la guerre; il périt par une trahison domestique. Son amusement favori de la chasse fut la cause, ou du moins l'occasion de sa mort (1). Mœonius,

---

(1) *Hist. Aug.*, p. 192, 193; Zozime, l. 1, p. 36; Zonare, l. XII, p. 633. Le récit de ce dernier est clair et probable; celui des autres, confus et contradictoire. Le texte de George Syncelle, s'il n'est pas corrompu, est absolument inintelligible.

son neveu, eut l'audace de lancer sa javeline avant son oncle : quoiqu'il en eût été repris, il se porta plusieurs fois à la même insolence. Odenat, offensé comme monarque et comme chasseur, lui ôta son cheval, marque d'ignominie parmi les Barbares, et le fit mettre pendant quelque temps en prison. L'insulte fut bientôt oubliée; mais Mœonius conserva le souvenir de la punition : aidé d'un petit nombre de complices, il assassina son oncle au milieu d'une grande fête. Odénat avait eu d'une autre femme que Zénobie un fils, nommé Hérode; ce jeune prince, d'un caractère efféminé (1), éprouva le même sort que son père. Mœonius ne retira de son crime que le plaisir de la vengeance; à peine avait-il pris le titre d'Auguste, que Zénobie l'immola aux mânes de son époux (2).

Ann. 267.

Assistée des plus fidèles amis d'Odenat, cette princesse monta sur le trône, qu'elle remplit avec la plus grande habileté : elle gouverna pendant plus de cinq ans Palmyre, la Syrie et l'Orient. L'autorité que le sénat avait accordée au vainqueur des Perses, seulement comme une distinction personnelle, expirait avec lui; mais son illustre veuve méprisait également le sénat et Gallien. Un général romain,

Et règne dans l'Orient et en Égypte.

---

(1) Odenat et Zénobie tiraient souvent des dépouilles de l'ennemi des bijoux et des pierres précieuses, qu'ils lui envoyaient; et il recevait ces présens avec un plaisir singulier.

(2) On a jeté des soupçons fort injustes sur Zénobie, comme si elle eût été complice de la mort de son mari.

qui avait été envoyé contre elle, fut forcé de se retirer en Europe, après avoir perdu son armée et sa réputation. (1). Loin d'être dirigée par ces petits intérêts qui agitent si souvent le règne d'une femme, l'administration ferme de Zénobie avait pour base les plus sages maximes de la politique : s'il fallait pardonner, elle savait étouffer son ressentiment; était-il nécessaire de punir, elle pouvait imposer silence à la voix de la pitié. Sa grande économie fut taxée d'avarice : cependant, lorsque l'occasion l'exigeait, elle paraissait libérale et magnifique. L'Arabie, l'Arménie et la Perse, redoutaient son inimitié, et recherchaient son alliance. Aux domaines de son époux, qui s'étendaient depuis l'Euphrate jusqu'aux frontières de la Bithynie, elle ajouta l'héritage de ses ancêtres, le royaume fertile et peuplé de l'Égypte (2). Claude rendit justice à son mérite : il n'était pas fâché qu'elle maintînt la dignité de l'empire en Orient (3), tandis qu'il faisait la guerre à la

---

(1) *Hist. Aug.*, p. 180, 181.

(2) C'est ce qui paraît fort douteux : Claude, pendant tout son règne, a été traité d'empereur par les médailles d'Alexandrie, qui sont en grand nombre. Si Zénobie a eu quelque pouvoir en Égypte, ce n'a pu être qu'au commencement du règne d'Aurélien. La même cause rend peu probables ses conquêtes jusqu'en Galatie. Peut-être Zénobie a-t-elle administré l'Égypte au nom de Claude, et, devenue plus audacieuse après la mort de ce prince, la soumit-elle à son propre pouvoir. (*Note de l'Éditeur.*)

(3) *Voyez* dans l'*Histoire Auguste*, p. 198, le témoignage

nation des Goths. Au reste, la conduite de Zénobie paraît équivoque. Il est assez probable qu'elle avait formé le dessein d'élever une monarchie indépendante. Elle mêlait aux manières affables des princes de Rome, la pompe éclatante des cours de l'Asie, et elle voulut être adorée de ses sujets comme l'avaient été les successeurs de Cyrus. Ses trois fils (1) reçurent une éducation romaine. Souvent elle les montrait aux troupes ornés de la pourpre impériale. Elle se réserva le diadême avec le titre brillant, mais douteux, de reine de l'Orient.

Telle était l'adversaire qu'Aurélien avait à combattre, et qui, malgré son sexe, devait paraître redoutable. Dès que l'empereur se fut rendu en Asie, sa présence raffermit la fidélité de la Bithynie, déjà ébranlée par les armes et par les intrigues de Zénobie (2). S'avançant à la tête de ses légions, il reçut la soumission d'Ancyre, et vint mettre le siége devant Tyane. Après une résistance opiniâtre, un perfide citoyen l'introduisit dans cette place. Aurélien, d'un caractère généreux, quoique violent, livra le traître à la fureur des soldats. Un respect supersti-

<small>Expédition d'Aurélien. Ann. 272.</small>

---

qu'Aurélien rend au mérite de cette princesse; et, pour la conquête de l'Égypte, Zozime, l. 1, p. 39, 40.

(1) Timolaüs, Herennianus et Vaballathus. On suppose que les deux premiers étaient déjà morts avant la guerre. Aurélien donna au dernier une petite province d'Arménie, avec le titre de roi. Il existe encore plusieurs médailles de ce jeune prince. *Voyez* Tillemont, tome III, p. 1190.

(2) Zozime, l. 1, p. 44.

tieux porta ce prince à traiter avec douceur les compatriotes d'Apollonius le philosophe (1). Les habitans d'Antioche, à la nouvelle de la marche des Romains, avaient déserté leur ville. L'empereur, par ses édits, rappela les fugitifs, et pardonna généralement à tous ceux que la nécessité avait contraints de servir la reine de Palmyre. Cette clémence inattendue gagna le cœur des Syriens, et jusqu'aux portes d'Émèse les vœux du peuple secondèrent la terreur des armes romaines (2).

L'empereur défait les Palmyréniens dans les batailles d'Antioche et d'Émèse.

Zénobie aurait été peu digne de sa réputation, si elle eût souffert tranquillement que l'empereur se fût avancé jusqu'à cent milles de sa capitale. Le sort de l'Orient fut décidé dans deux grandes batailles, dont les circonstances ont entre elles un tel rapport, qu'il serait difficile de les distinguer l'une de l'autre. Nous savons seulement que la première se donna près d'Antioche (3); la seconde sous les murs d'Émèse (4).

---

(1) Vopiscus (*Hist. Aug.*, p. 217) nous donne une lettre authentique d'Aurélien, et une vision douteuse de cet empereur. Apollonius de Tyane était né environ dans le même temps que Jésus-Christ. Sa vie (celle d'Apollonius) est écrite d'une manière si fabuleuse par ses disciples, qu'on est en peine, d'après leur récit même, de savoir si c'était un sage, un imposteur ou un fanatique.

(2) Zozime, l. 1, p. 46.

(3) Dans un endroit nommé *Immæ*. Eutrope, Sextus-Rufus et saint Jérôme, ne parlent que de cette première bataille.

(4) Vopiscus (*Hist. Aug.*, p. 217) ne rapporte que la seconde.

Dans ces deux combats la reine de Palmyre anima ses troupes par sa présence, et confia l'exécution de ses ordres à Zabdas, général habile, déjà connu par la conquête de l'Égypte. Ses forces nombreuses consistaient, pour la plupart, en archers et en chevaux couverts d'une armure d'airain. Les escadrons d'Aurélien, composés d'Illyriens et de Maures, ne purent soutenir le choc d'un adversaire si puissamment armé. Ils prirent la fuite en désordre, ou affectèrent de se retirer avec précipitation, engagèrent l'ennemi dans une poursuite pénible, le harassèrent par une infinité de petits combats, et enfin renversèrent cette masse de cavalerie impénétrable, mais trop lourde pour se prêter aux évolutions nécessaires. Cependant l'infanterie légère des Palmyréniens, lorsqu'elle eut tiré toutes ses flèches, sans moyen d'éviter un combat plus rapproché, n'offrit plus que des soldats désarmés à l'épée formidable des légions. Aurélien avait choisi ces troupes de vétérans qui campaient ordinairement sur le Haut-Danube, et dont la valeur avait été si rudement éprouvée dans la guerre des Allemands (1). Après la défaite d'Émèse, Zénobie ne put rassembler une troisième armée. Les nations qui lui avaient obéi ne la reconnaissaient plus pour souveraine; et le vainqueur, résolu de s'emparer de l'Égypte, avait envoyé dans cette province Probus, le plus brave de

---

(1.) Zozime, l. 1, p. 44-48. Le récit que cet historien fait des deux batailles est clair et circonstancié.

ses généraux. Palmyre était la dernière ressource de la veuve d'Odenat. Elle s'enferma dans sa capitale, fit toutes sortes de préparatifs pour une vigoureuse résistance ; et, remplie d'un courage intrépide, elle déclara que son règne ne finirait qu'avec sa vie.

<small>Description de Palmyre.</small> Dans les déserts incultes de l'Arabie la nature a semé quelques terrains fertiles, qui s'élèvent, semblables à des îles, au milieu d'un océan de sable. Le nom même de Tadmor ou Palmyre désigne, en syriaque et en latin, la multitude de palmiers qui donnent de la verdure et de l'ombre à ce climat tempéré. Les habitans y respiraient un air pur ; et le sol, arrosé de plusieurs sources inestimables dans un tel climat, produisait des fruits et du blé. Ces avantages particuliers, la situation de cette place à une distance convenable (1) de la Méditerranée et du golfe Persique, la rendirent en peu de temps florissante. Elle fut bientôt fréquentée par les caravanes, qui portaient aux nations de l'Europe une partie considérable des marchandises précieuses de l'Inde. Insensiblement Palmyre devint une ville riche et libre. Placée entre le royaume des Parthes et l'empire romain, elle obtint de ces deux grandes puissances la

---

(1) Cette ville était à cinq cent trente-sept milles de Séleucie, et à deux cent trois de la côte la moins éloignée de la Syrie, selon le calcul de Pline, qui donne en peu de mots une excellente description de Palmyre. *Hist. nat.*; v, 21.

liberté de conserver une heureuse neutralité, jusqu'à ce qu'enfin, par les victoires de Trajan, l'empire romain engloutit cette petite république. Réduite alors au rang subordonné, quoique honorable, de colonie, elle goûta, pendant plus de cent cinquante ans, les douceurs de la paix. Si l'on en croit le petit nombre d'inscriptions que le temps a épargnées, ce fut durant cette heureuse période que les Palmyréniens opulens élevèrent, sur les modèles de l'architecture grecque, ces temples, ces portiques, ces palais, dont les ruines couvrent encore une surface de plusieurs milles, et ont mérité la curiosité de nos voyageurs. Les triomphes d'Odenat et de son illustre veuve paraissent avoir jeté un nouvel éclat sur leur patrie. Palmyre, pendant quelque temps, se montra la rivale de Rome ; mais cette rivalité lui devint funeste, et des siècles de prospérité furent sacrifiés à un instant de gloire (1).

Tandis qu'Aurélien traversait les déserts sablonneux qui séparaient Émèse de Palmyre, les Arabes l'inquiétèrent perpétuellement dans sa marche. Il ne lui fut pas toujours possible de défendre son armée, et surtout son bagage, contre ces troupes de bri-

Cette ville est assiégée par Aurélien.

---

(1) Vers la fin du dernier siècle, quelques Anglais, qui étaient partis d'Alep, découvrirent les ruines de Palmyre. Notre curiosité a depuis été pleinement satisfaite par MM. Wood et Dawkins. Pour l'histoire de Palmyre, on peut consulter l'excellente dissertation du docteur Halley dans les *Transact. philosoph.* ; abrégé de Lowthorp, t. III, p. 518.

gands actifs et audacieux qui épiaient le moment de la surprise, et qui, fuyant avec rapidité, éludaient la poursuite lente des légions. Leurs courses n'étaient qu'incommodes ; le siége de Palmyre offrait de bien plus grandes difficultés. Cet objet important exigeait toute l'activité d'Aurélien, qui fut blessé d'une flèche, comme il pressait en personne les attaques de la place. « Le peuple romain, dit l'empereur dans une lettre originale, parle avec mépris de la guerre que je soutiens contre une femme. Il ne connaît ni le caractère ni la puissance de Zénobie. On ne peut se faire aucune idée de ses immenses préparatifs. Palmyre est remplie d'une quantité prodigieuse de dards, de pierres et d'armes de toute espèce. Chaque partie des murs est garnie de deux ou trois balistes, et les machines de guerre lancent perpétuellement des feux. La crainte du châtiment inspire à Zénobie un désespoir qui augmente son courage. Cependant j'ai toujours la plus grande confiance dans les divinités tutélaires de Rome, qui jusqu'à présent ont favorisé toutes nos entreprises (1). » Malgré cette assurance, Aurélien doutait de la protection des dieux et de l'événement du siége. Persuadé qu'il était plus prudent d'avoir recours à une capitulation avantageuse, il offrit à la reine une retraite brillante ; aux citoyens, la confirmation de leurs priviléges. Ses propositions furent rejetées avec opiniâtreté, et l'insulte accompagna le refus.

---

(1) Vopiscus, *Hist. Aug.*, p. 218.

Zénobie imaginait qu'en peu de temps la famine contraindrait les Romains à repasser le désert ; elle se flattait aussi, avec toute apparence de raison, que les rois de l'Orient, et surtout le monarque de la Perse, armeraient pour défendre un allié naturel. Ces espérances soutenaient sa fermeté ; mais la persévérance et la fortune d'Aurélien surmontèrent tous les obstacles. La mort de Sapor, que l'on place à cette époque (1), mit la division dans le conseil de la Perse ; et les faibles secours que l'on voulut faire entrer dans Palmyre furent aisément interceptés par les armes et par la libéralité d'Aurélien. Les sages précautions de ce prince lui assurèrent des vivres pendant le siége. Des convois réguliers arrivaient sans obstacle dans son camp de toutes les parties de la Syrie. Enfin Probus, après avoir terminé glorieusement la conquête de l'Égypte, joignit ses troupes victorieuses à celles de l'empereur. Ce fut alors que Zénobie résolut de fuir. Elle monta le plus léger de ses dromadaires (2); et déjà elle était parvenue aux bords de l'Euphrate, à soixante milles environ de Palmyre, lorsque, arrêtée par la cavalerie légère

Zénobie tombe entre les mains de l'empereur.

---

(1) J'ai tâché de tirer une date très-probable d'une chronologie très-obscure.

(2) *Hist. Aug.*, p. 218; Zozime, l. 1, p. 50. Quoique le chameau soit une bête de charge fort lourde, le dromadaire, qui est de la même espèce, ou du moins d'une espèce approchante, sert aux habitans de l'Asie et de l'Afrique dans toutes les occasions qui demandent de la vitesse. « Les Arabes disent que le dromadaire peut faire autant de chemin

qu'Aurélien avait envoyée à sa poursuite, elle fût amenée captive aux pieds de l'empereur. Sa capitale se rendit bientôt après. Les habitans en furent traités avec une douceur qu'ils n'auraient osé espérer. Le vainqueur s'empara des chevaux, des armes, des chameaux, et d'une immense quantité d'or, d'argent, de soie et de pierres précieuses. Il laissa dans la place une garnison de six cents archers seulement ; et il reprit la route d'Émèse, où il s'occupa pendant quelque temps à distribuer des punitions et des récompenses. Telle fut la fin de cette guerre mémorable, dont le succès fit rentrer sous les lois de Rome les provinces qui, depuis la captivité de Valérien, avaient secoué le joug des Césars.

Lorsque la reine de Syrie parut devant Aurélien, ce prince lui demanda sévèrement comment elle avait eu l'audace de prendre les armes contre les empereurs de Rome. La réponse de Zénobie fut un mélange prudent de respect et de fermeté. « Parce que, dit-elle, j'aurais rougi de donner le titre d'empereur à un Gallien, à un Auréole. C'est vous seul que je reconnais comme mon vainqueur et comme mon souverain (1). » Mais la force d'esprit chez les femmes est presque toujours artificielle : aussi est-il bien rare qu'elle se soutienne. Le courage de Zéno-

---

en un jour qu'un de leurs meilleurs chevaux en huit ou dix. » M. de Buffon, *Hist. nat.*, tome XI, p. 222. *Voyez* aussi les *Voyages de Shaw*, p. 167.

(1) Pollion, *Hist. Aug.*, p. 199.

bie l'abandonna au moment du danger. Elle ne put entendre, sans être glacée d'effroi, les clameurs des soldats qui demandaient à haute voix sa mort. Oubliant le généreux désespoir de Cléopâtre, qu'elle s'était proposée pour modèle, elle n'eut pas honte d'acheter sa grâce par le sacrifice de sa réputation et de ses amis. Ils avaient gouverné, dit-elle, la faiblesse de son sexe : ce fut à leurs conseils qu'elle imputa le crime d'une résistance opiniâtre ; ce fut sur leurs têtes qu'elle dirigea les traits de la vengeance du vainqueur. Le fameux Longin périt avec les victimes nombreuses, et peut-être innocentes, que la tremblante Zénobie dévouait à la mort. Le nom de Longin vivra plus long-temps que celui de la reine qui le trahit, ou du tyran qui le condamna. La science et le génie ne furent pas capables d'adoucir la colère d'un soldat ignorant; mais ils avaient servi à élever et à régler l'âme de Longin. Sans proférer une seule plainte, il marcha tranquillement au supplice, touché de compassion pour les malheurs de sa souveraine, et consolant lui-même ses amis affligés (1).

Après avoir soumis l'Orient, Aurélien revint en Europe. Dès qu'il eut passé le détroit qui la sépare de l'Asie, il apprit que le gouverneur et la garnison de Palmyre venaient d'être massacrés, et que les habitans avaient de nouveau levé l'étendard de la révolte. Cette nouvelle allume sa colère; il part sans hésiter, vole une seconde fois en Syrie: Sa marche précipitée

<small>Révolte et ruine de Palmyre.</small>

---

(1) Vopiscus, *Hist. Aug.*, p. 219; Zozime, l. 1, p. 51.

jette l'épouvante dans Antioche : bientôt Palmyre éprouve tout le poids de son ressentiment. Il existe encore une lettre de ce prince, où il avoue lui-même (1) que les enfans, les femmes, les vieillards et les paysans, confondus avec les rebelles, ont été enveloppés dans un massacre général. Quoiqu'il paraisse occupé principalement à rétablir un temple du Soleil, il laisse voir quelque pitié pour le petit nombre de Palmyréniens qui ont échappé à la destruction de leur patrie ; il leur accorde la permission de rebâtir et d'habiter leur ville. Mais il est plus aisé de détruire que de réparer : le siége du commerce, des arts et de la grandeur de Zénobie devint successivement une ville obscure, une forteresse peu importante, et enfin un misérable village. Aujourd'hui les citoyens de Palmyre, qui consistent en trente ou quarante familles, ont construit leurs huttes de terre dans l'enceinte spacieuse d'un temple magnifique.

Aurélien détruit la rebellion de Firmus en Égypte.

La vigilance d'Aurélien l'avait fait triompher de ses plus fiers rivaux. Il ne restait plus à ce prince qu'à détruire un rebelle obscur, mais qui, durant la révolte de Palmyre, s'était formé un parti sur les rives du Nil. Firmus, qui s'appelait orgueilleusement l'ami, l'allié d'Odenat et de Zénobie, n'était qu'un riche marchand d'Égypte. Le commerce qu'il avait fait dans l'Inde lui avait procuré des liaisons intimes avec les Blemmyes et les Sarrasins, qui, maîtres des bords de la mer Rouge, pouvaient pénétrer dans sa

---

(1) *Hist. Aug.*, p. 219.

patrie et faciliter l'exécution de ses projets. Il enflamma les Égyptiens en faisant briller à leurs yeux l'espoir de la liberté; et, suivi d'une multitude furieuse, il s'empara d'Alexandrie, où il prit la pourpre impériale, frappa des monnaies, publia des édits et leva une grande armée, qu'il se vantait d'être capable d'entretenir avec la vente seule de son papier. De pareilles forces étaient une faible défense contre celles d'Aurélien. Il est presque inutile de dire que Firmus fut défait, pris, livré à la torture, et mis à mort. Le sénat et le peuple durent alors applaudir aux succès d'Aurélien. Ce prince pouvait se féliciter d'avoir, en moins de trois ans, rétabli la paix et l'harmonie dans l'univers romain (1).

Depuis la fondation de la république, aucun général n'avait été plus digne qu'Aurélien des honneurs du triomphe. Jamais triomphe ne fut célébré avec plus de faste et de magnificence (2) : on vit d'abord paraître vingt éléphans, quatre tigres royaux, et

Triomphe d'Aurélien. Ann. 274.

---

(1) *Voyez* Vopiscus, *Hist. Aug.*, p. 220, 242. On remarque, comme un exemple de luxe, qu'il avait des fenêtres vitrées. Il était célèbre pour sa force et pour son appétit, pour sa valeur et pour son adresse. On peut conclure de la lettre d'Aurélien que Firmus fut le dernier des rebelles, et qu'ainsi Tetricus avait déjà été vaincu.

(2) *Voyez* la description du triomphe d'Aurélien, par Vopiscus : il en rapporte les particularités avec l'esprit de détail qui caractérise cet auteur. Il se trouve, dans cette occasion, que ces particularités sont intéressantes. *Hist. Aug.*, p. 220.

plus de deux cents animaux rares tirés des différens climats du Nord, de l'Orient et du Midi. A leur suite marchaient seize cents gladiateurs dévoués aux jeux cruels de l'amphithéâtre. Les trésors de l'Asie, les armes et les drapeaux de tant de nations conquises, la vaisselle et les vêtemens précieux de la reine de Palmyre, avaient été disposés avec symétrie, ou placés dans un désordre étudié. Des ambassadeurs des parties de la terre les plus éloignées, de l'Éthiopie, de l'Arabie, de la Perse, de la Bactriane, de l'Inde et de la Chine, tous remarquables par la richesse ou par la singularité de leurs vêtemens, rendaient hommage à la renommée et à la puissance de l'empereur romain. Ce prince avait exposé pareillement en public les présens dont il avait été comblé, et surtout les couronnes d'or que lui avaient données un grand nombre de villes reconnaissantes. Une longue suite de captifs goths, vandales, sarmates, allemands, francs, gaulois, syriens et égyptiens, qui s'avançaient avec une sombre contenance, attestaient les victoires d'Aurélien. Chaque peuple était distingué par une inscription particulière, et l'on avait désigné sous le titre d'amazones les dix guerrières de la nation des Goths qui avaient été prises les armes à la main (1). Mais les spectateurs, dédai-

---

(1) Parmi les nations barbares, les femmes ont souvent combattu avec leurs maris; mais il est *presque* impossible qu'une société d'amazones ait jamais existé dans l'ancien continent ou dans le Nouveau-Monde.

gnant la foule des prisonniers, fixaient les yeux sur l'empereur Tetricus et sur la reine de l'Orient. Le premier, accompagné de son fils qu'il avait revêtu de la dignité d'Auguste, portait des chausses gauloises (1), une tunique couleur de safran, et un manteau de pourpre. Les regards se portèrent sur la majestueuse figure de Zénobie, resserrée dans des chaînes d'or; un esclave soutenait celle qui entourait son cou, et elle semblait presque accablée sous le poids insupportable de ses pierreries. Elle précédait à pied le char magnifique sur lequel elle avait autrefois espéré faire son entrée dans Rome. Ce char était suivi de deux autres encore plus brillans; celui d'Odenat et celui du monarque de la Perse. Le triomphateur en montait un quatrième, tiré par quatre cerfs ou par quatre éléphans (2), et qui avait appartenu à un roi goth. Les plus illustres du sénat,

---

(1) L'usage des *braccæ*, culottes ou chausses, était toujours regardé en Italie comme une mode gauloise et barbare ; cependant les Romains commençaient à s'en rapprocher. S'envelopper les cuisses et les jambes de bandes, *fasciæ*, c'était, du temps de Pompée et d'Horace, une preuve de mollesse ou de mauvaise santé. Dans le siècle de Trajan, cet usage était réservé aux personnes riches et somptueuses; il fut insensiblement adopté par les derniers du peuple. *Voyez* une note très-curieuse de Casaubon, *ad Suet. in Aug.*, c. 82.

(2) Le char était, selon toutes les apparences, traîné par des cerfs : les éléphans que l'on voit sur les médailles d'Aurélien marquent seulement, selon le savant cardinal Noris, que ce prince avait soumis l'Orient.

du peuple et de l'armée, fermaient cette pompe solennelle. L'air retentissait des acclamations de la multitude, qui, frappée d'étonnement, s'abandonnait aux transports les plus vifs de la reconnaissance et d'une joie sincère. Au milieu de tous ces monumens de gloire, la vue de Tetricus inspirait aux sénateurs des sentimens bien différens. Ils ne pouvaient s'empêcher de murmurer contre le fier monarque qui livrait ainsi à l'ignominie publique la personne d'un Romain et d'un magistrat (1).

<small>Sa clémence envers Tetricus et Zénobie.</small>

Cependant Aurélien ne manqua pas de générosité : s'il parut insulter aux malheurs de ses rivaux, s'il les traita d'abord avec orgueil, il exerça par la suite envers eux une clémence qui avait rarement honoré les anciennes victoires de la république. Souvent, dès que la pompe triomphale montait le Capitole, des princes, qui avaient défendu sans succès leur trône ou leur liberté, périssaient en prison par la main d'un bourreau. Les usurpateurs qu'Aurélien menait en triomphe, et que leur défaite avait convaincus du crime de rebellion, passèrent leur vie dans l'opulence et dans un repos honorable. L'empereur fit présent à Zénobie d'une belle maison de campagne, située à Tibur, ou Tivoli, à vingt milles environ de la capitale. Bientôt la reine de Syrie prit les mœurs des dames romaines, et ses filles épousè-

---

(1) L'expression de Calphurnius (Eclog. 1, 50) *nullos ducet captiva triumphos*, appliquée à Rome, renferme une allusion et une censure très-manifeste.

rent d'illustres personnages. Sa famille existait encore au milieu du cinquième siècle (1). Tetricus et son fils, rétablis dans leurs rangs et dans leurs fortunes, élevèrent sur le mont Célien un palais magnifique ; et, lorsqu'il fut fini, ils invitèrent leur vainqueur à souper. Aurélien fut agréablement surpris d'y voir, en entrant, un tableau qui représentait la singulière histoire de ses anciens concurrens. Ils étaient peints offrant à l'empereur une couronne civique avec le sceptre de la Gaule, et recevant de ses mains la dignité sénatoriale. Le père eut dans la suite le gouvernement de la Lucanie (2). Le prince, qui bientôt l'admit dans sa société et à son amitié, lui demandait familièrement s'il ne valait pas mieux gouverner une province d'Italie que de régner au-delà des Alpes. Le fils acquit une grande considération dans le sénat ; et de tous les nobles de Rome, il n'y en eut aucun qui fût plus estimé d'Aurélien et de ses successeurs (3).

La pompe triomphale dont nous venons de donner la description était si nombreuse, elle s'avançait *Sa magnificence et sa dévotion.*

---

(1) Vopiscus, *Hist. Aug.*, p. 199 ; saint Jérôme, *in Chron.* ; Prosper, *in Chron.* Baronius suppose que Zenobius, évêque de Florence du temps de saint Ambroise, était de sa famille.

(2) Vopiscus, *Hist. Aug.*, p. 222 ; Eutrope, IX, 13 ; Victor le jeune ; mais Pollion, dans l'*Histoire Auguste*, p. 196, prétend que Tétricus fut fait *co-recteur* de toute l'Italie.

(3). *Hist. Aug.*, p. 197.

avec une majesté si lente, qu'elle ne put arriver au Capitole avant la neuvième heure, quoiqu'elle eût commencé dès l'aube du jour; et il faisait déjà nuit lorsque l'empereur se rendit au palais. A cette cérémonie brillante succédèrent des représentations de théâtre, des jeux du cirque, des chasses de bêtes sauvages, des combats de gladiateurs et des batailles navales. On distribua de grandes largesses aux troupes et au peuple. Plusieurs institutions agréables ou utiles contribuèrent à perpétuer, au milieu de la capitale, la gloire du vainqueur. Il consacra aux dieux de Rome la plus grande partie des dépouilles de l'Orient. Sa piété fastueuse suspendit de superbes offrandes dans le Capitole et dans les autres temples. Celui du Soleil seul reçut plus de quinze mille livres d'or (1). Ce temple magnifique, bâti par Aurélien sur l'un des flancs du mont Quirinal, fut dédié, bientôt après la cérémonie du triomphe, à la divinité qu'il adorait comme l'auteur de sa vie et de sa fortune. Sa mère avait rempli les fonctions de simple prêtresse dans une chapelle du Soleil. L'heureux paysan avait contracté dès l'enfance les sentimens d'une dévotion particulière pour le dieu du jour; et à chaque pas qu'il fit vers le trône, à cha-

---

(1) Vopiscus, *Hist. Aug.*, p. 222; Zozime, l. 1, p. 56. Il y plaça les images de Belus et du Soleil, qu'il avait apportées de Palmyre. Le temple fut dédié la quatrième année de son règne (Eusèbe, *in Chron.*); mais Aurélien commença certainement à le bâtir aussitôt après son avénement.

que victoire qui signala son règne, la reconnaissance vint ajouter à la superstition (1).

Ses armes avaient abattu les ennemis étrangers et domestiques de l'empire. On prétend que sa rigueur salutaire étouffa, dans toute l'étendue de l'univers romain (2), les crimes, les factions, l'esprit de révolte, les complots pernicieux, et les maux qu'entraîne un gouvernement faible et oppressif. Mais si nous songeons combien la corruption augmente rapidement et se guérit avec peine, si nous nous rappelons que les années de désordres publics surpassèrent en nombre les mois du règne guerrier d'Aurélien, nous ne pourrons-nous persuader que, dans quelques intervalles d'une paix souvent interrompue, il ait été possible à cet empereur d'exécuter un plan si difficile de réforme. Ses efforts même pour rétablir la pureté de la monnaie excitèrent un soulèvement dangereux. Ce prince se plaint de ces troubles dans une lettre particulière. « Sûrement, dit-il, les dieux m'ont destiné à vivre dans un état de guerre perpétuel. Une sédition vient d'allumer la guerre civile au milieu de ma capitale. Les ouvriers de la monnaie se sont révoltés à l'instigation de Félicissimus, esclave auquel j'avais donné un emploi dans

Il éteint une sédition à Rome.

---

(1) *Voyez* dans l'*Histoire Auguste*, p. 210, les présages de sa fortune. Sa dévotion pour le Soleil paraît dans ses lettres et sur ses médailles, et Julien en parle dans *les Césars*, *Comment.* de Spanheim, p. 109.

(2) Vopiscus, *Hist. Aug.*, p. 221.

les finances. La sédition est éteinte; mais elle m'a coûté sept mille soldats, l'élite de ces troupes qui campent dans la Dacie et sur les bords du Danube (1). » D'autres écrivains, qui parlent du même événement, le placent fort peu de temps après le triomphe de l'empereur; ils ajoutent que le combat décisif fut livré sur le mont Célien; que les ouvriers avaient altéré la monnaie; et que, pour rétablir le crédit public, Aurélien donna de bonnes espèces en échange pour de mauvaises, que le peuple eut ordre de rapporter au trésor (2).

<small>Observations sur cet événement.</small> Si l'on voulait approfondir un événement si extraordinaire, on verrait combien, de la manière dont il est présenté, les circonstances en sont incompatibles l'une avec l'autre, et dénuées de vraisemblance. L'altération de la monnaie s'accorde très-bien, à la vérité, avec l'administration de Gallien; et, selon toutes les apparences, ceux qui avaient été employés à cette pratique odieuse redoutèrent la justice sévère d'Aurélien. Mais le crime, aussi bien que le profit, ne devait concerner qu'un petit nombre de personnes; et il est difficile de concevoir comment de pareils coupables ont pu armer un peuple qu'ils trompaient si indignement, contre un prince qu'ils trahissaient. On croirait plutôt qu'ils auraient partagé la haine publique avec les délateurs et les autres

---

(1) *Hist. Aug.*, p. 222. Aurélien appelle ses soldats *Hiberi Riparienses, Castriani et Dacisci.*

(2) Zozime, l. 1, p. 56; Eutrope, ix, 14; Aurelius-Victor.

ministres de l'oppression. Il semble que la réformation des espèces ne devait pas être moins agréable au peuple que la destruction de plusieurs anciens comptes brûlés par ordre de l'empereur dans la place de Trajan (1). Dans un siècle où les principes du commerce étaient à peine connus, on ne parvenait peut-être au but le plus désirable qu'en usant de rigueur, et en employant des voies peu judicieuses. Mais de pareils moyens, dont l'impression ne saurait subsister long-temps, ne sont pas capables d'exciter ni d'entretenir le feu d'une guerre dangereuse. Quelquefois le redoublement d'impôts onéreux établis sur les terres et sur les nécessités de la vie, provoque enfin à la révolte ceux qui se trouvent forcés à rester dans leur patrie, ou qui ne peuvent se résoudre à l'abandonner. Il en est tout autrement d'une opération qui, par quelque expédient que ce soit, rétablit la juste valeur de la monnaie. Le bénéfice permanent efface bientôt le mal passager. La perte se partage entre une grande multitude; et s'il est un petit nombre d'individus opulens dont la fortune éprouve une diminution sensible, ils perdent avec leurs richesses l'influence qu'elles leur procuraient. A quelque point qu'Aurélien ait voulu déguiser la cause réelle de la révolte, la réformation de la monnaie n'a pu être qu'un faible prétexte saisi par un parti mécontent et déjà puissant. Rome, quoique privée de liberté, était en

---

(1) *Hist. Aug.*, p. 222; Aurelius-Victor.

proie aux factions. Le peuple, pour lequel l'empereur, né lui-même plébéien, montrait toujours une affection particulière, vivait dans une dissension perpétuelle avec le sénat, les chevaliers et les gardes prétoriennes (1). Il ne fallait rien moins que l'union secrète, mais ferme, de ces ordres, il fallait le concours de l'autorité du premier, des richesses du second et des armes du troisième, pour rassembler des forces capables de se mesurer contre les légions du Danube, composées de vétérans qui, sous la conduite d'un souverain belliqueux, avaient achevé la conquête de l'Orient et des provinces occidentales.

<small>Cruauté d'Aurélien.</small>

Quel que fût le motif ou l'objet de cette rebellion que l'histoire impute avec si peu de probabilité aux ouvriers de la monnaie, Aurélien usa de sa victoire avec une implacable rigueur (2). Naturellement sévère, il avait conservé sous la pourpre le cœur d'un paysan et d'un soldat. Il cédait difficilement aux douces émotions de la sensibilité ; la mort, les tourmens, et le spectacle de l'humanité souffrante, paraissaient ne lui faire aucune impression. Élevé dès sa plus tendre jeunesse dans l'exercice des armes, il

---

(1) La discorde était déjà excitée avant qu'Aurélien revînt de l'Égypte. *Voyez* Vopiscus, qui cite une lettre originale. *Hist. Aug.*, p. 224.

(2) Vopiscus, *Hist. Aug.*, p. 222; les deux Victor; Eutrope., ix, 14. Zozime (l. 1, p. 43) ne parle que de trois sénateurs, et place leur mort avant la guerre d'Orient.

mettait trop peu de prix à la vie d'un citoyen; et, punissant par une exécution militaire les moindres offenses, il transportait dans l'administration civile la discipline rigide des camps. Son amour pour la justice devint souvent une passion aveugle et furieuse. Toutes les fois qu'il croyait sa personne ou l'État en danger, il dédaignait les formes ordinaires, et n'observait aucune proportion entre le délit et la peine. La révolte dont les Romains semblaient récompenser ses services, enflamma son esprit altier. Les plus nobles familles de la république, accusées ou soupçonnées d'être entrées dans ce complot, dont il est si difficile de démêler la cause, éprouvèrent les effets de son ressentiment. Son ardente vengeance fit couler des flots de sang : un neveu même de l'empereur fut sacrifié; et, si nous pouvons emprunter les expressions d'un poëte du temps, les bourreaux étaient fatigués, les prisons remplies d'une foule de victimes, et le malheureux sénat déplorait la mort ou l'absence de ses plus illustres membres (1). Cette assemblée ne se trouvait pas moins offensée de l'orgueil de l'empereur que de sa tyrannie. Trop peu éclairé ou trop fier pour se soumettre aux institutions civiles, Aurélien prétendait ne tenir sa puissance que de l'épée; il gouvernait par droit de

---

(1) *Nulla catenati feralis pompa senatûs*
Carnificum lassabit opus; nec carcere pleno
Infelix raros numerabit curia patres.

CALPHURN., Eclog. 1, 60.

conquête une monarchie qu'il avait sauvée et subjuguée (1).

Il marche en Orient, et est assassiné.

Ce prince, selon la remarque d'un empereur judicieux que nous verrons bientôt régner avec éclat, avait des talens plus propres au commandement d'une armée qu'au gouvernement d'un empire (2).

Ann. 274. Octobre.

Aurélien, impatient de rentrer dans une carrière où la nature et l'expérience lui donnaient une si grande supériorité, prit de nouveau les armes quelques mois après son triomphe. Il lui importait d'exercer dans quelque guerre étrangère l'esprit inquiet des légions; et le monarque persan, fier de la honte de Valérien, bravait toujours avec impunité la majesté de la république indignement outragée. Le souverain de Rome, à la tête d'une armée moins formidable par le nombre que par la valeur et par la discipline, s'était avancé jusqu'au détroit qui sépare l'Europe de l'Asie. C'était là qu'il devait éprouver que le pouvoir le plus absolu est un faible rempart contre les efforts du désespoir. Il avait menacé de punir un de ses secrétaires accusé d'exaction, et l'on savait que l'empereur menaçait rarement en vain. Il ne restait au criminel d'autre ressource que d'envelopper dans son danger les principaux officiers de l'armée, où du moins de leur inspirer les mêmes

---

(1) Selon Victor le jeune, il porta quelquefois le diadème. On lit sur ses médailles : *Deus* et *Dominus*.

(2) Cette observation est de Dioclétien. *Voyez* Vopiscus, *Hist. Aug.*, p. 224.

alarmes. Habile à contrefaire la main de son maître, il leur montra une liste nombreuse de personnes destinées à la mort, parmi lesquelles leurs noms se trouvaient inscrits ; sans soupçonner ou sans examiner la fraude, ils résolurent de prévenir l'arrêt fatal en massacrant l'empereur. Ceux d'entre les conjurés qui, par leurs emplois, avaient le droit d'approcher de sa personne, l'attaquèrent subitement entre Byzance et Héraclée ; après une courte résistance, il périt de la main de Mucapor, général qu'il avait toujours aimé. Aurélien emporta au tombeau les regrets de l'armée et la haine du sénat. Ses exploits, ses talens, sa fortune, avaient excité une admiration universelle: A sa mort l'État perdit un réformateur utile, dont la sévérité pouvait être justifiée par la corruption générale (1).

Ann. 275. Janvier.

---

(1) Vopiscus, *Hist. Aug.*, p. 221; Zozime, l. 1; p. 57; Eutrope, ix, 15; les deux Victor.

CHAPITRE XII.

Conduite de l'armée et du sénat après la mort d'Aurélien. Règnes de Tacite, de Probus, de Carus et de ses fils.

<small>Contestation singulière entre le sénat et l'armée pour le choix d'un empereur.</small>

TELLE était la triste condition des empereurs romains, que ces princes, quelle que pût être leur conduite, éprouvaient ordinairement la même destinée. Une vie de plaisir ou de vertu, de douceur ou de sévérité, d'indolence ou de gloire, les conduisait également à une mort prématurée. Presque tous les règnes finissent par une catastrophe semblable : ce n'est qu'une répétition fatigante de massacres et de trahisons. Le meurtre d'Aurélien est cependant remarquable par les événemens extraordinaires dont il fut suivi. Les légions respectaient leur chef victorieux ; elles le pleurèrent et vengèrent sa mort. L'artifice de son perfide secrétaire fut découvert et puni ; les conspirateurs eux-mêmes, reconnaissant l'erreur qui les avait armés contre un souverain innocent, assistèrent à ses funérailles avec un repentir sincère ou bien étudié ; et ils souscrivirent à la résolution unanime de l'ordre militaire, dont les sentimens sont exprimés dans la lettre suivante : « *Les braves et fortunées armées au sénat et au peuple de Rome*. Le crime d'un seul et la méprise de plusieurs nous ont enlevé notre dernier empereur Aurélien : vous dont les soins paternels dirigent l'État, vénérables pères conscrits, veuillez mettre ce prince au rang des dieux, et désigner le successeur que vous jugerez le plus digne de la pourpre impériale ; aucun de ceux dont le forfait ou le malheur a causé notre perte ne régnera sur nous (1). » Les sénateurs romains n'avaient point été étonnés d'apprendre qu'un empereur encore venait d'être assassiné dans son camp ; ils se réjouirent en secret de la chute d'Aurélien. Mais lorsque la lettre modeste et respectueuse des légions eut été lue par le conseil en pleine assemblée, elle répandit parmi eux la surprise la plus agréable. Ils prodiguèrent à la mémoire de leur dernier souverain tous les honneurs que la crainte, peut-être l'estime, pouvait arracher. Dans les transports de leur reconnaissance, ils rendirent aux fidèles armées de la république les actions de grâce que méritaient leur zèle et la haute idée qu'elles avaient de l'autorité légale du sénat pour le choix d'un empereur. Malgré cet hommage flatteur, les plus prudens de l'assemblée n'osaient exposer leur personne et leur dignité au caprice d'une multitude redoutable : à la vérité, la force des légions était le gage de leur sincérité, puisque ceux qui peuvent commander sont rarement réduits à la nécessité de dissimuler ; mais pouvait-on espérer qu'un repentir subit corrigerait des habitudes de révolte invétérées

---

(1) Vopiscus, *Hist. Aug.*, p. 222. Aurelius-Victor parle d'une députation formelle des troupes au sénat.

depuis quatre-vingts ans ? Si les soldats retombaient dans leurs séditions accoutumées, il était à craindre que leur insolence n'avilît la majesté du sénat, et ne devînt fatale à l'objet de son choix. De pareils motifs dictèrent le décret qui renvoyait l'élection d'un nouvel empereur au suffrage de l'ordre militaire.

La contestation qui suivit est un des événemens les mieux attestés, mais les plus incroyables de l'histoire du genre humain (1). Les troupes, comme si elles eussent été rassasiées de l'exercice du pouvoir, conjurèrent de nouveau les sénateurs de donner à l'un d'entre eux la pourpre impériale. Le sénat persista dans son refus, l'armée dans sa demande. La proposition fut au moins trois fois offerte et rejetée de chaque côté. Tandis que la modestie opiniâtre de chacun des deux partis est déterminée à recevoir un maître des mains de l'autre, huit mois s'écoulent insensiblement (2) : période étonnante d'une anarchie tranquille, pendant laquelle l'univers romain resta

---

(1) Vopiscus, notre autorité principale, écrivait à Rome, seize ans seulement après la mort d'Aurélien. Outre la notoriété récente des faits, il tire constamment ses matériaux des registres du sénat et des papiers originaux de la bibliothèque Ulpienne. Zozime et Zonare paraissent aussi ignorans de ce fait qu'ils l'étaient en général de la constitution romaine.

(2) Cet interrègne fut tout au plus de sept mois : Aurélien fut assassiné vers le milieu de mars, l'an de Rome 1028; Tacite fut élu le 25 septembre de la même année. (*Note de l'Éditeur.*)

sans maître, sans usurpateur, sans révolte ; les généraux et les magistrats nommés par Aurélien continuèrent à exercer leurs fonctions ordinaires. Un proconsul d'Asie fut le seul personnage considérable déposé de son emploi dans tout le cours de cet interrègne.

Un événement à peu près semblable, mais bien moins authentique, avait eu lieu, à ce qu'on prétend, après la mort de Romulus, qui, par sa vie et son caractère, eut quelques rapports avec l'empereur Aurélien. Lorsque le fondateur de Rome disparut, le trône resta vacant pendant douze mois, jusqu'à l'élection d'un philosophe sabin, et la tranquillité générale se maintint de la même manière par l'union des différens ordres de l'État ; mais du temps de Numa et de Romulus, l'autorité des patriciens contenait les armes du peuple, et l'équilibre de la liberté se conservait aisément dans un État vertueux et borné (1). Rome, bien différente de ce qu'elle avait été dans son enfance, commençait à pencher vers sa ruine ; tout semblait alors annoncer un interrègne orageux : la vaste étendue de l'empire, une capitale immense et tumultueuse, l'égalité servile du despotisme, une armée de quatre cent mille merce-

---

(1) Tite-Live, 1, 17 ; Denys d'Halycarnasse, l. II, p. 115 ; Plutarque, *Vie de Numa*, p. 60. Le premier de ces historiens rapporte ce fait comme un orateur, le second comme un homme de loi, le troisième comme un moraliste ; et aucun d'eux probablement n'en parle sans un mélange de fable.

naires, enfin l'expérience des révolutions fréquentes qui avaient déjà ébranlé la constitution. Cependant, malgré tant de causes de désordre, la mémoire d'Aurélien, sa discipline rigide, réprimèrent l'esprit séditieux des troupes aussi bien que la fatale ambition de leurs chefs. L'élite des légions resta campée sur les rives du Bosphore, et le drapeau impérial imprima du respect aux camps moins formidables de Rome et des provinces. Un enthousiasme généreux, quoique momentané, semblait animer l'ordre militaire. Il faut croire qu'un petit nombre de zélés patriotes entretinrent la nouvelle amitié du sénat et de l'armée, comme le seul moyen de rétablir la vigueur du gouvernement et de rendre à la république son ancienne splendeur.

Le consul assemble le sénat. Ann. 275. 25 septembre.

Le 25 septembre, huit mois environ après la mort d'Aurélien, le consul convoqua les sénateurs et leur exposa la situation incertaine et dangereuse de l'empire. Après avoir insinué légèrement que la fidélité précaire des légions dépendait d'un seul instant, du moindre accident, il peignit, avec l'éloquence la plus persuasive, les périls sans nombre qui suivraient un plus long délai pour le choix d'un empereur. On avait appris, disait-il, que les Germains avaient depuis peu passé le Rhin; qu'ils s'étaient emparés des villes les plus opulentes et les plus fortes de la Gaule. L'ambition du roi de Perse tenait tout l'Orient dans de perpétuelles alarmes. L'Égypte, l'Afrique et l'Illyrie, se voyaient exposées aux armes des ennemis étrangers et domestiques; et les inconstans Syriens étaient toujours prêts à préférer même le sceptre d'une femme à la sainteté des lois romaines. Le consul s'adressant alors à Tacite, le premier des sénateurs (1), lui demanda son avis sur le choix important d'un nouveau candidat à la dignité impériale.

Si le mérite personnel peut nous paraître au-dessus d'une grandeur empruntée, l'extraction de Tacite doit être à nos yeux plus véritablement noble que celle des souverains; il descendait de l'historien philosophe dont les écrits immortels éclaireront la postérité la plus reculée (2). Le sénateur Tacite était alors âgé de soixante-quinze ans (3). Les richesses et les honneurs avaient embelli le cours de sa vie innocente; il avait été revêtu deux fois de la dignité consulaire (4). Possesseur d'un patrimoine de deux ou trois millions sterling, il vivait honorablement et

Caractère de Tacite.

---

(1) Vopiscus (*Hist. Aug.*, p. 227) l'appelle *primæ sententiæ consularis*, et bientôt après, *princeps senatûs*. Il est naturel de supposer que les monarques de Rome, dédaignant cet humble titre, le cédaient au plus ancien des sénateurs.

(2) La seule objection que l'on puisse faire à cette généalogie, est que l'historien se nommait *Cornelius*, et l'empereur *Claudius*; mais dans le Bas-Empire les surnoms étaient extrêmement variés et incertains.

(3) Zonare, l. XII, p. 637. La Chronique d'Alexandrie, par une méprise évidente, attribue cet âge à l'empereur Aurélien.

(4) Il avait été consul ordinaire en 273; mais il avait sûrement été *suffectus* plusieurs années auparavant, vraisemblablement sous Valérien.

sans faste (1). L'expérience qu'il avait acquise sous tant de princes dont il avait estimé ou supporté la conduite, depuis les ridicules folies d'Héliogabale, jusqu'à la rigueur utile d'Aurélien, lui avait appris à se former une juste idée des devoirs, des dangers et des piéges qui environnaient un rang si élevé. Une étude assidue des immortels ouvrages de son aïeul, lui avait donné les notions les plus parfaites sur la nature humaine (2), et sur la constitution de l'État. La voix du peuple avait déjà nommé Tacite comme le plus digne de l'empire. Loin d'être flatté de ces bruits, il n'en fut pas plus tôt informé, qu'il se retira dans une de ses maisons de plaisance en Campanie. Il goûtait, depuis deux mois, à Bayes, les douceurs d'une vie tranquille, lorsqu'il se trouva forcé d'obéir au consul, qui lui ordonnait de reprendre la place

---

(1) *Bis. millies octingenties.* Vopiscus, *Hist. Aug.*, p. 229. Sur le pied où avait été mise la monnaie, cette somme équivalait à huit cent quarante mille livres romaines d'argent, chacune valant environ trois livres sterling ; mais dans le siècle de Tacite, la monnaie avait beaucoup perdu de son poids et de sa pureté.

(2) Après son avénement, il ordonna que l'on fît tous les ans dix copies des ouvrages de Tacite, et qu'on les plaçât dans les bibliothèques publiques. Il y a long-temps que les bibliothèques romaines ont péri. La partie la plus précieuse des ouvrages de Tacite a été conservée dans un seul manuscrit, et découverte dans un monastère de Westphalie. *Voyez* Bayle., *Dictionn.*, article *Tacite*; et Juste-Lipse, *ad Annal.*, II, 9.

honorable qu'il occupait dans le sénat, et d'assister la république de ses conseils.

Dès qu'il se leva pour parler, toute l'assemblée le salua des noms d'Auguste et d'empereur. « Tacite Auguste, les dieux te préservent ; nous te choisissons pour notre souverain, c'est à tes soins que nous confions Rome et l'univers. Accepte l'empire des mains du sénat ; il est dû à ton rang, à ta conduite, à tes mœurs. » A peine le tumulte des acclamations fut-il apaisé, que Tacite voulut refuser l'honneur dangereux qu'on lui offrait si solennellement. Il parut surpris de ce qu'on choisissait son âge et ses infirmités pour remplacer la vigueur martiale d'Aurélien. « Ces bras, pères conscrits, sont-ils propres à soutenir le poids d'une armure, à pratiquer les exercices des camps ? La variété des climats, les fatigues d'une vie militaire, détruiraient bientôt une constitution faible, qui ne se soutient que par les plus grands ménagemens. Mes forces épuisées me permettent à peine de remplir les devoirs d'un sénateur ; me mettraient-elles en état de supporter les travaux pénibles de la guerre et du gouvernement? Pouvez-vous croire que les légions respecteront un vieillard infirme, dont les jours ont coulé à l'ombre de la paix et de la retraite ? Pouvez-vous désirer que je me trouve jamais forcé de regretter l'opinion favorable du sénat (1) ? »

La répugnance de Tacite (et peut-être était-elle

Il est élu empereur.

Et il accepte la pourpre.

---

(1) Vopiscus, *Hist. Aug.*, p. 227.

sincère) fut combattue par l'opiniâtreté affectueuse du sénat. Cinq cents voix répétèrent à la fois, avec une éloquence tumultueuse, que les plus grands princes de Rome, Numa, Trajan, Adrien et les Antonins, avaient pris les rênes de l'État dans un âge très-avancé; que la république avait besoin d'une âme et non d'un corps; qu'elle avait fait choix d'un souverain, non d'un soldat; et que tout ce qu'elle lui demandait était de diriger, par sa sagesse, la valeur des légions. Ces instances pressantes, qui exprimaient confusément le vœu général, furent appuyées d'un discours plus régulier, prononcé par Metius Falconius, le premier des consulaires après Tacite. Falconius rappela les maux que Rome avait soufferts, lorsqu'elle avait été gouvernée par de jeunes princes, livrés à l'excès de leurs passions. Il félicita l'assemblée sur l'élection d'un sénateur vertueux et expérimenté. Enfin, avec une liberté courageuse, quoique peut-être elle eût pour principe l'intérêt personnel, il exhorta Tacite à ne pas oublier les motifs de son élévation, et à chercher un successeur non dans sa famille, mais dans l'État. Ce discours fut généralement applaudi : l'empereur élu, cédant à l'autorité de la patrie, reçut l'hommage volontaire de ses égaux. Le consentement du peuple romain et des gardes prétoriennes confirma le jugement des sénateurs (1).

---

(1) *Hist. Aug.*, p. 228. L'empereur Tacite, en parlant aux prétoriens, les appelle *sanctissimi milites*, et, en adres-

L'administration de Tacite fut conforme aux principes qu'il avait adoptés. Il conserva sur le trône le même respect pour l'assemblée auguste dont il avait été membre. Persuadé qu'en elle seule résidait le pouvoir législatif, il parut ne régner que pour obéir aux lois qui en émanaient (1). Il s'appliqua surtout à guérir les plaies cruelles que l'orgueil impérial, les discordes civiles et la violence militaire, avaient faites à l'État ; du moins s'efforça-t-il de rétablir l'image de l'ancienne république, telle que l'avaient conservée la politique d'Auguste et les vertus de Trajan et des Antonins. Il ne sera pas inutile de récapituler ici quelques-unes des prérogatives dont l'élection de Tacite semble rendre au sénat la jouissance (2). Les plus importantes furent le droit, 1° de revêtir un de ses membres, sous le titre d'*imperator*, du commandement général des armées et du gouvernement des provinces frontières ; 2° de donner, par ses décrets, force de loi, et la validité nécessaire à ceux des édits du prince qu'il approuverait ; 3° de nommer les pro-

<small>Autorité du sénat.</small>

---

sant la parole au peuple, il lui donne le nom de *sacratissimi quirites*.

(1) Dans tous ses affranchissemens, il ne passa jamais le nombre de cent. Ce nombre avait été limité par la loi caninienne, établie sous Auguste et annulée par Justinien. *Voyez* Casaubon, *ad locum Vopisci*.

(2) *Voyez* les Vies de Tacite, de Florianus et de Probus, dans l'*Histoire Auguste*. Nous pouvons être bien assurés que tout ce que donna le soldat, le sénateur l'avait déjà donné.

consuls et les présidens des provinces, et de conférer à tous les magistrats leur juridiction civile ; 4º de recevoir des appels de tous les tribunaux de l'empire, par l'office intermédiaire du préfet de la ville ; 5º de déterminer la liste, ou, comme on l'appelait alors, le collége des consuls : ils furent fixés à douze par année; on en élisait deux alternativement tous les deux mois, et ils soutenaient ainsi la dignité de cette ancienne charge. Les sénateurs, qui s'étaient réservé le droit de les nommer, l'exercèrent avec une liberté si indépendante, qu'ils n'eurent aucun égard à une requête irrégulière de l'empereur pour son frère Florianus. « Ils connaissent bien le caractère du prince qu'ils ont choisi, » s'écria Tacite avec le transport généreux d'un patriote. 6º A ces différentes branches d'autorité nous pouvons ajouter quelque inspection sur les finances ; puisque, même sous le règne du sévère Aurélien, ils avaient pu détourner une partie des fonds destinés au service public (1).

Joie et confiance des sénateurs.

Aussitôt après l'avénement de Tacite, des lettres circulaires furent envoyées à toutes les principales villes de l'empire, Trèves, Milan, Aquilée, Thessalonique, Corinthe, Athènes, Antioche, Alexandrie et Carthage, pour exiger d'elles le serment de fidélité, et pour leur apprendre l'heureuse révolution qui venait de rendre au sénat son antique splendeur.

---

(1) Vopiscus, *Hist. Aug.*, p. 216. Le passage est très-clair; cependant Casaubon et Saumaise voudraient le corriger.

Deux de ces lettres existent encore. Il nous est aussi parvenu deux fragmens curieux de la correspondance particulière des sénateurs à ce sujet. On voit que, dans l'excès de leur joie, ils avaient conçu les espérances les plus magnifiques. « Sortez de votre indolence, c'est ainsi que s'exprime l'un d'entre eux en écrivant à son ami ; arrachez-vous de votre retraite de Bayes et de Pouzzole. Livrez-vous à la ville, au sénat. Rome fleurit, la république entière fleurit. Rendons mille actions de grâce à l'armée romaine, à une armée véritablement romaine. Notre juste autorité, cet objet de tous nos désirs, est enfin rétablie. Nous recevons les appels, nous nommons les proconsuls, nous créons les empereurs. Ne pouvons-nous pas aussi mettre des bornes à leur puissance ?....... A un homme sage un mot suffit (1). » Ces images brillantes disparurent bientôt. Il n'était réellement pas possible que les armées et les provinces consentissent à obéir long-temps à des nobles plongés dans la mollesse, et dont les bras ne connaissaient plus l'usage des armes. A la première atteinte, on vit s'écrouler tout cet édifice d'une puissance et d'un orgueil sans fondement. L'autorité expirante du sénat répandit une lueur subite, brilla pour un moment, et fut éteinte à jamais.

---

(1) Vopiscus, *Hist. Aug.*, p. 230, 232, 233. Les sénateurs célébrèrent cet heureux rétablissement par des hécatombes et par des réjouissances publiques.

Tacite est reconnu par l'armée. Ann. 276.

Tout ce qui se passait à Rome n'était qu'une vaine représentation de théâtre. Il fallait que les décisions d'une faible assemblée fussent ratifiées par la force plus réelle des légions. Tandis que les sénateurs se laissaient éblouir par un fantôme d'ambition et de liberté, Tacite se rendit au camp de Thrace, où le préfet du prétoire le présenta aux troupes assemblées comme le souverain qu'elles avaient demandé, et que leur accordait le sénat. Dès que le préfet eut cessé de parler, l'empereur prononça un discours éloquent et convenable à sa situation. Il satisfit l'avarice des soldats en leur distribuant des sommes considérables sous le nom de gratification et de paye; et il sut gagner leur estime par la noble assurance que si son grand âge ne lui permettait pas de leur donner l'exemple, ses conseils ne seraient jamais indignes d'un général romain, successeur du brave Aurélien (1).

Les Alains envahissent l'Asie et sont repoussés par Tacite.

Dans le temps que le dernier empereur se préparait à porter une seconde fois ses armes en Orient, il avait négocié avec les Alains, peuple scythe, qui dressait ses tentes dans le voisinage des Palus-Méotides. Séduits par des présens et par des subsides, ces Barbares avaient promis d'entrer en Perse avec un corps nombreux de cavalerie légère. Ils furent fidèles à leurs engagemens; mais lorsqu'ils arrivèrent sur la frontière romaine, Aurélien n'était plus, et sa mort avait au moins suspendu le projet de la

---

(1) *Hist. Aug.*, p. 228.

guerre de Perse. Les généraux qui, durant l'interrègne, n'exerçaient qu'une autorité douteuse, ne se trouvèrent point en état de recevoir ces nouveaux alliés, ni de leur résister. Les Alains, irrités d'une conduite dont les motifs leur paraissaient frivoles, accusèrent hautement les Romains de perfidie; ils eurent recours à leur propre valeur pour se venger, et pour obtenir le paiement qu'on leur refusait. Comme ils marchaient avec la vitesse ordinaire des Tartares, ils se répandirent bientôt dans les provinces du Pont, de la Cappadoce, de la Cilicie et de la Galatie. Les légions qui, des rives opposées du Bosphore, pouvaient presque apercevoir les flammes des villes et des villages embrasés, sollicitaient vivement leur général de les mener contre l'ennemi. Tacite se conduisit comme il convenait à son âge et à sa dignité. Son but était de convaincre les Barbares de la bonne foi aussi bien que de la puissance de l'empire; il acquitta d'abord les engagemens que son prédécesseur avait contractés. Les Alains, pour la plupart, apaisés par cette démarche, abandonnèrent leurs prisonniers et leur butin, et se retirèrent tranquillement dans leurs déserts au-delà du Phase. L'empereur, en personne, termina heureusement la guerre contre ceux qui refusaient la paix. Secondé par une armée de vétérans braves et expérimentés, il délivra en peu de semaines les provinces de l'Asie des Scythes qui les dévastaient (1).

---

(1) Vopiscus, *Hist. Aug.*, p. 230; Zozime, l. 1, p. 57;

Mort de l'empereur.

Mais la gloire et la vie de Tacite n'eurent qu'une courte durée. Transplanté tout à coup, dans le cœur de l'hiver, des douces retraites de la Campanie au pied du mont Caucase, il ne put supporter les fatigues de la vie militaire, à laquelle il n'était pas accoutumé. Les peines du corps furent aggravées par celles de l'âme. L'enthousiasme du bien public avait suspendu pour un temps les passions que l'esprit de discorde et l'intérêt personnel avaient allumées dans le cœur des soldats. Elles reprirent bientôt leur cours avec une violence redoublée, et elles excitèrent un furieux orage dans le camp, dans la tente même du vieil empereur. Son caractère doux et aimable ne servit qu'à inspirer du mépris pour sa personne. Tourmenté sans cesse par des factions qu'il ne pouvait étouffer, et par des demandes auxquelles il lui était impossible de satisfaire, il voyait disparaître les espérances magnifiques qu'il avait conçues en prenant les rênes du gouvernement. En vain s'était-il flatté de remédier aux désordres de l'État; il ne tarda pas à s'apercevoir que la licence de l'armée dédaignait le frein impuissant de la loi. Le chagrin, et le désespoir de réussir dans ses projets de réforme,

---

Zonare, l. XII, p. 637. Deux passages, dans la *Vie de Probus*, p. 236, 238, me prouvent que ces Scythes, qui envahirent le Pont, étaient Alains. Si nous pouvions en croire Zozime (l. I, p. 58), Florianus les poursuivit jusqu'au Bosphore Cimmérien; mais ce prince eut à peine assez de temps pour une expédition si longue et si difficile.

hâtèrent ses derniers instans. On ne sait si les soldats trempèrent leurs mains dans le sang de ce vertueux prince (1). Il paraît du moins certain que leur insolence fut la cause de sa mort. Il expira dans la ville de Tyane, en Cappadoce, après un règne de six mois et vingt jours seulement. (2).

Au 276.
12 avril.

A peine Tacite eut-il les yeux fermés, que son frère Florianus, sans attendre le consentement du sénat, s'empara de la couronne, dont le rendait indigne son usurpation précipitée. Les camps et les provinces conservaient encore pour la constitution romaine un respect dont l'influence pouvait bien les engager à désapprouver l'ambition de Florianus, mais non les déterminer à s'y opposer. Le mécontentement se serait dissipé en vains murmures, si le général de l'Orient, le brave Probus, ne se fût pas déclaré le vengeur du sénat. Les forces des deux prétendans paraissaient fort inégales. Le chef le plus habile, à la tête des troupes efféminées de l'Égypte, pouvait-il espérer de disputer la victoire aux légions invincibles de l'Europe, qui semblaient vouloir soutenir le frère de Tacite? La fortune et l'activité de

Usurpation et mort de son frère Florianus.

---

(1) Eutrope et Aurelius-Victor disent simplement qu'il mourut; Victor le jeune ajoute que ce fut d'une fièvre. Selon Zozime et Zonare, il fut tué par les soldats. Vopiscus rapporte ces différentes opinions et semble hésiter; il est cependant bien aisé sans doute de concilier ces sentimens opposés.

(2) Selon les deux Victor, il régna exactement deux cents jours.

Probus surmontèrent tous les obstacles. Les intrépides vétérans de son rival, accoutumés à des climats froids, furent incapables de supporter les chaleurs étouffantes de la Cilicie, où l'été fut singulièrement malsain. Aux maladies se joignirent de fréquentes désertions, qui diminuèrent leur nombre. Les passages des montagnes n'étaient que faiblement gardés. Tarse ouvrit ses portes. Enfin, les soldats de Florianus, après l'avoir laissé jouir environ trois mois de la dignité impériale, délivrèrent l'État des horreurs d'une guerre civile, en sacrifiant un prince qu'ils méprisaient (1).

Juillet.

Leurs enfans subsistent dans l'obscurité. Les révolutions perpétuelles du trône avaient tellement effacé toute notion de droit héréditaire, que la famille d'un infortuné souverain ne donnait aucun ombrage à ses successeurs. Les enfans de Tacite et de Florianus eurent la permission de descendre dans un rang privé, et de se mêler à la masse générale des sujets. Leur pauvreté devint, il est vrai, la sauvegarde de leur innocence. Tacite, en montant sur le trône, avait consacré son ample patrimoine au service public (2) : acte spécieux de générosité, mais qui montrait évidemment l'intention qu'avait

---

(1) *Hist. Aug.*, p. 231; Zozime, l. 1, p. 58, 59; Zonare, l. XII, p. 637. Aurelius-Victor avance que Probus prit la pourpre en Illyrie. Une pareille opinion, quoique adoptée par un homme très-savant, jetterait cette période de l'histoire dans la plus grande confusion.

(2) *Hist. Aug.*, p. 229.

ce prince de transmettre l'empire à ses descendans. La seule consolation qu'ils goûtèrent après leur chute, fut le souvenir de leur grandeur passée, et la perspective brillante, quoique éloignée, que leur offrait la crédulité. Une prophétie annonçait qu'au bout de mille ans il s'élèverait un monarque du sang de Tacite, qui protégerait le sénat, rétablirait Rome, et soumettrait toute la terre (1).

Les paysans d'Illyrie avaient déjà sauvé la monarchie près de périr, en lui donnant Claude et Aurélien. L'élévation de Probus ajouta encore à leur gloire (2). Plus de vingt ans avant cette époque, le mérite naissant du jeune soldat n'avait point échappé à la pénétration de Valérien, qui lui conféra le rang de tribun, quoiqu'il fût bien éloigné de l'âge prescrit par les réglemens militaires. La conduite du tribun justifia bientôt un choix si flatteur. Il remporta sur un détachement considérable de Sarmates une victoire complète, dans laquelle il sauva la vie à un proche parent de l'empereur, et mérita de recevoir des mains du prince les bracelets, les colliers,

Caractère et avénement de l'empereur Probus.

_____

(1) Ce héros devait envoyer des juges aux Parthes, aux Perses et aux Sarmates, un président dans la Taprobane, et un proconsul dans l'île Romaine (que Casaubon et Saumaise supposent être la Bretagne). Une histoire telle que la mienne (dit Vopiscus avec une juste modestie) ne subsistera plus dans mille ans pour faire connaître cette prédiction fausse ou vraie.

(2) Pour la vie privée de Probus, *voyez* Vopiscus, *Hist. Aug.*, p. 234-237.

les épées, les drapeaux, la couronne civique, la couronne murale, et toutes les marques honorables destinées par l'ancienne Rome à récompenser la valeur triomphante. On lui confia le commandement de la troisième légion, et ensuite de la dixième. Dans la carrière des honneurs, Probus se montra toujours supérieur au grade qu'il occupait. L'Afrique et le Pont, le Rhin, le Danube, le Nil et l'Euphrate, lui fournirent tour à tour les occasions les plus brillantes de développer son courage personnel et ses talens militaires. Aurélien lui dut la conquête de l'Égypte, et fut encore plus redevable à la fermeté héroïque avec laquelle il réprima souvent la cruauté de son maître. Tacite, qui voulait suppléer à son peu d'expérience pour la guerre par l'habileté de ses généraux, nomma Probus commandant en chef de toutes les provinces orientales, lui donna un revenu cinq fois plus considérable que les appointemens attachés à cette place, lui promit le consulat, et lui fit espérer les honneurs du triomphe. Probus avait environ quarante-quatre ans (1) lorsqu'il monta sur le trône. Il jouissait alors de toute sa réputation, de l'amour des troupes, et de cette vigueur d'esprit et de corps propre aux plus grandes entreprises.

Sa conduite respectueuse envers le sénat.

Son mérite reconnu et le succès de ses armes contre Florianus le laissaient sans ennemi ou sans

---

(1) Selon la Chronique d'Alexandrie, il avait cinquante ans lorsqu'il mourut.

rival. Cependant, si nous en croyons sa propre déclaration, bien loin d'avoir recherché la pourpre, il ne l'avait acceptée qu'avec la plus sincère répugnance. « Mais il n'est déjà plus en mon pouvoir, dit-il dans une lettre particulière, de renoncer à un titre qui m'expose à l'envie et à tant de dangers. Je dois continuer de jouer le rôle que les troupes m'ont forcé de prendre (1). » Sa lettre respectueuse au sénat offre les sentimens, ou du moins le langage d'un patriote romain. « Lorsque vous avez choisi un de vos membres, pères conscrits, pour succéder à l'empereur Aurélien, vous vous êtes conduits conformément à votre justice et à votre sagesse; car vous êtes les souverains légitimes de l'univers, et la puissance que vous tenez de vos ancêtres sera transmise à votre postérité. Plût aux dieux que Florianus, au lieu de s'emparer de la pourpre de son frère comme d'un héritage particulier, eût attendu ce que votre autorité déciderait en sa faveur, ou pour quelque autre personne! Les prudentes légions l'ont puni de sa témérité; elles m'ont offert le titre d'Auguste, mais je soumets à votre clémence mes prétentions et mes services (2). »

---

(1) La lettre était adressée au préfet du prétoire. Ce prince lui promet, s'il se conduit bien, de le conserver dans cette charge importante. Voyez *Hist. Aug.*, p. 237.

(2) Vopiscus, *Hist. Aug.*, p. 237. La date de la lettre est assurément fausse : au lieu de *non. februar.*, on peut lire *non. august.*

Lorsque cette lettre fut lue par le consul, les sénateurs ne purent dissimuler leur satisfaction, de ce que Probus daignait solliciter si humblement un sceptre qu'il possédait déjà. Ils célébrèrent avec la plus vive reconnaissance ses vertus, ses exploits, et surtout sa modération. Aussitôt un décret passé d'une voix unanime ratifia le choix des armées de l'Orient, et conféra solennellement à leur brave chef toutes les diverses branches de la dignité impériale, les noms de César et d'Auguste, le titre de père de la patrie, le droit de proposer le même jour trois décrets dans le sénat (1), l'office de souverain pontife, la puissance tribunitienne, et le commandement proconsulaire : forme d'investiture qui, en paraissant multiplier l'autorité du prince, retraçait la constitution de l'ancienne république. Le règne de Probus répondit à de si beaux commencemens. Il permit au sénat de diriger l'administration civile. Se regardant comme son général, il se contentait de soutenir l'honneur des armes romaines. Souvent même il déposait à ses pieds les couronnes d'or et les dépouilles des Barbares, fruits de ses nombreuses victoires (2). Mais, en flattant ainsi la vanité des sénateurs, ne

---

(1) *Hist. Aug.*, p. 238. Il est singulier que le sénat ait traité Probus moins favorablement que Marc-Aurèle. Celui-ci avait reçu, même avant la mort d'Antonin-le-Pieux, *jus quintæ relationis. Voyez* Capitolin., *Hist. Aug.*, p. 24.

(2) *Voyez* la lettre respectueuse de Probus au sénat, après ses victoires sur les Germains. *Hist. Aug.*, p. 239.

devait-il pas intérieurement mépriser leur indolence et leur faiblesse ? Les successeurs des Scipions semblaient n'avoir hérité que de l'orgueil de leurs ancêtres. Quoiqu'il fût à tout moment en leur pouvoir de faire révoquer l'édit flétrissant de Gallien, ils consentirent patiemment à rester exclus du service militaire. L'instant approchait où ils allaient éprouver que refuser l'épée c'est renoncer au sceptre.

La force d'Aurélien avait écrasé de tous côtés les ennemis de Rome. Après sa mort ils parurent renaître et même se multiplier. Ils furent de nouveau vaincus par la vigueur et par l'activité de Probus, qui, dans un règne de six ans (1), environ, égala les anciens héros, et rétablit l'ordre dans toute l'étendue de l'univers romain. Il assura si bien les frontières de la Rhétie, province exposée depuis long-temps à toutes les horreurs de la guerre, qu'il en éloigna toute crainte d'hostilité. La terreur de ses armes dispersa les Sarmates. Les tribus errantes de ces Barbares, forcées d'abandonner leur butin, retournèrent dans leurs déserts. La nation des Goths rechercha l'alliance d'un prince si belliqueux (2). Il attaqua les Isaures dans leurs montagnes (3), assiégea et prit

{Victoires de Probus sur les Barbares.}

───────────────────────────

(1) La date et la durée du règne de Probus sont fixés avec beaucoup d'exactitude par le cardinal Noris, dans son savant ouvrage *de Epochis Syro-Macedonum*, p. 96-105. Un passage d'Eusèbe lie la seconde année du règne de Probus avec les ères de plusieurs villes de Syrie.

(2) Vopiscus, *Hist. Aug.*, p. 239.

(3) L'Isaurie est une petite province de l'Asie-Mineure,

un grand nombre de leurs fortes citadelles (1), et se flatta d'avoir détruit pour jamais un ennemi domestique, dont l'indépendance insultait si cruellement à la majesté de l'empire. Les troubles excités dans la Haute-Égypte par l'usurpateur Firmus, n'avaient point été tout-à-fait apaisés. Le foyer de la rebellion existait encore dans les villes de Ptolémaïs et de Coptos, soutenues par les Blemmyes (2). On prétend que le châtiment de ces villes, et des sauvages du Midi, leurs auxiliaires, alarma la cour de Perse (3), et que le grand roi sollicita vainement l'amitié de l'empereur romain. Les entreprises mémorables qui distinguèrent le règne de Probus, furent pour la plupart terminées par sa valeur et par sa conduite personnelles. L'historien de sa vie est étonné que, dans un si court espace de temps, un seul homme ait pu se trouver présent à tant de guerres éloi-

---

entre la Pisidie et la Cilicie : les Isaures exercèrent long-temps le métier de voleurs et de pirates. Leur principale ville, *Isaura*, fut détruite par le consul Servilius, qui reçut le surnom d'*Isauricus*. D'Anville, *Géogr. anc.*, t. II, p. 86. (*Note de l'Éditeur.*)

(1) Zozime (l. 1, p. 62-65) rapporte une histoire très-longue et très-peu intéressante de Lycius, voleur isaurien.

(2) Les Blemmyes habitaient le long du Nil, près des grandes cataractes. D'Anville, *Géogr. anc.*, t. III, p. 48. (*Note de l'Éditeur.*)

(3) Zozime, l. 1, p. 65; Vopiscus, *Hist. Aug.*, p. 239, 240. Mais il ne paraît pas vraisemblable que la défaite des sauvages d'Éthiopie pût affecter le monarque persan.

gnées. Ce prince confia les autres expéditions au soin de ses lieutenans, dont le choix judicieux ne doit pas moins contribuer à sa gloire. Carus, Dioclétien, Maximien, Constance, Galère, Asclépiodate, Annibalien, et une foule d'autres chefs, qui par la suite montèrent sur le trône, ou qui le soutinrent, avaient appris le métier des armes à l'école sévère d'Aurélien et de Probus (1).

Mais le plus grand service que Probus rendit à la république fut la délivrance de la Gaule, et la prise de soixante-dix places florissantes opprimées par les Barbares de la Germanie, qui, depuis la mort d'Aurélien, ravageaient impunément cette grande province (2). Au milieu de la multitude confuse de ces fiers conquérans, il n'est pas impossible de discerner trois grandes armées, ou plutôt trois nations défaites par l'empereur romain. Probus chassa les Francs dans leurs marais, d'où nous pouvons inférer que la confédération connue sous le nom glorieux d'*hommes libres*, occupait déjà le pays plat maritime, coupé et presque inondé par les eaux stagnantes du Rhin. Il paraît aussi que les Frisons et les Bataves avaient accédé à leur alliance. L'empereur vainquit les Bourguignons, peuple considérable de la race des Van-

Il délivre les Goths des invasions des Germains. Ann. 277.

---

(1) Outre ces chefs bien connus, Vopiscus (*Hist. Aug.*, p. 241) en nomme plusieurs autres dont les actions ne nous sont pas parvenues.

(2) *Voyez* les *Césars* de Julien, et l'*Hist. Auguste*, p. 238, 240, 241.

dales. Entraînés par le désir du pillage, ils s'étaient répandus des rives de l'Oder jusqu'aux bords de la Seine (1). Ils se crurent d'abord trop heureux d'acheter par la restitution de tout leur butin la permission de se retirer tranquillement; lorsqu'ils essayèrent ensuite d'éluder cet article du traité, leur punition fut prompte et terrible (2). Mais, de tous les peuples qui envahirent la Gaule, le plus formidable était les Lygiens, qui possédaient de vastes domaines sur les frontières de la Pologne et de la Silésie (3). Parmi ces Barbares, les Aries tenaient le premier rang par leur nombre et par leur fierté. « Les Aries (c'est ainsi qu'ils sont décrits dans le style énergique de Tacite) s'étudient à augmenter leur férocité naturelle par les secours de l'art et du stratagême. Ils noircissent leurs boucliers, leurs corps, leurs visages, et choisissent la nuit la plus sombre pour attaquer l'en-

---

(1) Ce ne fut que sous les empereurs Dioclétien et Maximien que les Bourguignons, de concert avec les Allemands, firent une invasion dans l'intérieur de la Gaule : sous le règne de Probus, ils se bornèrent à passer le fleuve qui les séparait de l'empire romain ; ils furent repoussés. Gatterer présume que ce fleuve était le Danube ; un passage de Zozime me paraît indiquer plutôt le Rhin. Zozime, l. 1, p. 37 de l'édition d'Henri Étienne, 1581. (*Note de l'Éditeur.*)

(2) Zozime, l. 1, p. 62. L'*Histoire Auguste* (p. 240) suppose que les Barbares furent châtiés du consentement de leurs rois : s'il en est ainsi, la punition fut partielle comme l'offense.

(3) *Voyez* Cluvier, *Germ. ant.*, l. III. Ptolémée place dans leur pays la ville de *Calisia*, probablement Calish en Silésie.

nemi. La surprise, l'horreur des ténèbres, le seul aspect de cette armée épouvantable, qui semble sortir des enfers (1), glacent d'effroi les cœurs les plus intrépides ; car, dans un combat, les yeux sont toujours vaincus les premiers (2). » Cependant les armes et la discipline des Romains détruisirent facilement ces horribles fantômes. Les Lygiens furent taillés en pièces dans une action générale ; et Senno, le plus renommé de leurs chefs, tomba entre les mains de Probus. Ce prudent empereur, ne voulant pas réduire au désespoir de si braves ennemis, leur accorda une capitulation honorable, et leur permit de retourner en sûreté dans leur patrie. Mais les pertes qu'ils avaient essuyées dans la marche, dans la bataille, et celles qu'ils essuyèrent dans la retraite, anéantirent la nation. L'histoire de la Germanie ou de l'empire ne répète plus même le nom des Lygiens. Ces victoires, qui furent le salut de la Gaule, coûtèrent, dit-on, aux ennemis quatre cent mille hommes ; entreprise pénible pour les Romains, et dispendieuse pour l'empereur, qui payait une pièce d'or chaque tête de Barbare (3). Cependant, comme la réputation des guerriers est fondée sur la destruction du genre humain, nous pouvons naturellement soupçonner que le nombre des morts fut exagéré par l'avarice

---

(1) *Feralis umbra*, qu'on lit dans Tacite, est, à coup sûr, une expression bien hardie.
(2) Tacite, *Germ.*, 43, traduction de l'abbé de La Bletterie.
(3) Vopiscus ; *Hist. Aug.*, p. 238.

des soldats, et que la vanité prodigue du prince ne se mit pas en peine d'en faire une recherche bien exacte.

Probus porte ses armes en Germanie.

Depuis l'expédition de Maximin, les généraux romains s'étaient bornés à une guerre défensive contre les nations germaniques qui pressaient continuellement les frontières de l'empire; Probus, plus entreprenant, résolut de profiter de ses victoires. Intimement persuadé que les Barbares ne consentiraient jamais à la paix tant que leur pays ne souffrirait pas des calamités de la guerre, il passa le Rhin, et fit briller ses aigles invincibles sur les rives de l'Elbe et du Necker. Sa présence étonna la Germanie épuisée par les mauvais succès de la dernière migration. Neuf des princes les plus considérables du pays se rendirent à son camp, et se prosternèrent à ses pieds; ils reçurent humblement les conditions qu'il lui plut de dicter. Le vainqueur exigeait qu'on lui remît exactement les dépouilles et les prisonniers enlevés aux provinces. Il obligea leurs propres magistrats à sévir contre ceux qui retiendraient quelque partie du butin. Un tribut considérable, consistant en blé, en troupeaux et en chevaux, les seules richesses des Barbares, fut destiné à l'entretien des garnisons établies sur les limites de leur territoire. Probus avait même conçu le dessein de forcer les Germains à quitter l'usage des armes. Il voulait les engager à confier leurs différends à la justice de Rome, et leur sûreté à sa puissance. Ce plan magnifique aurait exigé la résidence constante d'un gouverneur impérial, soutenu d'une armée nombreuse : aussi Probus jugea-t-il à propos de différer l'exécution d'un si grand projet, dont l'avantage était réellement plus spécieux que solide (1). Que la Germanie eût été réduite en province avec des frais et des peines immenses, les Romains n'auraient eu qu'une frontière beaucoup plus étendue à défendre contre les Scythes, Barbares plus redoutables par leur courage et par leur activité.

Au lieu de réduire au rang de sujets les naturels belliqueux de la Germanie, Probus se borna au soin plus modeste d'élever un rempart contre leurs incursions. Le pays qui forme maintenant le cercle de Souabe, était devenu désert du temps d'Auguste par l'émigration de ses anciens habitans (2); la fertilité du sol attira bientôt une nouvelle colonie des provinces de la Gaule. Des bandes d'aventuriers, d'un caractère vagabond et sans fortune, s'emparèrent de cette contrée, dont les États voisins se disputaient la possession ; et ils reconnurent la majesté de l'empire en lui payant le dixième de leurs revenus (3). Pour protéger ces nouveaux sujets, les Romains construisirent des postes qu'ils distribuèrent par degrés,

Il bâtit un mur depuis le Rhin jusqu'au Danube.

(1) *Hist. Aug.*, p. 238, 239. Vopiscus cite une lettre de l'empereur au sénat, dans laquelle ce prince parle du projet de réduire la Germanie en province.

(2) Strabon, l. VII. Selon Velleius-Paterculus (II, 108), Maroboduus mena ses Marcomans en Bohême. Cluvier (*Germ. ant.*, III, 8) prouve qu'il partit de la Souabe.

(3) Le paiement du dixième fit donner à ces colons le nom de *Decumates*. Tacite, *Germ.*, 29.

depuis le Rhin jusqu'au Danube. Vers le règne d'Adrien, lorsqu'on imagina un pareil moyen de défense, ces postes furent couverts et communiquèrent l'un à l'autre par un fort retranchement d'arbres et de palissades. A des remparts si informes, l'empereur Probus substitua une muraille de pierres, d'une grande hauteur, fortifiée par des tours placées à des distances convenables. Elle commençait dans le voisinage de Neustadt et de Ratisbonne sur le Danube; elle s'étendait à travers des collines, des vallées, des rivières et des marais, jusqu'à Wimpfen sur le Necker; enfin elle se terminait aux bords du Rhin, après un circuit de deux cents milles environ (1). Cette barrière importante unissant ainsi les deux grands fleuves qui défendaient les provinces de l'Europe, il paraît qu'elle remplissait l'espace vide par lequel les Barbares, et surtout les Allemands, pouvaient pénétrer avec le plus de facilité dans le centre de l'empire. Mais l'expérience de l'univers, depuis la Chine jusque dans la Bretagne, prouve combien il est inutile de fortifier une grande étendue de pays (2). Un en-

---

(1) *Voyez* les notes de l'abbé de La Bletterie à la *Germanie* de Tacite, p. 183. Ce qu'il dit de la muraille est principalement tiré (comme il l'écrit lui-même) de l'ouvrage de M. Schœpflin, intitulé *Alsatia illustrata*.

(2) *Voyez les Recherches sur les Égyptiens et les Chinois*, tome II, p. 81-102. L'auteur anonyme de cet ouvrage connaît très-bien le globe en général, et l'Allemagne en particulier. A l'égard de ce pays, il cite un ouvrage de M. Hanselman; mais il paraît confondre la muraille de Probus,

nemi actif, libre de varier l'attaque et de choisir le moment favorable, doit enfin découvrir quelque endroit faible où profiter d'un instant de négligence. Les forces, aussi bien que l'attention de ceux qui défendent cette chaîne de fortifications, se trouvent divisées; et tels sont les effets d'une terreur aveugle sur les troupes les plus fermes, qu'une ligne rompue en un seul endroit est presque aussitôt abandonnée. Le sort qu'éprouva le mur de Probus peut confirmer l'observation générale : il fut renversé par les Allemands peu d'années après la mort de ce prince. Ses ruines éparses, que l'admiration stupide attribue universellement à la puissance du démon, ne servent maintenant qu'à exciter la surprise du paysan de la Souabe.

Parmi les conditions qu'imposa l'empereur aux nations vaincues, une des plus utiles fut l'obligation de fournir à l'armée romaine seize mille hommes, les plus braves et les plus robustes de leur jeunesse. Probus les dispersa dans toutes les provinces, et distribua ce renfort dangereux en petites bandes de cinquante ou soixante Germains chacune, parmi les troupes nationales, observant judicieusement que les secours que la république tirait des Barbares devaient être sentis, mais non pas aperçus (1). Ce secours pa-

Les Barbares introduits dans l'empire: leurs établissemens.

---

bâtie contre les Allemands, avec la fortification des Mattiaces, construite dans le voisinage de Francfort, contre les Cattes.

(1) Il plaça cinquante ou soixante Barbares environ dans

raissait alors nécessaire : amollis par le luxe, les faibles habitans de l'Italie et des provinces intérieures ne pouvaient supporter le poids des armes ; la nature donnait toujours aux peuples nés sur la frontière du Rhin et du Danube, des âmes et des corps capables de résister aux fatigues des camps. Mais une suite perpétuelle de guerres en avait insensiblement diminué le nombre. Les mariages devenaient plus rares, l'agriculture était entièrement négligée : ces causes, qui affectent les principes de la population, non-seulement détruisaient la force actuelle de ces contrées, elles étouffaient encore l'espoir des générations futures. Le sage Probus conçut le projet grand et utile de ranimer les frontières épuisées, en y introduisant de nouvelles colonies de Barbares prisonniers ou fugitifs, auxquels il accorda des terres, des troupeaux, les instrumens propres à la culture, et tous les encouragemens capables de former une race de soldats pour le service de la république. Il transporta un corps considérable de Vandales en Bretagne, selon toutes les apparences, dans la province de Cambridge (1). L'impossibilité de s'échapper accoutuma ces nouveaux habitans à leur situation ; et dans les troubles qui, par la suite, déchirèrent le sein de cette

---

un *numerus*, comme on l'appelait alors. Nous ne connaissons pas exactement le nombre fixé de ceux qui composaient un pareil corps.

(1) *Britannia*, de Cambden, introduction, p. 136 ; mais il est appuyé sur une conjecture bien douteuse.

île, ils se montrèrent les plus zélés défenseurs de l'État (1). Un grand nombre de Francs et de Gépides furent établis sur les rives du Rhin et du Danube ; cent mille Bastarnes, chassés de leur patrie, acceptèrent avec joie un établissement dans la Thrace : bientôt ils adoptèrent les sentimens et les mœurs des sujets romains (2). Mais les espérances de Probus furent souvent trompées : des Barbares inquiets, élevés dans l'oisiveté, ne pouvaient se résoudre à mener une vie sédentaire ; leurs bras se refusaient aux travaux lents de l'agriculture ; ils conservaient pour l'indépendance un amour indomptable. Cet esprit de liberté, luttant sans cesse contre le despotisme, les précipita dans des révoltes également fatales à eux-mêmes et aux provinces (3). Malgré les efforts des empereurs suivans, jamais ces moyens artificiels ne purent rendre à la frontière importante de la Gaule et de l'Illyrie cette ancienne vigueur qu'elle tenait de la nature.

De tous les Barbares qui abandonnèrent leurs nouveaux établissemens et qui troublèrent la tranquillité publique, quelques-uns, en très-petit nombre, retournèrent dans leur pays natal. Ces fugitifs pouvaient bien errer pendant quelque temps, les armes à la main, au milieu de l'empire ; mais ils

Entreprise hardie des Francs.

---

(1) Zozime, l. 1, p. 62. Selon Vopiscus, un autre corps de Vandales fut moins fidèle.

(2) *Hist. Aug.*, p. 240. Ils furent probablement chassés par les Goths. Zozime, l. 1, p. 66.

(3) *Hist. Aug.*, p. 240.

succombaient à la fin sous la puissance d'un empereur belliqueux. La hardiesse heureuse d'un parti de Francs eut des suites si mémorables, qu'elle ne doit pas être passée sous silence. Probus les avait établis sur la côte maritime du Pont, dans la vue de défendre cette frontière contre les incursions des Alains. Des vaisseaux, qui mouillaient dans un des ports du Pont-Euxin, tombèrent entre les mains des Francs. Ils résolurent aussitôt de chercher une route de l'embouchure du Phase à celle du Rhin. Les dangers d'une longue navigation sur des mers inconnues ne les effrayèrent pas. Ils passèrent aisément les détroits du Bosphore et de l'Hellespont; et, croisant le long de la Méditerranée, ils satisfirent à la fois leur vengeance et leur cupidité, en ravageant les rivages de l'Asie, de la Grèce et de l'Afrique, dont les habitans se croyaient à l'abri de toute incursion. Syracuse, ville opulente qui avait vu autrefois les flottes d'Athènes et de Carthage englouties dans son port, fut saccagée par une poignée de Barbares, qui massacrèrent impitoyablement la plus grande partie des citoyens. De la Sicile, les Francs s'avancèrent jusqu'aux colonnes d'Hercule, bravèrent le redoutable Océan, côtoyèrent l'Espagne et la Gaule, et, dirigeant leur course triomphante à travers la Manche, terminèrent leur étonnant voyage en abordant tranquillement sur les côtes des Frisons ou des Bataves (1). L'exemple de leurs succès enflamma leurs

---

(1) *Panegyr. Vet.*, v, 18; Zozime, l. 1, p. 66.

compatriotes. En leur apprenant à connaître les avantages de la mer et à en mépriser les périls, il ouvrit à ces esprits avides d'entreprises une nouvelle route aux honneurs et aux richesses.

Malgré la vigilance et l'activité de Probus, il lui était presque impossible de contenir dans l'obéissance toutes les parties de ses vastes domaines. Les Barbares, pour briser leurs chaînes, avaient profité de l'occasion favorable d'une guerre civile. L'empereur, avant de marcher au secours de la Gaule, avait donné le commandement de l'Orient à Saturnin. Ce général, homme de mérite et d'une grande expérience, leva l'étendard de la révolte. L'absence de son souverain, la légèreté du peuple d'Alexandrie, les sollicitations pressantes de ses amis, et ses propres alarmes, l'avaient entraîné dans cette démarche téméraire. Mais du moment qu'il fut revêtu de la pourpre, il perdit à jamais l'espoir de conserver l'empire et même la vie. « Hélas ! dit-il, la république vient de perdre un citoyen utile. La précipitation d'un instant a détruit plusieurs années de service. Vous ne savez pas, continuait-il, quels sont les maux attachés à la puissance suprême. L'épée est sans cesse suspendue sur notre tête ; nous redoutons nos propres gardes ; nous n'osons nous fier à ceux qui nous entourent. Il ne nous est plus permis d'agir, ni de nous reposer à notre volonté. Ni l'âge, ni le caractère, ni la conduite, ne sauraient nous garantir des traits empoisonnés de l'envie. En m'élevant sur le trône, vous m'avez condamné à une vie

Révolte de Saturnin en Orient.

de fatigues et à une mort prématurée. La seule consolation qui me reste, est l'assurance que je ne périrai pas seul (1). » La première partie de la prédiction fut vérifiée par la victoire de Probus; mais la clémence de ce prince voulut empêcher l'effet de la dernière. Il essaya même d'arracher l'infortuné Saturnin à la fureur des soldats. Rempli d'estime pour l'usurpateur, Probus avait puni, comme un vil délateur, le premier qui lui avait apporté la nouvelle de sa révolte (2). Il avait exhorté plus d'une fois ce général rebelle à prendre confiance en son maître. Saturnin aurait peut-être accepté une offre si généreuse, s'il n'eût pas été retenu par l'opiniâtreté de ses partisans. Plus coupables que leur chef, ils avaient plus à redouter le ressentiment de l'empereur, et ils s'étaient formé de plus grandes espérances sur le succès de leur révolte.

A peine le calme fut-il rétabli en Orient, que la rebellion de Proculus et de Bonosus excita de nouveaux troubles dans la Gaule. Ces deux officiers s'étaient rendus fameux seulement, l'un par ses exploits de galanterie (3), l'autre par la faculté singulière de boire à l'excès sans perdre la raison. Ils ne

---

(1) Vopiscus, *Hist. Aug.*, p. 245, 246. Cet orateur infortuné avait étudié la rhétorique à Carthage, et nous sommes portés à croire qu'il était Maure (Zozime, l. 1, p. 60) plutôt que Gaulois, comme le dit Vopiscus.

(2) Zonare, l. XII, p. 638.

(3) On rapporte un exemple fort surprenant des prouesses

manquaient cependant pas de courage ni de capacité, et ils soutinrent tous les deux avec dignité le caractère auguste que la crainte du châtiment les avait engagés à prendre, jusqu'à ce qu'enfin ils furent terrassés par le génie supérieur de Probus. Ce prince usa de la victoire remportée sur les rebelles avec sa modération ordinaire : il épargna la vie aussi bien que la fortune de leurs familles innocentes (1).

Ses armes avaient triomphé de tous les ennemis étrangers et domestiques de l'État. Son administration douce, mais ferme, ne contribua pas moins à rétablir la tranquillité publique. Il n'existait plus dans les provinces de Barbares ennemis, d'usurpateurs, de brigands même, qui rappelassent le souvenir des anciens désordres. Après de si grands exploits, l'empereur se rendit à Rome pour y célébrer sa propre gloire et la félicité générale. La pompe du triomphe, que méritait la valeur de Probus, fut dirigée avec une magnificence égale à la grandeur de sa fortune ;

Triomphe de l'empereur Probus. An. 281.

---

de Proculus. Cet officier avait pris cent vierges sarmates. Il vaut mieux l'entendre raconter dans sa langue le reste de l'histoire. *Ex his una nocte decem inivi : omnes tamen, quod in me erat, mulieres intra dies quindecim reddidi.* Vopiscus, *Hist. Aug.*, p. 246.

(1) Proculus, qui était natif d'Albenga, sur la côte de Gênes, arma deux mille de ses esclaves. Il avait acquis de grandes richesses, mais il les devait à ses brigandages. Par la suite, sa famille avait coutume de dire *Nec latrones esse nec principes sibi placere.* Vopiscus., *Hist. Aug.*, p. 247.

et le peuple, après avoir admiré les trophées d'Aurélien, contemplait avec le même plaisir ceux du héros qui lui avait succédé (1). Nous ne pouvons oublier à cette occasion le courage désespéré de quelques gladiateurs, dont plus de six cents avaient été destinés aux jeux cruels de l'amphithéâtre. Quatre-vingts d'entre eux environ, frémissant d'être forcés de répandre leur sang pour l'amusement de la populace, tuèrent leurs conducteurs, sortirent avec impétuosité de l'endroit où ils étaient gardés, et remplirent les rues de la capitale de sang et de confusion. Après une résistance opiniâtre, ils furent terrassés et mis en pièces par des troupes régulières; mais ils obtinrent du moins une mort honorable et la satisfaction d'une juste vengeance (2).

Sa discipline.

La discipline de Probus, moins cruelle que celle d'Aurélien, était observée avec la même rigidité et la même exactitude. Le vainqueur de Zénobie punissait sévèrement les désordres des soldats; Probus les prévenait, en employant constamment les légions à des travaux utiles. Tandis qu'il avait commandé en Égypte, il avait exécuté plusieurs ouvrages considérables qui contribuèrent à la splendeur et à l'avantage de cette riche contrée. Il perfectionna la navigation du Nil, si importante à Rome elle-même. Des temples, des ponts, des portiques et des palais, furent construits par les mains des soldats, devenus

---

(1) *Hist. Aug.*, p. 240.
(2) Zozime, l. 1, p. 66.

tour à tour architectes, ingénieurs et cultivateurs (1). On rapporte d'Annibal que, dans la vue de garantir ses troupes des suites funestes de l'oisiveté, il les força de planter un grand nombre d'oliviers le long des côtes de l'Afrique (2). Guidé par le même principe, Probus exerça ses légions à couvrir de vignes les coteaux fertiles de la Gaule et de la Pannonie. Il s'efforça de mériter par ses bienfaits la reconnaissance de sa patrie, pour laquelle il conserva toujours une affection particulière. Un vaste terrain connu sous le nom de mont Almo, et situé aux environs de Sirmium, son pays natal, ne présentait de tous côtés que des marais infects; il fut converti en de riches pâturages. On parle encore d'un autre endroit entièrement défriché par ses troupes (3). Une pareille armée formait peut-être la portion la plus brave et la plus utile des sujets romains.

Fort de la droiture de ses intentions, l'homme le plus sage, en suivant un plan favori, sort souvent des

---

(1) *Hist. Aug.*, p. 266.

(2) Aurélius-Victor, *in Prob*. Mais la politique d'Annibal, dont aucun auteur plus ancien n'a parlé, ne s'accorde pas avec l'histoire de sa vie. Il quitta l'Afrique à l'âge de neuf ans; il en avait quarante-cinq lorsqu'il y retourna; et, immédiatement après, il perdit son armée dans la bataille décisive de Zama. Tite-Live, xxx, 37.

(3) *Hist. Aug.*, p. 240; Eutrope, ix, 17; Aurelius-Victor, *in Prob.*; Victor le jeune. Ce prince révoqua la défense de Domitien, et il accorda aux Gaulois, aux Bretons et aux Pannoniens, une permission générale de planter des vignes.

bornes de la modération. Probus lui-même ne consulta point assez la patience et la disposition de ses fiers légionnaires (1). Les périls attachés à la profession des armes, semblent n'être compensés que par une vie d'oisiveté et de plaisir. Mais si les travaux du paysan aggravent perpétuellement les devoirs du guerrier, le soldat succombera sous le fardeau, ou le rejettera avec indignation. Probus lui-même enflamma, dit-on, par une imprudence, le mécontentement des troupes. Plus occupé des intérêts du genre humain que de ceux de l'armée; et flatté de ce vain espoir qu'une paix perpétuelle lui épargnerait bientôt la nécessité d'avoir toujours sur pied une multitude de mercenaires dangereux, il avait eu l'imprudence de le manifester (2). Ses paroles peu réservées lui devinrent fatales. Dans un des jours les plus chauds de l'été, comme il faisait dessécher les marais de Sirmium, et qu'il pressait les travaux avec beaucoup d'ardeur, les soldats irrités jettent tout à coup leurs outils, prennent les armes et se révoltent. Leurs cris séditieux, la fureur peinte dans leurs regards, annoncent à l'empereur le danger qui le menace. Il se réfugie dans une tour élevée, qu'il avait construite pour diriger les ouvrages (3). La tour est à l'instant forcée, et mille

Ann. 282.
Août.

---

(1) Julien blâme avec trop de sévérité la rigueur de Probus, qui, selon lui, mérita presque sa malheureuse destinée.

(2) Vopiscus, *Hist. Aug.*, p. 241. Il fait sur ce vain espoir un grand et ridicule étalage d'éloquence.

(3) *Turris ferrata*. Il paraît que cette tour était mobile et garnie de fer.

épées sont plongées dans le sein de l'infortuné Probus. La rage des troupes s'apaisa, dès qu'elle eut été satisfaite. Elles déplorèrent alors leur funeste précipitation, oublièrent la sévérité du prince qu'elles venaient de massacrer, et se hâtèrent d'élever un monument honorable à sa mémoire, pour perpétuer le souvenir de ses vertus et de ses victoires (1).

Après les premiers mouvemens de la douleur et du repentir, les légions proclamèrent, d'un consentement unanime, Carus, préfet du prétoire. Tout ce qui tient à ce prince paraît douteux et incertain. Il se glorifiait du titre de citoyen romain, et il affectait de comparer la pureté de son sang avec l'origine étrangère et même barbare de ses prédécesseurs. Cependant, loin d'admettre ses prétentions, ceux de ses contemporains qui ont fait le plus de recherches sur sa naissance ou sur celle de ses parens, la placent en Illyrie, dans la Gaule ou en Afrique (2). Quoique soldat, son éducation avait été très-cultivée; quoique sénateur, il se trouvait revêtu de la première dignité de l'armée; et dans un siècle où les professions civiles et militaires commençaient à être pour jamais

Élévation et caractère de Carus.

―――――――――

(1) *Probus, et veré probus situs est: Victor omnium gentium barbararum: Victor etiam tyrannorum.*

(2) Tout ceci cependant peut être concilié Il était né à Narbonne en Illyrie, qu'Eutrope a confondue avec la ville plus fameuse de ce nom, située dans la Gaule. Son père pouvait être Africain, et sa mère une noble Romaine. Carus lui-même fut élevé dans la capitale. *Voyez* Scaliger, *Animad. ad Euseb. Chron.*; p. 241.

séparées l'une de l'autre, elles étaient réunies dans la personne de Carus. Malgré la justice sévère qu'il exerça contre les assassins de Probus, dont l'estime et la faveur lui avaient été si utiles, il fut soupçonné d'avoir participé à un crime qui lui frayait le chemin au trône. Il jouissait, du moins avant son élévation, d'une grande réputation de mérite et de vertu (1); mais l'austérité de son caractère dégénéra insensiblement en aigreur et en cruauté. Les historiens de sa vie sont presque disposés à le mettre au rang des tyrans de Rome (2). Carus avait environ soixante ans lorsqu'il prit la pourpre; et ses deux fils, Carin et Numérien, étaient déjà parvenus à l'âge d'homme (3).

Sentimens du sénat et du peuple.

On vit expirer avec Probus l'autorité du sénat. A la mort de ce prince, le repentir des troupes ne les porta point aux mêmes égards qu'elles avaient eus pour la puissance civile après le meurtre d'Aurélien. Elles avaient donné la pourpre à Carus sans attendre l'approbation du sénat. Le nouvel empereur se

---

(1) Probus avait demandé au sénat que l'on élevât à Carus, aux dépens du public, une statue équestre et un palais de marbre, comme une juste récompense de son mérite extraordinaire. Vopiscus, *Hist. Aug.*, p. 249.

(2) Vopiscus, *Hist. Aug.*, p. 242, 249. Julien exclut l'empereur Carus et ses fils du banquet des Césars.

(3) Jean Malala, tome 1, p. 401. Mais l'autorité de ce Grec ignorant est très-faible : il fait venir ridiculement de Carus la ville de Carrhes et la Carie, province dont Homère a parlé.

contenta d'annoncer par une lettre froide et hautaine, qu'il était monté sur le trône vacant (1). Une conduite si différente de celle de son vertueux prédécesseur, ne prévenait pas en faveur du nouveau règne. Les Romains, sans pouvoir et sans liberté, eurent recours à des murmures (2), seul privilége dont on ne leur eût pas ôté la jouissance. La flatterie éleva cependant la voix. Il existe encore une églogue composée à l'avénement de Carus. Quelque méprisable que soit le sujet de cette pièce, on peut la lire avec plaisir. « Deux bergers, pour éviter la chaleur du midi, se retirent dans la grotte de Faune. Ils aperçoivent quelques caractères récemment tracés sur un hêtre. La divinité champêtre avait décrit en vers prophétiques la félicité promise à l'empire sous le règne d'un si grand prince. Faune salue le héros qui, prêtant ses épaules pour soutenir le poids de l'univers chancelant, doit étouffer les guerres, les factions, et rétablir l'innocence et la sécurité de l'âge d'or (3). »

Selon toutes les apparences, ces élégantes bagatelles ne parvinrent jamais aux oreilles d'un vieux général, qui, avec le consentement de ses légions, se préparait à exécuter le projet si long-temps sus-

<small>Carus défait les Sarmates et marche en Orient.</small>

---

(1) *Hist. Aug.*, p. 249. Carus félicite le sénat de ce qu'un de ses membres est fait empereur.
(2) *Hist. Aug.*, p. 242.
(3) *Voyez* la première églogue de Calphurnius, dont M. de Fontenelle préfère le plan à celui du *Pollion* de Virgile. *Voyez* tome III, p. 148.

pendu de la guerre contre les Perses. Avant son départ pour cette expédition lointaine, il conféra le titre de César à ses deux fils, Carin et Numérien; et, cédant au premier une portion presque égale de l'autorité souveraine, il lui ordonna d'apaiser d'abord quelques troubles élevés dans la Gaule, ensuite de fixer sa résidence à Rome, et de prendre le commandement des provinces occidentales (1). Une victoire mémorable remportée sur les Sarmates assura la tranquillité de l'Illyrie. Les Barbares laissèrent seize mille hommes sur le champ de bataille; vingt mille d'entre eux furent faits prisonniers. Impatient de cueillir de nouveaux lauriers, le vieil empereur se mit en marche au milieu de l'hiver, traversa la Thrace et l'Asie-Mineure, et arriva sur les confins de la Perse avec Numérien, le plus jeune de ses fils. Ce fut là que, campé sur le sommet d'une haute montagne, il montra aux troupes l'opulence et le luxe de l'ennemi dont elles allaient bientôt envahir le territoire.

Il donne audience aux ambassadeurs persans.
Ann. 283.

Le successeur d'Artaxercès, Varanes ou Bahram, avait subjugué les Ségestins, une des nations les plus belliqueuses de la Haute-Asie (2). Malgré cet exploit, l'approche des Romains l'alarma; il résolut d'employer, pour retarder leurs progrès, la voie de la

---

(1) *Hist. Aug.*, p. 353; Eutrope, ix, 18; Pagi, *Annal.*

(2) Agathias, l. iv, p. 135. On trouve une de ses maximes dans la *Bibliothèque orientale* de d'Herbelot: *La définition de l'humanité renferme toutes les autres vertus.*

négociation. Ses ambassadeurs entrèrent dans le camp romain vers le coucher du soleil, au moment où les troupes apaisaient leur faim par un repas frugal. Les Perses demandèrent à paraître en présence de Carus. Ils parcoururent les rangs sans apercevoir l'empereur. On les conduisit enfin à un soldat assis sur le gazon, et qui n'avait pour marque distinctive qu'un manteau de pourpre, fait d'une étoffe grossière. Un morceau de lard rance et quelques vieux pois composaient son souper. La même simplicité régna dans la conférence. Carus, ôtant un bonnet qu'il portait pour cacher sa tête chauve, assura les ambassadeurs que si leur maître refusait de reconnaître la souveraineté de Rome (1), il rendrait bientôt la Perse aussi dépouillée d'arbres que sa tête l'était de cheveux. Quoiqu'il y eût peut-être de l'affectation dans cette scène, elle peut nous donner une idée des mœurs de Carus, et de la simplicité sévère qu'avaient déjà ramenée dans les camps les belliqueux successeurs de Gallien. Les ministres du grand roi tremblèrent, et se retirèrent.

Ses victoires, et sa mort extraordinaire.

Les menaces de Carus ne furent pas sans effet. Il ravagea la Mésopotamie, renversa tout ce qui s'opposait à son passage, se rendit maître de Séleucie et de Ctésiphon, places importantes, qui paraissent s'être rendues sans résistance : enfin, il porta ses armes vic-

---

(1) Synesius attribue cette histoire à Carin : il est bien plus naturel de la donner à Carus qu'à l'empereur Probus, comme l'ont fait Tillemont et Petau.

torieuses au-delà du Tigre (1). Ce prince avait saisi le moment favorable pour une invasion. Les conseils de la Perse étaient agités par des factions domestiques. Cette monarchie avait envoyé la plus grande partie de ses forces sur les frontières de l'Inde. Rome et l'Orient reçurent avec transport la nouvelle d'un si grand succès. On se formait déjà les idées les plus magnifiques. La flatterie et l'espérance annonçaient la chute de la Perse, la conquête de l'Arabie, la soumission de l'Égypte, et la tranquillité de l'empire, à jamais délivré des incursions du peuple scythe (2). Mais le règne de Carus semblait destiné à montrer la fausseté des prédictions. Elles étaient à peine proférées, que la mort du vainqueur vint les contredire. On est fort incertain sur la manière dont périt ce prince. Ce qui nous est parvenu de plus authentique à ce sujet se trouve dans une lettre de son secrétaire au préfet de la ville. « Carus, dit-il, notre cher empereur, était dans son lit, malade, lorsqu'il s'éleva dans le camp un furieux orage. Le ciel devint si obscur, que nous ne pouvions nous distinguer; et les éclats continuels de la foudre nous ôtèrent la connaissance de ce qui se passait dans cette confusion générale. Immédiatement après le plus violent coup

An. 283. 25 décemb.

---

(1) Vopiscus, *Hist. Aug.*, p. 250; Eutrope, IX, 18; les deux Victor.

(2) C'est à la victoire de Carus sur les Perses que je rapporte le dialogue du *Philopatris*, qui a été si long-temps un objet de dispute parmi les savans; mais il faudrait une dissertation pour expliquer et pour justifier mon opinion.

de tonnerre, nous entendons crier que l'empereur n'est plus. Il paraît que les officiers de sa maison, dans les transports de leur douleur, ont mis le feu à la tente impériale; ce qui a donné lieu au bruit que Carus avait été tué de la foudre : mais, autant qu'il nous a été possible d'approfondir la vérité, nous croyons que sa mort a été l'effet naturel de sa maladie (1). »

Cet événement ne produisit aucun trouble. L'ambition des généraux qui auraient voulu s'emparer de la pourpre, était contenue par leurs craintes respectives. Le jeune Numérien et son frère Carin, alors absent, furent universellement reconnus. Les Romains espéraient que le successeur de Carus marcherait sur les traces de son père, et que, sans laisser aux Perses le temps de revenir de leur consternation, il porterait le fer et le feu dans les palais de Suze et d'Ecbatane (2); mais les légions, si redoutables par leur nombre et par leur discipline, ne purent résister aux viles terreurs de la superstition. Malgré tous les artifices que l'on employa pour déguiser les circonstances de la mort du dernier empereur; il ne fut pas possible de détruire l'opinion de la multitude, et la force de l'opinion est irrésistible. Les lieux et les per-

Ses deux fils Carin et Numérien lui succèdent.

---

(1) *Hist. Aug.*, p. 250. Cependant Eutrope, Festus, Rufus, les deux Victor, saint Jérôme, Sidonius-Apollinaris, George Syncelle et Zonare, prétendent tous que Carus fut tué de la foudre.

(2) *Voyez* Némésien, *Cynegeticon*, v. 71, etc.

sonnes frappés de la foudre paraissent singulièrement dévoués à la colère du ciel (1); les anciens ne les regardaient qu'avec une pieuse horreur. On parla d'un oracle qui désignait le Tigre comme la borne fatale des armes romaines. Les troupes, effrayées du sort de Carus et de leurs propres dangers, sommèrent hautement le jeune Numérien d'obéir à la volonté des dieux, et de les tirer d'un pays où elles ne pouvaient combattre que sous les plus malheureux auspices. Le faible empereur se laissa entraîner par leurs préjugés, et les Perses ne purent voir sans étonnement la retraite subite d'un ennemi victorieux (2).

<small>Vices de Carin. Ann. 284.</small> On apprit bientôt à Rome la mort mystérieuse de l'empereur. Le sénat et les provinces se félicitèrent de l'avénement des fils de Carus. Ces jeunes princes cependant n'avaient point ce sentiment d'une supériorité de naissance ou de mérite, qui seule peut rendre la possession d'un trône facile et presque naturelle. Nés dans une condition privée, ils avaient reçu l'éducation de leur état, lorsque l'élection de leur père les appela tout à coup au rang de princes; sa mort, qui arriva seize mois après environ, leur assura l'héritage inattendu d'un empire immense. Pour

---

(1) *Voyez* Festus et ses commentateurs sur le mot *scribonianum*. Les lieux frappés de la foudre étaient entourés d'un mur; les choses étaient enterrées avec des cérémonies mystérieuses.

(2) Vopiscus, *Hist. Aug.*, p. 250. Aurelius-Victor semble croire à la prédiction et approuver la retraite.

soutenir avec modération une fortune si rapide, il eût fallu une prudence et une vertu extraordinaires, qualités dont Carin, l'aîné des deux frères, était entièrement dépourvu. Il avait montré quelque courage dans la guerre de la Gaule (1); mais, dès qu'il fut arrivé à Rome, il s'abandonna, sans aucune retenue, au luxe de la ville et à l'abus de l'autorité. Il était faible et cependant cruel, livré aux plaisirs, mais dénué de goût; et, quoique singulièrement susceptible de vanité, il paraissait insensible à l'estime publique. Dans le cours de quelques mois il épousa et répudia successivement neuf femmes qu'il laissa, pour la plupart, enceintes; et, malgré tant d'engagemens légitimes si souvent rompus, il trouvait le temps de satisfaire une foule d'autres passions qui le couvraient d'opprobre, et déshonoraient les premières familles de l'État. Rempli d'une haine implacable contre tous ceux qui pouvaient se rappeler son ancienne obscurité, ou désapprouver sa conduite présente, il eut la bassesse de persécuter les compagnons de son enfance qui n'avaient point assez respecté la majesté future de l'empereur; et les sages conseillers que son père avait placés auprès de lui pour guider sa jeunesse sans expérience, furent condamnés à l'exil ou au dernier supplice. Carin traitait les sénateurs avec fierté; il affectait de leur parler en maître, et il leur disait souvent qu'il avait intention de distribuer leurs biens à

---

(1) Némésien, *Cynégeticon*, v. 69. Il était contemporain, mais poëte.

la populace de Rome. Ce fut d'entre les derniers de cette populace qu'il tira ses favoris et ses ministres. On voyait dans le palais, à la table même du prince, des chanteurs, des danseurs, des courtisanes, et tout le cortége du vice et de la folie. Un huissier (1) obtint le gouvernement de la ville. À la place du préfet du prétoire, qui fut mis à mort, Carin substitua l'un des ministres de ses plaisirs les plus dissolus. Un autre, qui avait les mêmes droits à sa faveur, ou qui l'avait obtenue par un moyen encore plus infâme, reçut les honneurs du consulat. Enfin, un secrétaire de confiance, très-habile dans l'art de contrefaire les écritures, fut chargé par l'indolent empereur de le délivrer du devoir pénible de signer son nom.

Lorsque Carus avait entrepris la guerre de Perse, la politique et sa tendresse pour sa famille, dont il voulait assurer la fortune, l'avaient engagé à laisser entre les mains de l'aîné de ses fils, les armées et les provinces de l'Occident. La nouvelle qu'il reçut bientôt de la conduite de Carin, lui causa les regrets les plus vifs. Pénétré de douleur et de honte, le vieil empereur ne cacha point la résolution où il était de satisfaire la république par un acte sévère de justice, d'éloigner du trône un fils indigne qui en dégradait la majesté, et d'adopter le brave et ver-

---

(1) *Cancellarius*. Ce mot, si humble dans son origine, est devenu, par un hasard singulier, le titre de la première place de l'État dans les monarchies de l'Europe. *Voyez* Casaubon et Saumaise, *ad Hist. Aug.*, p. 253.

tueux Constance, alors gouverneur de la Dalmatie (1). Mais l'élévation de cet illustre général fut différée pour quelque temps; et dès que Carin se trouva débarrassé, par la mort de son père, du frein de la crainte ou de la décence, Rome gémit sous la tyrannie d'un monarque qui joignait à la folie d'Élagabale la cruauté de Domitien (2).

Le seul mérite que l'histoire ou la poésie ait remarqué dans l'administration de Carin, fut la splendeur extraordinaire avec laquelle, en son nom et au nom de son frère, il célébra les jeux du cirque et de l'amphithéâtre. Plus de vingt ans après, lorsque les courtisans de Dioclétien lui représentaient la gloire et l'affection des peuples que son prédécesseur avait acquises par sa munificence, ce prince économe convenait que le règne de Carin avait été en effet un règne de plaisir (3). Au reste, cette vaine prodigalité, que pouvait dédaigner la prudence de Dioclétien, excita la surprise et les transports du

Il célèbre des jeux à Rome.

───────────

(1) Carus se désolait de ce que son fils Numérien était encore trop jeune pour qu'il pût lui confier, à la place de son frère Carin, le gouvernement des provinces occidentales. Vopiscus, *in Caro*. (*Note de l'Éditeur.*)

(2) Vopiscus, *Hist. Aug.*, p. 253, 254; Eutrope, ix, 19; Victor le jeune. À la vérité, le règne de Dioclétien fut si long et si florissant, qu'il a dû nuire beaucoup à la réputation de Carin.

(3) Vopiscus, *Hist. Aug*, p. 254. Il l'appelle Carus; mais le sens paraît d'une manière assez claire : d'ailleurs les noms du père et du fils étaient souvent confondus.

peuple. Les vieillards, se rappelant la pompe triomphale de Probus, celle d'Aurélien et les jeux séculaires de l'empereur Philippe, avouaient que ces fêtes brillantes étaient toutes surpassées par la magnificence du fils de Carus (1).

Spectacles de Rome.On peut se former une idée des spectacles de Carin, en considérant quelques particularités que l'on trouve dans l'histoire concernant les jeux donnés par ses prédécesseurs. Si nous nous bornons aux chasses de bêtes sauvages ; quelque blâmable que nous paraisse la vanité du dessein, ou la cruauté de l'exécution, nous serons forcés de l'avouer, jamais, avant ni depuis les Romains, l'art n'a fait des efforts si prodigieux ; jamais on n'a dépensé des sommes si excessives pour l'amusement du peuple (2). Sous le règne de Probus, de grands arbres, transplantés au milieu du cirque, avec leurs racines, formèrent une vaste forêt, qui fut tout à coup remplie de mille autruches, de mille daims, de mille cerfs et de mille sangliers, et tout ce gibier fut abandonné à l'impétuosité tumultueuse de la multitude. La tragédie du jour suivant consista dans un massacre de cent lions, d'autant de lionnes, de deux cents léopards,

---

(1) *Voyez* Calphurnius, *eclog.* vii, 43. Nous pouvons observer que les spectacles de Probus étaient encore récens, et que le poëte est secondé par l'historien.

(2) Le philosophe Montaigne (*Essais*, l. iii, c. 6) donne une idée très-juste et très-agréable de la magnificence romaine dans ces spectacles.

et de trois cents ours (1). Les animaux que le jeune Gordien avait destinés à son triomphe, et qui parurent aux jeux séculaires de son successeur, étaient moins remarquables par le nombre que par la singularité. Vingt zèbres déployèrent aux yeux du peuple romain leurs formes élégantes et la beauté de leur robe, brillante de différentes couleurs (2). Dix élans et autant de girafes, les plus doux et les plus grands des animaux qui errent dans les plaines de la Sarmatie et dans celles de l'Éthiopie, contrastaient avec trente hyènes d'Afrique, et dix tigres de l'Inde, les créatures les plus féroces de la zone torride. La force peu dangereuse dont la nature a doué les plus grands des quadrupèdes, fut admirée dans le rhinocéros, dans l'hippopotame du Nil (3), et dans une troupe majestueuse de trente-deux éléphans (4). Tandis que

---

(1) Vopiscus, *Hist. Aug.*, p. 240.
(2) On leur donna le nom d'*onagri*; mais le nombre est trop petit pour qu'il ne soit question que d'ânes sauvages. Cuper (*de Elephantis exercitat.*, 11, 7) a prouvé, d'après Oppien, Dion et un Grec anonyme, que l'on avait vu des zèbres à Rome. Ces animaux venaient de quelque île de l'Océan, peut-être de Madagascar.
(3) Carin donna un hippopotame. (*Voyez* Calphurnius, *eclog.* VII, 66.) Auguste avait autrefois exposé trente-six crocodiles; je ne vois pas qu'il en ait paru dans les spectacles donnés depuis ce prince. Dion-Cassius, l. LV, p. 781.
(4) Capitolin, *Hist. Aug.*, p. 164, 165. Nous ne connaissons pas les animaux qu'il appelle *archeleontes*; quelques-uns disent *argoleontes*, d'autres *agrioleontes*. Ces deux corrections sont ridicules.

la populace contemplait avec une surprise stupide ce magnifique spectacle, le naturaliste pouvait observer la figure et les caractères de tant d'espèces différentes, transportées de toutes les parties de l'ancien continent dans l'amphithéâtre de Rome. Mais cet avantage passager que la science tirait de la folie, ne saurait certainement justifier un emploi si extravagant des richesses de l'État. On trouve pourtant dans l'histoire romaine une occasion, unique à la vérité, où le sénat de Rome lia prudemment les jeux de la multitude avec les intérêts de la république; ce fut pendant la première guerre punique. Un petit nombre d'esclaves, qui n'avaient pour armes que des javelines émoussées (1), donna la chasse, au milieu du cirque, à une troupe considérable d'éléphans pris sur les Carthaginois. Ce divertissement utile servit à inspirer au soldat romain un juste mépris pour ces masses énormes, qu'il ne craignit bientôt plus de rencontrer sur le champ de bataille.

L'amphithéâtre. La chasse ou l'exposition des bêtes sauvages se faisait avec une magnificence digne d'un peuple qui s'appelait le maître de l'univers; les édifices destinés à ces amusemens ne répondaient pas moins à la grandeur romaine. La postérité admire et admirera longtemps les débris majestueux de l'amphithéâtre de Titus, qui méritait bien le nom de colossal (2). C'é-

---

(1) Pline, *Hist. nat.*, VIII, 6. Cette particularité est tirée des *Annales* de Pison.

(2) *Voyez* Maffei, *Verona illustrata*, p. IV, l. 1, c. 2.

tait un bâtiment de forme elliptique, long de cinq cent soixante-quatre pieds, large de quatre cent soixante-sept, appuyé sur quatre-vingts arches, et s'élevant par quatre ordres d'architecture à la hauteur de cent quarante pieds (1). L'extérieur était revêtu de marbre, et décoré de statues. Dans le contour de la vaste enceinte qui formait l'intérieur, on avait disposé soixante ou quatre-vingts rangs de siéges, aussi de marbre, couverts de coussins, et capables de recevoir commodément plus de quatre-vingt mille spectateurs (2). La multitude arrivait en foule par soixante-quatre entrées (en latin *vomitoria*, nom propre à désigner de pareilles portes). Les issues, les passages, les escaliers, avaient été si habilement construits, que chaque personne, sénateur, chevalier ou plébéien, se rendait sans confusion à la place qui lui était destinée (3); on n'avait rien omis

---

(1) Maffei, l. II, c. 2. La hauteur a été beaucoup trop exagérée par les anciens. Elle touchait presque les cieux, selon Calphurnius (*eclog.* VII, 23), et elle surpassait la portée de la vue de l'homme, selon Ammien-Marcellin (XVI, 10). Mais que cette hauteur était peu considérable, si on la compare avec celle de la grande pyramide d'Égypte, qui s'élevait à cinq cents pieds en ligne perpendiculaire!

(2) Selon les différentes copies de Victor, nous lisons soixante-dix-sept mille ou quatre-vingt-sept mille spectateurs; mais Maffei (l. II, c. 12) ne trouve place sur les siéges découverts que pour trente-quatre mille; le reste se tenait dans les galeries couvertes du haut.

(3) *Voyez* Maffei, l. II, c. 5-12. Il traite un sujet si diffi-

de ce qui pouvait contribuer au plaisir ou à la commodité des spectateurs. Une vaste tente, déployée sur leur tête lorsque le temps l'exigeait, les garantissait du soleil et de la pluie. Le jeu des fontaines rafraîchissait continuellement l'air imprégné du parfum délicieux des aromates. Dans le centre de l'édifice, l'arène ou théâtre, parsemée du sable le plus fin, prenait successivement les formes les plus variées. Tantôt elle semblait s'élever de terre comme le jardin des Hespérides : elle présentait ensuite les cavernes et les rochers de la Thrace; des canaux souterrains fournissaient une source d'eau inépuisable ; et ce qui venait de paraître une plaine unie, pouvait être tout à coup changé en un lac couvert de vaisseaux armés, et rempli des monstres de la mer (1). Les empereurs romains déployèrent leurs richesses et leur libéralité pour embellir ces magnifiques scènes. Nous lisons qu'en plusieurs occasions toutes les décorations de l'amphithéâtre furent d'or, d'argent ou d'ambre (2). Selon le poëte qui décrit les jeux de Carin, sous le nom d'un berger attiré dans la capi-

---

cile avec toute la clarté possible, et en architecte aussi bien qu'en antiquaire.

(1) Calphurn., *eclog.* VII, 64, 73. Ces vers sont curieux, et toute l'églogue a été d'un très-grand secours à Maffei. Calphurnius et Martial (*voyez son premier livre*) étaient poëtes; mais lorsqu'ils ont décrit l'amphithéâtre, ils ont peint ce qu'ils voyaient, et ils voulaient parler aux sens des Romains.

(2) *Voyez* Pline, *Hist. nat.*, XXXIII, 16; XXXVII, LI.

tale par leur magnificence, les filets destinés à défendre le peuple contre les bêtes sauvages, étaient de fils d'or; les portiques avaient été dorés, et une précieuse mosaïque (1), composée de pierres d'une grande beauté, enrichissait les degrés de l'amphithéâtre, qui servaient à séparer les rangs des spectateurs.

Au milieu de cette pompe éclatante, Carin, assuré de sa fortune, jouissait des acclamations du peuple et de la flatterie des courtisans. Il écoutait avec transport les chants des poëtes qui se trouvaient réduits à célébrer, au défaut d'un mérite plus essentiel, les grâces divines de sa personne (2). Dans le même moment, mais à huit cents milles de Rome, son frère rendait les derniers soupirs, et une révolution soudaine faisait passer entre les mains d'un étranger le sceptre de la maison de Carus (3).

Ann. 284. 12 septemb.

Les fils de Carus ne se virent point depuis la mort de leur père. Les arrangemens qu'exigeait leur nouvelle situation, avaient probablement été différés jusqu'au retour de Numérien dans la capitale, où l'on avait décerné aux jeunes princes les honneurs du

Retour de Numérien avec l'armée de Perse.

---

(1) *Balteus en gemmis, en inlita porticus auro
Certatim radiant*, etc.   CALPHURN., VII.

(2) *Et Martis vultus et Apollinis esse putavi*, dit Calphurnius; mais Jean Malala, qui avait peut-être vu des portraits de Carin, dit que ce prince était petit, épais et blanc (tome 1, p. 403).

(3) Par rapport au temps où ces jeux romains furent célébrés, Scaliger, Saumaise et Cuper, se sont donné bien de la peine pour embrouiller un sujet très-clair.

triomphe pour le glorieux succès de la guerre de Perse (1). On ne sait s'ils avaient le projet de diviser entre eux l'administration ou les provinces de l'empire; mais il est vraisemblable que leur union n'eût point été de longue durée. La jalousie du pouvoir aurait été enflammée par l'opposition des caractères. Dans le plus corrompu des siècles, Carin était indigne de vivre; Numérien méritait de régner dans des temps plus heureux. Ses manières affables et ses vertus aimables lui assurèrent, dès qu'elles furent connues, l'estime et l'affection du public; il possédait les qualités brillantes de poëte et d'orateur, qui honorent et embellissent l'état le plus humble comme le plus élevé. Cependant, quoique son éloquence eût reçu les applaudissemens du sénat, il avait moins pris pour modèle Cicéron que de modernes déclamateurs. Mais dans un siècle dont le mérite poétique n'est pas à dédaigner, il disputa le prix aux plus célèbres de ses contemporains; et il resta toujours l'ami de ses rivaux : ce qui montre évidemment la bonté de son cœur ou la supériorité de son génie (2). Mais les talens de Numérien le portaient à la contemplation; la nature ne l'avait point formé pour une vie active.

---

(1) Némésien (*Cynegeticon*) paraît anticiper dans son imagination cet heureux jour.

(2) Il gagna toutes les couronnes sur Némésien, son rival, dans la poésie didactique. Le sénat éleva une statue au fils de Carus, avec une inscription très-équivoque : *Au plus puissant des orateurs.* Voyez Vopiscus, *Hist. Aug.*, p. 251.

Lorsque la grandeur soudaine de sa maison le força, malgré lui, de s'arracher aux charmes de la retraite, ni son caractère ni ses études ne l'avaient rendu propre au commandement des armées. Les fatigues de la guerre de Perse détruisirent sa constitution; et ses yeux, incapables de soutenir la chaleur du climat (1), avaient contracté une faiblesse qui l'obligea, pendant une longue marche, de se renfermer dans la solitude et dans l'obscurité d'une tente ou d'une litière. L'administration de toutes les affaires, tant militaires que civiles, fut remise au préfet du prétoire, Arius Aper, qui à l'importance de sa dignité ajoutait l'honneur d'avoir Numérien pour gendre: cet officier avait confié la garde du pavillon impérial aux plus dévoués de ses partisans; et ce fut lui qui, pendant plusieurs jours, communiqua aux troupes les ordres supposés de leur invisible souverain (2).

L'armée romaine avait quitté les bords du Tigre dès que Carus avait eu les yeux fermés: elle n'arriva qu'après huit mois d'une marche lente sur les rives du Bosphore de Thrace. Les légions s'arrêtèrent à Chalcédoine en Asie, tandis que la cour passait à Héraclée, ville d'Europe, baignée par la Propontide (3).

Mort de Numérien.

---

(1) Cause plus naturelle au moins que celle dont parle Vopiscus (*Hist. Aug.*, p. 251). Cet historien attribue la faiblesse de ses yeux aux pleurs qu'il ne cessa de verser sur la mort de son père.

(2) Dans la guerre de Perse, Aper fut soupçonné d'avoir eu le projet de trahir Carus. *Hist. Aug.*, p. 250.

(3) Nous devons à la *Chronique d'Alexandrie*, p. 274, la

Tout à coup on parle de la mort de l'empereur, et de la présomption d'un ministre ambitieux, qui continuait à exercer le pouvoir souverain au nom d'un prince qui n'était plus. Ces bruits se répandirent d'abord secrètement ; bientôt ils éclatèrent dans tout le camp. L'impatience des soldats ne leur permet pas de rester plus long-temps incertains. Entraînés par la curiosité, ils forcent la tente impériale, où ils n'aperçoivent que le cadavre de Numérien (1). L'affaiblissement graduel de sa santé aurait pu les porter à croire que sa mort était naturelle ; mais le soin que l'on avait pris de la cacher parut une preuve du crime, et les mesures d'Aper pour assurer son élection devinrent la cause immédiate de sa ruine. Cependant, même dans les transports de leur rage et de leur douleur, les troupes observèrent un ordre qui montre combien la discipline avait été fermement rétablie par les belliqueux successeurs de Gallien. L'armée tint à Chalcédoine une assemblée générale, où le préfet du prétoire fut amené chargé de fers comme un criminel. Un tribunal vide fut placé au milieu du camp, et les généraux formèrent, avec les tribuns, un grand conseil militaire. Ils annoncèrent bientôt à

---

connaissance du temps et du lieu où Dioclétien fut nommé empereur.

(1) *Hist. Aug.*, p. 251; Eutrope, IX, 18; saint Jérôme, *in Chron.* Selon ces *judicieux* écrivains, la mort de Numérien fut découverte par l'infection de son cadavre. Ne pouvait-on pas trouver d'aromates dans la maison de l'empereur?

la multitude qu'ils avaient choisi Dioclétien, commandant des domestiques ou gardes du palais, comme la personne la plus capable de venger un prince chéri, et de lui succéder. Ce moment était important pour le candidat, et sa fortune pouvait en quelque sorte dépendre de la conduite qu'il allait tenir. Persuadé que l'emploi dont il avait été chargé l'exposait à quelques soupçons, Dioclétien monte sur le tribunal, tourne les yeux vers le soleil, et, en présence de ce dieu qui voit tout (1), il proteste solennellement de son innocence. Prenant alors le ton d'un souverain et d'un juge, il fait amener Aper au pied du tribunal : « Cet homme, dit-il, est le meurtrier de Numérien. » Et, sans lui donner le temps d'entrer dans une justification dangereuse, il tire son épée, et la plonge dans le sein de l'infortuné préfet. Une accusation appuyée d'une preuve si décisive, est admise sans aucune contradiction; et les troupes, avec des acclamations réitérées, reconnaissent l'autorité et la justice de l'empereur Dioclétien (2).

Élection de l'empereur Dioclétien. Ann 284. 27 septemb.

Avant de décrire le règne mémorable de ce prince, voyons quelle fut la destinée de l'indigne frère de Numérien. Les armes et les trésors de Carin le mettaient en état de soutenir ses droits au trône; mais ses vices personnels détruisaient tous les avantages

Défaite et mort de Carin.

---

(1) Aurel.-Victor; Eutrope, ix, 20; saint Jérôme, *in Chron.*
(2) Vopiscus, *Hist. Aug.*; p. 252. Ce qui engagea Dioclétien à tuer *Aper* (en latin un *sanglier*), ce furent une prédiction et une pointe aussi ridicules que connues.

qu'il pouvait tirer de sa naissance et de sa situation. Les plus fidèles serviteurs du père méprisaient l'incapacité du fils, et redoutaient sa cruelle arrogance. Son rival avait pour lui le cœur des peuples; le sénat même préférait un usurpateur à un tyran. Les artifices de Dioclétien entretinrent le mécontentement général. L'hiver fut employé en intrigues secrètes et en préparatifs ouverts pour une guerre civile. Au printemps, les armées de l'Orient et de l'Occident se rencontrèrent dans les plaines de Margus, petite ville de Mœsie, non loin des rives du Danube (1). Les troupes qui venaient de faire trembler le grand roi, se trouvaient épuisées par les maladies et par les fatigues de leur dernière expédition; elles ne pouvaient disputer la victoire aux légions d'Europe, dont la force n'avait éprouvé aucune altération. Les lignes de Dioclétien furent rompues, et ce prince désespéra pendant quelque temps de la pourpre et de la vie. Mais Carin perdit, par l'infidélité de ses officiers, l'avantage que lui avait procuré la valeur de ses soldats. Un tribun dont il avait séduit la femme, saisit l'occasion de se venger, et d'un seul coup il éteignit les discordes civiles dans le sang de l'adultère (2).

Ann. 285. Mai.

---

(1) Eutrope marque sa situation avec beaucoup d'exactitude. Cette ville était entre le *Mons Aureus* et *Viminiacum*. M. d'Anville (*Géogr. anc.*, t. 1, p. 304) place Margus à Kastolatz en Servie, un peu au-dessous de Belgrade et de Semendrie.

(2) *Hist. Aug.*, p. 254; Eutrope, ix, 20; Aurelius-Victor; Victor, *in Epit.*

CHAPITRE XIII.

Règne de Dioclétien et de ses trois associés, Maximien, Galère et Constance. Rétablissement général de l'ordre et de la tranquillité. Guerre de Perse. Victoire et triomphe des empereurs romains. Nouvelle forme d'administration. Abdication de Dioclétien et de Maximien.

AUTANT le règne de Dioclétien fut plus illustre que celui de ses prédécesseurs, autant sa naissance était plus basse et plus obscure. Les droits puissans du mérite et de la violence avaient souvent renversé les prérogatives idéales de la noblesse ; mais il existait toujours une ligne de séparation entre les hommes libres et ceux qui vivaient dans la servitude. Les parens du prince qui succéda aux fils de Carus avaient été esclaves dans la maison d'Anulinus, sénateur romain. Le nom qui servait à distinguer Dioclétien lui venait d'une petite ville de Dalmatie, d'où sa mère tirait son origine (1). Il paraît cependant que

Élévation et caractère de Dioclétien. Ann. 285.

---

(1) Eutrope, IX, 19; Victor, *in Epit.* La ville paraît avoir été nommée *Doclia*, d'une petite tribu d'Illyriens. *Voyez* Cellarius, *Géogr. anc.*, t. 1, p. 393. Le premier nom de l'heureux esclave fut probablement Doclès ; il l'alongea ensuite pour lui donner un son convenable à l'harmonie grecque, et il s'appela Dioclès ; enfin il en fit Diocletianus (Dioclétien), qui répondait mieux à la majesté romaine. Il

son père, après avoir obtenu la liberté, exerça le métier de scribe, emploi réservé communément aux personnes de son état (1). Des oracles favorables, ou plutôt l'impulsion d'un mérite supérieur, éveillèrent l'ambition du fils, l'engagèrent à suivre la profession des armes, et lui annoncèrent une fortune brillante. Le hasard et son propre génie contribuèrent à son élévation. Ce serait un spectacle très-curieux que d'observer l'enchaînement des circonstances qui lui fournirent les moyens de remplir ses hautes destinées, et de développer aux yeux de l'univers les talens qu'il avait reçus de la nature. Dioclétien obtint successivement le gouvernement de la Mœsie, les honneurs du consulat, et le commandement important des gardes du palais. Il se distingua par son habileté dans la guerre de Perse. Enfin, après la mort de Numérien, au jugement et de l'aveu de ses rivaux, l'esclave fut déclaré le plus digne du trône impérial. La malignité du zèle religieux, qui n'a pas épargné la férocité sauvage de Maximien son collègue, s'est efforcée de jeter des soupçons sur le courage personnel de l'empereur Dioclétien (2). Nous

---

prit le nom patricien de Valerius, et c'est ainsi qu'Aurelius-Victor a coutume de le désigner.

(1) Voyez Dacier, sur la VIe satire du IIe livre d'Horace; Cornelius-Nepos, *Vie d'Eumène*, c. 1.

(2) Lactance (ou l'auteur, quel qu'il soit, du petit traité *de Mortibus persecutorum*) accuse en deux endroits Dioclétien de timidité. Dans le chapitre 9, il dit de lui : *Erat in omni tumultu meticulosus et animi disjectus*.

croirons difficilement à la lâcheté d'un soldat de fortune, qui mérita et qui sut conserver l'estime des légions; aussi bien que la faveur de tant de princes belliqueux. Cependant la calomnie ne manque pas de sagacité pour découvrir et pour attaquer le côté le plus faible. Dioclétien eut toujours le courage que son pouvoir ou l'occasion exigeait; mais on ne voit point en lui cet esprit entreprenant, cette intrépidité d'un héros qui, brûlant du désir de se faire un nom, brave les dangers, dédaigne l'artifice, et force ses égaux à reconnaître sa supériorité. Des qualités moins brillantes qu'utiles, une tête forte, éclairée par l'expérience et par une étude approfondie de l'humanité; de la dextérité et de l'application dans les affaires; un mélange judicieux d'économie et de libéralité; de sévérité et de douceur; une dissimulation profonde, cachée sous le voile de la franchise militaire; de la constance pour parvenir à son but, de la flexibilité pour varier ses moyens, et, par-dessus tout, le grand art de soumettre ses passions et celles des autres à l'intérêt de son ambition, de colorer cette ambition des prétextes les plus spécieux de justice et de bien public, tels sont les traits qui forment le caractère de Dioclétien. Comme Auguste, il jeta en quelque sorte les fondemens d'un nouvel empire. Semblable au fils adoptif de César, il se distingua plutôt par les talens de l'homme d'État que par ceux du guerrier; et jamais ces princes n'employèrent la force toutes les fois qu'ils purent réussir par la voie de la politique.

Sa victoire et sa clémence. — Dioclétien usa de sa victoire avec une douceur singulière. Depuis long-temps les Romains applaudissaient à la clémence du vainqueur lorsque les peines ordinaires de mort, d'exil et de confiscation, étaient infligées avec quelque degré de modération et de justice : ils furent agréablement surpris de l'issue d'une guerre civile dont la rage ne s'étendit pas au-delà du champ de bataille. L'empereur donna sa confiance au principal ministre de la maison de Carus, Aristobule. Il respecta la vie, la fortune, la dignité de ses adversaires; et même les serviteurs de Carin (1) conservèrent, pour la plupart, leurs emplois. La prudence contribua vraisemblablement à l'humanité de l'artificieux Dalmate. Parmi tous ces officiers, les uns avaient acheté sa faveur par une trahison secrète; il estimait dans les autres les sentimens de fidélité et de reconnaissance qu'ils avaient montrés pour un maître infortuné. Aurélien, Probus et Carus, princes habiles, avaient placé dans les différens départemens de l'État et de l'armée des sujets d'un mérite reconnu, dont l'éloignement serait devenu nuisible au service public, sans servir à l'intérêt du prince. D'ailleurs, une pareille conduite donnait à l'univers romain les plus magnifiques espérances.

---

(1) Dans cet éloge, Aurelius-Victor paraît censurer avec raison, quoique d'une manière indirecte, la cruauté de Constance. On voit, par *les Fastes*, qu'Aristobule demeura préfet de la ville, et qu'il finit avec Dioclétien le consulat qu'il avait commencé avec Carin.

L'empereur eut soin de fortifier ces impressions favorables, en déclarant que de toutes les vertus de ses prédécesseurs, il se proposait surtout d'imiter la philosophie pleine d'humanité de Marc-Aurèle (1).

La première action considérable de son règne, parut un garant de sa modération et de sa sincérité. Il prit pour collègue Maximien, et il lui accorda d'abord le titre de César, ensuite celui d'Auguste (2). Marc-Aurèle avait déjà donné un pareil exemple ; mais, en couronnant un jeune prince livré à ses passions, il avait sacrifié le bonheur de l'État pour acquitter une dette de reconnaissance particulière. Les motifs de Dioclétien et l'objet de son choix furent d'une nature entièrement différente. En associant aux travaux du gouvernement un ami, un compagnon d'armes, il s'assurait, en cas de danger, les moyens de pouvoir défendre à la fois l'Orient et l'Occident. Maximien, né paysan, et, de même qu'Aurélien, dans le territoire de Sirmium, n'avait reçu aucune éducation. Sans lettres (3), sans égard pour

Élévation et caractère de Maximien. Ann. 286. 1ᵉʳ avril.

---

(1) Aurelius-Victor appelle Dioclétien *parentem potiùs quàm dominum.* Voyez *Hist. Aug.*, p. 30.

(2) Les critiques modernes ne s'accordent pas sur le temps où Maximien reçut les honneurs de César et d'Auguste, et cette question a donné lieu à un grand nombre de savantes querelles. J'ai suivi M. de Tillemont (*Hist. des Empereurs*, tome IV, p. 500-505), qui a pesé les difficultés et les différentes raisons avec l'exactitude scrupuleuse qui lui est propre.

(3) Dans un discours prononcé devant lui (*Paneg. vet.*, 11, 8), Mamertin doute si son héros, en imitant la conduite

les lois, la rusticité de ses manières, décela toujours, dans le rang le plus élevé, la bassesse de son extraction. Il ne connaissait d'autre science que celle de la guerre. Il s'était distingué pendant plusieurs années de service sur toutes les frontières de l'empire; et, quoique ses talens militaires le rendissent plus propre à obéir qu'à commander, quoique peut-être il ne soit jamais parvenu à acquérir l'habileté d'un général consommé, sa valeur, sa fermeté et son expérience, le mirent en état d'exécuter les entreprises les plus difficiles. Ses vices même ne furent pas inutiles à son bienfaiteur. Insensible à la pitié, prêt à se porter aux actions les plus violentes sans en redouter les suites, Maximien était toujours l'instrument des cruautés que son rusé collègue savait à la fois suggérer et désavouer. Dès qu'un sacrifice sanglant avait été offert à la nécessité ou à la vengeance, Dioclétien, par une prudente intercession, sauvait le petit nombre de ceux qu'il n'avait jamais eu l'intention de punir : il reprenait avec douceur la sévérité de son impitoyable associé ; et il jouissait de l'amour des peuples, qui ne cessaient de comparer à l'âge d'or et au siècle de fer des maximes de gouvernement si opposées. Malgré la différence des caractères, les

---

d'Annibal et de Scipion, a jamais entendu prononcer leurs noms ; d'où nous pouvons conclure que Maximien ambitionnait plus la réputation de soldat que celle d'homme lettré. C'est ainsi que l'on peut souvent tirer la vérité du langage même de la flatterie.

deux empereurs conservèrent sur le trône l'amitié qu'ils avaient contractée dans une condition privée. Maximien, dont l'esprit altier et turbulent lui devint par la suite si fatal, et troubla la tranquillité publique, était accoutumé à respecter le génie de Dioclétien, et il avouait l'ascendant de la raison sur une violence brutale (1). La superstition ou l'orgueil engagea ces princes à prendre les titres, l'un de Jovius, l'autre d'Herculius. Tandis que, selon le langage des mercenaires orateurs de ce siècle, la sagesse clairvoyante de Jupiter imprimait le mouvement à l'univers, le bras invincible d'Hercule purgeait la terre des monstres et des tyrans (2).

Mais la toute-puissance même de Jovius et d'Herculius ne suffisait pas à supporter le fardeau de l'administration publique. Le sage Dioclétien s'aperçut que l'empire, assailli de tous côtés par les Barbares, exigeait de tous côtés la présence d'une armée et d'un empereur. Il prit donc la résolution de diviser

Association des deux Césars Galère et Constance. Ann. 292. 1er mars.

––––––––––––––

(1) Lactance, *de Mort. persecut.*, c. 8; Aurelius-Victor. Comme parmi les panégyriques nous trouvons des discours prononcés à la louange de Maximien, et d'autres qui flattent ses adversaires à ses dépens, ce contraste sert à nous donner quelque connaissance du caractère de ce prince.

(2) *Voyez* le second et le troisième panégyriques, et particulièrement III, 3, 10, 14; mais il serait ennuyeux de copier les expressions diffuses et affectées de cette fausse éloquence. Au sujet des titres, *voyez* Aurelius-Victor; Lactance, *de Mort. persec.*, c. 52; Spanheim, *de Usu numismatum*, etc. dissert. XII, 8.

encore une fois cette masse énorme de pouvoir, et de donner, avec le titre inférieur de César, une portion égale d'autorité souveraine à deux généraux d'un mérite reconnu (1). Son choix tomba sur Galère, dont le nom d'Armentarius rappelait l'état de pâtre qu'il avait d'abord exercé, et sur Constance, nommé Chlore (2), par allusion à la pâleur de son teint. Tout ce que nous avons dit de la patrie, de l'extraction et des mœurs d'Herculius, s'applique exactement à Galère, qui fut souvent, et avec raison, appelé Maximien le jeune, quoique dans plusieurs occasions il ait montré plus de talens et de vertus que le prince de ce nom. L'origine de Constance était moins obscure que celle de ses collègues. Eutrope, son père, tenait un rang considérable parmi les nobles de Dardanie, et sa mère était nièce de l'empereur Claude (3). Quoique Constance eût passé sa jeunesse dans les armées, son caractère était doux et aimable. Depuis long-temps la voix du peuple le jugeait digne du rang qu'il avait enfin obtenu. Pour resserrer les liens de la politique par ceux de l'union domestique, les

---

(1) Aurelius-Victor; Victor, *in Epit.*; Eutrope, IX, 22; Lactance, *de Mort. persec.*, c. 8; saint Jérôme, *in Chron.*

(2) C'est seulement parmi les Grecs modernes que M. de Tillemont a découvert ce surnom de *Chlore* : le moindre degré remarquable de *pâleur* semble ne pouvoir s'allier avec la *rougeur* dont il est question dans les *Panégyriques*, V, 19.

(3) Julien, petit-fils de Constance, se glorifie de tirer son origine des belliqueux Mœsiens. *Misopogon*, p. 348. Les Dardaniens habitaient sur la lisière de la Mœsie.

empereurs adoptèrent les Césars, et leur donnèrent leurs filles en mariage (1), après les avoir obligés de répudier leurs femmes. Dioclétien fut père de Galère ; Maximien, de Constance. Ces quatre princes se distribuèrent entre eux la vaste étendue de l'empire romain. La défense de la Gaule, de l'Espagne (2) et de la Bretagne, fut confiée à Constance. Galère resta campé sur les rives du Danube, pour veiller à la sûreté des provinces d'Illyrie. L'Italie et l'Afrique formèrent le département de Maximien. Dioclétien se réserva la Thrace, l'Égypte et les contrées opulentes de l'Asie. Chacun régnait en souverain dans les provinces qui lui avaient été assignées ; mais leur puissance réunie s'étendait sur tout l'empire. Ils se tenaient tous préparés à voler au secours d'un collègue, ou à l'aider de leurs conseils. Les Césars, dans le poste élevé qu'ils occupaient, révéraient la majesté des empereurs ; et les trois princes, qui devaient leur fortune à Dioclétien, conservèrent toujours le souvenir de ses bienfaits, et lui restèrent invariablement attachés. La jalousie du pouvoir n'altérait point une union si parfaite. On comparait cet accord singulier

Départemens et harmonie des quatre princes.

---

(1) Galère épousa Valérie, fille de Dioclétien. Pour parler avec exactitude, Théodora, femme de Constance, était fille seulement de la femme de Maximien. Spanh., *Dissert.* xi, 2.

(2) Cette division s'accorde avec celle des quatre préfectures : il y a cependant quelque raison de douter si l'Espagne n'était pas une des provinces de Maximien. *Voyez* Tillemont, tome IV, p. 517.

à un chœur de musique dont la main habile du premier artiste règle et entretient l'harmonie (1).

Ordre des faits.

L'élection des deux Césars n'eut lieu que six ans environ après l'association de Maximien. Dans cet intervalle il se passa plusieurs événemens mémorables; mais, pour mettre de la clarté dans notre narration, nous avons préféré d'exposer d'abord dans son ensemble la forme du gouvernement établi par Dioclétien, et de rapporter ensuite les événemens de son règne, en suivant plutôt l'ordre naturel des faits que les dates d'une chronologie fort incertaine.

État des paysans de la Gaule. Ann. 287.

Le premier exploit de Maximien, dont les monumens imparfaits de ce siècle ne parlent qu'en peu de mots, mérite, par sa singularité, de trouver place dans une histoire destinée à peindre les mœurs du genre humain. Il réprima les paysans de la Gaule, qui, sous le nom de *Bagaudes* (2), désolaient cette province : ce soulèvement général peut être comparé à ceux qui, dans le quatorzième siècle, troublèrent successivement la France et l'Angleterre (3). Plusieurs des institutions que nous avons coutume de

___

(1) Julien, *in Cæsarib.*, p. 315; Notes de Spanheim à la traduction française, p. 122.

(2) Le nom général de *Bagaudes*, pour signifier rebelles, fut employé en Gaule jusque dans le cinquième siècle. Quelques-uns le tirent du mot celtique *Bagad*, assemblée tumultueuse. Scaliger, *ad Euseb.*; Ducange, *Glossaire.*

(3) *Chron.* de Froissard, t. 1, c. 182; 11, 73-79. La naïveté de cette histoire se perd dans nos meilleurs ouvrages modernes.

rapporter au système féodal, paraissent venir originairement des Barbares celtes. Lorsque César subjugua les Gaulois, cette grande nation se trouvait déjà divisée en trois ordres : le clergé, la noblesse et le peuple. Le premier gouvernait par la superstition ; le second, par les armes ; le troisième, entièrement oublié, n'avait aucune influence dans les conseils publics. Des plébéiens, accablés de dettes ou exposés à des injures continuelles, devaient naturellement implorer la protection de quelque chef puissant qui disposât de leurs personnes et de leurs propriétés avec une autorité semblable à celle que, parmi les Grecs et les Romains, un maître exerçait sur ses esclaves (1). La plus grande partie de la nation, insensiblement réduite en esclavage, et condamnée à des travaux perpétuels dans les terres des nobles, éprouva la servitude de la glèbe, et gémit sous le poids réel des chaînes, ou sous le joug puissant et non moins cruel des lois. Durant les troubles qui agitèrent la Gaule depuis le règne de Gallien jusqu'à celui de Dioclétien, la condition de ces paysans esclaves avait été singulièrement misérable ; ils subirent à la fois la tyrannie de leurs maîtres, celle des Barbares, des soldats et des officiers du fisc (2).

---

(1) César, *de Bell. gall.*, VI, 13. Orgetorix, de la nation helvétienne, pouvait armer pour sa défense un corps de dix mille esclaves.

(2) Eumène convient de leur oppression et de leur misère (*Panegyr.*, VI, 8). *Gallias efferatas injuriis.*

Leur rebellion.

Ces vexations les jetèrent enfin dans le désespoir. De tous côtés ils s'élevèrent en foule, armés des instrumens de leurs professions, et guidés par une fureur capable de tout renverser. Le laboureur devint un fantassin. Les bergers montèrent à cheval. Les villages abandonnés, les villes ouvertes, furent livrés aux flammes, et les paysans commirent autant de ravages que le plus terrible ennemi (1). Ils réclamaient les droits naturels de l'homme, mais ils réclamaient ces droits avec la cruauté la plus farouche. Les nobles Gaulois, redoutant à juste titre leur vengeance, cherchèrent un abri dans les villes fortifiées, ou s'éloignèrent d'un pays devenu le théâtre de l'anarchie. Les paysans régnèrent sans obstacle. Deux de leurs chefs eurent même la folie et la témérité de prendre les ornemens impériaux (2). Leur puissance expira bientôt à l'approche des légions. La force unie à la discipline obtint une victoire facile sur une multitude confuse et licencieuse (3).

Leur punition.

On punit sévèrement les paysans qui furent trouvés les armes à la main. Les autres, effrayés, retournèrent à leurs habitations, et leurs efforts inutiles pour la liberté ne servirent qu'à appesantir leurs chaînes. Le cours des passions populaires est si impétueux et en même temps si uniforme, que, malgré

---

(1) *Panegyr. vet.*, ii, 4; Aurélius-Victor.

(2) Ælianus et Amandus. Nous avons les médailles qu'ils ont fait frapper. Goltzius, in *Thes. R. A.*, p. 117, 121.

(4) *Levibus prœliis domuit.* Eutrope, ix, 20.

la disette des matériaux, nous aurions pu décrire les particularités de cette guerre. Mais nous ne sommes pas disposé à croire que les principaux chefs de la révolte, Ælianus et Amandus, aient été chrétiens (1), ni que leur rebellion, ainsi qu'il arriva du temps de Luther, ait été occasionée par l'abus des principes bienfaisans du christianisme, qui tendent à établir la liberté naturelle de l'homme.

Maximien n'eut pas plus tôt arraché la Gaule aux paysans de cette province, que l'usurpation de Carausius lui enleva la Bretagne. Depuis l'heureuse témérité des Francs sous le règne de Probus, leurs hardis compatriotes avaient construit de légers brigantins, et ravageaient continuellement les contrées voisines baignées par l'Océan (2). Pour repousser leurs incursions, il parut nécessaire de créer une marine; ce sage projet fut exécuté avec vigueur et avec prudence. L'empereur fit équiper une flotte à Gessoriacum ou Boulogne, située sur le détroit qui sépare la Gaule de la Bretagne. Il en confia le commandement à Carausius, Ménapien (3) de la plus

Révolte de Carausius en Bretagne. Ann. 287.

―――――――――

(1) Ce fait n'est appuyé que sur une faible autorité, une *Vie de saint Babolin*, qui est probablement du septième siècle. *Voyez* Duchesne, *Scriptores rer. Francicar.*, t. 1, p. 662.

(2) Aurelius-Victor les appelle Germains. Eutrope (ix, 21) leur donne le nom de Saxons; mais Eutrope vivait dans le siècle suivant, et paraît avoir employé le langage de son temps.

(3) Les Ménapiens habitaient entre l'Escaut et la Meuse,

basse origine (1), qui avait long-temps signalé son habileté comme pilote, et son courage comme soldat. L'intégrité du nouvel amiral ne répondit pas à ses talens. Lorsque les pirates de la Germanie sortaient de leurs ports, il favorisait leur passage; mais il avait soin d'intercepter leur retour, dans la vue de s'approprier une partie considérable des dépouilles qu'ils avaient enlevées. Les richesses que Carausius amassa par ce moyen parurent avec raison la preuve de son crime. Déjà Maximien avait ordonné sa mort. Le rusé Ménapien avait prévu l'orage; il sut se dérober à la sévérité de son maître. Les officiers de la flotte, séduits par la libéralité de leur commandant, lui étaient entièrement dévoués. S'étant assuré des Barbares, il partit de Boulogne pour se rendre en Bretagne, gagna la légion et les auxiliaires qui défendaient l'île; et, prenant audacieusement avec la pourpre impériale le titre d'Auguste, il défia la justice et les armes de son souverain irrité (2).

---

dans la partie septentrionale du Brabant. D'Anville, *Géogr. anc.*, t. 1, p. 93. (*Note de l'Éditeur.*)

(1) Les trois expressions d'Eutrope, d'Aurélius-Victor et d'Eumène, *vilissimè natus*, *Bataviæ alumnus*, *Menapiæ civis*, nous font connaître d'une manière fort incertaine la naissance de Carausius. Le docteur Stukely cependant (*Hist. de Carausius*, p. 62) prétend qu'il était né à Saint-David, et qu'il était prince du sang royal de Bretagne. Il en a trouvé la première idée dans Richard de Cirencester, p. 44.

(2) La Bretagne alors était tranquille, et faiblement gardée. *Paneg.*, v, 12.

Lorsque la Bretagne eut été démembrée de l'em- *Importance de la Bretagne.*
pire, son importance fut plus vivement sentie, et sa
perte sincèrement déplorée. Les Romains célébrèrent
et exagérèrent peut-être l'étendue de cette île florissante, pourvue de tous côtés de ports commodes,
la température du climat et la fertilité du sol; également propre à produire du blé ou du vin, les minéraux précieux dont le pays est rempli, ses riches
pâturages couverts de troupeaux innombrables, et
ses bois où l'on n'avait point à redouter la bête sauvage ni le serpent venimeux. Ils regrettaient surtout le revenu considérable de la Bretagne, et ils
avouaient cependant qu'une pareille province méritait bien de devenir le siége d'un royaume indépendant (1). Elle fut, pendant sept ans, entre les
mains de Carausius; et, pendant sept ans, la fortune
favorisa une rebellion soutenue par le courage et par
l'habileté. Le souverain de la Bretagne défendit les *Pouvoir de Carausius.*
frontières de ses domaines contre les Calédoniens du
nord; il attira du continent un grand nombre d'excellens artistes. Plusieurs médailles, qui nous sont

---

(1) *Paneg. vet.*, V, II, VII, 9. Eumène voudrait élever la gloire du héros (Constance), en vantant l'importance de la conquête. Malgré notre louable partialité pour notre pays natal, il est difficile de concevoir qu'au commencement du quatrième siècle, l'Angleterre méritât tous ces éloges; un siècle et demi avant cette époque, les revenus de cette île avaient à peine suffi pour l'entretien des troupes qui y étaient en garnison. *Voyez* Appien, *in Proœm.*

parvenues, attestent encore son goût et son opulence. Né sur les confins de la patrie des Francs, il rechercha l'amitié de ce peuple formidable, en imitant leur habillement et leurs manières : il enrôla les plus braves de leur jeunesse dans ses troupes de terre et de mer; et, pour reconnaître les services que lui procurait une alliance si utile, il leur enseigna la science dangereuse de l'art militaire et de la navigation. Carausius resta toujours en possession de Boulogne et de son territoire. Ses flottes triomphantes couvraient le détroit, commandaient les bouches du Rhin et de la Seine, ravageaient les côtes de l'Océan, et répandaient la terreur de son nom au-delà des colonnes d'Hercule. Sous son administration, la Bretagne, destinée à posséder l'empire des mers, avait déjà pris son rang naturel de puissance maritime, qui devait un jour la rendre si respectable (1).

Reconnu par les empereurs. Ann. 289.

En s'emparant de la flotte de Boulogne, Carausius avait enlevé à l'empereur les moyens de le poursuivre et de se venger. Lorsque après un temps considérable et des travaux immenses, on mit en mer une

---

(1) Comme il nous est parvenu un grand nombre de médailles frappées par Carausius, cet usurpateur est devenu l'objet favori de la curiosité des antiquaires; les moindres particularités de sa vie et de ses actions ont été recherchées avec le soin le plus exact. Le docteur Stukely, en particulier, a consacré un volume considérable à l'histoire de l'empereur breton. J'ai fait usage de ses matériaux, et j'ai rejeté la plupart de ses conjectures imaginaires.

nouvelle flotte (1), les troupes impériales, qui n'avaient jamais porté les armes sur cet élément, furent bientôt défaites par les matelots expérimentés de l'usurpateur. Cet effort inutile amena un traité de paix. Dioclétien et son collègue, qui redoutaient avec raison l'esprit entreprenant de Carausius, lui cédèrent la souveraineté de la Bretagne, et admirent, quoique avec répugnance, un sujet rebelle aux honneurs de la pourpre (2). Mais l'adoption des Césars rendit une nouvelle vigueur aux armes romaines. Tandis que Maximien assurait par sa présence les frontières du Rhin, son brave associé Constance prit la conduite de la guerre de Bretagne. Sa première entreprise fut le siége de l'importante place de Boulogne. Un môle d'une prodigieuse grandeur, construit à l'entrée du port, ôta à la ville tout espoir de secours. Elle se rendit après une résistance opiniâtre, et la plupart des vaisseaux de Carausius tombèrent entre les mains des assiégeans. Constance se disposa ensuite à la conquête de la Bretagne. Pendant les

Ann. 292.

---

(1) Lorsque Mamertin prononça son premier panégyrique, les préparatifs de Maximien pour son expédition navale étaient achevés, et l'orateur annonçait une victoire certaine; son silence, dans le second panégyrique, aurait pu seul nous apprendre que l'expédition n'avait pas réussi.

(2) Aurelius-Victor, Eutrope et les médailles (*Pax augg.*) nous font connaître cette réconciliation momentanée; mais je ne me hasarderai pas à rapporter textuellement les articles du traité, comme l'a fait le docteur Stukely, dans son *Histoire numismatique de Carausius*, p. 86, etc.

trois années qui furent employées à la construction d'une flotte, il s'assura des côtes de la Gaule, envahit le pays des Francs, et priva l'usurpateur de l'assistance de ces puissans alliés.

<small>Mort de Carausius. Ann. 294.</small>

Les préparatifs n'étaient point encore terminés, lorsque Constance apprit la mort du tyran. Cet événement parut un présage certain des victoires du César. Les sujets de Carausius imitèrent l'exemple de trahison qu'il avait donné; il fut tué par Allectus, son premier ministre, qui hérita de sa puissance et de ses dangers. Mais l'assassin n'avait pas assez de talens pour exercer l'autorité souveraine ni pour la défendre. Il vit avec effroi sur le continent la rive opposée déjà couverte d'armes, de troupes et de vaisseaux. En effet, Constance avait prudemment divisé ses forces, afin de diviser pareillement l'attention et la résistance de l'ennemi. Enfin, l'attaque fut faite par la principale escadre, qui, sous le commandement du préfet Asclépiodate, officier d'un mérite distingué, avait été assemblée à l'embouchure de la Seine. L'art de la navigation était alors si imparfait, que les orateurs ont célébré le courage intrépide des Romains, qui osèrent mettre à la voile un jour d'orage et avec le vent de côté. Le temps concourut au succès de leur entreprise. A la faveur d'un brouillard épais, ils échappèrent à la flotte placée par Allectus à l'île de Wight pour les arrêter, descendirent en sûreté sur la côte occidentale, et montrèrent aux Bretons que la supériorité des forces navales ne défendrait pas toujours leur patrie d'une invasion étran-

<small>Constance reprend la Bretagne. Ann. 296.</small>

gère. À peine Asclépiodate fut-il débarqué, qu'il brûla ses vaisseaux ; et comme la fortune seconda son expédition, cette action héroïque fut universellement admirée. L'usurpateur attendait aux environs de Londres l'attaque formidable de Constance, qui commandait en personne la flotte de Boulogne. Mais la descente d'un nouvel ennemi demandait la présence d'Allectus dans la partie occidentale de l'île. Sa marche fut si précipitée, qu'il parut devant le préfet avec un petit nombre de troupes harassées et découragées. Le combat fut bientôt terminé par la défaite totale et par la mort d'Allectus. Une seule bataille, comme il est souvent arrivé, décida du sort de cette île importante. Lorsque Constance débarqua sur la côte de Kent, il la trouva couverte de sujets soumis. Le rivage retentissait des acclamations unanimes des habitans. Les vertus du vainqueur nous portent à croire que leur joie fut sincère : ils se félicitaient d'une révolution qui, après dix ans, réunissait la Bretagne à la monarchie romaine (1).

Défense des frontières.

L'île n'avait plus à redouter que des ennemis domestiques. Tant que les gouverneurs restaient fidèles et les troupes disciplinées, les incursions des sauvages à demi nus de l'Écosse et de l'Irlande, ne pouvaient inquiéter la sûreté de la province. La paix du continent et la défense des grands fleuves qui servaient de limites à l'empire, étaient des objets

---

(1) Au sujet de la soumission de la Bretagne, Aurelius-Victor et Eutrope nous fournissent quelques lumières.

beaucoup plus difficiles, et d'une plus grande importance. La politique de Dioclétien, qui dirigeait les conseils de ses associés, pourvut à la sûreté de l'État en semant la discorde parmi les Barbares, et en augmentant les fortifications des frontières romaines. En Orient, il traça une ligne de camps depuis l'Égypte jusqu'aux domaines des Perses. Chaque camp fut rempli d'un certain nombre de troupes stationnaires, commandées par leurs officiers respectifs, et fournies de toutes sortes d'armes qu'elles tiraient des arsenaux nouvellement établis dans les villes d'Antioche, d'Émèse et de Damas (1). L'empereur ne prit pas moins de précautions contre la valeur si souvent éprouvée des Barbares de l'Europe. De l'embouchure du Rhin à celle du Danube, les anciens camps, les villes et les citadelles, furent réparés avec soin, et l'on construisit de nouvelles forteresses dans les lieux les plus exposés. La plus exacte vigilance fut introduite parmi les garnisons des frontières. Enfin, on n'oublia rien pour assurer et pour mettre à l'abri de toute insulte cette longue chaîne de fortifications (2). Une barrière si respectable fut rarement forcée, et

Fortifications.

---

(1) Jean Malala, *in Chron. Antioch.*, t. 1, p. 408; 409.

(2) Zozime, l. 1, p. 3. Cet historien partial semble célébrer la vigilance de Dioclétien, dans la vue de mettre au jour la négligence de Constantin. Voici cependant les expressions d'un orateur : *Nam quid ego alarum et cohortium castra percenseam, toto Rheni, et Istri, et Euphratis limite restituta?* Paneg. vet., iv, 18.

les nations ennemies, contenues de toutes parts, tournèrent souvent leur rage les unes contre les autres. Les Goths, les Vandales, les Gépides, les Bourguignons, les Allemands, détruisaient leur propre force par de cruelles hostilités : quel que fût le vainqueur, le vaincu était un ennemi de Rome. Les sujets de Dioclétien jouissaient de ce spectacle sanglant, et ils voyaient avec joie les Barbares exposés seuls alors à toutes les horreurs de la guerre civile (1).

Dissensions des Barbares.

Malgré la politique de Dioclétien, il ne lui fut pas toujours possible, pendant son règne de vingt ans, de maintenir la paix le long d'une frontière de plusieurs centaines de milles. Quelquefois les Barbares suspendaient leurs animosités domestiques. La vigilance des garnisons cédait quelquefois à l'adresse ou à la force. Lorsque les provinces étaient envahies, Dioclétien se conduisait avec cette dignité calme qu'il affecta toujours ou qu'il possédait réellement. Se réservant pour les occasions dignes de sa présence, il n'exposait jamais sa personne ni sa réputation à d'inutiles dangers. Après avoir employé tous les moyens que dictait la prudence pour assurer ses succès, il usait avec ostentation de sa victoire. Dans les guerres plus difficiles, et dont l'événement paraissait plus douteux, il se servait du bras de Maxi-

Conduite des empereurs.

---

(1) *Ruunt omnes in sanguinem suum populi, quibus non contigit esse Romanis, obstinatæque feritates pœnas nunc sponte persolvunt.* Panegyr. vet, III, 16. Mamertin appuie ce fait de l'exemple de presque toutes les nations du monde.

mien; et ce soldat fidèle attribuait modestement ses exploits aux sages conseils et à l'heureuse influence de son bienfaiteur. Mais après l'adoption des deux Césars, les empereurs, préférant un théâtre moins agité, confièrent à leurs fils adoptifs la défense du Rhin et du Danube. Le vigilant Galère ne fut jamais réduit à la nécessité de combattre les Barbares sur le territoire de l'empire (1). Le brave et infatigable Constance délivra la Gaule d'une terrible invasion des Allemands. Vainqueur à Vindonesse et à Langres, où il courut un grand danger, il y développa les talens d'un général habile. Comme il traversait le pays avec une faible escorte, il se trouva tout à coup environné d'une troupe d'ennemis supérieurs en nombre; et ce ne fut qu'avec peine qu'il gagna Langres. Les habitans, dans la consternation générale, refusèrent d'ouvrir leurs portes, et le prince blessé fut, à l'aide d'une corde, tiré au-dessus des murs. A cette nouvelle, les troupes romaines volèrent de toutes parts à son secours : avant la fin de la journée, Constance satisfit à la fois sa vengeance et son honneur par le massacre de six mille Allemands (2).

<small>Valeur des Césars.</small>

---

(1) Il se plaint, quoique avec peu d'exactitude, *jam fluxisse annos quindecim in quibus in Illyrico, ad ripam Danubii relegatus, cum gentibus barbaris luctaret.* Lactance, *de Morte persecut.*, c. 18.

(2) Dans le texte grec d'Eusèbe, on lit six mille; j'ai préféré ce nombre à celui de soixante mille, qui se trouve dans saint Jérôme, Orose, Eutrope et son traducteur grec Pæan.

Les monumens de ce siècle nous feraient peut-être connaître plusieurs autres victoires remportées sur les Germains et sur les Sarmates ; mais le récit de ces exploits exigerait des recherches dont l'ennui ne saurait être compensé par le plaisir ni par l'instruction.

Dioclétien et ses collègues suivirent, dans la manière dont ils disposèrent des vaincus, la conduite qu'avait adoptée l'empereur Probus. Les Barbares captifs, échangeant la mort contre l'esclavage, furent distribués parmi les habitans des provinces, et fixés dans les pays qu'avaient dépleuplés les calamités de la guerre. On spécifie particulièrement dans la Gaule les territoires d'Amiens, de Beauvais, de Cambrai, de Trèves, de Langres et de Troyes (1). Ces esclaves furent employés utilement à garder les troupeaux et à cultiver les campagnes. Ils n'avaient la permission de porter les armes que lorsqu'on jugeait à propos de les faire entrer au service militaire. Les Barbares qui sollicitèrent la protection de Rome, obtinrent des terres à des conditions moins serviles. Les empereurs accordèrent un établissement à différentes colonies de Carpiens, de Bastarnes et de Sarmates ; et ils eurent l'imprudence de les laisser en quelque sorte conserver leurs mœurs et leur indépendance naturelle (2). Cependant les campagnes prirent bientôt un aspect riant. Quel triomphe pour les habitans des provinces de voir le sauvage du Nord, si long-

Traitement fait aux Barbares.

―――――――――
(1) *Panegyr. vet.*, VII, 21.
(2) Les Sarmates avaient dans le voisinage de Trèves un

temps un objet de terreur, défricher leurs terres, mener leurs troupeaux dans les marchés publics, et contribuer, par ses travaux, à l'abondance générale! Ils félicitaient leur maître d'un accroissement si utile de sujets et de soldats; mais ils ne réfléchissaient pas que l'empire nourrissait dans son sein une foule d'ennemis secrets, dont les uns étaient devenus insolens par la faveur, tandis que l'oppression pouvait précipiter les autres dans un désespoir funeste (1).

Guerres d'Afrique et d'Egypte. Pendant que les Césars exerçaient leur valeur sur les rives du Rhin et du Danube, l'Afrique exigeait la présence des empereurs. Du Nil au mont Atlas tout était en armes. Cinq nations maures (2), sorties de leurs déserts, avaient réuni leurs forces pour envahir des provinces tranquilles. Julien avait pris la pourpre à Carthage (3), Achillée dans Alexandrie. Les

---

établissement que ces Barbares fainéans paraissent avoir abandonné: Ausone en parle dans son poëme sur la Moselle.

Unde iter ingrediens nemorosa per avia solum,
Et nulla humani spectans vestigia cultus.

Arvaque Sauromatūm nuper metata colonis.

Il y avait une ville de Carpiens dans la Basse-Mœsie.

(1) *Voyez* les félicitations d'Eumène, écrites en style de rhéteur. *Panegyr.*, VII; 9.

(2) Scaliger (*animad. ad Euseb.*, p. 243) décide, à sa manière ordinaire, que les *quinque gentiani*, ou cinq nations africaines, étaient les cinq grandes villes, la pentapole de la faible province de Cyrène.

(3) Après sa défaite, Julien se perça d'un poignard, et se jeta aussitôt dans les flammes. Victor, *in Epit.*

Blemmyes même renouvelaient ou plutôt continuaient leurs hostilités dans la Haute-Égypte. Il reste à peine quelques détails des exploits de Maximien dans l'occident de l'Afrique. Il paraît, par l'événement, que les progrès de ses armes furent rapides et décisifs, qu'il vainquit les plus fiers Barbares de la Mauritanie, et qu'il les chassa de leurs montagnes, dont la force inaccessible leur inspirait une confiance sans bornes, et les accoutumait à une vie de rapine et de violence (1). De son côté, Dioclétien ouvrit la campagne en Égypte par le siége d'Alexandrie. Lorsqu'il eut coupé les aqueducs destinés à porter les eaux du Nil dans toutes les parties de cette ville immense (2), et qu'il eut mis son camp en état de résister aux sorties des assiégés, il pressa les attaques avec précaution et avec vigueur. Après un siége de huit mois, Alexandrie, ruinée par le fer et par le feu, implora la clémence du vainqueur; mais elle éprouva toute sa sévérité. Plusieurs milliers de citoyens furent massacrés, et presque tous les coupables en Égypte subirent la peine de mort, ou du moins l'exil (3). Le sort de Busiris et de Coptos fut encore plus déplo-

Conduite de Dioclétien en Égypte. Ann. 296.

---

(1) *Tu ferocissimos Mauritaniæ populos, inaccessis montium jugis et naturali munitione fidentes, expugnasti, recepisti, transtulisti.* Panegyr. vet., VI, 8.

(2) *Voyez* la description d'Alexandrie, dans Hirtius, *de Bell. Alex.*, c. 5.

(3) Eutrope, IX, 24; Orose, VII, 25; Jean Malala, *in Chron. ant.*, p. 409, 410. Cependant Eumène nous assure que l'Égypte fut pacifiée par la clémence de Dioclétien.

rable que celui d'Alexandrie. Les armes et l'ordre sévère de Dioclétien détruisirent entièrement ces villes (1), la première, fameuse par son antiquité; l'autre, enrichie par le passage des marchandises de l'Inde. Le caractère de la nation égyptienne, insensible à la douceur, mais extrêmement susceptible de crainte, peut seul justifier cette rigueur excessive. Les séditions d'Alexandrie avaient souvent altéré la tranquillité de Rome elle-même, qui tirait sa subsistance des fertiles contrées arrosées par le Nil. Depuis l'usurpation de Firmus, la Haute-Égypte, en proie à des factions continuelles, avait embrassé l'alliance des sauvages de l'Éthiopie. Les Blemmyes, répandus entre l'île de Méroé et la mer Rouge, étaient en très-petit nombre. Sans inclination pour la guerre, ils se servaient d'armes grossières et peu redoutables (2). Cependant, au milieu des désordres publics, ces peuples, que l'antiquité, choquée de la difformité de leur figure, avait presque exclus de l'espèce humaine, osèrent se mettre au nombre des ennemis de Rome (3). Tels étaient les indignes alliés des rebelles de l'Égypte; et leurs incommodes incursions

---

(1) Eusèbe (*in Chron.*) place leur destruction quelques années plus tôt, et dans un temps où l'Égypte elle-même était révoltée contre les Romains.

(2) Strabon, l. XVII, p. 1, 172; Pomponius-Mela, l. 1, c. 4. Ses mots sont curieux: *Intra, si credere libet, vix homines, magisque semiferi; Ægipanes, et Blemmyes, et Satyri.*

(3) *Ausus sese inserere fortunæ, et provocare arma romana.*

pouvaient troubler le repos de la province, pendant que l'État se trouvait engagé dans des guerres plus sérieuses. Dans la vue d'opposer aux Blemmyes un adversaire convenable, Dioclétien engagea les Nobates, ou peuples de Nubie, à quitter leurs anciennes habitations dans les déserts de la Libye; et il leur céda un pays considérable, mais inutile, situé au-delà de Syène et des cataractes du Nil, en exigeant d'eux qu'ils respectassent et défendissent à jamais la frontière de l'empire. Le traité subsista long-temps; et, jusqu'à ce que l'établissement du christianisme eût introduit des notions plus rigides de culte religieux, on ratifiait tous les ans ce traité par un sacrifice solennel offert dans l'île Éléphantine, où les Romains et les Barbares se rassemblaient pour adorer les mêmes puissances visibles ou invisibles de l'univers (1).

Dans le temps que Dioclétien punissait les crimes de l'Égypte, il assurait le repos et le bonheur futur de cette province par de sages réglemens, qui furent confirmés et perfectionnés sous le règne de ses successeurs (2). Un édit très-remarquable de ce prince, loin de paraître l'effet d'une tyrannie jalouse, doit être applaudi comme un acte de prudence et d'humanité. « On rechercha soigneusement,

Il détruit les livres d'alchimie.

---

(1) *Voyez* Procope, *de Bell. pers.*, l. 1, c. 19.
(2) Il fixa la distribution de blé faite au peuple d'Alexandrie à deux millions de *medimni*, environ trois millions deux cent mille boisseaux. *Chronicon Paschale*, p. 276; Procope, *Hist. arcan.*, c. 26.

par ses ordres, tous les anciens livres qui traitaient de l'art admirable de faire de l'or et de l'argent. Dioclétien les livra sans pitié aux flammes, craignant, comme on nous l'assure, que l'opulence des Égyptiens ne leur inspirât l'audace de se révolter contre l'empire (1). » Mais s'il eût été convaincu de la réalité de ce secret inestimable, au lieu de l'ensevelir dans un éternel oubli il s'en serait servi pour augmenter les revenus publics. Il est bien plus vraisemblable que ce prince sensé connaissait l'extravagance de ces prétentions magnifiques, et qu'il voulut préserver la raison et la fortune de ses sujets d'une occupation funeste. On peut remarquer que ces ouvrages anciens, attribués si libéralement à Pythagore, à Salomon ou au fameux Hermès, n'étaient cependant qu'un funeste présent de quelques adeptes plus modernes. Les Grecs ne s'attachèrent ni à l'abus ni à l'usage de la chimie. Dans ce recueil immense, où Pline a consigné les découvertes, les arts et les erreurs de l'esprit humain, il n'est point parlé de la transmutation des métaux. La persécution de Dioclétien est le premier événement authentique dans l'histoire de l'alchimie. La conquête de l'Égypte par les Arabes répandit cette vaine science sur tout le globe. Née de la cupidité, l'alchimie fut étudiée à la Chine comme en Europe, avec la même ardeur et avec un succès égal. L'ignorance du moyen âge

Nouveauté et progrès de cet art.

---

(1) Jean d'Antioche, *in Excerp.*; Val., p. 834; Suidas, dans *Dioclétien*.

favorisait toute espèce de chimère. La renaissance des lettres ouvrit de nouvelles espérances à la crédulité, et lui fournit des moyens plus spécieux. Enfin, la philosophie, aidée de l'expérience, a banni l'étude de l'alchimie; et le siècle présent, quoique avide de richesses, se contente de les chercher par les voies moins merveilleuses du commerce et de l'industrie (1).

La réduction de l'Égypte fut immédiatement suivie de la guerre de Perse. La fortune avait réservé au règne de Dioclétien la gloire de vaincre cette puissante nation, et de forcer les successeurs d'Artaxercès à reconnaître la supériorité de l'empire romain.

Guerre de Perse.

Nous avons déjà dit que sous le règne de Valérien les armes et la perfidie des Perses avaient subjugué l'Arménie, et qu'après l'assassinat de Chosroès, Tiridate son fils, encore enfant, sauvé par des amis fidèles, avait été élevé sous la protection des empereurs. Tiridate tira de son exil des avantages qu'il n'aurait jamais pu se procurer sur le trône de ses pères. Il apprit de bonne heure à connaître l'adversité, le genre humain et la discipline romaine. Ce prince signala sa jeunesse par des actions de bravoure ; il déploya une force et une adresse peu communes dans tous les exercices militaires, et même dans les combats

Tiridate l'Arménien.

---

(1) *Voyez* une petite histoire et une réfutation de l'alchimie dans les ouvrages du compilateur philosophe La Mothe-le-Vayer, t. 1, p. 327-353.

moins glorieux des jeux olympiques (1). Ces qualités furent plus noblement employées à la défense de son bienfaiteur Licinius (2). Cet officier, dans la sédition qui causa la mort de Probus, avait couru les plus grands dangers. Les soldats furieux étaient sur le point de forcer sa tente; le bras seul du prince d'Arménie les arrêta. La reconnaissance de Tiridate contribua bientôt après à son rétablissement. Licinius avait toujours été l'ami et le compagnon de Galère; et le mérite de celui-ci, long-temps avant qu'il parvînt au rang de César, lui avait attiré l'estime de Dioclétien. La troisième année du règne de cet empereur, Tiridate obtint l'investiture du royaume d'Arménie. Cette démarche, fondée sur la justice, ne semblait pas moins avantageuse à l'intérêt de Rome. Il était temps d'arracher à la domination des Perses une contrée importante, qui, depuis le règne de Né-

---

(1) *Voyez* l'éducation et la force de Tiridate, dans l'*Histoire d'Arménie*, de Moïse de Chorène, l. II, c. 76. Il pouvait saisir deux taureaux sauvages, par les cornes, qu'il cassait de ses mains.

(2) Si nous nous en rapportions à Victor le jeune, Licinius, qui, selon lui, était seulement âgé de soixante ans en 323, pourrait à peine être la même personne que le protecteur de Tiridate; mais une meilleure autorité (Eusèbe, *Hist. ecclés.*, l. x, c. 8) nous apprend que Licinius avait alors atteint le dernier période de la vieillesse : seize ans avant, il est représenté avec des cheveux gris, et comme contemporain de Galère. *Voyez* Lactance, c. 32. Licinius était né probablement vers l'année 250.

ron, avait toujours été gouvernée, sous la protection de l'empire, par la branche cadette de la maison des Arsacides (1).

Lorsque Tiridate parut sur les frontières de l'Arménie, il fut reçu avec des protestations sincères de joie et de fidélité. Durant vingt-six ans ce royaume avait éprouvé les malheurs réels et imaginaires d'un joug étranger. Les monarques persans avaient orné leur nouvelle conquête de bâtimens magnifiques; mais le peuple contemplait avec horreur ces monumens élevés à ses frais, et qui attestaient la servitude de la patrie. L'appréhension d'une révolte avait inspiré les précautions les plus rigoureuses. L'insulte aggravait l'oppression ; et le vainqueur, chargé de la haine publique, prenait, pour en prévenir l'effet, toutes les mesures qui pouvaient la rendre encore plus implacable. Nous avons déjà remarqué l'esprit intolérant de la religion des mages. Les statues des souverains de l'Arménie placés au rang des dieux, et les images sacrées du soleil et de la lune, furent mises en pièces par le zèle des Perses. Ils érigèrent sur la cime du mont Baghavan (2) un autel, où brûla le feu perpétuel d'Ormuzd. Une nation ir-

Il remonte sur le trône. Ann. 286.

État de l'Arménie.

Révolte du peuple et des nobles.

---

(1) *Voyez* Dion-Cassius, l. LXII et LXIII.

(2) Moïse de Chorène, *Hist. d'Arménie*, l. II, c. 74. Les statues avaient été érigées par Valarsaces, qui régnait en Arménie environ cent trente ans avant Jésus-Christ. Il fut le premier roi de la famille d'Arsaces. *Voyez* Moïse, *Hist. d'Arménie*, l. II, 2, 3. Justin (XLI, 5) et Ammien-Marcellin (XXIII) ont parlé de la déification des Arsacides.

ritée par tant d'injures devait naturellement s'armer avec ardeur pour la défense de sa liberté, de sa religion et de la souveraineté de ses monarques héréditaires. Le torrent renversa tous les obstacles; et les Perses, incapables de résister à son impétuosité, prirent la fuite avec précipitation. Les nobles d'Arménie accoururent sous les étendards de Tiridate, tous vantant leurs mérites passés, offrant leurs services pour l'avenir, et demandant au nouveau roi les honneurs et les récompenses qu'on leur avait dédaigneusement refusés sous un gouvernement étranger (1). On nomma pour commander l'armée Artavasdès, fils de ce sénateur fidèle qui avait sauvé Tiridate dans son enfance, et dont la famille avait été victime de cette action généreuse. Le frère d'Artavasdès obtint le gouvernement d'une province. Un des premiers grades militaires fut donné au satrape Otas, homme d'un courage et d'une tempérance singulière. Il offrit au roi sa sœur (2) et un trésor considérable, qui, renfermés dans une citadelle, avaient échappé l'un et l'autre à la cupidité des Perses. Parmi les seigneurs d'Arménie parut un allié dont la destinée est trop remarquable pour être passée sous silence. Il se nom-

Histoire de Mamgo.

---

(1) La noblesse d'Arménie était nombreuse et puissante : Moïse parle de plusieurs familles qui se distinguèrent sous le règne de Valarsaces, l. II, 7, et qui subsistaient encore de son temps, vers le milieu du cinquième siècle. *Voyez* la préface de ses éditeurs.

(2) Elle s'appelait Chosroiduchta, et elle n'avait point l'*os*

mait Mamgo, et il avait pris naissance en Scythie. Fort peu d'années auparavant, la horde qui lui obéissait campait sur les confins de l'empire chinois (1), qui s'étendait alors jusqu'au voisinage de la Sogdiane (2). Ayant encouru la disgrâce de son maître, Mamgo, suivi de ses partisans, se retira sur les rives de l'Oxus, et implora la protection de Sapor. L'empereur chinois réclama le fugitif, en faisant valoir les droits de souveraineté. Le monarque per-

---

patulum comme les autres femmes. (*Hist. d'Arménie*, l. II, c. 79.) Je n'entends pas cette expression (*).

(1) Dans l'*Histoire d'Arménie* (l. II, 78). aussi bien que dans la *Géographie* (p. 367), la Chine est appelée *Zenia* ou *Zenastan*. Ce pays est caractérisé par la production de la soie, par l'opulence de ses habitans, et par leur amour pour la paix, en quoi ils surpassent toutes les autres nations de la terre.

(2) Vou-ti, le premier empereur de la septième dynastie, qui régnait alors en Chine, avait des relations politiques avec Fergana, province de la Sogdiane, et l'on prétend qu'il reçut une ambassade romaine. (*Hist. des Huns*, t. I, p. 38.) Dans ce temps, les Chinois avaient une garnison à Kasgar; et sous Trajan, un de leurs généraux s'avança jusqu'à la mer Caspienne. Au sujet des liaisons de la Chine avec les contrées occidentales, on peut voir un mémoire très-curieux de M. de Guignes, dans l'*Acad. des Inscript.*, t. XXXII, p. 355.

(*) *Os patulum* signifie tout simplement *une bouche grande et largement ouverte*. Ovide (*Métam.*, l. XV, v. 513) dit, en parlant du monstre qui attaqua Hippolyte :

. . . Patulo partem maris evomit ore.

Probablement qu'une grande bouche était un défaut commun chez les Arméniennes. (*Note de l'Éditeur.*)

san allégua les lois de l'hospitalité ; mais ce ne fut pas sans quelque difficulté qu'il évita la guerre, en promettant de bannir Mamgo à l'extrémité de l'Occident ; punition, disait-il, non moins terrible que la mort même. L'Arménie fut choisie pour le lieu de l'exil, et on assigna aux Scythes un territoire considérable où ils pussent nourrir leurs troupeaux, et transporter leurs tentes d'un lieu à l'autre, selon les différentes saisons de l'année. Ils eurent ordre de repousser l'invasion de Tiridate ; mais leur chef, après avoir pesé les services et les injures qu'il avait reçus du monarque persan, résolut d'abandonner son parti. Le prince arménien, qui connaissait le mérite et la puissance d'un pareil allié, traita Mamgo avec distinction ; et, en l'admettant à sa confiance, il acquit un brave et fidèle serviteur, qui contribua très-efficacement à le faire remonter sur le trône de ses ancêtres (1).

Les Perses reprennent l'Arménie.

La fortune sembla favoriser pendant quelque temps la valeur entreprenante de Tiridate. Non-seulement il chassa de l'Arménie les ennemis de sa famille et de son peuple ; mais encore, animé du désir de se venger, il porta ses armes, ou du moins fit des incursions dans le cœur de l'Assyrie. L'historien qui a sauvé de l'oubli le nom de Tiridate, célèbre avec l'enthousiasme national sa valeur personnelle ; et, suivant le véritable esprit des romans orientaux, il décrit les géans et les éléphans qui tombèrent sous son bras invincible. D'autres monumens nous apprennent que le prince

---

(1) *Histoire d'Arménie*, l. II, c. 81.

arménien dut une partie de ses avantages aux troubles qui déchiraient la monarchie persane. Des frères rivaux se disputaient alors le trône. Hormuz, après avoir épuisé sans succès toutes les ressources de son parti, implora le secours dangereux des Barbares qui habitaient les bords de la mer Caspienne (1). Au reste, la guerre civile fut bientôt terminée, soit par la défaite d'un des deux partis, soit par un accommodement; et Narsès, universellement reconnu roi de Perse, tourna toutes ses forces contre l'ennemi étranger. La victoire ne pouvait être disputée; la valeur du héros fut incapable de résister à la puissance du monarque. Tiridate, obligé de descendre une seconde fois du trône d'Arménie, vint encore se réfugier à la cour des empereurs. Narsès rétablit bientôt son autorité dans la province rebelle; et, se plaignant hautement de la protection accordée par les Romains à des séditieux et à des fugitifs, il médita la conquête de l'Orient (2).

---

(1) *Ipsos Persas ipsumque regem ascitis Saccis, et Ruffis, et Gellis, petit frater Ormus.* (Panegyr. vet., III, 1.) Les Saces étaient une nation de Scythes vagabonds qui campaient vers les sources de l'Oxus et du Jaxartes. Les Gelli étaient les habitans du Ghilan, le long de la mer Caspienne. Ce furent eux qui, sous le nom de Dilemites, infestèrent si long-temps la monarchie persane. *Voyez* d'Herbelot, *Bibl. orient.*

(2) Moïse de Chorène passe sous silence cette seconde révolution, que j'ai été obligé de tirer d'un passage d'Ammien-Marcellin (l. XXIII, 5). Lactance parle de l'ambition de Narsès. *Concitatus domesticis exemplis avi sui Saporis ad*

Guerre entre les Perses et les Romains. Ann. 296.

Ni la prudence ni l'honneur ne permettaient aux souverains de Rome d'abandonner la cause du roi d'Arménie. La guerre de Perse fut résolue. Dioclétien, avec cette dignité calme qui se montrait toujours dans sa conduite, fixa sa résidence à Antioche, d'où il préparait et dirigeait les opérations militaires (1). Le commandement des légions fut donné à l'intrépide valeur de Galère, qui, pour cet objet important, se transporta des rives du Danube à celles de l'Euphrate. Les armées se rencontrèrent bientôt dans les plaines de la Mésopotamie, et se livrèrent deux combats où les succès furent douteux et balancés.

Défaite de Galère.

La troisième bataille fut plus décisive. Les troupes romaines essuyèrent une défaite totale, attribuée généralement à la témérité de Galère, qui osa attaquer avec un petit corps de troupes l'armée innombrable des Perses (2). Mais, en examinant le théâtre de l'action, il est aisé de découvrir à cet échec une cause différente. Le même terrain où Galère fut vaincu avait été célèbre par la mort de Crassus, et par le massacre de dix légions. C'était une plaine de plus

---

occupandum Orientem magnis copiis inhiabat. De Mortibus persecutorum, c. 9.

(1) Nous pouvons croire sans difficulté que Lactance attribue à la timidité la conduite de Dioclétien. Julien, dans son discours, dit que ce prince resta avec toutes les forces de l'empire : expression très-hyperbolique.

(2) Nos cinq abréviateurs, Eutrope, Festus, les deux Victor et Orose, rapportent tous cette dernière et grande bataille; mais Orose est le seul qui parle des deux premières.

de soixante milles, qui, s'étendant depuis la hauteur de Carrhes jusqu'à l'Euphrate, présentait une surface unie et stérile de déserts sablonneux, sans une seule éminence, sans un seul arbre, sans une source d'eau fraîche (1). L'infanterie pesante des Romains, accablée par la chaleur, et cruellement tourmentée de la soif, ne pouvait espérer de vaincre en conservant ses rangs, ni rompre ses rangs sans s'exposer aux plus grands périls. Dans cette extrémité, elle fut successivement environnée de troupes supérieures en nombre, harassée par les évolutions rapides de la cavalerie des Barbares, et détruite par leurs flèches redoutables. Le roi d'Arménie avait signalé sa valeur sur le champ de bataille, et s'était couvert de gloire au milieu des malheurs publics. Il fut poursuivi jusqu'aux bords de l'Euphrate. Son cheval était blessé, et il ne paraissait pas pouvoir échapper à un ennemi victorieux. Aussitôt Tiridate embrasse le seul parti qui lui reste à prendre : il met pied à terre, et s'élance dans le fleuve. Son armure était pesante, l'Euphrate très-profond, car il avait en cet endroit au moins quatre cents toises de large (2) : cependant la force et l'adresse du prince le servirent si heureusement, qu'il

---

(1) On voit une belle description de la nature du pays dans Plutarque, *Vie de Crassus*, et dans Xénophon, au premier livre de la *Retraite des dix mille*.

(2) *Voyez* la dissertation de Forster, dans le second volume de la traduction de la *Retraite des dix mille*, par Spelman, que je crois pouvoir recommander comme une des meilleures versions qui existent.

arriva en sûreté sur la rive opposée (1). Pour le général romain, nous ignorons comment il se sauva. Lorsqu'il retourna dans la ville d'Antioche, Dioclétien le reçut non avec la tendresse d'un ami et d'un collègue, mais avec l'indignation d'un souverain irrité. Vêtu de la pourpre impériale, humilié par le souvenir de sa faute et de son malheur, le plus orgueilleux des hommes fut obligé de suivre à pied le char de l'empereur l'espace d'un mille environ, et d'étaler devant toute la cour le spectacle de sa disgrâce (2).

Dès que Dioclétien eut satisfait son ressentiment particulier, et qu'il eut soutenu la majesté de la puissance impériale, ce prince, cédant aux instances du César, lui permit de réparer son honneur et celui des armes romaines. Aux troupes efféminées de l'Asie, qui avaient probablement été employées dans la première expédition, on substitua des vétérans et de nouvelles levées tirées des frontières de l'Illyrie; et le prince prit à son service un corps considérable de Goths auxiliaires (3). Galère repassa l'Euphrate à la tête d'une armée choisie de vingt-cinq mille hommes; mais, au lieu d'exposer ses légions dans les plaines

---

(1) *Hist. d'Arménie*, l. II, c. 76. Au lieu de rapporter cet exploit de Tiridate à une défaite imaginaire, je l'ai transféré à la défaite réelle de Galère.

(2) Ammien-Marcellin, l. XIV. Entre les mains d'Eutrope (IX., 24), de Festus (c. 25), et d'Orose (VII, 25), le mille s'augmente aisément jusqu'au nombre de *plusieurs* milles.

(3) Aurelius-Victor; Jornandès, *de Reb. geticis*, c. 21.

découvertes de la Mésopotamie, il s'ouvrit une route à travers les montagnes de l'Arménie, dont il trouva les habitans dévoués à sa cause, et dont le terrain était aussi favorable aux opérations de l'infanterie que peu propre aux mouvemens de la cavalerie (1). L'adversité avait affermi la discipline des Romains, tandis que les Barbares, enflés de leur succès, étaient tombés dans une telle négligence et un tel relâchement, qu'au moment où ils s'y attendaient le moins, ils furent surpris par l'activité de Galère. Ce prince, accompagné seulement de deux cavaliers, avait examiné lui-même secrètement l'état et la position de leur camp. Il le fit attaquer au milieu de la nuit. Une pareille surprise était presque toujours fatale aux soldats perses. « Ils liaient leurs chevaux, et leur mettaient des entraves aux pieds pour les empêcher de s'échapper. En cas d'alarme, le Persan avait son cheval à brider, sa housse à poser et sa cuirasse à mettre, avant d'être en état de combattre (2). » L'impétuosité de Galère porta le désordre et le découragement parmi les Barbares. Une faible résistance fut suivie d'un horrible carnage. Au milieu de la confusion générale, le monarque blessé (car Narsès com-

Sa victoire.

---

(1) Aurelius-Victor dit: *Per Armeniam in hostes contendit, quæ fermè sola, seu facilior vincendi via est.* Galère suivit la conduite de Trajan et l'idée de Jules-César.

(2) Xénophon, *Retraite des dix mille*, l. III. C'est pour cette raison que la cavalerie persane campait à soixante stades de l'ennemi.

mandait ses armées en personne) prit la fuite vers les déserts de la Médie. Le vainqueur trouva des richesses immenses dans la tente magnifique de ce prince et dans celles de ses satrapes. On rapporte un trait curieux de l'ignorance rustique, mais martiale des légions, qui prouve combien elles connaissaient peu les élégantes superfluités de la vie. Une bourse faite d'une peau luisante, et remplie de perles, tomba entre les mains d'un simple soldat. Il garda soigneusement la bourse, mais il jeta ce qu'elle contenait, jugeant que ce qui ne servait à aucun usage ne pouvait être d'aucun prix (1). La perte principale de Narsès était d'une nature infiniment plus sensible. Plusieurs de ses femmes, ses sœurs, ses enfans, qui accompagnaient l'armée, avaient été pris dans la déroute. Mais quoique le caractère de Galère eût en général peu de rapport avec celui d'Alexandre, le César, après sa victoire, imita la belle conduite du héros macédonien envers la famille de Darius. Les femmes et les enfans de Narsès furent mis à l'abri de toute violence, menés en lieu de sûreté, et traités avec le respect et les tendres égards qu'un ennemi généreux devait à leur âge, à leur sexe et à leur dignité (2).

<small>Et sa conduite envers les prisonniers de la famille de Narsès.</small>

---

(1) Ce trait est rapporté par Ammien, l. xxii. Au lieu de *saccum*, quelques-uns lisent *scutum*.

(2) Les Perses avouèrent la supériorité des Romains dans la morale aussi bien que dans les armes. (Eutrope, ix, 24.) Mais ces expressions du respect et de la gratitude d'un ennemi se trouvent rarement dans sa propre relation.

Dans le temps que l'Asie attendait avec inquiétude la décision de la fortune, Dioclétien, ayant levé en Syrie une forte armée d'observation, déployait à quelque distance du théâtre de la guerre les ressources de la puissance romaine, et se réservait pour les événemens importans. A la nouvelle de la victoire remportée sur les Perses, il s'avança sur la frontière, dans la vue de modérer, par sa présence et par ses conseils, l'orgueil de Galère. Les princes romains se virent à Nisibis, où ils se donnèrent les témoignages les plus signalés, l'un de respect, l'autre d'estime. Ce fut dans cette ville qu'ils reçurent bientôt après l'ambassadeur du grand roi (1). La force ou du moins l'ambition de Narsès avait été abattue par sa dernière défaite. La paix lui parut le seul moyen d'arrêter le progrès des armes romaines. Il députa Apharban, qui possédait sa faveur et sa confiance, pour négocier un traité, ou plutôt pour recevoir les conditions qu'il plairait au vainqueur d'imposer. Apharban commença par exprimer combien son maître était reconnaissant du traitement généreux qu'éprouvait sa famille ; il demanda ensuite la liberté de ces illustres captifs. Il célébra la valeur de Galère, sans dégrader

Négociation pour la paix.

Discours de l'ambassadeur persan.

---

(1) Le détail de cette négociation est tiré des fragmens de Pierre Patrice, dans les *Excerpta legationum*, publiés dans la collection byzantine. Pierre vivait sous Justinien ; mais il est évident, par la nature de ses matériaux, qu'ils sont pris des écrivains les plus authentiques et les plus respectables.

la réputation de Narsès, et il ne rougit pas d'avouer la supériorité du César victorieux sur un monarque qui surpassait, par l'éclat de sa gloire, tous les princes de sa race. Malgré la justice de la cause des Perses, il était chargé de soumettre les différends actuels à la décision des empereurs romains, persuadé qu'au milieu de leur prospérité ces princes n'oublieraient pas les vicissitudes de la fortune. Apharban termina son discours par une allégorie dans le goût oriental. Les monarchies persane et romaine, disait-il, étaient les deux yeux de l'univers, qui resterait imparfait et mutilé, si l'on arrachait l'un des deux.

Réponse de Galère. « Il convient bien aux Persans, répliqua Galère dans un transport de rage qui semblait agiter tous ses membres, il convient bien aux Persans de s'étendre sur les vicissitudes de la fortune, et de nous étaler froidement des préceptes de vertu ! Qu'ils se rappellent leur modération envers l'infortuné Valérien : après avoir vaincu ce prince par trahison, ils l'ont traité avec indignité; ils l'ont retenu jusqu'au dernier moment de sa vie dans une honteuse captivité, et après sa mort ils ont exposé son corps à une ignominie perpétuelle. » Prenant ensuite un ton plus adouci, Galère insinua que la pratique des Romains n'avait jamais été de fouler aux pieds un ennemi vaincu; que, dans la circonstance présente, ils consulteraient plutôt ce qu'ils devaient à leur dignité que ce que méritait la conduite des Perses. En congédiant Apharban, il lui fit espérer que Narsès apprendrait bientôt à quelles conditions il obtiendrait de la clémence des empereurs une paix durable et la liberté de sa famille. On peut apercevoir dans cette conférence les passions violentes de Galère, en même temps que sa déférence pour l'autorité et pour la sagesse supérieure de Dioclétien. Le premier de ces princes aspirait à la conquête de l'Orient; il avait même proposé de réduire la Perse en province; l'autre, plus prudent, qui avait adopté la politique modérée d'Auguste et des Antonins, saisit l'occasion favorable de terminer une guerre heureuse par une paix honorable et utile (1). Modération de Dioclétien.

Pour remplir leur promesse, les empereurs envoyèrent à la cour de Narsès Sicorius-Probus, un de leurs secrétaires, qui lui communiqua leur dernière résolution. Comme ministre de paix, il fut reçu avec la plus grande politesse et avec les marques de la plus sincère amitié; mais, sous prétexte de lui accorder un repos nécessaire après un si long voyage, on remit son audience de jour en jour, et il fut obligé de suivre le roi dans plusieurs marches très-lentes. Il fut enfin admis en présence de ce monarque, près de l'Asprudus, rivière de la Médie. Quoique Narsès désirât sincèrement la paix, le motif secret de ce prince, dans un pareil délai, avait été de rassembler des forces qui le missent en état de négocier avec plus de Conclusion.

---

(1) *Adeo Victor*, dit Aurelius, *ut ni Valerius, cujus nutu omnia gerebantur, abnuisset, Romani fasces in provinciam novam ferrentur. Verùm pars terrarum tamen nobis utilior quæsita.*

dignité, et de rétablir en quelque sorte l'équilibre. Trois personnes seulement assistèrent à cette conférence importante, le ministre Apharban, le capitaine des gardes, et un officier qui avait commandé sur les frontières d'Arménie (1). La première proposition de l'ambassadeur romain n'est pas maintenant de nature à être bien entendue : il demandait que Nisibis fût l'entrepôt des marchandises des deux empires. On conçoit facilement l'intention des princes romains, qui voulaient augmenter leurs revenus en soumettant le commerce à quelques réglemens prohibitifs ; mais comme Nisibis leur appartenait, et qu'ils étaient les maîtres de l'importation et de l'exportation, de pareils droits semblaient devoir être plutôt l'objet d'une loi intérieure que d'un traité étranger. Pour les rendre plus effectifs, on exigeait peut-être du roi de Perse quelques conditions qui lui parurent si contraires à son intérêt et à sa dignité, qu'il ne put se résoudre à les accepter. Cet article était le seul auquel il refusât de consentir ; aussi les empereurs n'insistèrent pas davantage ; ils laissèrent le commerce prendre son cours naturel, ou ils se contentèrent des réglemens qu'ils étaient maîtres d'établir.

Et articles du traité.

Dès que cette difficulté eut été levée, une paix solennelle fut conclue et ratifiée entre les deux na-

---

(1) Il avait été gouverneur du Sumium (Pierre Patrice, (*Excerpta leg.*, p. 30). Cette province, dont il paraît que Moïse de Chorène a fait mention (*Géogr.*, p. 360), était située à l'orient du mont Ararat.

tions. Les conditions d'un traité si glorieux pour l'empire, et devenu si nécessaire aux Perses, méritent une attention d'autant plus particulière, que l'histoire de Rome présente rarement de pareils actes : en effet, la plupart de ses guerres ont été terminées par une conquête absolue, ou entreprises contre des Barbares qui ignoraient l'usage des lettres. 1° L'Aboras, appelé l'Araxe dans Xénophon, fut désigné comme la limite des deux monarchies (1). Cette rivière, qui prend sa source près du Tigre, recevait à quelques milles au-dessous de Nisibis les eaux du Mygdonius; elle passait ensuite sous les murs de Singara, et tombait dans l'Euphrate à Circesium (2), ville frontière que Dioclé-

L'Aboras fixé comme la limite des deux empires.

---

(1) Par une erreur du géographe Ptolémée, la position de Singara est transportée de l'Aboras au Tigre; ce qui a peut-être occasioné la méprise de Pierre Patrice, qui assigne la dernière rivière comme la limite de l'empire, au lieu de la première. La ligne de la frontière romaine traversait le cours du Tigre, mais elle ne le suivit jamais.

(2) Il y a ici plusieurs erreurs. Gibbon a confondu les fleuves et les villes qu'ils arrosent. L'Aboras, ou plutôt le Chaboras, l'Araxe de Xénophon, prend sa source au-dessus du Ras-Aïn ou Re-Saina (Theodosiopolis), environ à 27 lieues du Tigre; il reçoit les eaux du Mygdonius ou Saocoras à 33 lieues environ au-dessous de Nisibis, à un bourg appelé aujourd'hui *Al-Nahraïm* : il ne passe point sous les murs de Singara; c'est le Saocoras qui arrose cette ville : ce dernier fleuve prend sa source près de Nisibis; à 5 lieues du Tigre. *Voy.* d'Anville, l'Euphrate et le Tigre, p. 46, 49, 50, et la carte.

A l'orient du Tigre se trouve un autre fleuve moins con-

tien avait singulièrement fortifiée (1). La Mésopotamie, si long-temps disputée, fut cédée à l'empire, et par le traité les Perses renoncèrent à toute prétention sur cette grande contrée. 2° Ils abandonnèrent aux Romains cinq provinces au-delà du Tigre (2), qui formaient une barrière très-utile, et dont la force naturelle fut bientôt augmentée par l'art et par la science militaire. Il y en avait quatre de peu d'étendue, l'Intiline, la Zabdicène, l'Arzanène et la Moxoène, noms d'ailleurs peu connus; mais, à l'orient du Tigre, l'empire acquit le pays montueux et considérable de la Carduène, l'ancienne patrie des Carduques, qui, pla-

<small>Cession de cinq provinces au-delà du Tigre.</small>

---

sidérable, nommé aussi le Chaboras, et que d'Anville appelle le *Centrites, Khabour, Nicephorius*, sans citer les autorités d'après lesquelles il lui donne ces noms. Gibbon n'a pu vouloir parler de ce dernier fleuve, qui ne passe point à Singara, et ne tombe point dans l'Euphrate. *Voy.* Michaëlis; *Supplem. ad lexica hebraïca*, 3ᵉ part., p. 664 et 665. (*Note de l'Éditeur.*)

(1) Procope, *de Ædificiis*, l. II, c. 6.

(2) Tous les auteurs conviennent que la Zabdicène, l'Arzanène et la Carduène, furent au nombre des provinces cédées; mais au lieu des deux autres, Pierre (*Excerpta leg.*, p. 30) ajoute la Rehimène et la Sophène. J'ai préféré Ammien (l. XXV, 7), parce qu'on peut prouver que la Sophène ne fut jamais entre les mains des Perses avant le règne de Dioclétien, ni après celui de Jovien. Le défaut de cartes exactes, telles que celles de M. d'Anville, a fait supposer à presque tous les modernes, Tillemont et Valois à leur tête, que les cinq provinces étaient situées au-delà du Tigre par rapport à la Perse, et non par rapport à l'empire romain.

cés dans le centre du despotisme de l'Asie, conservèrent, pendant plusieurs siècles, leur mâle indépendance. Les dix mille Grecs traversèrent leur contrée après sept jours d'une marche pénible ou plutôt d'un combat perpétuel. Le chef de cette fameuse entreprise avoue, dans son admirable relation, que ses concitoyens eurent plus à souffrir des flèches des Carduques que de toutes les forces du grand roi (1). La postérité de ces Barbares, les Curdes, qui ont conservé presque en entier le nom et les mœurs de leurs ancêtres, vivent indépendans sous la protection du sultan des Turcs. 3° Il est presque inutile de dire que Tiridate, ce fidèle allié de Rome, occupa le trône de ses pères. Les empereurs soutinrent et assurèrent d'une manière irrévocable leurs droits de souveraineté sur l'Arménie. Les limites de ce royaume s'étendirent jusqu'à la forteresse de Sintha dans la Médie. Une pareille augmentation de domaine était moins un acte de libéralité que de justice. Des cinq provinces au-delà du Tigre, dont nous avons déjà parlé, les Parthes avaient démembré les quatre premières de la couronne d'Arménie (2). Les Romains, lorsqu'elles leur furent cédées, obligèrent l'usurpateur à donner

Arménie.

---

(1) Xénophon, *Retraite des dix mille*, l. iv. Leurs arcs avaient trois coudées de long, leurs flèches deux. Ils faisaient rouler des hauteurs des pierres dont chacune aurait pu faire la charge d'un chariot. Les Grecs trouvèrent un grand nombre de villages dans cette contrée barbare.

(2) Selon Eutrope (vi, 9, tel que le porte le texte des meilleurs manuscrits), la ville de Tigranocerte était dans

l'Atropatène en dédommagement à leur allié. La ville principale de cette grande et fertile contrée fut souvent honorée de la présence du monarque arménien; et comme cette place, dont la situation est peut-être la même que celle de Tauris, porta quelquefois le nom d'Ecbatane, Tiridate y fit construire des édifices et des fortifications sur le modèle de la superbe capitale des Mèdes (1). 4° L'Ibérie, pays stérile, avait pour habitans des peuples grossiers et sauvages; mais ils étaient accoutumés à l'usage des armes, et ils séparaient l'empire d'avec des Barbares plus féroces et plus formidables. Maîtres des défilés étroits du mont Caucase, les Ibériens pouvaient à leur gré admettre ou exclure les tribus errantes des Sarmates, toutes les fois qu'entraînées par l'esprit de rapine elles voulaient pénétrer dans les climats opulens du Midi (2). La nomination des rois d'Ibérie, que les monarques persans cédèrent aux empereurs, contribua beaucoup à la force et à la sûreté de la puissance romaine en Asie (3). L'Orient goûta pendant quarante

{.marginnote}
Ibérie.

---

l'Arzanène. On pourrait retrouver, quoique assez imparfaitement, le nom et la position des trois autres.

(1) Comparez Hérodote, l. 1, c. 97, avec Moïse de Chorène, *Hist. d'Arm.*; l. II, c. 84, et la carte d'Arménie donnée par ses éditeurs.

(2) *Hiberi, locorum potentes, Caspiâ viâ Sarmatam in Armenios raptim effundunt.* Tacite, *Ann.*, VI, 34. Voy. Strabon, *Géogr.*, l. XI, p. 764.

(3) Pierre Patrice (*Excerpta leg.*, p. 30) est le seul écrivain qui parle de l'article du traité concernant l'Ibérie.

années les douceurs d'une tranquillité profonde ; le traité conclu entre les deux monarchies rivales fut régulièrement observé jusqu'à la mort de Tiridate. A cette époque, le gouvernement de l'univers se trouva entre les mains d'une nouvelle génération, dirigée par des intérêts opposés et par des passions différentes. Ce fut alors que le petit-fils de Narsès entreprit une guerre longue et mémorable contre les princes de la maison de Constantin.

L'empire venait d'être délivré des tyrans et des Barbares ; cet ouvrage difficile avait été entièrement achevé par une succession de paysans d'Illyrie. Dès que Dioclétien fut entré dans la vingtième année de son règne, il se rendit à Rome pour y célébrer, par la pompe d'un triomphe, cette ère fameuse et le succès de ses armes (1). Maximien, qui l'égalait en pouvoir, partagea seul la gloire de cette journée. Les deux Césars avaient combattu et remporté des victoires ; mais le mérite de leurs exploits fut attribué, selon la rigueur des anciennes maximes, à l'heureuse influence de leurs pères et de leurs empereurs (2). Le triomphe de Dioclétien et de Maxi-

{Triomphe de Dioclétien et de Maximien. Ann. 303. 20 novemb.}

---

(1) Eusèbe, *in Chron.*; Pagi, *ad annum*. Jusqu'à la découverte du traité *de Mort. pers.*, il n'était pas certain que le triomphe et les vicennales eussent été célébrés en même temps.

(2) Durant le temps des vicennales, Galère paraît avoir gardé son poste sur le Danube. *Voyez* Lactance, *de Mort. pers.*, c. 38.

mien, moins magnifique peut-être que ceux d'Aurélien et de Probus, brillait de l'éclat d'une renommée et d'une fortune supérieures à plusieurs égards. L'Afrique et la Bretagne, le Rhin, le Danube et le Nil, fournissaient chacun leurs trophées; mais ce qui faisait le plus bel ornement de cette fête, c'était une victoire remportée sur les Perses, et suivie d'une conquête importante. On portait devant le char impérial les représentations des rivières, des montagnes et des provinces. Les images (1) des femmes, des sœurs et des enfans du grand roi, formaient un spectacle nouveau, et flattaient la vanité du peuple. Une considération d'une nature moins brillante rend ce triomphe remarquable aux yeux de la postérité : c'est le dernier qu'ait jamais vu Rome. Bientôt après les empereurs cessèrent de vaincre, et Rome cessa d'être la capitale de l'empire.

Rome privée de la présence des empereurs.

Le terrain sur lequel Rome était bâtie avait été consacré par d'anciennes cérémonies et des miracles imaginaires. La présence de quelque dieu ou la mémoire de quelque héros semblait animer toutes les parties de la ville, et le sceptre de l'univers avait été promis au Capitole (2). L'habitant de Rome sen-

---

(1) Eutrope (IX, 27) parle de cette famille comme si elle eût fait partie du triomphe; mais les *personnes* avaient été rendues à Narsès; on ne pouvait donc exposer que leurs *images*.

(2) On voit dans Tite-Live (V, 51-55) un discours de Camille, rempli d'éloquence et de sensibilité, que ce grand

tait et reconnaissait l'empire de cette agréable illusion, qui lui venait de ses ancêtres, et qui, fortifiée par l'éducation, était en quelque sorte soutenue par l'idée qu'on avait de son utilité politique. La forme du gouvernement et le siége de l'empire semblaient inséparables, et l'on ne croyait pas pouvoir transporter l'un sans anéantir l'autre (1). Mais la souveraineté de la capitale se perdit insensiblement dans l'étendue de la conquête. Les provinces s'élevèrent au même niveau; et les nations vaincues acquirent le nom et les priviléges des Romains, sans adopter leurs préjugés. Cependant les restes de l'ancienne constitution et la force de l'habitude maintinrent pendant long-temps la dignité de Rome. Les empereurs, quoique nés en Afrique ou en Illyrie, respectaient leur patrie adoptive, comme le siége de leur grandeur et comme le centre de leurs vastes domaines. La guerre exigeait souvent leur présence sur les frontières. Mais Dioclétien et Maximien furent les premiers princes qui, en temps de paix, fixèrent leur résidence ordinaire dans les provinces. Leur conduite, quel qu'en ait été le motif particu-

---

homme prononça pour s'opposer au projet de transporter à Véies le siége du gouvernement.

(1) On reproche à Jules-César d'avoir voulu transférer l'empire dans la ville d'Ilium ou dans celle d'Alexandrie. Selon la conjecture ingénieuse de Le Fèvre et de Dacier, la troisième ode du troisième livre d'Horace a été composée pour détourner Auguste de l'exécution d'un semblable dessein.

lier, pouvait être justifiée par des vues spécieuses de politique. L'empereur de l'Occident tenait ordinairement sa cour à Milan, dont la situation au pied des Alpes le mettait bien plus à portée de veiller aux mouvemens des Barbares de la Germanie, que s'il eût fixé son séjour à Rome. Milan eut bientôt la splendeur d'une ville impériale; ses maisons étaient aussi nombreuses et aussi bien bâties; le même goût et la même politesse régnaient parmi les habitans. Un cirque, un palais, un théâtre, une cour des monnaies, des bains qui portaient le nom de Maximien, leur fondateur; des portiques ornés de statues, une double enceinte de murs, tout contribuait à la beauté de la nouvelle capitale, qui ne paraissait pas éclipsée par la proximité de l'ancienne (1). Dioclétien voulut aussi que le lieu de sa résidence égalât la majesté de Rome. Il employa son loisir et les richesses de l'Orient à décorer Nicomédie, qui, placée

Leur résidence à Milan.

A Nicomédie.

---

(1) *Voyez* Aurelius-Victor, qui parle aussi des bâtimens élevés par Maximien à Carthage, probablement durant la guerre des Maures. Nous rapporterons quelques vers d'Ausone, *de clar. Urb.*, v.

> *Et Mediolani mira omnia : copia rerum,*
> *Innumeræ cultæque domus ; facunda virorum*
> *Ingenia, et mores læti, tum duplice muro.*
> *Amplificata loci species ; populique voluptas*
> *Circus ; et inclusi moles cuneata theatri*
> *Templa, palatinæque arces, opulensque moneta,*
> *Et regio Herculei celebris sub honore lavacri.*
> *Cunctaque marmoreis ornata peristyla signis ;*
> *Mœniaque in valli formam circumdata labro,*
> *Omnia quæ magnis operum velut æmula formis*
> *Excellunt : nec juncta premit vicinia Romæ.*

sur les bords de l'Asie et de l'Europe, se trouvait à une distance presque égale de l'Euphrate et du Danube. En peu d'années Nicomédie s'éleva, par les soins du monarque et aux dépens du peuple, à un degré de magnificence qui semblait avoir exigé des siècles de travaux. Elle ne le cédait qu'aux villes de Rome, d'Alexandrie et d'Antioche, pour l'étendue et pour la population (1). La vie de Dioclétien et de Maximien fut très-active; ils en passèrent la plus grande partie dans les camps ou dans des marches longues et fréquentes; mais toutes les fois que les affaires publiques leur permettaient de prendre du repos, ils se retiraient avec plaisir à Milan et à Nicomédie, leurs résidences favorites. Jusqu'au moment où Dioclétien célébra son triomphe dans la vingtième année de son règne, il est fort douteux qu'il ait jamais visité l'ancienne capitale de l'empire; et même, dans cette circonstance mémorable, il n'y resta pas plus de deux mois. On croyait qu'il paraîtrait devant le sénat avec les marques de la dignité consulaire; mais, blessé de l'excessive familiarité du peuple, il quitta Rome avec précipitation treize jours avant celui où devait avoir lieu cette cérémonie (2).

Le dégoût qu'il montra pour Rome et pour le ton

Abaissement de Rome et du sénat.

---

(1) Lactance, *de Mort. pers.*, c. 17; Libanius, *orat.*, VIII, p. 203.

(2) Lactance, *de Mort. pers.*, c. 17. Ammien-Marcellin dit, dans une occasion semblable, que *dicacitas plebis* n'est pas fort agréable à une oreille impériale. *Voy.* l. XVI, c. 10.

de liberté qui régnait parmi ses habitans, ne fut point l'effet d'un caprice momentané; toutes ses démarches étaient le résultat de la politique la plus artificieuse. Ce prince habile avait adopté un nouveau système d'administration, qui fut entièrement exécuté dans la suite par la famille de Constantin. Comme le sénat conservait religieusement l'image de l'ancien gouvernement, Dioclétien résolut d'enlever à cet ordre le peu de pouvoir et de considération qui lui restait. Rappelons-nous quelles furent la grandeur passagère et les espérances ambitieuses des sénateurs huit ans environ avant l'avénement de ce monarque. Tant que l'enthousiasme subsista, quelques nobles eurent l'imprudence de déployer leur zèle pour la cause de la liberté; et, lorsque les successeurs de Probus eurent abandonné le parti de la république, ces fiers patriciens furent incapables de déguiser leur inutile ressentiment. Comme souverain de l'Italie, Maximien fut chargé d'anéantir cet esprit d'indépendance, plus incommode que dangereux. Une pareille commission convenait parfaitement au caractère cruel de ce prince; les plus illustres du sénat, que Dioclétien affectait toujours d'estimer, furent enveloppés, par son impitoyable collègue, dans des accusations de complots imaginaires; la possession d'une belle maison de campagne ou d'une terre bien cultivée les rendait évidemment coupables (1). Les prétoriens, qui avaient

---

(1) Lactance accuse Maximien d'avoir détruit *fictis crimi-*

opprimé si long-temps la majesté de Rome, commençaient à la protéger. Ces troupes hautaines, voyant que leur puissance, autrefois si formidable, leur échappait, étaient disposées à réunir leurs forces avec l'autorité du sénat. Dioclétien, par de prudentes mesures, diminua insensiblement le nombre des prétoriens, abolit leurs priviléges (1), et leur substitua deux fidèles légions d'Illyrie, qui, sous les nouveaux titres de Joviens et d'Herculiens, firent le service des gardes impériales (2). Mais le coup le plus terrible que Dioclétien et Maximien portèrent au sénat, fut la révolution que, sans bruit et sans éclat, devait nécessairement amener leur longue absence. Tant que les empereurs résidèrent à Rome, cette assemblée, souvent opprimée, ne pouvait être négligée. Les successeurs d'Auguste avaient établi toutes

Nouveaux corps de gardes, les Joviens et les Herculiens.

―――――――――――

nationibus lumina senatûs (de Mort. pers., c. 8). Aurelius-Victor parle d'une manière très-douteuse de la bonne foi de Dioclétien envers ses amis.

(1) *Truncatæ vires urbis, imminuto prætoriarum cohortium atque in armis vulgi numero.* (Aurelius-Victor.) Selon Lactance (c. 26), ce fut Galère qui poursuivit le même plan.

(2) C'étaient de vieilles troupes campées en Illyrie; et, selon l'ancien établissement, chaque corps consistait en six mille hommes. Ils avaient acquis beaucoup de réputation par l'usage des *plumbatæ* ou dards chargés de plomb. Chaque soldat en portait cinq, qu'il lançait à une distance considérable avec autant de force que d'adresse. *Voyez* Végèce, I, 17.

les lois que leur dictait leur sagesse ou leur caprice; mais ces lois avaient été ratifiées par la sanction du sénat, dont les délibérations et les décrets présentaient toujours l'image de l'ancienne liberté. Les sages monarques qui respectèrent les préjugés du peuple romain, avaient été en quelque sorte obligés de prendre le langage et la conduite convenables au général et au premier magistrat de la république. Dans les camps et dans les provinces ils déployèrent la dignité de souverain; et, dès qu'ils eurent fixé leur résidence loin de la capitale, ils abandonnèrent à jamais la dissimulation qu'Auguste avait recommandée à ses successeurs. En exerçant la puissance exécutive et législative de l'État, le prince prenait l'avis de ses ministres, au lieu de consulter le grand conseil de la nation. Le nom du sénat fut cependant cité avec honneur jusqu'à la destruction totale de l'empire : ses membres jouissaient de plusieurs distinctions honorables qui flattaient leur vanité (1). Mais on laissa respectueusement tomber dans l'oubli l'assemblée auguste qui, pendant si long-temps, avait d'abord été la source et ensuite l'instrument du pouvoir. Le sénat, n'ayant plus de liaison avec la nouvelle constitution ni avec la cour impériale, resta sur le mont Capitolin comme un monument vénérable, mais inutile, d'antiquité.

Magistratures civiles négligées.

Lorsque les souverains de Rome eurent perdu de

---

(1) *Voyez* le *Code Théodosien*, l. vi, tit. ii, avec le commentaire de Godefroi.

vue le sénat et leur ancienne capitale, ils oublièrent aisément l'origine et la nature du pouvoir qui leur était confié. Les emplois civils de consul, de proconsul, de censeur et de tribun, dont la réunion avait formé l'autorité des princes, rappelaient encore au peuple une origine républicaine. Ces titres modestes disparurent (1); et si le souverain se fit toujours appeler empereur ou *imperator*, ce mot fut pris dans un sens nouveau et plus relevé. Au lieu de signifier le général des armées romaines, il désigna le maître de l'univers. Au nom d'empereur, dont l'origine tenait aux institutions militaires, on en joignit un autre qui marquait davantage l'esprit de servitude. La dénomination de seigneur ou *dominus* exprimait originairement, non l'autorité d'un prince sur ses sujets, ou celle d'un commandant sur ses soldats, mais le pouvoir arbitraire d'un maître sur des esclaves domestiques (2). Considéré sous cet odieux aspect, il fut rejeté avec horreur par les premiers.

Dignité et titre de l'empereur.

(1) Voyez la xiie dissertation dans l'excellent ouvrage de Spanheim, *de Usu num*. A l'aide des médailles, des inscriptions et des historiens, il examine chaque titre séparément, et il le suit depuis Auguste jusqu'au moment où il disparaît.

(2) Pline (*Panégyr.*, c. 2, 55, etc.) parle avec horreur de *dominus*, comme synonyme de *tyran*, et comme opposé à *prince*; et le même Pline donne régulièrement ce titre (dans le dixième livre de ses Lettres) au vertueux Trajan, son ami plutôt que son maître. Cette étrange expression embarrasse les commentateurs qui savent penser, et les traducteurs qui savent écrire.

Césars. Leur résistance devint insensiblement plus faible et le nom moins odieux. Enfin la formule *de notre seigneur et empereur* fut non-seulement adoptée par la flatterie, mais encore régulièrement admise dans les lois et dans les monumens publics. Ces expressions pompeuses devaient satisfaire la vanité la plus excessive ; et, si les successeurs de Dioclétien refusèrent le nom de roi, ce fut moins l'effet de leur modération que de leur délicatesse. Parmi les peuples qui parlaient latin (et cette langue était celle du gouvernement dans tout l'empire), le titre d'empereur, particulièrement réservé aux monarques de Rome, imprimait plus de vénération que celui de roi. Ces princes auraient été forcés de partager ce dernier nom avec une foule de chefs barbares, et ils n'auraient pu le tirer que de Romulus ou de Tarquin. Mais l'Orient avait des principes bien différens. Dès les premiers âges dont l'histoire fasse mention, les souverains de l'Asie avaient été nommés en grec *basileus* ou roi ; et, comme cette dénomination désignait dans ces contrées le rang le plus élevé, les habitans s'en servirent bientôt dans les humbles requêtes qu'ils portaient au pied du trône romain (1). Les attributs même ou du moins les titres de la divinité furent usurpés par Dioclétien et par Maximien, qui les transmirent aux princes chrétiens, leurs suc-

---

(1) Synesius, *de Regno*, édit. de Pétau, p. 15. Je dois cette citation à l'abbé de La Bletterie.

cesseurs (1). Au reste, ces expressions extravagantes perdirent leur impiété en perdant leur signification primitive. Dès qu'une fois l'oreille est accoutumée au son, un pareil langage n'excite que l'indifférence, et est reçu comme une protestation de respect aussi vague qu'exagérée.

Depuis le temps d'Auguste jusqu'au règne de Dioclétien, les Romains n'avaient eu pour leurs princes que les égards dus aux simples magistrats. L'empereur conversait familièrement avec ses concitoyens. Le manteau impérial ou robe militaire, entièrement de pourpre, était leur principale marque de distinction ; la toge des sénateurs était simplement bordée d'une large bande aussi de pourpre, et les chevaliers en portaient une plus étroite sur leurs habits (2).

Dioclétien prend le diadême, et introduit à la cour les manières persanes.

---

(1) *Voyez* Van-Dale, *de Consecratione*, p. 354, etc. Les empereurs avaient coutume de faire mention, dans le préambule des lois, de leur *divinité, sacrée majesté, divins oracles*, etc. Selon M. de Tillemont, Grégoire de Nazianze se plaint très-amèrement d'une pareille profanation, surtout lorsqu'un empereur arien emploie ces titres.

(2) « Dans le temps de la république, dit Hégewisch, lorsque les consuls, les préteurs et les autres magistrats, paraissaient en public pour vaquer aux devoirs de leur charge, leur dignité s'annonçait, et par les marques qu'avait consacrées l'usage, et par le brillant cortége dont ils étaient accompagnés. Mais cette dignité était attachée à la charge et non à l'individu ; cette pompe appartenait au magistrat et non à l'homme... Le consul, suivi, dans les comices, de tout le sénat, des préteurs, des questeurs, des édiles, des licteurs, des appariteurs et des hérauts, n'était servi, en

L'orgueil ou plutôt la politique engagea Dioclétien à introduire dans sa cour la magnificence des monarques persans (1). Il osa ceindre le diadême, cette marque odieuse de la royauté dont les Romains avaient reproché l'usage à Caligula comme l'acte de la plus insigne folie. Le diadême était un large bandeau blanc et brodé de perles, qui entourait la tête de l'empereur. Dioclétien et ses successeurs portèrent de superbes robes d'or et de soie, et l'on ne vit qu'avec indignation leurs souliers même couverts de pierres précieuses. De nouvelles formes et de nouvelles cérémonies rendaient tous les jours plus difficile l'a-

---

rentrant dans sa maison, que par des affranchis et par ses esclaves. Les premiers empereurs n'allèrent pas plus loin. Tibère n'avait, pour son service personnel, qu'un nombre modéré d'esclaves et quelques affranchis (Tacite, *Ann.*, IV, 7)... Mais, à mesure que les formes républicaines s'évanouirent l'une après l'autre, le penchant des empereurs à s'entourer d'une pompe personnelle se manifesta de plus en plus... La magnificence et le cérémonial de l'Orient s'introduisirent tout-à-fait chez Dioclétien, et Constantin acheva de les consacrer. Les palais, les garde-meubles, la table, tout l'entourage personnel, distinguèrent alors l'empereur de ses sujets, plus encore que sa haute dignité... L'organisation que Dioclétien donna à sa nouvelle cour attacha moins d'honneurs et de distinctions aux états qu'aux services rendus aux membres de la famille impériale. « Hegewisch, *Essai hist. sur les finances romaines* (en allem.), p. 249.

Peu d'historiens ont caractérisé d'une manière plus philosophique l'influence d'une nouvelle institution. (*Note de l'Éditeur.*)

(1) *Voyez* Spanheim, *de Usu numism.*, dissert. XII.

bord de leurs personnes sacrées. Les avenues du palais étaient sévèrement gardées par des officiers de différentes *écoles* (ainsi qu'on commençait à les nommer alors). Les appartemens intérieurs étaient confiés à la vigilance des eunuques dont le nombre et l'influence, augmentant sans cesse, marquaient visiblement les progrès du despotisme. Lorsqu'un sujet obtenait enfin la permission de paraître en présence de l'empereur, il était obligé, quel que fût son rang, de se prosterner contre terre et d'adorer, selon la coutume des Orientaux, la divinité de son seigneur et maître (1). Dioclétien avait l'esprit éclairé avant de monter sur le trône. Dans le cours d'un long règne ce prince avait appris à se connaître, et il avait apprécié les hommes. Il est difficile de croire qu'en substituant les manières de la Perse à celles de Rome, il ait été dirigé par un motif aussi bas que la vanité. Il se flattait qu'une ostentation de splendeur et de luxe subjuguerait l'imagination de la multitude; que le monarque serait moins exposé à la licence grossière des soldats et du peuple, tant qu'il se déroberait aux regards publics; et que l'habitude de la soumission produirait insensiblement des sentimens de respect. Semblable à la modestie affectée d'Auguste, le faste de Dioclétien fut une représentation de théâtre. Mais, il faut l'avouer, de ces deux comédies la première

---

(1) Aurelius-Victor; Eutrope, ix, 26. Il paraît, d'après les panégyristes, que les Romains s'accoutumèrent bientôt au nom et à la cérémonie de l'adoration.

renfermait plus de noblesse et de véritable grandeur que la dernière : l'une avait pour but de cacher, et l'autre de développer le pouvoir immense que les empereurs exerçaient sur leurs vastes domaines.

<small>Nouvelle forme d'administration. Deux Augustes et deux Césars.</small>

L'ostentation avait été le premier principe du système de Dioclétien; la division en fut le second. Il divisa l'empire, les provinces et toutes les branches de l'administration civile et militaire. Il multiplia les roues de la machine politique; et, si ses opérations furent moins rapides, elles devinrent plus sûres. Tous les avantages et tous les défauts que l'on a pu remarquer dans le nouveau système doivent être attribués, en grande partie, à son premier inventeur. Mais, comme ce plan d'administration fut perfectionné par degrés, et qu'il ne fut achevé que sous les princes suivans, nous examinerons l'édifice lorsque nous serons arrivés au temps où il fut entièrement fini (1). Réservant donc pour le règne de Constantin une description plus exacte du nouvel empire, nous nous contenterons de tracer les traits principaux et caractéristiques du tableau dessiné par la main de Dioclétien. Ce prince avait associé trois collègues au pouvoir suprême. Persuadé que les talens d'un seul homme ne suffisaient pas pour défendre de si vastes

---

(1) Les innovations introduites par Dioclétien sont principalement déduites, 1° de quelques passages de Lactance, très-expressifs; 2° des nouvelles charges de plusieurs espèces, qui, dans le *code Théodosien*, paraissent *déjà* établies dans le commencement du règne de Constantin.

domaines, il ne considéra pas seulement l'administration réunie de quatre souverains comme un expédient momentané; Dioclétien en fit une loi fondamentale de la constitution. Il décida que les deux premiers princes seraient distingués par le diadême et par le titre d'*Auguste;* qu'ils choisiraient, selon les mouvemens de leur affection ou de leur estime, deux collègues subordonnés qui les aideraient à supporter le poids du gouvernement, et que les *Césars*, élevés à leur tour à la première dignité, fourniraient une succession non interrompue d'empereurs. La monarchie fut divisée en quatre parties. Les départemens honorables de l'Orient et de l'Italie jouissaient de la présence des Augustes; la garde pénible du Rhin et du Danube était confiée aux Césars. Les quatre souverains disposaient de la force des légions; et l'extrême difficulté de vaincre successivement quatre rivaux formidables devait intimider l'ambition d'un général entreprenant. Dans le gouvernement civil, les empereurs étaient supposés exercer en commun le pouvoir indivisible de la monarchie; les édits signés de leurs noms avaient force de loi dans toutes les provinces, et paraissaient émanés de leurs conseils et de leur autorité. Malgré toutes ces précautions, l'on vit se dissoudre par degrés l'union politique de l'univers romain, et il s'introduisit un principe de division qui, au bout d'un petit nombre d'années, causa la séparation perpétuelle des empires d'Orient et d'Occident.

Le système de Dioclétien renfermait un autre in-

<small>Augmentation des taxes.</small>

convénient très-essentiel, qui, même à présent, n'est pas indigne de notre attention. Un établissement plus dispendieux entraîna nécessairement une augmentation de taxes et l'oppression du peuple. Au lieu de la suite modeste d'esclaves et d'affranchis dont s'était contentée la noble simplicité d'Auguste et de Trajan, trois ou quatre cours magnifiques furent établies dans les différentes parties de l'empire; et autant de rois romains cherchèrent à se surpasser par leur somptuosité, et à éclipser le faste du monarque persan. Le nombre des magistrats, des ministres et des officiers qui remplissaient les charges de l'État, n'avait jamais été si considérable; et (si nous pouvons emprunter la vive expression d'un auteur contemporain) « lorsque la proportion de ceux qui recevaient excéda la proportion de ceux qui contribuaient, les provinces furent opprimées par le poids des tributs (1). » Depuis cette époque jusqu'à la ruine de l'empire, il serait aisé de former une suite de clameurs et de plaintes; chaque écrivain, suivant sa religion ou sa situation, choisit Dioclétien, Constantin, Valens ou Théodose, pour l'objet de ses invectives. Mais ils s'accordent tous à représenter le fardeau des impositions publiques, principalement de la capitation et de la taxe sur les terres, comme une calamité intolérable et toujours croissante, particulière au temps où ils vivent. D'après cette conformité, un historien impartial, obligé de tirer la vérité de la satire aussi

---

(1) Lactance; *de Mort. pers.*, c. 7.

bien que du panégyrique, sera disposé à distribuer le blâme entre tous ces princes; il attribuera leurs exactions bien moins à leurs vices personnels qu'au système uniforme de leur gouvernement. A la vérité, Dioclétien est l'auteur de ce système; mais pendant son règne le mal naissant fut contenu dans les bornes de la discrétion et de la modération, et il mérite le reproche d'avoir donné un exemple pernicieux plutôt que celui d'avoir opprimé ses sujets (1). On peut ajouter que ses revenus furent administrés avec une prudente économie, et qu'après avoir fourni à toutes les dépenses courantes, il restait toujours dans le trésor impérial des sommes considérables pour satisfaire à une sage libéralité ou aux besoins imprévus de l'État.

Ce fut la vingt-unième année de son règne que Dioclétien exécuta le projet de descendre du trône : résolution mémorable, plus conforme au caractère d'Antonin ou de Marc-Aurèle qu'à celui d'un prince qui, dans l'acquisition et dans l'exercice du pouvoir suprême, n'avait jamais pratiqué les leçons de la philosophie. Dioclétien eut la gloire de donner le premier à l'univers un exemple (2) que les monarques

Abdication de Dioclétien et de Maximien.

---

(1) *Indicta lex nova, quæ sanè illorum temporum modestiâ tolerabilis, in perniciem processit.* Aurelius-Victor, qui a traité le caractère de Dioclétien en homme de bon sens, quoiqu'en mauvais latin.

(2) *Solus omnium, post conditum Romanum imperium, qui ex tanto fastigio sponte ad privatæ vitæ statum civilitatemque remearet.* Eutrope, IX, 18.

Parallèle de Dioclétien et de Charles-Quint.

imitèrent rarement dans la suite. Si, pour nous Charles-Quint vient ici se présenter naturellement en parallèle, ce n'est pas seulement parce que l'éloquence d'un historien moderne a rendu ce nom familier à tout lecteur anglais, c'est aussi un effet de la ressemblance frappante qui a existé entre le caractère de ces deux princes, dont l'habileté politique surpassa les talens militaires, et dont les qualités spécieuses furent moins l'effet de la nature que celui de l'art. L'abdication de Charles paraît avoir été déterminée par les vicissitudes de la fortune. Le chagrin de voir échouer ses projets favoris lui fit prendre le parti de résigner une puissance qu'il ne trouvait pas proportionnée à son ambition. Le règne de Dioclétien, au contraire, avait été marqué par des succès continuels. Ce ne fut qu'après avoir triomphé de tous ses ennemis, et accompli tous ses desseins, qu'il paraît s'être occupé sérieusement de quitter l'empire. Ni Charles ni Dioclétien n'avaient atteint un âge bien avancé lorsqu'ils descendirent du trône, puisque l'un n'avait encore que cinquante-cinq ans, et l'autre cinquante-neuf seulement. Mais la vie active de ces princes, leurs guerres, leurs voyages, les soins de la royauté, et leur application aux affaires, avaient affaibli leur constitution ; ils ressentaient déjà les infirmités d'une vieillesse prématurée (1).

Longue maladie de Dioclétien.

Malgré la rigueur d'un hiver pluvieux et très-froid, Dioclétien quitta l'Italie fort peu de temps après la

_____

(1) Les particularités du voyage et de la maladie sont

cérémonie de son triomphe. Il prit sa route par la province de l'Illyrie pour se rendre en Orient. L'inclémence de la saison et les fatigues du voyage lui causèrent bientôt une maladie de langueur. Quoiqu'il ne marchât qu'à petites journées, et qu'il fût porté dans une litière fermée, son état était devenu très-alarmant, lorsqu'il arriva, vers la fin de l'été, à Nicomédie. Il ne sortit point de son palais durant tout l'hiver. Le danger de ce prince inspirait un intérêt général et sincère; mais le peuple ne pouvait juger des variations de sa santé que par la consternation ou par la joie peintes tour à tour sur le visage des courtisans. Le bruit se répandit pendant quelque temps qu'il avait rendu les derniers soupirs. L'opinion générale était qu'on cachait sa mort pour prévenir les troubles en l'absence du César Galère. A la fin cependant Dioclétien parut encore une fois en public le 1ᵉʳ mars, mais si pâle et si exténué, que ceux avec lesquels il avait vécu le plus familièrement auraient eu de la peine à le reconnaître. Il était temps de finir le combat pénible qu'il avait soutenu pendant plus d'une année pour accorder le soin de sa conservation avec les devoirs de son rang. Sa santé exigeait qu'il suspendît ses travaux; sa dignité lui imposait la loi de veiller du sein de la maladie à l'administration d'un grand empire. Il résolut de finir

Sa prudence.

---

prises de Lactance (c. 17), qui peut *quelquefois* servir d'autorité pour les faits publics, quoique très-rarement pour les anecdotes particulières.

ses jours dans un repos honorable, de placer sa gloire hors de la portée des traits de la fortune, et de laisser le théâtre du monde à des princes plus jeunes et plus actifs (1).

Ann. 305.
1er mai.

La cérémonie de son abdication eut lieu dans une grande plaine, à trois milles environ de Nicomédie, où s'étaient assemblés les soldats et le peuple. L'empereur, monté sur un tribunal élevé, leur déclara son intention dans un discours rempli de raison et de noblesse. Dès qu'il eut ôté le manteau de pourpre, il se déroba aux regards de la multitude frappée d'étonnement; et, traversant la ville dans un chariot couvert, il prit aussitôt la route de Salone, sa patrie, qu'il avait choisie pour sa retraite. Le même jour, qui était le 1er de mai (2), Maximien, comme ils en étaient convenus, résigna la dignité impériale dans la ville de Milan. C'était au milieu de son triomphe que Dioclétien avait formé le projet d'abdiquer le gouvernement. Voulant dès-lors s'assurer de l'obéissance de Maximien, il en avait exigé une assu-

Soumission de Maximien.

―――――

(1) Cette abdication, qui a été si diversement interprétée, est attribuée par Aurelius-Victor à deux causes, dont la première est le mépris de Dioclétien pour l'ambition; la seconde, son appréhension des troubles qui menaçaient l'État. Un des panégyristes (VI, 9) parle de l'âge et des infirmités de Dioclétien comme de la cause naturelle de sa retraite.

(2) Les difficultés et les méprises sur les dates de l'année et du jour de l'abdication de Dioclétien sont parfaitement éclaircies par Tillemont (*Hist. des Empereurs*, t. IV, p. 525, note 19) et par Pagi, *ad Annum*.

rance générale qu'il soumettrait toutes ses actions à l'autorité de son bienfaiteur, ou une promesse particulière qu'il descendrait du trône au premier signal, et lorsqu'on lui en donnerait l'exemple. Un pareil engagement, quoique confirmé par un serment solennel devant l'autel de Jupiter-Capitolin (1), n'aurait point eu assez de force pour contenir le caractère violent d'un prince dont la passion était l'amour du pouvoir, et qui n'ambitionnait ni le repos pour la fin de sa vie, ni la gloire après sa mort; mais il céda, quoique avec répugnance, à l'ascendant qu'avait pris sur lui un collègue plus sage; et il se retira, immédiatement après son abdication, dans une maison de campagne en Lucanie, où il était presque impossible à cet esprit turbulent de trouver aucune tranquillité durable.

Dioclétien, qui de l'esclavage était monté sur le trône, passa les neuf dernières années de sa vie dans une condition privée. La raison lui avait conseillé de renoncer aux grandeurs; le contentement semble l'avoir accompagné dans sa retraite. Il s'attira jusqu'au dernier moment la vénération des princes entre les mains desquels il avait remis le sceptre de l'univers (2). Il est rare qu'un homme chargé pendant

Retraite de Dioclétien à Salone.

---

(1) Voyez *Panegyr. vet.*, vi, 9. Le discours fut prononcé après que Maximien eut repris la pourpre.

(2) Eumène en fait le plus bel éloge. *At enim divinum illum virum, qui primus imperium et participavit et posuit, consilii et facti sui non pœnitet; nec amisisse se putat, quod*

long-temps de la direction des affaires publiques se soit formé l'habitude de converser avec lui-même. Lorsqu'il a perdu le pouvoir, son malheur principal est le défaut d'occupation. La dévotion et les lettres, qui offrent tant de ressources dans la solitude, ne pouvaient fixer l'attention de Dioclétien; mais il avait conservé, ou du moins il reprit bientôt du goût pour les plaisirs les plus purs et les plus naturels. Il passait son temps à bâtir, à planter et à cultiver son jardin; ces amusemens innocens occupaient suffisamment son loisir. On a justement vanté sa réponse à Maximien. Ce vieillard inquiet le sollicitait de reprendre la pourpre impériale et les rênes du gouvernement. Dioclétien rejeta cette proposition avec un sourire de pitié, en disant que s'il pouvait montrer à Maximien les beaux choux qu'il avait plantés de ses mains à Salone, celui-ci ne le presserait plus d'abandonner la jouissance du bonheur pour courir après le pouvoir (1). Dans ses entretiens familiers, il avouait fréquemment que de tous les arts le plus difficile est celui de régner; et il avait coutume de s'exprimer sur ce sujet avec une chaleur que l'expérience seule peut donner. « Qu'il arrive souvent, disait-il, que l'intérêt de quatre ou cinq ministres les porte à se concerter pour tromper

Sa philosophie.

---

sponte transcripsit. Felix beatusque vere quem vestra, tantorum principum, colunt obsequia privatum. Panégyr. vet., VII, 15.

(1) C'est à Victor le jeune que nous devons ce mot fameux. Eutrope parle du fait d'une manière plus générale.

leur maître ! Séparé du genre humain par son rang élevé, la vérité ne peut trouver accès auprès de lui. Il est réduit à voir par les yeux de ses courtisans ; rien n'arrive jusqu'à lui que défiguré par eux. Le souverain confère les dignités les plus importantes au vice et à la faiblesse ; il écarte le talent et la vertu. C'est par ces indignes moyens, ajoutait-il, que les princes les meilleurs et les plus sages sont vendus à la corruption vénale de leurs flatteurs (1). » Une juste appréciation des grandeurs et l'assurance d'une réputation immortelle nous rendent plus chers les plaisirs de la solitude ; mais l'empereur romain avait joué sur la scène du monde un rôle trop important, pour qu'il lui fût possible de goûter sans mélange les douceurs et la sécurité d'une condition privée. Il ne pouvait ignorer les troubles qui déchirèrent l'empire après son abdication, ni rester indifférent sur leurs tristes conséquences. La crainte, le chagrin et l'inquiétude, le poursuivirent quelquefois dans sa retraite. Les malheurs de sa femme et de sa fille blessèrent cruellement sa tendresse, ou du moins son orgueil. Enfin, des affronts que Constantin et Licinius auraient dû épargner au père de tant d'empereurs, au premier auteur de leur fortune, répandirent l'amertume sur les derniers momens de Dioclétien. On a prétendu, quoique sans aucune preuve certaine, qu'il se dé-

Et sa mort.
Ann. 313.

---

(1) *Hist. Aug.*, p. 223, 224. Vopiscus avait appris de son père cette conversation.

roba prudemment à leur pouvoir par une mort volontaire (1).

<small>Description de Salone et des environs.</small>

Avant de perdre entièrement de vue le tableau de la vie et du caractère de ce prince, jetons nos regards sur le lieu de sa retraite. Salone, capitale de la Dalmatie, son pays natal, était, selon la mesure des grands chemins de l'empire, à deux cents milles romains d'Aquilée et des confins d'Italie, et à deux cent soixante-dix environ de Sirmium, résidence ordinaire des empereurs lorsqu'ils visitaient la frontière d'Illyrie (2). C'est un misérable village qui porte aujourd'hui le nom de Salone; mais encore dans le seizième siècle, les restes d'un théâtre et des débris d'arches rompues et de colonnes de marbre attestaient son ancienne splendeur (3). Ce fut à six ou sept milles de la ville que Dioclétien construisit un palais magnifique. La grandeur de l'ouvrage doit nous faire juger combien il avait médité long-temps le projet d'abdi-

---

(1) Victor le jeune parle légèrement de ce bruit; mais comme Dioclétien avait déplu à un parti puissant et triomphant, sa mémoire a été chargée de toutes sortes de crimes et de malheurs. On a prétendu qu'il était mort dans les accès d'une folie furieuse, qu'il avait été condamné comme criminel par le sénat de Rome, etc.

(2) *Voyez* les *Itinéraires*, p. 269, 272, édit. de Wesseling.

(3) L'abbé de Fortis, dans son *Voyage en Dalmatie*, p. 43 (imprimé à Venise en 1774, deux petits vol. in-4°), cite une description manuscrite des antiquités de Salone, composée par Giambattista Giustiniani, vers le milieu du seizième siècle.

quer l'empire. L'attachement de ce prince pour sa patrie n'était pas nécessaire pour le déterminer au choix d'un séjour où se trouvait réuni tout ce qui servait au luxe et à la santé. « Le sol est sec et fertile, l'air pur et salubre. Quoique extrêmement chaud pendant l'été, le pays éprouve rarement ces vapeurs étouffantes et nuisibles que les vents amènent sur la côte de l'Istrie et dans quelques parties de l'Italie. Les superbes vues du palais ne contribuent pas moins que la beauté du climat à rendre ce séjour agréable. Du côté de l'occident on découvre le fertile rivage qui s'étend le long du golfe Adriatique. Les petites îles dont cette partie de la mer est parsemée, lui donnent l'air d'un grand lac. Au nord du bâtiment est située la baie qui menait à l'ancienne ville de Salone. La contrée que l'on aperçoit au-delà, forme un heureux contraste avec cette immense perspective qui s'ouvre à l'orient et au midi sur les eaux de la mer Adriatique. La vue est terminée vers le nord par de hautes montagnes placées à une distance avantageuse, et couvertes en quelques endroits de vignes, de bois et de villages (1). »

Palais de Dioclétien.

Quoique Constantin, par un motif facile à péné-

---

(1) Adam, *Antiquités du palais de Dioclétien à Spalatro*, p. 6. Nous pouvons ajouter une circonstance ou deux, tirées du *Voyage* de l'abbé de Fortis. L'Hyader, petite rivière dont parle Lucain, produit des truites excellentes, qui, selon la remarque d'un écrivain très-judicieux, moine peut-être, déterminèrent Dioclétien sur le choix de sa retraite. (Fortis,

trer, ait affecté de mépriser le palais de Dioclétien (1); cependant un de ses successeurs, qui n'avait pu le voir que dans un état de décadence, en parle avec la plus grande admiration (2). Ce palais renfermait un espace de neuf à dix acres anglaises. Il était de forme quadrangulaire et flanqué de seize tours. Deux des côtés avaient près de six cents pieds de longueur, et les deux autres environ sept cents. Tout l'édifice avait été construit en pierres de taille tirées des carrières voisines de Trau ou Tragutium, et presque aussi belles que le marbre. Quatre rues, qui se coupaient à angles droits, divisaient les différentes parties de ce vaste bâtiment. L'appartement principal s'annonçait par une entrée magnifique, que l'on appelle encore *la porte dorée*. Le vestibule menait à un péristyle de colonnes de granit, où l'on voyait d'un côté le temple carré d'Esculape, et de l'autre le temple octogone de Jupiter. Dioclétien adorait le dernier de ces dieux comme l'auteur de sa fortune, et le premier comme le protecteur de sa santé. En comparant les restes de ce palais avec les préceptes de Vitruve, il pa-

---

p. 45.) Le même auteur (p. 38) observe qu'on voit renaître à Spalatro du goût pour l'agriculture, et qu'une société vient d'établir une ferme près de la ville, pour y faire des expériences.

(1) Constantin, *Orat. ad cœtum sanct.*, c. 25. Dans ce discours, l'empereur, ou l'évêque qui le composa pour lui, affecte de rapporter la fin malheureuse de tous les persécuteurs de l'Église.

(2) Constant. Porphyr., *de Statu imper.*, p. 86.

raît que les différentes parties de l'édifice, les bains, la chambre à coucher, le vestibule, la basilique, les salles cyzicène, égyptienne et corinthienne, ont été décrites avec précision, ou du moins d'une manière vraisemblable. Les formes de ces édifices étaient variées, les proportions justes ; mais il existait dans leur construction particulière deux défauts qui choquent singulièrement nos idées de goût et de convenance. Ces salles magnifiques n'avaient ni fenêtres ni cheminées. Elles recevaient le jour d'en haut (car le bâtiment semble n'avoir eu qu'un étage), et des tuyaux placés le long des murs servaient à les échauffer. Les principaux appartemens étaient garantis du côté du sud-ouest par un portique long de cinq cent dix-sept pieds et qui devait former une superbe promenade, lorsque les beautés de la vue se trouvaient jointes à celles de la peinture et de la sculpture.

Si ce magnifique édifice eût été construit dans un pays solitaire, il aurait été exposé au ravage du temps ; mais peut-être aurait-il échappé à l'industrie destructive de l'homme. Ses débris ont servi à bâtir le village d'Aspalathe (1) et, long-temps après, la ville de Spalatro. La porte dorée conduit maintenant dans le marché public. Saint Jean-Baptiste a usurpé les honneurs d'Esculape, et le temple de Jupiter est converti en église cathédrale, sous l'invocation de la Vierge. Nous sommes principalement redevables de la description du palais de Dioclétien à un artiste anglais

---

(1) D'Anville, *Géogr. anc.*, tome I, p. 162.

de notre siècle, qu'une curiosité bien louable a transporté dans le cœur de la Dalmatie (1). Cependant nous avons lieu de croire que l'élégance de ses dessins et de ses gravures a un peu flatté les objets qu'il avait intention de représenter. Un voyageur plus moderne et très-judicieux nous assure que les ruines majestueuses de Spalatro n'attestent pas moins la décadence des arts que la grandeur romaine sous le règne de Dioclétien (2). Si l'architecture éprouvait ces symptômes de décadence, nous devons naturellement imaginer que la peinture et la sculpture se ressentaient encore plus de la corruption du siècle. L'architecture est subordonnée à quelques règles générales et même mécaniques ; la sculpture et la peinture surtout se proposent d'imiter non-seulement les formes de la nature, mais encore les caractères et les passions de l'esprit humain. Dans ces arts sublimes, la dextérité de la main ne suffit pas ; il faut que l'imagination anime l'artiste, et que son pinceau soit guidé par le goût le plus correct et par l'observation la plus exacte.

<small>Décadence des arts.</small>

<small>Des lettres.</small> Il est presque inutile de remarquer que les discor-

---

(1) MM. Adam et Clérisseau, accompagnés de deux dessinateurs, visitèrent Spalatro au mois de juillet 1757. Le magnifique ouvrage que leur voyage a produit, a été publié à Londres sept ans après.

(2) Je rapporterai le passage de l'abbé de Fortis :

È bastevolmente nota agli amatori dell' architettura, e dell' antichità, l'opera del signor Adams, che ha donato molto a que' superbi vestigi coll' abituale eleganza del suo toccalapis e del bulino. In generale la rozzezza del scalpello e 'l cattivo

des civiles de l'empire, la licence des soldats, les incursions des Barbares, et les progrès du despotisme, avaient été funestes au génie et même au savoir. Les paysans d'Illyrie qui montèrent successivement sur le trône, rétablirent la monarchie sans rétablir les sciences. Leur éducation militaire ne tendait pas à leur inspirer l'amour des lettres. L'esprit même de ce Dioclétien, si actif, si propre aux affaires, n'avait point été cultivé par l'étude ni par la méditation. L'usage de la jurisprudence et de la médecine est si universel, l'exercice de ces professions est si avantageux, qu'elles seront toujours embrassées par un nombre suffisant de personnes assez instruites et douées de quelques talens. Mais cette période paraît n'avoir produit dans ces deux arts aucun maître célèbre dont les ouvrages méritent d'être étudiés. La poésie ne faisait plus entendre sa voix ; l'histoire était réduite à des abrégés secs et informes, également dénués d'agrémens et d'instruction. L'éloquence, sans force et vouée à l'affectation, était d'ailleurs vendue aux empereurs, dont la munificence n'encourageait que les arts qui pouvaient satisfaire leur orgueil, ou servir à la défense de leur autorité (1).

---

gusto del secolo vi gareggiano colla magnificenza del fabricato. Voyez le Voyage en Dalmatie, p. 40.

(1) L'orateur Eumène fut secrétaire des empereurs Maximien et Constance, et professeur de rhétorique dans le collège d'Autun. Ses appointemens étaient de six cent mille sesterces, qui, selon la moindre estimation de ce siècle, de-

Nouveaux platoniciens.

Ce siècle, si funeste aux sciences, est cependant marqué par l'élévation et par les progrès rapides des nouveaux platoniciens. L'école d'Alexandrie imposa silence à celle d'Athènes. Les anciennes sectes s'enrôlèrent sous les étendards de quelques enthousiastes, dont les opinions étaient plus goûtées, et qui appuyaient leur système par une nouvelle méthode et par l'austérité de leurs mœurs. Plusieurs de ces philosophes, Ammonius, Plotin, Amelius et Porphyre (1), étaient des hommes singulièrement appliqués, et absorbés dans de profondes méditations. Mais comme ils ne connurent point le véritable objet de la philosophie, leurs travaux servirent bien moins à perfectionner qu'à corrompre l'esprit humain. Ils négligèrent la morale, les mathématiques et l'étude de la nature, les connaissances qui conviennent le mieux à notre situation et à nos facultés. Les nouveaux platoniciens s'épuisaient en disputes de mots sur la métaphysique. Occupés à découvrir les secrets

---

vaient valoir plus de trois mille livres sterling. Il demanda généreusement la permission d'employer ce revenu à rebâtir le collége. *Voyez* son discours, *de restaur. Scholis*. Cet ouvrage, quoiqu'il ne soit pas exempt de vanité, peut lui faire pardonner ses panégyriques.

(1) Porphyre mourut vers le temps de l'abdication de l'empereur Dioclétien. La vie de son maître Plotin, qu'il composa, donne l'idée la plus complète du génie de la secte, et des mœurs de ceux qui la composaient. Ce morceau curieux se trouve dans la *Bibliothèque grecque* de Fabricius, tome IV, p. 88-148.

du monde invisible, ils s'appliquaient à concilier Platon avec Aristote sur des matières aussi peu connues de ces philosophes que du reste des mortels; et, tandis qu'ils consumaient leur raison dans des méditations profondes, mais illusoires, leur esprit demeurait exposé à toutes les chimères de l'imagination. Ils prétendaient posséder l'art de dégager l'âme de sa prison corporelle; ils se vantaient d'avoir un commerce familier avec les esprits et avec les démons; et, par une révolution bien étrange, l'étude de la philosophie était devenue l'étude de la magie. Les anciens sages avaient méprisé la superstition du peuple : après en avoir déguisé l'extravagance sous le voile léger de l'allégorie, les disciples de Plotin et de Porphyre s'en montrèrent les plus zélés défenseurs. Comme ils s'accordaient avec les chrétiens sur quelques points mystérieux de la foi, ils attaquèrent les autres parties de leur système théologique avec toute la fureur des guerres civiles. Les nouveaux platoniciens méritent à peine d'occuper une place dans l'histoire des sciences; mais on les voit très-souvent paraître dans celle de l'Église.

CHAPITRE XIV.

Troubles après l'abdication de Dioclétien. Mort de Constance. Élévation de Constantin et de Maxence. Six empereurs dans le même temps. Mort de Maximien et de Galère. Victoires de Constantin sur Maxence et sur Licinius. Réunion de l'empire sous l'autorité de Constantin.

Temps de guerres civiles et de confusion. Années 305-323. LE système d'administration qu'avait établi Dioclétien, perdit son équilibre dès qu'il ne fut plus soutenu par la main ferme et adroite du fondateur. Ce système exigeait un mélange si heureux de talens et de caractères différens, qu'il eût été difficile de les rassembler de nouveau. Pouvait-on se flatter de voir encore une fois deux empereurs sans jalousie, deux Césars sans ambition, et quatre princes indépendans animés du même esprit, et invariablement attachés à l'intérêt général? L'abdication de Dioclétien et de Maximien fut suivie de dix-huit ans de confusion et de discordes; cinq guerres civiles déchirèrent le sein de l'empire; et les intervalles de paix furent moins un état de repos qu'une suspension d'armes entre des monarques ennemis, qui, s'observant mutuellement avec l'œil de la crainte et de la haine, s'efforçaient d'accroître leur puissance aux dépens de leurs sujets.

Caractère et situation de Constance. Dès que Dioclétien et Maximien eurent quitté la pourpre, le poste qu'ils avaient occupé fut, en vertu des règles de la nouvelle constitution, rempli par les deux Césars. Constance et Galère prirent aussitôt le titre d'Auguste (1). Le droit de préséance et les honneurs dus à l'âge furent accordés au premier de ces princes. Il gouverna sous une nouvelle dénomination son ancien département, la Gaule, l'Espagne et la Bretagne. L'administration de ces vastes provinces suffisait pour exercer ses talens et pour satisfaire son ambition. La modération, la douceur et la tempérance, caractérisaient principalement cet aimable souverain, et ses heureux sujets avaient souvent occasion d'opposer les vertus de leur maître aux passions violentes de Maximien, et même à la conduite artificieuse de Dioclétien (2). Au lieu d'imiter le faste et la magnificence asiatique qu'ils avaient introduits dans leurs cours, Constance conserva la modestie d'un prince romain. Il disait avec sincérité que son plus grand trésor était dans le cœur de ses peuples; et qu'il pouvait compter sur leur libéralité et sur leur reconnaissance toutes les fois que la dignité du trône et que les dangers de l'État exigeraient quelque secours extraor-

---

(1) M. de Montesquieu (*Considérations sur les causes de la grandeur et de la décadence des Romains*, c. 17) suppose, d'après l'autorité d'Orose et d'Eusèbe, que dans cette occasion l'empire fut *réellement* divisé, pour la première fois, en deux parties. Cependant il serait difficile de découvrir en quoi le plan de Galère différait de celui de Dioclétien.

(2) *Hic, non modò amabilis, sed etiam venerabilis Gallis fuit, præcipuè quòd Diocletiani suspectam prudentiam, et Maximiani sanguinariam violentiam imperio ejus evaserant.* Eutrope, *Breviar.* x; 1.

dinaire (1). Les habitans de la Gaule, de l'Espagne et de la Bretagne, pleins du sentiment de son mérite et du bonheur dont ils jouissaient, ne songeaient qu'avec anxiété à la santé languissante de leur souverain, et ils envisageaient avec inquiétude l'âge encore tendre des enfans qu'il avait eus de son second mariage avec la fille de Maximien.

De Galère. Les qualités de Constance formaient un contraste frappant avec le caractère dur et sévère de son collègue. Galère avait des droits à l'estime de ses sujets; il daigna rarement mériter leur affection. Sa réputation dans les armes, et surtout le succès brillant de la guerre de Perse, avaient enorgueilli son esprit naturellement altier, et qui ne pouvait souffrir de supérieur ni même d'égal. S'il était possible de croire le témoignage suspect d'un écrivain peu judicieux, nous pourrions attribuer l'abdication de Dioclétien aux menaces de Galère, et il nous serait facile de rapporter les particularités d'une conversation secrète entre ces deux princes, dans laquelle le premier montra autant de faiblesse que l'autre développa d'ingratitude et d'arrogance.(2). Mais un examen im-

---

(1) *Divitiis provincialium* (mel. *provinciarum*) *ac privatorum studens, fisci commoda non admodum affectans; ducensque melius publicas opes à privatis haberi, quàm intra unum claustrum reservari.* (Id., ibid.) Il portait la pratique de cette maxime si loin, que toutes les fois qu'il donnait un repas, il était obligé d'emprunter de la vaisselle.

(2) Lactance, *de Mort. persec.*, c. 18. Quand les particu-

partial du caractère et de la conduite de Dioclétien suffit pour détruire ces anecdotes obscures. Quelles qu'aient pu être les intentions de ce prince, s'il eût eu à redouter la violence de Galère, sa prudence lui aurait donné les moyens de prévenir un débat ignominieux ; et comme il avait tenu le sceptre avec éclat, il serait descendu du trône sans rien perdre de sa gloire.

Lorsque Galère et Constance eurent été élevés au rang d'*Auguste*, le nouveau système du gouvernement impérial exigeait deux autres *Césars*. Dioclétien désirait sincèrement de se retirer du monde : regardant Galère, qui avait épousé sa fille, comme l'appui le plus ferme de sa famille et de l'empire, il

Les deux Césars, Sévère et Maximin.

---

larités de cette conversation se rapprocheraient davantage de la bienséance et de la vérité, on pourrait toujours demander comment elles sont parvenues à la connaissance d'un rhéteur obscur. Mais il y a beaucoup d'historiens qui nous rappellent ce mot admirable du grand Condé au cardinal de Retz : « Ces coquins nous font parler et agir comme ils auraient fait eux-mêmes à notre place (*). »

(*) Cette sortie contre Lactance est sans fondement : Lactance était si loin d'être *un obscur rhéteur*, qu'il avait enseigné la rhétorique publiquement et avec le plus grand succès, d'abord en Afrique, ensuite à Nicomédie. Sa réputation lui valut l'estime de Constantin, qui l'appela à sa cour et lui confia l'éducation de son fils Crispus. Les faits qu'il rapporte dans ses ouvrages se sont passés de son temps ; il ne saurait être accusé de fraude et d'imposture. *Satis me vixisse arbitrabor et officium hominis implesse si labor meus aliquos homines, ab erroribus liberatos, ad iter cœleste direxerit.* (*De Opificio Dei*, cap. 20.) L'éloquence de Lactance l'a fait appeler *le Cicéron des chrétiens*. Voyez *Hist. litterar.* du docteur Cave, t. 1, p. 113. (*Anon. gentl.*) (*Note de l'Éditeur.*)

consentit sans peine à lui laisser le soin brillant et dangereux d'une nomination si importante. On ne consulta pour ce choix ni l'intérêt ni l'inclination des princes d'Occident. Ils avaient chacun un fils qui était parvenu à l'âge d'homme, et l'on devait naturellement espérer que leurs enfans seraient revêtus de la pourpre. Mais la vengeance impuissante de Maximien n'était plus à craindre; et Constance, supérieur à la crainte des dangers, cédait à son humanité qui lui faisait redouter pour ses peuples les maux d'une guerre civile. Les deux Césars élus par Galère convenaient bien mieux à ses vues ambitieuses : il paraît que leur principale recommandation consistait dans leur peu de mérite et de considération personnelle. L'un d'eux, fils d'une sœur de Galère, se nommait Daza, ou, comme on l'appela dans la suite, Maximin. Il était jeune, sans expérience; ses manières et son langage décelaient l'éducation rustique qu'il avait reçue. Quels furent son étonnement et celui de tout l'empire, lorsque après avoir reçu la pourpre des mains de Dioclétien, il fut élevé à la dignité de César, et qu'on lui confia le commandement suprême de l'Égypte et de la Syrie (1)! Dans le même instant, Sévère, serviteur fidèle, bien que livré aux

---

(1) *Sublatus nuper à pecoribus et silvis* (dit Lactance, *de Mort. persec.*, c. 10) *statim scutarius, continuò protector; mox tribunus, postridie Cæsar; accepit Orientem.* Aurelius-Victor lui donne trop libéralement toute la portion de Dioclétien.

plaisirs, et qui ne manquait pas de capacité pour les affaires, se rendit à Milan, où Maximien lui remit à regret les ornemens de César et la possession de l'Italie et de l'Afrique (1). Selon les formes de la constitution, Sévère reconnut la suprématie de l'empereur d'Occident; mais il demeura entièrement dévoué aux ordres de son bienfaiteur Galère, qui, se réservant les provinces situées entre les confins de l'Italie et ceux de la Syrie, établit solidement son autorité sur les trois quarts de l'empire. Persuadé que la mort de Constance le rendrait bientôt seul maître de l'univers romain, Galère avait déjà, dit-on, réglé dans son esprit l'ordre d'une longue succession de princes, et il comptait, après avoir accompli vingt années d'un règne glorieux, passer tranquillement le reste de ses jours dans la retraite (2).

Mais en moins de dix-huit mois deux révolutions inattendues détruisirent ses vastes projets. L'espoir qu'avait Galère de réunir à ses domaines les provinces occidentales fut renversé par l'élévation de Constantin, et bientôt la révolte et les succès de Maxence lui enlevèrent l'Italie et l'Afrique.

Ambition de Galère trompée par deux révolutions.

I. La réputation de Constantin a rendu intéressantes aux yeux de la postérité les plus petites particularités de sa vie et de ses actions. Le lieu de sa nais-

Naissance, éducation et suite de Constantin. Ann. 274.

---

(1) Son exactitude et sa fidélité sont reconnues, même par Lactance, *de Mort. persec.*, c. 18.
(2) Au reste, ces projets ne sont appuyés que sur l'autorité très-suspecte de Lactance, *de Mort. persec.*, c. 20.

sance et la condition de sa mère Hélène sont devenus un sujet de dispute, non-seulement parmi les savans, mais encore parmi les nations. Malgré la tradition récente qui donne pour père à Hélène un roi de la Bretagne, nous sommes forcé d'avouer qu'elle était fille d'un aubergiste (1). D'un autre côté, nous pouvons défendre la légitimité de son mariage contre ceux qui l'ont regardée comme la concubine de Constance (2). Constantin le Grand naquit, selon toute apparence, à Naissus, ville de la Dacie (3). Il n'est

---

(1) Cette tradition, inconnue aux contemporains de Constantin, et fabriquée dans la poussière des cloîtres, fut embellie par Geoffroy de Monmouth, et par les écrivains du douzième siècle; elle a été défendue, dans le dernier siècle, par nos antiquaires, et elle est sérieusement rapportée dans la volumineuse *Histoire d'Angleterre*, compilée par M. Carte (vol. 1, p. 147). Il transporte cependant le royaume de Coil, ce prétendu père d'Hélène, du comté d'Essex à la muraille d'Antonin.

(2) Eutrope (x, 2) indique en peu de mots la vérité, et ce qui a donné lieu à l'erreur : *Ex obscuriori matrimonio, ejus filius*. Zozime (l. II, p. 78) a saisi avec empressement l'opinion la plus défavorable; il a été suivi par Orose (vii, 25), à l'autorité duquel il est assez singulier que M. de Tillemont, auteur infatigable, mais partial, n'ait pas fait attention. En insistant sur le divorce de Constance, Dioclétien reconnaissait la légitimité du mariage d'Hélène.

(3) Il y a trois opinions sur le lieu de la naissance de Constantin : 1° Les antiquaires anglais avaient coutume de s'arrêter avec transport sur ces mots de son panégyriste : *Britannias illic oriendo nobiles fecisti*; mais ce passage tant relevé peut s'appliquer aussi bien à l'avénement de Constan-

pas étonnant que dans une province, et au sein d'une famille distinguée seulement par la profession des armes, il n'ait point cultivé son esprit, et qu'il ait montré, dès ses premières années, peu de goût pour les sciences (1). Il avait environ dix-huit ans lorsque son père fut nommé César ; mais cet heureux événement fut accompagné du divorce de sa mère ; et l'éclat d'une alliance impériale réduisit le fils d'Hélène

Ann. 292.

tin qu'à sa naissance. 2° Quelques Grecs modernes ont fait naître ce prince à Drepanum, ville située sur le golfe de Nicomédie (*Cellarius*, tome II, p. 174.), que Constantin honora du nom d'Hélénopolis, et que Justinien embellit de superbes édifices (Procope, *de Ædif.*, v. 2). A la vérité, il est assez probable que le père d'Hélène tenait une auberge à Drepanum, et que Constance put y loger, lorsqu'il revint de son ambassade en Perse, sous le règne d'Aurélien. Mais, dans la vie errante d'un soldat, le lieu de son mariage et celui de la naissance de ses enfans ont très-peu de rapport l'un avec l'autre. 3° La prétention de Naissus est fondée sur l'autorité d'un auteur anonyme dont l'ouvrage a été publié à la fin de l'*Histoire d'Ammien*, p. 710, et qui travaillait en général sur de très-bons matériaux. Cette troisième opinion est aussi confirmée par Julius Firmicus (*de Astrologiâ*, l. 1, c. 4); qui florissait sous le règne de Constantin. On a élevé quelques doutes sur la pureté du texte de Firmicus et sur la manière d'entendre ce passage ; mais ce texte est appuyé sur les meilleurs manuscrits ; et, quant à la manière dont il faut l'entendre, cette interprétation a été habilement défendue par Juste-Lipse, *de Magnitudine rom.*, l. IV, c. 11; et supplément.

(1) *Litteris minus instructus.* Anon., *ad Ammianum*, p. 710.

à un état de disgrâce et d'humiliation. Au lieu de suivre Constance en Occident, il resta au service de Dioclétien. L'Égypte et la Perse furent le théâtre de ses exploits, et il s'éleva par degrés au rang honorable de tribun de la première classe. Constantin avait la taille haute et l'air majestueux; il était adroit dans tous les exercices du corps, intrépide à la guerre, affable en temps de paix; dans toutes ses actions, la prudence tempérait le feu de la jeunesse; et, tant que l'ambition occupa son esprit, il se montra froid et insensible à l'attrait du plaisir. La faveur du peuple et des soldats, qui le déclaraient digne du rang de César, ne servit qu'à enflammer la jalousie inquiète de Galère; et quoique ce prince n'osât point employer ouvertement la violence, un monarque absolu manque rarement de moyens pour se venger d'une manière sûre et secrète (1). Chaque instant augmentait le danger de Constantin et l'inquiétude de son père, qui, par des lettres multipliées, marquait le désir le plus vif d'embrasser son fils. La politique de Galère lui suggéra pendant quelque temps des excuses et des motifs de délai; mais il ne lui était plus possible de rejeter une demande si naturelle de son associé,

---

(1) Galère, ou peut-être son propre courage, exposa sa vie dans deux combats qu'il eut à soutenir, l'un contre un Sarmate (*Anon.*, p. 710) et l'autre contre un lion monstrueux: *Voyez* Praxagoras, *apud Photium*, p. 63. Praxagoras, philosophe athénien, avait écrit une vie de Constantin en deux livres, qui sont maintenant perdus. Il était contemporain de ce prince.

sans maintenir son refus par les armes. Enfin, après bien des difficultés, Constantin eut la permission de partir, et sa diligence incroyable déconcerta les mesures (1) que l'empereur avait prises, peut-être, pour intercepter un voyage dont il redoutait avec raison les conséquences. Quittant le palais de Nicomédie pendant la nuit, le fils de Constance traversa en poste la Bithynie, la Thrace, la Dacie, la Pannonie, l'Italie et la Gaule, au milieu des acclamations du peuple; et il arriva au port de Boulogne au moment même où son père se préparait à passer en Bretagne (2).

L'expédition de Constance dans cette île, et une victoire facile qu'il remporta sur les Barbares de la Calédonie, furent les derniers exploits de son règne. Il expira dans le palais impérial d'York, près de qua-

Mort de Constance et élévation de Constantin.

---

(1) Zozime, l. II, p. 78, 79; Lactance, *de Mort. persec.*, c. 24. Le premier rapporte une histoire très-ridicule : il prétend que Constantin fit couper les jarrets à tous les chevaux dont il s'était servi. Une exécution si sanglante n'aurait point empêché qu'on ne le poursuivît, et elle aurait certainement donné des soupçons qui auraient pu l'arrêter dans son voyage (*).

(2) *Anon.*, p. 710; *Panegyr. vet.*, VII, 4. Mais Zozime (l. II, p. 79), Eusèbe (*de Vitâ Constant.*, l. I, c. 21) et Lactance (*de Mort. persec.*, c. 24), supposent, avec moins de fondement, qu'il trouva son père au lit de mort.

(*) Zozime n'est pas le seul qui fasse ce récit; Victor le jeune le confirme : *Ad frustrandos insequentes, publica jumenta quaquà iter ageret interficiens* (t. 1, p. 633). Aurélius-Victor, *de Cæsaribus*, dit la même chose (t. 1, p. 623.) (*Anon. gentl.*) (*Note de l'Éditeur.*)

Ann. 306.
25 juillet.

torze ans et demi après qu'il eut été revêtu de la dignité de César. Il n'avait joui que quinze mois du rang d'Auguste. Sa mort fut suivie immédiatement de l'élévation de Constantin. Les idées de succession et d'héritage sont si simples, qu'elles paraissent presque à tous les hommes fondées non-seulement sur la raison, mais encore sur la nature elle-même. Notre imagination applique facilement au gouvernement des États les principes adoptés pour les propriétés particulières ; et toutes les fois qu'un père vertueux laisse après lui un fils dont le mérite semble justifier l'estime du peuple ou seulement ses espérances, la double influence du préjugé et de l'affection agit avec une force irrésistible. L'élite des armées d'Occident avait suivi Constance en Bretagne. Aux troupes nationales se trouvait joint un corps nombreux d'Allemands, qui obéissaient à Crocus, un de leurs chefs héréditaires (1). Les partisans de Constantin inspirèrent avec soin aux légions une haute idée de leur importance, et ils ne manquèrent pas de les assurer que l'Espagne, la Gaule et la Bretagne, approuveraient leur choix. Ils demandaient aux soldats s'ils

---

(1) *Cunctis qui aderant annitentibus, sed præcipuè Croco* (alii *Eroco*) *Alamannorum rege, auxilii gratiâ Constantium comitato, imperium capit.* Victor le jeune, c. 41. C'est peut-être le premier exemple d'un roi barbare qui ait servi dans l'armée romaine avec un corps indépendant de ses propres sujets. Cet usage devint familier; il finit par être fatal.

pouvaient balancer un moment entre l'honneur de placer à leur tête le digne fils d'un prince qui leur avait été si cher, et la honte d'attendre patiemment l'arrivée de quelque étranger obscur, que le souverain de l'Asie daignerait accorder aux armées et aux provinces de l'Occident. On insinuait en même temps que la gratitude et la générosité tenaient une place distinguée parmi les vertus de Constantin. Ce prince adroit eut soin de ne se montrer aux troupes que lorsqu'elles furent disposées à le saluer des noms d'Auguste et d'empereur. Le trône était l'objet de ses désirs, et le seul asile où il pût être en sûreté, quand même il eût été moins dirigé par l'ambition. Connaissant le caractère et les sentimens de Galère, il savait assez que s'il voulait vivre, il devait se déterminer à régner. La résistance convenable et même opiniâtre qu'il crut devoir affecter (1), avait pour objet de justifier son usurpation; et il ne céda aux acclamations de l'armée, que lorsqu'elles lui eurent fourni la matière convenable d'une lettre qu'il envoya aussitôt à l'empereur d'Orient. Constantin lui apprend qu'il a eu le malheur de perdre son père; il expose modestement ses droits naturels à la succession de Constance, et il déplore, en termes bien respectueux, la violence affectueuse des troupes, qui

---

(1) Eumène, son panégyriste (VII, 8), ose assurer, en présence de Constantin, que ce prince donna des éperons à son cheval, et qu'il essaya, mais en vain, d'échapper à ses soldats.

ne lui a pas permis de solliciter la pourpre impériale d'une manière régulière et conforme à la constitution. Les premiers mouvemens de Galère furent ceux de la surprise, du chagrin et de la fureur; et comme il savait rarement commander à ses passions, il menaça hautement le député de le livrer aux flammes avec la lettre insolente qu'il avait apportée. Mais son ressentiment s'apaisa par degrés. Lorsqu'il eut calculé les chances incertaines de la guerre; lorsqu'il eut pesé le caractère et les forces de son compétiteur, il consentit à profiter de l'accommodement honorable que la prudence de Constantin lui avait offert. Sans condamner et sans ratifier le choix de l'armée de Bretagne, Galère reconnut le fils de son ancien collègue pour souverain des provinces situées au-delà des Alpes; mais il lui accorda seulement le titre de César, et il ne lui donna que le quatrième rang parmi les princes romains : ce fut son favori Sévère qui remplit le poste vacant d'Auguste. L'harmonie de l'empire parut toujours subsister; et Constantin, qui possédait déjà le réel de l'autorité suprême, attendit patiemment l'occasion d'en obtenir les honneurs.

Constance avait eu de son second mariage six enfans : trois fils et trois filles (1). Leur extraction impériale semblait devoir être préférée à la naissance plus obscure du fils d'Hélène. Mais Constantin, âgé

---

(1) Lactance, *de Mort. persec.*, c. 25; Eumène (VII, 8) décrit toutes ces circonstances en style de rhéteur.

pour lors de trente-deux ans, possédait déjà toute la vigueur de l'esprit et du corps, dans un temps où l'aîné de ses frères ne pouvait avoir plus de treize ans. L'empereur, en mourant (1), avait reconnu et ratifié les droits que la supériorité de mérite donnait à l'aîné de tous ses fils; c'était à lui que Constance avait légué le soin de la sûreté aussi bien que de la grandeur de sa famille; et il l'avait conjuré de prendre, à l'égard des enfans de Théodora, les sentimens et l'autorité d'un père. Leur excellente éducation, leurs mariages avantageux, la vie qu'ils passèrent tranquillement au milieu des honneurs, et les premières dignités de l'État dont ils furent revêtus, attestent la tendresse fraternelle de Constantin. D'un autre côté, ces princes, naturellement doux et portés à la reconnaissance, se soumirent sans peine à l'ascendant de son génie et de sa fortune (2).

II. A peine l'ambitieux Galère avait-il pris son parti sur le mécompte qu'il venait d'essuyer dans la

Mécontentement des Romains lorsqu'on veut leur imposer des taxes.

---

(1) Il est naturel d'imaginer, et Eumène insinue que Constance, en mourant, nomma Constantin pour son successeur. Ce choix paraît confirmé par l'autorité la plus incontestable, le témoignage réuni de Lactance (*de Mort. persec.*, c. 24) et de Libanius (*Orat.*, 1), d'Eusèbe (*in Vitâ Constant.*, l. 1, c. 18, 21) et de Julien (*Orat.*, 1).

(2) Des trois sœurs de Constantin, Constantia épousa l'empereur Licinius; Anastasie, le César Bassianus, et Eutropie, le consul Népotien. Ses trois frères étaient Dalmatius, Jules-Constance et Annibalien, dont nous aurons occasion de parler dans la suite.

Gaule, que la perte imprévue de l'Italie blessa de la manière la plus sensible son orgueil et son autorité. La longue absence des empereurs avait rempli Rome de mécontentement et d'indignation. Le peuple avait enfin découvert que la préférence donnée aux villes de Milan et de Nicomédie ne devait point être attribuée à l'inclination particulière de Dioclétien, mais à la forme constante du gouvernement qu'il avait institué. En vain ses successeurs, peu de mois après son abdication, avaient-ils élevé, au nom de ce prince, ces bains magnifiques dont la vaste enceinte renferme aujourd'hui un si grand nombre d'églises et de couvens (1), et dont les ruines ont servi de matériaux à tant d'édifices modernes : les murmures impatiens des Romains troublèrent la tranquillité de ces élégantes retraites, siége du luxe et de la mollesse. Le bruit se répandit insensiblement que l'on viendrait bientôt leur redemander les sommes employées à la construction de ces bâtimens. Vers le même temps, l'avarice de Galère ou peut-être les

―――――――――

(1) *Voyez* Gruter., *Inscript.*, p. 178. Les six princes sont tous nommés : Dioclétien et Maximien, comme les plus anciens Augustes et comme pères des empereurs. Ils consacrent conjointement ce magnifique édifice à l'usage de *leurs chers* Romains. Les architectes ont dessiné les ruines de ces thermes, et les antiquaires, particulièrement Donatus et Nardini, ont déterminé le terrain qu'ils occupaient. Une des grandes salles est maintenant l'église des chartreux ; et même un des logemens du portier s'est trouvé assez vaste pour former une autre église qui appartient aux feuillans.

besoins de l'État l'avaient engagé à faire une perquisition exacte et rigoureuse des propriétés de ses sujets, pour établir une taxe générale sur leurs terres et sur leurs personnes. Il paraît que leurs biens fonds furent soumis au plus sévère examen; et, dans la vue d'obtenir une déclaration sincère de leurs autres richesses, on appliquait à la question les personnes soupçonnées de quelque fraude à cet égard (1). Les priviléges qui avaient élevé l'Italie au-dessus des autres provinces, furent oubliés. Déjà les officiers du fisc s'occupaient du dénombrement du peuple romain, et ils commençaient à établir la proportion des nouvelles taxes. Lors même que l'esprit de liberté a été entièrement éteint, les sujets les plus accoutumés au joug ont osé quelquefois défendre leurs propriétés contre une usurpation dont il n'y avait point encore eu d'exemple. Mais ici l'insulté aggrava l'injure, et le sentiment de l'intérêt particulier fut réveillé par celui de l'honneur national. La conquête de la Macédoine, comme nous l'avons déjà observé, avait délivré les Romains du poids des impositions personnelles. Depuis près de cinq cents ans, ils jouissaient de cette exemption, quoique durant cette époque ils eussent subi toutes les formes de despotisme. Ils ne purent supporter l'insolence d'un paysan d'Illyrie, qui, du fond de sa résidence en Asie, osait mettre Rome au rang des villes tributaires de son empire. Ces premiers mouvemens de fureur furent encoura-

---

(1) *Voyez* Lactance, *de Mort. persec.*, c. 26, 31.

gés par l'autorité, ou du moins par la connivence du sénat. Les faibles restes des gardes prétoriennes, qui avaient lieu de craindre une entière dissolution, saisirent avidement un prétexte si honorable de tirer l'épée, et se déclarèrent prêts à défendre leur patrie opprimée. Tous les citoyens désiraient, bientôt ils espérèrent chasser de l'Italie les tyrans étrangers, et remettre le sceptre entre les mains d'un prince qui, par le lieu de sa résidence et par ses maximes de gouvernement, méritât désormais de reprendre le titre d'empereur romain. Le nom et la situation de Maxence déterminèrent en sa faveur l'enthousiasme du peuple.

Maxence déclaré empereur à Rome. Ann. 306. 28 octobre.

Maxence, fils de l'empereur Maximien, avait épousé la fille de Galère. Ce mariage et sa naissance semblaient lui frayer le chemin au trône; mais ses vices et son incapacité le firent exclure de la dignité de César, que, par une dangereuse supériorité de talent, Constantin avait mérité de ne pas obtenir. Galère voulait des associés qui ne pussent ni déshonorer le choix de leur bienfaiteur ni résister à ses ordres. Un obscur étranger fut donc nommé souverain de l'Italie, et on laissa le fils du dernier empereur, redescendu à l'état de simple particulier, jouir de tous les avantages de la fortune dans une maison de campagne à quelques milles de Rome. Les sombres passions de son âme, la honte, le dépit et la rage, furent enflammées par l'envie, lorsqu'il apprit les succès de Constantin. Le mécontentement public ranima bientôt les espérances de Maxence. On lui persuada facilement d'unir ses injures et ses prétentions personnelles avec la cause du peuple romain. Deux tribuns des gardes prétoriennes et un intendant des provisions furent l'âme du complot; et comme tous les esprits concouraient au même but, l'événement ne fut ni douteux ni difficile. Les gardes massacrèrent le préfet de la ville et un petit nombre de magistrats qui restaient attachés à Sévère. Maxence, revêtu de la pourpre, fut déclaré, au milieu des applaudissemens du sénat et du peuple, protecteur de la dignité et de la liberté romaine. On ne sait si Maximien avait été informé de la conspiration avant qu'elle éclatât; mais, dès que l'étendard de la révolte eut été arboré dans Rome, le vieil empereur sortit tout à coup de la retraite où l'autorité de Dioclétien l'avait condamné à mener tristement une vie solitaire. Lorsque Maximien parut de nouveau sur la scène, il cacha son ambition sous le voile de la tendresse paternelle. A la sollicitation de son fils et du sénat, il voulut bien reprendre la pourpre. Son ancienne dignité, son expérience, sa réputation dans les armes, donnèrent de l'éclat et de la force au parti de Maxence (1).

Maximien reprend la pourpre.

L'empereur Sévère, pour suivre l'avis ou plutôt les ordres de son collègue, se rendit en diligence à Rome,

Défaite et mort de Sévère.

---

(1) Le sixième panégyrique présente la conduite de Maximien sous le jour le plus favorable; et l'expression équivoque d'Aurelius-Victor, *retractante diù*, peut également signifier qu'il trama la conjuration, ou qu'il s'y opposa. *Voy.* Zozime, l. II; p. 79; et Lactance, *de Mort. persec.*, c. 26.

persuadé que la promptitude inattendue de ses mesures dissiperait facilement le tumulte d'une populace timide, dirigée par un jeune débauché. Mais à son arrivée il trouva les portes de la ville fermées; les murs couverts d'hommes et de machines de guerre, et les rebelles commandés par un chef expérimenté. Les troupes même de l'empereur manquaient de courage ou d'affection: Un détachement considérable de Maures, attiré par la promesse d'une grande récompense, passa du côté de l'ennemi; et s'il est vrai que ces Barbares eussent été levés par Maximien dans son expédition en Afrique, ils préférèrent les sentimens naturels de la reconnaissance aux liens artificiels d'une fidélité promise. Le préfet du prétoire, Anulinus, se déclara pour Maxence, et il entraîna avec lui la plus grande partie des soldats accoutumés à recevoir ses ordres. Rome, selon l'expression d'un orateur, rappela ses armées; et l'infortuné Sévère, sans force et sans conseil, se retira ou plutôt s'enfuit avec précipitation à Ravenne. Il pouvait y être pendant quelque temps en sûreté. Les marais qui environnaient cette ville suffisaient pour empêcher l'approche de l'armée d'Italie; et les fortifications de la place étaient capables de résister à ses attaques. La mer, que Sévère tenait avec une flotte puissante, assurait ses approvisionnemens, et ouvrait ses ports aux légions d'Illyrie et des provinces orientales, qui, au retour du printemps, auraient marché à son secours. Maximien, qui conduisait le siége en personne, redoutait les suites d'une entreprise qui pouvait consumer son temps et son armée.

Persuadé qu'il n'avait rien à espérer de la force et de la famine, il eut recours à des moyens qui convenaient bien moins à son caractère qu'à celui de son ancien collègue; et ce ne fut pas tant contre les murs de Ravenne que contre l'esprit de Sévère qu'il dirigea ses attaques. La trahison que ce malheureux prince avait éprouvée, le disposait à douter de la sincérité de ses plus fidèles amis. Les émissaires de Maximien persuadèrent facilement à Sévère qu'il se tramait un complot pour livrer la ville; et, dans la crainte qu'il avait de se voir remis à la discrétion d'un vainqueur irrité, ils le déterminèrent à recevoir la promesse d'une capitulation honorable. Il fut traité d'abord avec humanité et avec respect. Maximien mena l'empereur captif à Rome, et lui donna l'assurance la plus solennelle que sa vie était en sûreté, puisqu'il avait abandonné la pourpre. Mais Sévère ne put obtenir qu'une mort douce et les honneurs funèbres réservés aux empereurs. Lorsque la sentence lui fut signifiée, on le laissa maître de la manière de l'exécuter. Il se fit ouvrir les veines à l'exemple des anciens. Dès qu'il eut rendu les derniers soupirs (1), son corps fut porté au tombeau qui avait été construit pour la famille de Gallien.

Ann. 307.
Février.

---

(1) Les circonstances de cette guerre et la mort de Sévère sont rapportées très-diversement et d'une manière fort incertaine dans nos anciens fragmens: (*Voy*. Tillemont, *Hist. des Empereurs*, tome IV, part. 1, p. 555.) J'ai tâché d'en tirer une narration conséquente et vraisemblable.

Maximien donne sa fille Fausta à Constantin, et il lui confère le titre d'Auguste. Ann. 307. 21, mars.

Quoique le caractère de Maxence et celui de Constantin eussent très-peu de rapport l'un avec l'autre, leur situation et leur intérêt étaient les mêmes, et la prudence exigeait qu'ils réunissent leurs forces contre l'ennemi commun. L'infatigable Maximien, quoique d'un rang supérieur, et malgré son âge avancé, passa les Alpes, sollicita une entrevue personnelle avec le souverain de la Gaule, et lui offrit sa fille Fausta, qu'il avait amenée avec lui, comme le gage de la nouvelle alliance. Le mariage fut célébré dans la ville d'Arles avec une magnificence extraordinaire; et l'ancien collègue de Dioclétien, ressaisissant tous les droits qu'il prétendait avoir à l'empire d'Occident, conféra le titre d'Auguste à son gendre et à son allié. En recevant cette dignité des mains de son beau-père, Constantin paraissait embrasser la cause de Rome et du sénat; mais il ne s'exprima que d'une manière équivoque, et les secours qu'il fournit furent lents et incapables de faire pencher la balance. Il observait avec attention les démarches des souverains de l'Italie et de l'empereur d'Orient, qui allaient bientôt mesurer leurs forces, et il se préparait à consulter, dans la suite, sa sûreté et son ambition (1).

Galère envahit l'Italie.

Une guerre si importante exigeait la présence et les

---

(1) Le sixième panégyrique fut prononcé pour célébrer l'élévation de Constantin; mais le prudent orateur évite de parler de Galère ou de Maxence. Il ne se permet qu'une légère allusion à la majesté de Rome, et aux troubles qui l'agitent.

talens de Galère. A la tête d'une armée formidable, rassemblée dans l'Illyrie et dans les provinces orientales, il entra en Italie, résolu de venger la mort de Sévère, et de châtier les Romains rebelles; ou, comme s'exprimait ce Barbare furieux, avec le projet d'exterminer le sénat et de passer tout le peuple au fil de l'épée. Mais l'habile Maximien avait formé un plan judicieux de défense. Son rival trouva toutes les places fortifiées, inaccessibles et remplies d'ennemis; et quoiqu'il eût pénétré jusqu'à Narni, à soixante milles de Rome, sa domination en Italie ne s'étendait pas au-delà des limites étroites de son camp. A la vue des obstacles qui naissaient de toutes parts, le superbe Galère daigna le premier parler de réconciliation. Il envoya deux de ses principaux officiers aux souverains de Rome pour leur offrir une entrevue. Ces députés assurèrent Maxence qu'il avait tout à espérer d'un prince qui avait pour lui les sentimens et la tendresse d'un père, et qu'il devait bien plus compter sur sa générosité que sur les chances incertaines de la guerre (1). La proposition de l'empereur d'Orient fut rejetée avec fermeté, et sa perfide amitié refusée avec mépris. Il s'aperçut bientôt que s'il ne se déterminait à la retraite, il avait tout lieu d'appréhender

---

(1) *Voyez*, au sujet de cette négociation, les fragmens d'un historien anonyme, que M. de Valois a publiés à la fin de son édition d'Ammien-Marcellin, p. 711. Ces fragmens nous ont fourni plusieurs anecdotes curieuses, et, à ce qu'il paraît, authentiques.

le sort de Sévère. Pour hâter sa ruine, les Romains prodiguaient ces mêmes richesses qu'ils n'avaient pas voulu livrer à sa tyrannique rapacité. Le nom de Maximien, la conduite populaire de son fils, des sommes considérables distribuées en secret, et la promesse de récompenses encore plus magnifiques, réprimèrent l'ardeur des légions d'Illyrie, et corrompirent leur fidélité. Enfin, lorsque Galère donna le signal du départ, ce ne fut qu'avec quelque peine qu'il put engager ses vétérans à ne pas déserter un étendard qui les avait menés tant de fois à l'honneur et à la victoire. Un auteur contemporain attribue le peu de succès de cette expédition à deux autres causes; mais elles ne sont point de nature à pouvoir être raisonnablement adoptées. Galère, dit-on, d'après les villes de l'Orient qu'il connaissait, s'était formé une idée fort imparfaite de la grandeur de Rome; et il ne se trouva pas en état d'entreprendre le siége de l'immense capitale de l'empire. Mais l'étendue d'une place ne sert qu'à la rendre plus accessible à l'ennemi. Depuis long-temps Rome était accoutumée à se soumettre dès qu'un vainqueur s'approchait de ses murs; et l'enthousiasme passager du peuple aurait bientôt échoué contre la discipline et la valeur des légions. On prétend aussi que les soldats eux-mêmes furent frappés d'horreur et de remords, et que ces enfans de la république, pleins de respect pour leur antique mère, refusèrent d'en violer la sainteté (1). Mais lorsqu'on se

---

(1) Lactance, *de Mort. persec.*, c. 28. La première de ces

rappelle avec quelle facilité l'esprit de parti et l'habitude de l'obéissance militaire avaient, dans les anciennes guerres, armé les citoyens contre Rome, et les avaient rendus ses ennemis les plus implacables, on est bien tenté d'ajouter peu de foi à cette extrême délicatesse d'une foule d'étrangers et de Barbares, qui, avant de porter la guerre en Italie, n'avaient jamais aperçu cette contrée. S'ils n'eussent pas été retenus par des motifs plus intéressés, leur réponse à Galère eût été celle des vétérans de César : « Si notre général désire nous mener sur les rives du Tibre, nous sommes prêts à tracer son camp. Quels que soient les murs qu'il veuille renverser, il peut disposer de nos bras ; ils auront bientôt fait mouvoir les machines. Nous ne balancerons pas, la ville dévouée à sa colère fût-elle Rome elle-même. » Ce sont, il est vrai, les expressions d'un poëte ; mais ce poëte avait étudié attentivement l'histoire, et on lui a même reproché de n'avoir point osé s'en écarter (1).

Les soldats de Galère donnèrent une bien triste *Sa retraite.*

---

raisons est probablement prise de Virgile, lorsqu'il fait dire à un de ses bergers :

Illam ego huic nostrœ similem, Meliboee, putavi, etc.

Lactance aime ces allusions poétiques.

(1) *Castra super Tusci si ponere Tibridis undas ;*
   (Jubeas)
   Hesperios audax veniam metator in agros.
   Tu quoscunque voles in planum effundere muros,
   His aries actus disperget saxa lacertis ;
   Illa, licet penitus tolli quam jusseris urbem,
   Roma sit.   Lucain, Phars., 1, 381.

preuve de leurs dispositions par les ravages qu'ils commirent dans leur retraite. Le meurtre, le pillage, la licence la plus effrénée, marquèrent partout les traces de leur passage. Ils enlevèrent les troupeaux des Italiens; ils réduisirent les villages en cendres; enfin, ils s'efforcèrent de détruire le pays qu'il ne leur avait pas été possible de subjuguer. Pendant toute la marche, Maxence harcela leur arrière-garde ; il évita sagement une action générale avec ses vétérans braves et désespérés. Son père avait entrepris un second voyage en Gaule, dans l'espoir d'engager Constantin, qui avait levé une armée sur la frontière, à poursuivre l'ennemi, afin de compléter la victoire. Mais la prudence et non le ressentiment dirigeait toutes les actions de Constantin. Il persista dans la sage résolution de maintenir une balance égale de pouvoir entre les divers souverains de l'empire. Il ne haïssait déjà plus Galère depuis que ce prince entreprenant avait cessé d'être un objet de terreur (1).

Licinius est élevé au rang d'Auguste. Ann. 307. 11 novemb.

L'âme de Galère, quoique susceptible des passions les plus violentes, n'était point incapable d'une amitié sincère et durable. Licinius, qui avait à peu près les mêmes inclinations et le même caractère, paraît avoir toujours eu son estime et sa tendresse. Leur intimité avait commencé dans les temps peut-être plus

---

(1) Lactance, *de Mort. persec.*, c. 27; Zozime, l. II, p. 82. Celui-ci fait entendre que Constantin, dans son entrevue avec Maximien, avait promis de déclarer la guerre à Galère.

heureux de leur jeunesse et de leur obscurité. L'indépendance et les dangers de la vie militaire avaient cimenté cette première union, et ils avaient parcouru d'un pas presque égal la carrière des honneurs attachés à la profession des armes. Il paraît que Galère, du moment où il fut revêtu de la dignité impériale, forma le projet d'élever un jour son compagnon au même rang. Durant le peu de temps que dura sa prospérité, il ne crut pas le titre de César digne de l'âge et du mérite de Licinius; il lui destinait la place de Constance avec l'empire de l'Occident. Tandis qu'il s'occupait de la guerre d'Italie, il envoya son ami sur le Danube pour garder cette frontière importante. Aussitôt après cette malheureuse expédition, Licinius monta sur le trône vacant par la mort de Sévère, et il obtint le gouvernement immédiat des provinces de l'Illyrie (1). Dès que la nouvelle de son élévation fut parvenue en Orient, Maximin, qui gouvernait ou plutôt opprimait l'Égypte et la Syrie, ne put dissimuler sa jalousie et son mécontentement. Dédaignant le nom inférieur de César, il exigea hautement celui d'Auguste; et Galère, après avoir inutilement employé les prières et les raisons les plus fortes, souscrivit à sa demande (2). L'univers romain fut gouverné, pour la

Élévation de Maximin à la même dignité.

Six empereurs. Ann. 308.

----

(1) M. de Tillemont (*Hist. des Emp.*, tome IV, part. 1, p. 559) a prouvé que Licinius, sans passer par le rang intermédiaire de César, fut déclaré Auguste le 11 novembre de l'année 307, après que Galère fut revenu de l'Italie.

(2) Lactance, *de Mort. persec.*, c. 32. Lorsque Galère

première et pour la dernière fois, par six empereurs. En Occident, Constantin et Maxence affectaient de respecter leur père Maximien. Licinius et Maximin, en Orient, montraient une considération plus réelle à Galère leur bienfaiteur. L'opposition d'intérêt et le souvenir récent d'une guerre cruelle divisèrent l'empire en deux grandes puissances ennemies; mais leurs craintes respectives produisirent une tranquillité apparente et même une feinte réconciliation, jusqu'à ce que la mort des deux plus anciens souverains, de Maximien et surtout de Galère, donnât une nouvelle direction aux vues et aux passions ambitieuses des princes qui leur survécurent.

<small>Malheurs de Maximien.</small> Lorsque Maximien avait, malgré sa répugnance, abdiqué l'empire, la bouche vénale des orateurs de ce siècle avait applaudi à sa modération philosophique. Ils le remercièrent de son généreux patriotisme, lorsque son ambition alluma, ou du moins attisa le feu de la guerre; et ils le reprirent doucement de cet amour pour le repos et pour la solitude, qui l'avait éloigné du service public (1). Mais il était impossible que l'har-

---

éleva Licinius à la même dignité que lui, et qu'il le déclara Auguste, il essaya de satisfaire ses jeunes collègues en imaginant pour Constantin et pour *Maximin* (et non *Maxence*. *Voy*. Baluze, p. 81) le nouveau titre de *fils des Augustes*; mais Maximin lui apprit qu'il avait déjà été salué Auguste par l'armée; Galère fut obligé de reconnaître ce prince, aussi bien que Constantin, comme associés égaux à la dignité impériale.

(1) Voyez *Panegyr. vet.*; VI, 9. *Audi doloris nostri libe-*

monie subsistât long-temps entre Maximien et son fils, tant qu'ils seraient assis sur le même trône. Maxence, qui se regardait comme le souverain de l'Italie, légitimement élu par le sénat et par le peuple romain, ne pouvait supporter les prétentions arrogantes de son père. D'un autre côté, Maximien déclarait que son nom et ses talens avaient seuls établi sur le trône un jeune prince téméraire et sans expérience. Une cause si importante fut plaidée devant les gardes prétoriennes. Ces troupes, qui redoutaient la sévérité du vieil empereur, embrassèrent le parti de Maxence (1). On respecta toutefois la vie et la liberté de Maximien, qui se retira en Illyrie, affectant de déplorer son ancienne conduite, et méditant en secret de nouveaux complots. Mais Galère, qui connaissait son caractère turbulent, le força bientôt à quitter ses domaines, et le dernier asile du malheureux fugitif fut la cour de Constantin (2). Ce prince habile eut pour son beau-père les plus grands égards, et l'impératrice Fausta

---

ram vocem, etc. Tout le passage est dicté par la flatterie la plus adroite, et exprimé avec une éloquence facile et agréable.

(1) Lactance, *de Morte persec.*, c. 28; Zozime, l. II, p. 82. On fit courir le bruit que Maxence était le fils de quelque Syrien obscur, et que la femme de Maximien l'avait substitué à son propre enfant. *Voyez* Aurelius-Victor, *Anon.*, *Val. et Panegyr. vet.*, IX, 3, 4.

(2) *Ab urbe pulsum, ab Italiâ fugatum, ab Illyrico repudiatum, tuis provinciis, tuis copiis, tuo pallatio recepisti.* Eumène, *Panegyr. vet.*, VII, 14.

le reçut avec toutes les marques de la tendresse filiale. Maximien, pour éloigner tout soupçon, résigna une seconde fois la pourpre (1), protestant qu'il était enfin convaincu de la vanité des grandeurs et de l'ambition. S'il eût suivi constamment ce dessein, il aurait pu finir ses jours avec moins de dignité, il est vrai, que dans sa première retraite; cependant il aurait encore goûté les douceurs d'un repos honorable. La vue du trône qui frappait ses regards lui rappela le poste brillant d'où il était tombé; et il résolut de tenter, pour régner ou périr, le dernier effort du désespoir. Une incursion des Francs avait obligé Constantin de se rendre sur les bords du Rhin. Il n'avait avec lui qu'une partie de son armée: le reste de ses troupes occupait les provinces méridionales de la Gaule, qui se trouvaient exposées aux entreprises de l'empereur d'Italie, et l'on avait déposé dans la ville d'Arles un trésor considérable. Tout à coup le bruit se répand que Constantin a perdu la vie dans son expédition. Maximien, qui avait inventé cette fausse nouvelle, ou qui y avait ajouté foi trop légèrement, monte sur le trône sans hésiter; s'empare du trésor; et, le dispersant avec sa profusion ordinaire parmi les soldats, il leur remet devant les yeux ses exploits et son

---

(1) Lactance; *de Morte persec.*, c. 29. Cependant lorsque Maximien eut résigné la pourpre, Constantin lui conserva la pompe et les honneurs de la dignité impériale; et dans toutes les occasions publiques, il donnait la droite à son beau-père. *Panegyr. vet.*, VII, 15.

ancienne dignité. Il paraît même qu'il s'efforça d'attirer à son parti son fils Maxence; mais il n'avait point encore pu terminer cette négociation ni affermir son autorité, lorsque la célérité de Constantin renversa toutes ses espérances. Ce prince ne fut pas plus tôt informé de l'ingratitude et de la perfidie de son beau-père, qu'il vola avec une diligence incroyable des bords du Rhin à ceux de la Saône. Il s'embarqua à Châlons sur cette dernière rivière. Arrivé à Lyon, il s'abandonna au cours rapide du Rhône, et parut aux portes d'Arles avec des forces auxquelles Maximien ne pouvait espérer de résister; il eut à peine le temps de se réfugier dans la ville de Marseille, voisine de la ville d'Arles. La petite langue de terre qui joignait cette place au continent était fortifiée, et la mer pouvait favoriser la fuite de Maximien ou l'entrée des secours de son fils, si Maxence avait intention d'envahir la Gaule, sous le prétexte honorable de défendre un père malheureux, et qu'il pouvait prétendre outragé. Prévoyant les suites fatales d'un délai, Constantin ordonna l'assaut; mais les échelles se trouvèrent trop courtes, et l'empereur d'Occident aurait pu demeurer arrêté devant Marseille aussi long-temps que le premier des Césars. La garnison elle-même mit fin à ce siége : les soldats, ne pouvant se dissimuler leur faute et les dangers qui les menaçaient, achetèrent leur pardon en livrant la ville et la personne de Maximien. Une sentence irrévocable de mort fut prononcée en secret contre l'usurpateur. Il obtint seulement la même grâce qu'il avait accordée à Sévère ; et l'on publia qu'op-

Sa mort.
Ann. 310.
Février.

pressé par les remords d'une conscience tant de fois coupable, il s'était étranglé de ses propres mains. Depuis qu'il avait perdu l'assistance de Dioclétien, et dédaigné les avis modérés de ce sage collègue, il n'avait vécu que pour attirer sur l'État une foule de malheurs, et sur lui-même d'innombrables humiliations. Enfin, après trois ans de calamités, sa vie active fut terminée par une mort ignominieuse. Ce prince méritait sa destinée ; mais nous applaudirions davantage à l'humanité de Constantin, s'il eût épargné un vieillard dont il avait épousé la fille, et qui avait été le bienfaiteur de son père. Dans cette triste scène, il paraît que Fausta sacrifia au devoir conjugal les sentimens que lui put inspirer la nature (1).

---

(1) Zozime, l. II, p. 82; Eumène, *Panegyr. vet.*, VII, 16–21. Le dernier de ces auteurs a, sans contredit, exposé toute l'affaire dans le jour le plus favorable à son souverain. Cependant, d'après même sa narration partiale, on peut conclure que la clémence répétée de Constantin et les trahisons réitérées de Maximien, telles qu'elles ont été rapportées par Lactance (*de Morte persec.*, c. 29, 30), et copiées par les modernes, sont dépourvues de tout fondement historique (*).

(*) Cependant quelques auteurs *païens* les rapportent et y ajoutent foi. Aurelius-Victor dit en parlant de Maximien : *Cumque specie officii, dolis compositis, Constantinum generum tentaret, acerbè, jure tamen interierat.* (Aurelius-Victor, *de Cæsar.*, t. I, p. 623.) Eutrope dit aussi : *Indè ad Gallias profectus est (Maximianus) dolo composito, tanquam à filio esset expulsus, ut Constantino genero jungeretur; moliens tamen Constantinum, repertâ occasione, interficere, pœnas dedit justissimo exitu.* Eutrope, t. I, l. X, p. 661. (*Anon. gentl.*) (*Note de l'Éditeur.*)

Les dernières années de Galère furent moins hon- Mort
de Galère.
Ann. 311.
Mai.
teuses et moins infortunées. Quoiqu'il eût rempli avec
plus de gloire le poste subordonné de César que le
rang suprême d'Auguste., il conserva jusqu'à l'instant
de sa mort la première place parmi les princes de
l'empire romain : il vécut encore quatre ans environ
après sa retraite d'Italie; et, renonçant sagement à ses
projets de monarchie universelle, il ne songea plus
qu'à mener une vie agréable. On le vit même alors
s'occuper de travaux utiles à ses sujets; il fit écouler
dans le Danube le superflu des eaux du lac Pelson,
et couper les forêts immenses qui l'entouraient; ouvrage important qui rendait à la Pannonie une grande
étendue de terres labourables (1). Ce prince mourut
d'une maladie longue et cruelle. Son corps, devenu
d'une grosseur excessive par une suite de l'intempé-
rance à laquelle il s'était livré toute sa vie, se couvrit
d'ulcères et d'une multitude innombrable de ces in-
sectes qui ont donné leur nom à un mal affreux (2).

---

(1) Aurelius-Victor, c. 40. Mais ce lac était dans la Haute-
Pannonie, près des confins de la Norique, et la province
de Valeria (nom que la femme de Galère donna au pays
desséché) était certainement située entre la Drave et le Danube (Sextus-Rufus, c. 9). Je croirais donc que Victor a
confondu le lac Pelson avec les marais volocéens, où, comme
on les appelle aujourd'hui, le lac Sabaton. Ce lac est au
centre de la province de Valeria. Sa longueur est de douze
milles de Hongrie (environ soixante-dix milles anglais), et
il peut en avoir deux de large. *Voyez* Severini *Pannonia*,
l. 1, c. 9.

(2) Lactance (*de Morte persec.*, c. 33), Eusèbe (l. VIII,

Mais, comme Galère avait offensé un parti zélé et très-puissant parmi ses sujets, ses souffrances, loin d'exciter leur compassion, ont été signalées comme l'effet visible de la justice divine(1). Il n'eut pas plus tôt rendu les derniers soupirs dans son palais de Nicomédie, que les deux princes dont il avait été le bienfaiteur commencèrent à rassembler leurs forces, dans l'intention de se disputer ou de se partager les États qui lui avaient appartenu. On les engagea cependant à renoncer au premier de ces projets, et à se contenter du second. Les provinces d'Asie tombèrent en partage à Maximin; celles d'Europe augmentèrent les domaines de Licinius : l'Hellespont et le Bosphore de Thrace formèrent leurs limites respectives; et les rives de ces détroits, qui se trouvaient dans le centre de l'empire romain, furent couvertes de soldats, d'armes et de fortifications. La mort de Maximien et de Galère réduisait à quatre le nombre des empereurs. Un intérêt commun unit bientôt Constantin et Licinius : Maximin et Maxence conclurent ensemble une secrète alliance. Leurs infortunés sujets atten-

{Ses États partagés entre Maximin et Licinius.}

---

c. 16), décrivent les symptômes et le progrès de sa maladie avec une exactitude singulière et avec un plaisir manifeste.

(1) S'il est encore des hommes qui (semblables au docteur Jortin, *Remarques sur l'Hist. ecclés.*, vol. II, p. 307-356) se plaisent à rapporter la mort merveilleuse des persécuteurs, je les exhorte à lire un passage admirable de Grotius (*Hist.*, l. VII, 332), concernant la dernière maladie de Philippe II, roi d'Espagne.

daient avec effroi les suites funestes d'une dissension devenue inévitable depuis que ces souverains n'étaient plus retenus par la crainte ou par le respect que leur inspirait Galère (1).

Parmi cette foule de crimes et de malheurs enfantés par les passions des princes romains, on éprouve quelque plaisir à rencontrer seulement une action qui puisse être attribuée à leur vertu. Constantin, dans la sixième année de son règne, visita la ville d'Autun, et lui remit généreusement les arrérages du tribut. Il réduisit en même temps la proportion des contribuables. On comptait vingt-cinq mille personnes sujettes à la capitation : ce nombre fut fixé à dix-huit mille (2). Cependant cette faveur même est la preuve la plus incontestable de la misère publique. Cette taxe était si oppressive, soit en elle-même, soit dans la manière de la percevoir, que le désespoir diminuait un revenu dont l'exaction s'efforçait d'augmenter la masse. Une grande partie du territoire d'Autun restait sans culture : une foule d'habitans aimaient mieux vivre dans l'exil et renoncer à la protection des lois, que de supporter les charges de la société civile. Le bienfaisant empereur, en soulageant les peines de ses sujets par

_{Administration de Constantin dans la Gaule. Ann. 306-312.}

_____

(1) *Voyez* Eusèbe, l. ix, 6, 10 ; Lactance, *de Mort. persec.*, c. 36. Zozime est moins exact ; il confond évidemment Maximien avec Maximin.

(2) *Voyez* le huitième panégyrique, dans lequel Eumène expose, en présence de Constantin, les calamités et la reconnaissance de la ville d'Autun.

cet acte particulier de libéralité, laissa vraisemblablement subsister les autres maux qu'avaient introduits ses maximes générales d'administration. Mais ces maximes mêmes étaient moins l'effet de son choix que celui de la nécessité; et, si nous en exceptons la mort de Maximien, le règne de Constantin dans la Gaule paraît avoir été le temps le plus innocent et même le plus vertueux de sa vie. Sa présence mettait les provinces à l'abri des incursions des Barbares, qui redoutaient ou qui avaient éprouvé son active valeur. Après une victoire signalée sur les Francs et sur les Allemands, plusieurs de leurs princes furent exposés par son ordre aux bêtes sauvages dans l'amphithéâtre de Trèves; et le peuple, témoin de ce traitement envers de si illustres captifs, semble n'avoir rien aperçu dans un pareil spectacle qui blessât les droits des nations ni ceux de l'humanité (1).

<small>Tyrannie de Maxence en Italie et en Afrique. Ann. 306-312.</small>

Les vices de Maxence répandirent un nouvel éclat sur les vertus de Constantin. Tandis que les provinces de la Gaule goûtaient tout le bonheur dont leur condition paraissait alors susceptible, l'Italie et l'Afrique gémissaient sous le despotisme d'un tyran aussi méprisable qu'odieux. A la vérité, le zèle de la faction et de la flatterie a trop souvent sacrifié la réputation des vaincus à la gloire de leurs heureux rivaux; mais les écrivains même qui ont révélé

---

(1) Eutrope, x, 3; *Panegyr. vet.*, VII, 10, 11, 12. Un grand nombre de jeunes Francs furent aussi exposés à cette mort cruelle et ignominieuse.

avec le plus de plaisir et de liberté les fautes de Constantin, conviennent unanimement que Maxence était cruel, avide, et plongé dans la débauche (1). Il avait eu le bonheur d'apaiser une légère rebellion en Afrique. Le gouverneur, et un petit nombre de personnes attachées à son parti, avaient seuls été coupables : la province entière porta la peine de leur crime. Toute l'étendue de cette fertile contrée, et les villes florissantes de Cirta et de Carthage, furent dévastées par le fer et par le feu. L'abus de la victoire fut suivi de l'abus des lois et de la jurisprudence ; une armée formidable d'espions et de délateurs envahit l'Afrique. Les riches et les nobles furent aisément convaincus de connivence avec les rebelles ; et ceux d'entre eux que l'empereur daigna traiter avec clémence, furent punis seulement par la confiscation de leurs biens (2). Une victoire si éclatante fut célébrée par un triomphe magnifique. Maxence exposa aux yeux du peuple les dépouilles et les captifs d'une province romaine. L'état de la capitale ne méritait pas moins de compassion que celui de l'Afrique. Les richesses de Rome fournissaient un fonds inépuisable aux folles dépenses et à la prodigalité du monarque ; et les ministres de ses

---

(1) Julien exclut Maxence du banquet des Césars, et il parle de ce prince avec horreur et avec mépris. Zozime, l. II, p. 85, l'accuse aussi de toutes sortes de cruautés et de débauches.

(2) Zozime, l. II, p. 83-85 ; Aurelius-Victor.

finances connaissaient parfaitement l'art de piller les sujets. Ce fut sous son règne que l'on inventa la méthode d'exiger des sénateurs un *don volontaire*. Comme la somme s'augmenta insensiblement, les prétextes que l'on imagina pour la lever, tels qu'une victoire, une naissance, un mariage, ou le consulat du prince, furent multipliés dans la même proportion (1). Maxence nourrissait contre le sénat cette même haine implacable qui avait caractérisé la plupart des premiers tyrans de Rome. Ce cœur ingrat ne pouvait pardonner la généreuse fidélité qui l'avait élevé sur le trône, et qui l'avait soutenu contre tous ses ennemis. La vie des sénateurs était exposée à ses cruels soupçons; et, pour assouvir ses infâmes désirs, il portait le déshonneur dans le sein des plus illustres familles. On peut croire qu'un amant revêtu de la pourpre se trouvait rarement réduit à soupirer en vain ; mais toutes les fois que la persuasion manquait son effet, il avait recours à la violence. L'histoire nous a conservé l'exemple mémorable d'une femme de grande naissance qui conserva sa chasteté par une mort volontaire (2). Les soldats

---

(1) Le passage d'Aurelius-Victor doit être lu de la manière suivante : *Primus instituto pessimo*, munerum *specie*, patres *oratoresque* pecuniam conferre prodigenti sibi cogeret.

(2) *Panegyr. vet.*, ix, 3; Eusèbe, *Hist. ecclés.*, viii, 14, et *Vie de Constantin*, 1, 33, 34; Ruffin, c. 17. Cette vertueuse Romaine, qui se poignarda pour se soustraire à la violence de Maxence, était chrétienne, et femme du préfet

furent la seule classe d'hommes que Maxence parut respecter, ou dont il s'empressa de gagner l'affection. Il remplit Rome et l'Italie de troupes dont il favorisa secrètement la licence : sûres de l'impunité, elles avaient la liberté de piller, de massacrer même le peuple (1), et elles se livraient aux mêmes excès que leur maître. On voyait souvent Maxence gratifier l'un de ses favoris de la superbe maison de campagne ou de la belle femme d'un sénateur. Un prince de ce caractère, également incapable de gouverner dans la guerre et dans la paix, pouvait bien acheter l'appui des légions, mais non pas leur estime. Cependant son orgueil égalait ses autres vices. Tandis qu'éloigné du bruit des armes, il passait honteusement sa vie dans l'enceinte de son palais ou dans les jardins de Salluste, on l'entendait répéter que lui seul était empereur, que les autres princes n'étaient que ses lieutenans, et qu'il leur avait confié la garde des provinces frontières afin de pouvoir goûter sans interruption les plaisirs et les agrémens de sa capitale. Durant les six années de son règne,

---

de la ville. Elle se nommait Sophronie. Les casuistes n'ont pas encore décidé si dans de pareilles occasions le suicide peut être justifié.

(1) *Prætorianis cædem vulgi quondam annueret;* telle est l'expression vague d'Aurelius-Victor. Voyez une description plus particulière, quoique différente à certains égards, d'un tumulte et d'un massacre qui eurent lieu à Rome, dans Eusèbe, l. VIII, c. 14; et dans Zozime, l. II, p. 84.

Rome, qui avait si long-temps regretté l'absence de son maître, regarda sa présence comme un affreux malheur (1).

Guerre civile entre Constantin et Maxence. Ann. 312. Quelle que pût être l'horreur de Constantin pour la conduite de Maxence, quelque compassion que lui inspirât le sort des Romains, de pareils motifs ne l'auraient probablement pas engagé à prendre les armes. Ce fut le tyran lui-même qui attira la guerre dans ses États : il eut la témérité de provoquer un adversaire formidable, dont jusqu'alors l'ambition avait été plutôt retenue par des considérations de prudence que par des principes de justice (2). Après la mort de Maximien, ses titres, selon l'usage reçu, avaient été effacés, et ses statues renversées avec ignominie. Son fils, qui l'avait persécuté et abandonné pendant qu'il vivait, affecta les plus tendres égards pour sa mémoire, et il ordonna que l'on fit éprouver le même traitement à toutes les statues éle-

---

(1) *Voyez*, dans les *Panégyriques* (IX, 14), une vive peinture de l'indolence et du vain orgueil de Maxence. L'orateur observe, dans un autre endroit, que le tyran, pour enrichir ses satellites, avait prodigué les trésors que Rome avait accumulés dans un espace de mille soixante ans; *redemptis ad civile latrocinium manibus ingesserat*.

(2) Après la victoire de Constantin, on convenait généralement que, quand ce prince n'aurait eu en vue que de délivrer la république d'un tyran abhorré, un pareil motif aurait, en tout temps, justifié son expédition en Italie. Eusèbe, *Vie de Constantin*, l. I, c. 26; *Panegyr. vet.*, IX, 2.

vées, en Italie et en Afrique, en l'honneur de Constantin. Ce sage prince, qui désirait sincèrement éviter une guerre dont il connaissait l'importance et les difficultés, dissimula d'abord l'insulte; il employa la voie plus douce des négociations, jusqu'à ce qu'enfin, convaincu des dispositions hostiles et des projets ambitieux de l'empereur d'Italie, il crut nécessaire d'armer pour sa défense. Maxence avouait ouvertement ses prétentions à la monarchie tout entière de l'Occident. Une grande armée, levée par ses ordres, se préparait déjà à envahir les provinces de la Gaule du côté de la Rhétie; et, quoiqu'il n'eût aucun secours à espérer de Licinius, il se flattait que les légions d'Illyrie, séduites par ses présens et par ses promesses, abandonneraient l'étendard de leur maître, et viendraient se mettre au rang de ses sujets et de ses soldats (1). Constantin n'hésita pas plus longtemps : il avait délibéré avec circonspection, il agit avec vigueur. Le sénat et le peuple de Rome lui avaient envoyé des ambassadeurs pour le conjurer de les délivrer d'un cruel tyran; il leur donna une audience particulière; et, sans écouter les timides représentations de son conseil, il résolut de prévenir son adversaire, et de porter la guerre dans le cœur de l'Italie (2).

---

(1) Zozime, l. II, p. 84, 85; Nazarius, *Paneg.*, x, 7-13.
(2) Voyez *Panegyr. vet.*, IX; 2. *Omnibus ferè tuis comitibus et ducibus non solùm tacitè mussantibus, sed etiam apertè timentibus, contra concilia hominum, contra haruspicum mo-*

Préparatifs. L'entreprise ne présentait pas moins de dangers que de gloire. Le malheureux succès des deux premières invasions suffisait pour inspirer les plus sérieuses alarmes. Dans ces deux guerres, les vétérans, qui respectaient le nom de Maximien, avaient embrassé la cause de son fils. L'honneur ni l'intérêt ne leur permettaient pas alors de penser à une seconde désertion. Maxence, qui regardait les prétoriens comme le plus ferme rempart de son trône, les avait reportés au nombre que leur avait assigné l'ancienne institution. Ces soldats composaient, avec les autres Italiens qui étaient entrés au service, un corps formidable de quatre-vingt mille hommes. Quarante mille Maures et Carthaginois avaient été levés depuis la réduction de l'Afrique. La Sicile même envoya des troupes. Enfin, l'armée de Maxence se montait à cent soixante-dix mille fantassins et dix-huit mille chevaux. Les richesses de l'Italie fournissaient aux dépenses de la guerre, et les provinces voisines furent épuisées pour former d'immenses magasins de blé et de provisions de toute espèce. Les forces réunies de Constantin ne consistaient que dans quatre-

---

nita, ipse per temet liberandæ urbis tempus venisse sentires. Zonare (l. XIII) et Cedrenus (in Compend. Hist., p. 270) sont les seuls qui parlent de cette ambassade des Romains ; mais ces Grecs modernes étaient à portée de consulter plusieurs ouvrages qui depuis ont été perdus, et parmi lesquels nous pouvons compter la *Vie de Constantin*, par Praxagoras. Photius, p. 63, a fait un extrait assez court de cet ouvrage.

vingt-dix mille hommes de pied et huit mille de cavalerie (1). Comme, durant l'absence de l'empereur, la défense du Rhin exigeait une attention extraordinaire, à moins qu'il ne sacrifiât la sûreté publique à ses querelles particulières, il ne pouvait mener en Italie plus de la moitié de ses troupes (2). A la tête de quarante mille soldats environ, il ne craignit pas de se mesurer avec un rival suivi d'une armée au moins quatre fois supérieure en nombre ; mais depuis long-temps les armées de Rome, éloignées de tout danger, vivaient au sein de la mollesse, et avaient été énervées par le luxe et l'indiscipline. Accoutumés aux bains délicieux et aux théâtres de la capitale, les soldats ne se traînaient qu'avec peine sur le champ de bataille. Parmi ces troupes, on voyait surtout des vétérans qui avaient presque oublié l'usage des armes, et de nouvelles levées qui n'avaient jamais su les manier. Les légions de la Gaule, endurcies aux fatigues de la guerre, défendaient depuis plusieurs

---

(1) Zozime, l. II, p. 86, nous donne ces détails curieux sur les forces respectives des deux rivaux : il ne parle point de leurs armées navales. On assure cependant (*Panegyr. vet.*, IX, 25) que la guerre fut portée sur mer aussi bien que sur terre, et que la flotte de Constantin s'empara de la Sardaigne, de la Corse et des ports de l'Italie.

(2) *Panegyr. vet.*, IX, 3. Il n'est pas surprenant que l'orateur diminue le nombre des troupes avec lesquelles son souverain acheva la conquête de l'Italie ; mais il paraît en quelque sorte singulier qu'il ne fasse pas monter l'armée du tyran à plus de cent mille hommes.

années les frontières de l'empire contre les Barbares du Nord; et ce service pénible, en exerçant leur valeur, avait affermi leur discipline. On observait entre les chefs la même différence que parmi les armées. Le caprice et la flatterie avaient d'abord inspiré à Maxence des idées de conquêtes. Bientôt ces espérances ambitieuses cédèrent à l'habitude du plaisir et à la conviction de son inexpérience. L'âme intrépide de Constantin avait été formée dès les premières années de sa jeunesse à la guerre, à l'activité, à la science du commandement : nourri dans les camps, il savait agir, et il avait appris l'art de commander.

Constantin passe les Alpes.

Lorsque Annibal passa de la Gaule en Italie, il fut obligé de chercher d'abord, ensuite de s'ouvrir un chemin à travers des montagnes habitées par des peuples barbares, qui n'avaient jamais accordé le passage à une armée régulière (1). Les Alpes étaient alors gardées par la nature; de nos jours l'art les a

---

(1) Les trois principaux passages des Alpes, entre la Gaule et l'Italie, sont ceux du mont Saint-Bernard, du mont Cenis et du mont Genèvre. La tradition et une ressemblance de noms (*Alpes Penninæ*) avaient fait croire qu'Annibal avait pris dans sa marche le premier de ces passages. (*Voy.* Simler, *de Alpibus.*) Le chevalier Folard (*Polybe*, tome IV) et M. d'Anville conduisent le général carthaginois par le mont Genèvre. Mais, malgré l'autorité d'un officier expérimenté et d'un savant géographe, les prétentions du mont Cenis sont soutenues d'une manière spécieuse, pour ne pas dire convaincante, par M. Grosley, *Observations sur l'Italie*, tome 1, p. 40, etc.

fortifiées. Des citadelles construites avec autant d'habileté que de peines et de dépenses, commandent toutes les avenues qui conduisent à la plaine, et rendent, du côté de la France, l'Italie presque inaccessible aux ennemis du roi de Sardaigne (1). Mais avant que l'on eût pris ces précautions, les généraux qui ont voulu tenter le passage ont rarement éprouvé de la difficulté ou de la résistance. Dans le siècle de Constantin, les paysans des montagnes avaient perdu leur rudesse, et ils étaient devenus des sujets obéissans. Le pays fournissait des vivres en abondance; et de superbes chemins tracés sur les Alpes, monumens étonnans de la grandeur romaine, ouvraient plusieurs communications entre la Gaule et l'Italie (2). Constantin préféra la route des Alpes Cottiennes, aujourd'hui le mont Cenis, et il conduisit ses troupes avec une diligence si active, qu'il descendit dans la plaine de Piémont avant que la cour de Maxence eût reçu aucune nouvelle certaine de son départ des bords du Rhin. La ville de Suze cependant, située au pied du mont Cenis, était entourée de murs, et renfermait une garnison assez nombreuse pour arrêter les progrès du conquérant. L'impatience des troupes de Constantin dédaigna les

---

(1) La Brunette, près de Suze, Demont, Exiles, Fenestrelles, Coni, etc.

(2) *Voyez* Ammien-Marcellin, xv, 10. La description qu'il donne des routes percées à travers les Alpes est claire, agréable et exacte.

formes ennuyeuses d'un siége. Le jour même qu'elles parurent devant Suze, elles mirent le feu aux portes, appliquèrent des échelles à la muraille, et, montant à l'assaut au milieu d'une grêle de pierres et de flèches, elles entrèrent dans la place l'épée à la main, et taillèrent en pièces la plus grande partie de ceux qui la défendaient. Constantin fit éteindre les flammes, et les restes de Suze furent préservés par ses soins d'une destruction totale. A quarante milles environ de cette place, une résistance plus vigoureuse l'attendait. Les lieutenans de Maxence avaient assemblé dans les plaines de Turin un corps nombreux d'Italiens. La principale force de cette armée consistait en une espèce de cavalerie pesante, que les Romains, depuis la décadence de leur discipline, avaient empruntée des nations de l'Orient. Les chevaux, aussi bien que les hommes, étaient revêtus d'une armure complète, dont les joints s'adaptaient merveilleusement aux mouvemens du corps. Une pareille cavalerie avait un aspect formidable ; il paraissait impossible de résister à son choc ; et comme en cette occasion les généraux l'avaient disposée en colonne compacte ou coin, qui présentait une pointe aiguë, et dont les flancs se prolongeaient à une grande profondeur, ils espéraient pouvoir renverser facilement et écraser l'armée de Constantin. Peut-être leur projet aurait-il réussi, si leur habile adversaire n'avait embrassé le même plan de défense adopté et suivi par l'empereur Aurélien dans une circonstance semblable. Les savantes évolutions de Constantin divisèrent et

Bataille de Turin.

harassèrent cette masse de cavalerie; les troupes de Maxence prirent la fuite avec confusion vers Turin, dont elles trouvèrent les portes fermées; aussi en échappa-t-il très-peu à l'épée du vainqueur. Par ce service signalé, Turin mérita la clémence et même la faveur du conquérant. Il fit son entrée dans le palais impérial de Milan; et, depuis les Alpes jusqu'aux rives du Pô, presque toutes les villes d'Italie non-seulement reconnurent l'autorité de Constantin, mais embrassèrent avec ardeur le parti de ce prince (1).

Les voies Émilienne et Flaminienne conduisaient de Milan à Rome par une route facile de quatre cents milles environ; mais quoique Constantin brûlât d'impatience de combattre le tyran, il tourna prudemment ses armes contre une autre armée d'Italiens, qui, par leur force et par leur position, pouvaient arrêter ses progrès et intercepter sa retraite, si la fortune ne favorisait pas son entreprise. Ruricius-Pompeianus, général d'un courage et d'un mérite distingués, avait sous son commandement la ville de Vérone et toutes les troupes de la province de Vénétie. Dès qu'il fut informé que Constantin marchait à sa rencontre, il envoya contre lui un détachement considérable de cavalerie, qui fut défait dans une action près de Brescia, et que les légions de la Gaule poursuivirent jus-

Siége et bataille de Vérone.

---

(1) Zozime, ainsi qu'Eusèbe, nous transporte tout à coup du passage des Alpes au combat décisif qui se donna près de Rome. Il faut avoir recours aux panégyriques pour connaître les actions intermédiaires de Constantin.

qu'aux portes de Vérone. La nécessité, l'importance et les difficultés du siége de cette place, frappèrent à la fois l'esprit pénétrant de Constantin (1). On ne pouvait approcher des murs que par une péninsule étroite à l'occident de la ville. Les trois autres côtés étaient défendus par l'Adige, rivière profonde, qui couvrait la province de Vénétie, d'où les assiégés tiraient un secours inépuisable d'hommes et de vivres. Ce ne fut pas sans peine que Constantin trouva moyen de passer la rivière : après plusieurs tentatives inutiles, il la franchit dans un endroit où le torrent était moins impétueux, à quelque distance au-dessus de la ville. Alors il entoura Vérone de fortes lignes, conduisit ses attaques avec une vigueur mêlée de prudence, et repoussa une sortie désespérée de Pompeianus. Cet intrépide général, lorsqu'il eut mis en usage tous les moyens de défense que lui pouvait offrir la force de la place ou celle de la garnison, s'échappa secrètement de Vérone, moins inquiet de son propre sort que de la sûreté publique. Il rassembla bientôt, avec une diligence incroyable, assez de troupes pour combattre Constantin dans la plaine, ou pour l'attaquer

---

(1) Le marquis de Maffei a examiné le siége et la bataille de Vérone avec ce degré d'attention et d'exactitude que méritait de sa part une action mémorable arrivée dans son pays natal; les fortifications de cette ville, construites par Gallien, étaient moins étendues que ne le sont aujourd'hui les murs, et l'amphithéâtre n'était pas renfermé dans leur enceinte. Voy. *Verona illustrata*, part. 1, p. 142, 150.

s'il persistait à rester dans ses lignes. L'empereur, attentif aux mouvemens d'un ennemi si redoutable, et informé de son approche, laisse une partie de ses légions pour continuer les opérations du siége; et, suivi des troupes sur la valeur et sur la fidélité desquelles il comptait le plus, il s'avance en personne au devant du général de Maxence. L'armée de la Gaule avait d'abord été rangée sur deux lignes égales, selon les principes généraux de la tactique; mais leur chef expérimenté, voyant que le nombre des Italiens excédait de beaucoup celui de ses soldats, change tout à coup ses dispositions : il diminue sa seconde ligne, et donne à la première une étendue aussi considérable que le front de l'ennemi. De pareilles évolutions, que de vieilles troupes peuvent seules exécuter sans confusion au moment du danger, sont presque toujours décisives : cependant, comme le combat commença vers la fin du jour, et qu'il fut disputé durant toute la nuit avec une grande opiniâtreté, l'habileté des généraux devint moins nécessaire que le courage des soldats. Les premiers rayons du soleil éclairèrent la victoire de Constantin; il aperçut la plaine couverte de plusieurs milliers d'Italiens vaincus. Leur général Pompeianus fut trouvé parmi les morts. Vérone se rendit aussitôt à discrétion, et la garnison fut faite prisonnière de guerre (1). Lorsque

---

(1) Ils manquaient de chaînes pour un si grand nombre de captifs, et tout le conseil se trouvait dans un grand embarras; mais l'ingénieux vainqueur imagina l'heureux expé-

les officiers de l'armée victorieuse félicitèrent leur maître sur cet important succès, ils mêlèrent à leurs félicitations quelques-uns de ces reproches respectueux qui ne sauraient blesser le monarque le plus jaloux de son autorité; ils représentèrent à Constantin que, non content de remplir tous les devoirs d'un commandant, il avait exposé sa personne avec une bravoure dont l'excès dégénérait presque en témérité, et ils le conjurèrent de veiller désormais davantage à sa propre conservation, et de penser que de sa vie dépendait la sûreté de Rome et de l'empire (1).

Indolence et craintes de Maxence. Tandis que Constantin signalait sa valeur et son habileté sur le champ de bataille, le souverain de l'Italie paraissait insensible aux calamités et aux périls d'une guerre civile qui déchirait le sein de ses États. Le plaisir était là seule occupation de Maxence. Cachant ou affectant de cacher en public le mauvais succès de ses armes (2), il s'abandonnait à une vaine confiance qui éloignait le remède du mal, sans éloigner le mal lui-même (3). Plongé dans une fatale sécurité, les progrès rapides de ses ennemis (4) furent à peine

---

dient d'en forger avec les épées des vaincus. *Panegyr. vet.*, IX, 51.

(1) *Panegyr. vet.*, IX, 10.

(2) *Litteras calamitatum suarum indices supprimebat*. *Panegyr. vet.*, IX, 15.

(3) *Remedia malorum potiùs quàm mala differebat*. Telle est la belle expression dont Tacite se sert pour blâmer l'indolence stupide de Vitellius.

(4) Le marquis de Maffei a rendu extrêmement probable

capables de l'en tirer. Il se flattait que sa réputation de libéralité, et la majesté du nom romain, qui l'avaient déjà délivré de deux invasions, dissiperaient avec la même facilité l'armée rebelle de la Gaule. Les officiers habiles et expérimentés qui avaient servi sous les étendards de Maximien, furent enfin forcés d'apprendre à son indigne fils le danger imminent où il se trouvait réduit : s'exprimant avec une liberté qui l'étonna, et qui seule pouvait le convaincre, ils lui représentèrent la nécessité de prévenir sa ruine en développant avec vigueur les forces qui lui restaient. Les ressources de Maxence en hommes et en argent étaient encore considérables. Les prétoriens sentaient combien leur intérêt et leur sûreté se trouvaient fortement liés à la cause de leur maître. On assembla bientôt une nouvelle armée, plus nombreuse que celles qui avaient été ensevelies dans les champs de Turin et de Vérone. L'empereur était loin de songer à prendre le commandement de ses troupes. Totalement étranger aux travaux de la guerre, il tremblait de la seule idée d'une lutte si dangereuse ; et, comme la crainte est ordinairement superstitieuse, il écoutait avec une sombre inquiétude le rapport des augures, et des présages qui semblaient menacer sa vie et son empire. Enfin, la honte lui tint lieu de cou-

---

l'opinion que Constantin était encore à Vérone le 1ᵉʳ septembre de l'année 312, et que l'ère mémorable des indictions a commencé lorsque ce prince se fut emparé de la Gaule cisalpine.

rage, et le força de paraître sur le champ de bataille. Ce lâche tyran ne put supporter le mépris du peuple romain : partout le cirque retentissait des clameurs de l'indignation; la multitude assiégeait tumultueusement les portes du palais, accusant la lâcheté d'un prince indolent, et célébrant le courage héroïque de son rival (1). Maxence, avant de quitter Rome, consulta les livres sibyllins. Si les gardiens de ces anciens oracles ignoraient les secrets du destin, du moins étaient-ils versés dans la science du monde : ils rendirent une réponse très-prudente, qui pouvait s'adapter à l'événement et sauver leur réputation, quel que fût le sort des armes (2).

Victoire de Constantin près de Rome. Ann. 312. 28 octobre.

On a comparé la célérité de la marche de Constantin à la conquête rapide de l'Italie par le premier des Césars : ce parallèle flatteur est assez conforme à la vérité de l'histoire, puisque entre la reddition de Vérone et la fin décisive de la guerre, il ne s'écoula que cinquante-huit jours. Constantin avait toujours appréhendé que le tyran ne suivît les conseils de la crainte, peut-être même de la prudence, et qu'au lieu d'exposer ses dernières espérances au risque d'une action générale, il ne s'enfermât dans Rome : d'amples magasins auraient alors rassuré Maxence contre les dangers de la famine; et comme la situation de

---

(1) Voyez *Panegyr. vet.*, xi, 16; Lactance, *de Morte persec.*, c. 44.

(2) *Illo die hostem Romanorum esse periturum.* Le prince vaincu devenait immédiatement l'ennemi de Rome.

Constantin ne souffrait aucun délai, il se serait peut-être vu réduit à la triste nécessité de détruire par le fer et par le feu la ville impériale, le plus noble prix de sa victoire, et dont la délivrance avait été le motif, ou plutôt le prétexte de la guerre civile (1). Ce fut avec un plaisir égal à sa surprise, qu'étant arrivé dans un lieu appelé *Saxa-Rubra,* à neuf milles environ de Rome (2), il aperçut Maxence et ses troupes disposées à livrer bataille (3). Le large front de cette armée remplissait une plaine très-spacieuse, et ses lignes profondes s'étendaient jusqu'au bord du Tibre, qui couvrait l'arrière-garde, et lui coupait la retraite. On assure, et nous pouvons le croire, que Constantin rangea ses légions avec une habileté consommée, et qu'il choisit pour lui-même le poste du danger et de l'honneur. Distingué par l'éclat de ses armes, il chargea en personne la cavalerie de son ri-

(1) Voyez *Panegyr. vet.*, IX, 16; x, 27. Le premier de ces orateurs parle avec exagération des amas de blé que Maxence avait tirés de l'Afrique et des îles; et cependant, s'il est vrai qu'il y eût une disette, comme le dit Eusèbe (*Vie de Constantin*, l. I, c. 36), il faut que les greniers de l'empereur n'aient été ouverts que pour les soldats.

(2) *Maxentius... tandem urbe in* Saxa-Rubra *millia ferme novem ægerrime progressus.* Aurelius-Victor. Voyez Cellarius, *Geogr. antiq.*, tome I, p. 463. *Saxa-Rubra* était situé près du Cremera, petit ruisseau devenu célèbre par la valeur et par la mort glorieuse des trois cents Fabius.

(3) Le poste que Maxence fit occuper à son armée, dont le Tibre couvrait l'arrière-garde, est décrit avec beaucoup de clarté par les deux panégyristes, IX, 16; x, 28.

val. Cette attaque terrible détermina la fortune de cette journée mémorable. La cavalerie de Maxence consistait principalement en une troupe légère de Maures et de Numides, et en cuirassiers dont l'armure pesante arrêtait tous les mouvemens. Elle fut obligée de céder à l'impétuosité des cavaliers gaulois, qui, plus fermes que les Africains, surpassaient en activité les autres escadrons. La défaite des deux ailes laissait à découvert les flancs de l'infanterie. Les Italiens indisciplinés se décidèrent sans peine à fuir loin des drapeaux d'un tyran qu'ils avaient toujours détesté, et qu'ils ne redoutaient plus. Les prétoriens, persuadés que la grandeur de leur offense les rendait indignes du pardon, combattaient animés par la vengeance et par le désespoir : malgré leurs efforts réitérés, ces braves vétérans ne purent rappeler la victoire; ils obtinrent cependant une mort honorable, et l'on observa que leurs corps couvraient le même terrain qui avait été occupé par leurs rangs (1). La confusion devint alors générale. Incapables de se rallier, les soldats de Maxence, poursuivis par un ennemi implacable, se précipitèrent par milliers dans les eaux profondes et rapides du Tibre. L'empereur lui-même voulut se sauver dans la ville par le pont Milvius; mais la multitude des fuyards qui se pressaient en foule sur cet étroit passage, le fit tomber dans le

---

(1) *Exceptis latrocinii illius primis auctoribus; qui desperatâ veniâ locum quem pugnæ sumpserant texére corporibus.* Panegyr. vet., IX, 17.

fleuve, où, embarrassé du poids de ses armes, il fut aussitôt noyé (1). Le lendemain on eut peine à trouver son corps profondément enfoncé dans le limon. La vue de sa tête, élevée au haut d'une pique, assura le peuple de sa délivrance. A ce spectacle, les Romains reçurent avec les acclamations de la fidélité et de la reconnaissance l'heureux Constantin, qui avait ainsi terminé, par ses talens et par sa valeur, l'entreprise la plus éclatante de sa vie (2).

Si la clémence de ce prince après sa victoire ne mérite point d'éloges, on ne saurait non plus lui reprocher une rigueur excessive (3). Il fit aux vaincus

Sa réception.

---

(1) Il se répandit bientôt un bruit très-ridicule : on disait que Maxence, qui n'avait pris aucune précaution pour sa retraite, avait imaginé un piége fort adroit pour détruire l'armée du vainqueur; mais que le pont de bois, qui devait s'ouvrir à l'approche de Constantin, s'écroula malheureusement sous le poids des fuyards italiens. M. de Tillemont (*Hist. des Emp.*, t. IV, part. 1, p. 576) examine très-sérieusement si, malgré l'absurdité de cette opinion, le témoignage de Zozime et d'Eusèbe doit l'emporter sur le silence de Lactance, de Nazarius et de l'auteur anonyme, mais contemporain, qui a composé le neuvième panégyrique.

(2) Zozime (l. II, p. 86–88), et les deux panégyriques, dont le premier fut prononcé peu de mois après, donnent l'idée la plus claire de cette grande bataille. Lactance, Eusèbe, et même les Épitomés, fournissent quelques détails utiles.

(3) Zozime, l'ennemi de Constantin, convient (l. II, p. 88) qu'un petit nombre seulement des amis de Maxence furent mis à mort; mais nous pouvons remarquer le passage expressif de Nazarius (*Panegyr. vet.*, x; 6), *omnibus qui la-*

le même traitement que sa personne et sa famille auraient éprouvé s'il eût été défait. Les deux fils de Maxence furent mis à mort, et l'on détruisit soigneusement toute sa race. Il était naturel que les plus fidèles serviteurs du tyran partageassent sa destinée comme ils avaient partagé sa prospérité et ses crimes; mais lorsque les Romains demandèrent à haute voix un plus grand nombre de victimes, l'empereur sut résister avec force et avec humanité à ces clameurs serviles, dictées par la flatterie aussi bien que par le ressentiment : les délateurs furent punis et découragés; ceux qu'une injuste tyrannie avait condamnés à l'exil reparurent dans leur patrie, et leurs biens leur furent rendus; une amnistie générale tranquillisa l'esprit des habitans, et assura leurs propriétés d'Italie et d'Afrique (1). La première fois que Constantin honora le sénat de sa présence, il exposa, dans un discours modeste, ses services et ses exploits; il exprima le respect le plus sincère pour cette illustre assemblée, et lui promit de la rétablir dans sa première dignité et ses anciennes prérogatives. Ces protestations furent payées des vains titres d'honneur dont le sénat pouvait encore disposer : sans préten-

---

befactare statum ejus poterant cum stirpe deletis. L'autre orateur (*Panegyr. vet.*, IX, 20, 21) se contente d'observer que Constantin, lorsqu'il entra dans Rome, n'imita point les cruels massacres de Cinna, de Marius ou de Sylla.

(1) *Voyez* les deux panégyriques, et, dans le *Code Théodosien*, les lois des années 312 et 313.

dre confirmer l'autorité de Constantin, il lui assigna, par un décret solennel, le premier rang entre les trois *Augustes* qui gouvernaient l'univers romain (1). On institua des jeux et des fêtes pour perpétuer le souvenir de cette victoire célèbre, et plusieurs édifices élevés aux dépens de Maxence furent dédiés à son heureux rival. L'arc de triomphe de Constantin est encore maintenant une triste preuve de la décadence des arts, et un témoignage singulier de la plus basse vanité. Comme il ne fut pas possible de trouver dans la capitale de l'empire un sculpteur capable de décorer ce monument public, l'arc de Trajan, sans aucun respect pour la mémoire d'un si grand prince ou pour les règles de la convenance, fut dépouillé de ses plus beaux ornemens. On n'eut point égard à la différence des temps et des personnes, des actions et des caractères; les Parthes captifs paraissent prosternés aux pieds d'un monarque qui n'a jamais porté ses armes au-delà de l'Euphrate, et les antiquaires curieux peuvent encore apercevoir la tête de Trajan sur les trophées de Constantin. Les nouveaux ornemens qu'il fallut ajouter aux anciennes sculptures, pour en remplir les vides, sont exécutés de la manière la plus informe et la plus grossière (2).

---

(1) *Panegyr. vet.*, IX, 20. Lactance, *de Morte persec.*, c. 44. Maximin, qui était incontestablement le plus ancien des Césars, prétendait, avec quelque apparence de raison, au premier rang parmi les Augustes.

(2) *Adhuc cuncta opera quæ magnificè construxerat,*

Et sa conduite à Rome.

La politique, aussi bien que le ressentiment, exigeait l'entière abolition des prétoriens : ces troupes hautaines, dont Maxence avait rétabli et même augmenté le nombre et les priviléges, furent pour jamais cassées par Constantin ; on détruisit leur camp fortifié, et le reste des prétoriens, qui avait échappé à la fureur du combat, fut dispersé parmi les légions, et relégué sur les frontières de l'empire, où ces guerriers pouvaient être utiles sans devenir encore dangereux (1). En supprimant les troupes qui avaient leur poste à Rome, Constantin porta le coup fatal à la dignité du sénat et du peuple ; la capitale désarmée resta exposée, sans protection, à la négligence et aux insultes d'un maître éloigné. Nous pouvons observer que dans ce dernier effort des Romains pour conserver leur liberté expirante, l'appréhension d'un tribut les avait d'abord engagés à placer Maxence sur le trône. Ce prince ayant exigé du sénat ce tribut sous le nom de don gratuit, ils implorèrent alors l'assistance du souverain des Gaules. Constantin vainquit le tyran, et

---

urbis fanum, atque basilicam, Flavii meritis patres sacravére. Aurelius-Victor. A l'égard de ce vol des trophées de Trajan, voyez Flaminius-Vacca, apud *Montfaucon, Diarium italicum*, p. 250, et *l'Antiquité expliquée*, tome IV, p. 171.

(1) *Prætoriæ legiones ac subsidia factionibus aptiora quàm urbi Romæ, sublata penitus ; simul arma atque usus indumenti militaris.* Aurelius-Victor. Zozime (l. II, p. 89) parle de ce fait en historien ; et il est très-pompeusement célébré dans le neuvième panégyrique.

convertit le don gratuit en taxe perpétuelle. Les sénateurs, suivant leurs facultés, dont ils furent forcés de donner une déclaration, furent partagés en différentes classes : les plus opulens payaient annuellement huit livres d'or ; on en exigea quatre de la seconde classe, et deux de la dernière ; ceux qui, par leur pauvreté, méritaient une exemption, furent cependant taxés à sept pièces d'or. Outre les membres de cette assemblée, leurs fils, leurs descendans, leurs parens même, jouissaient des vains priviléges attachés à la dignité de sénateur, et ils en supportaient les charges onéreuses. On ne s'étonnera plus que Constantin ait pris tant de soin pour augmenter le nombre des personnes comprises dans une classe si utile (1). Après la défaite de Maxence, le victorieux empereur ne resta que deux ou trois mois à Rome. Il retourna deux fois dans cette capitale pendant le reste de sa vie, pour célébrer les fêtes solennelles de la dixième et de la vingtième année de son règne. Constantin, presque toujours en action, s'occupait à exercer ses soldats et à examiner l'état des provinces. Il résida tour à tour, et selon les occasions, à Trèves, à Mi-

---

(1) *Ex omnibus provinciis optimates viros curiæ tuæ pignéraveris ; ut senatûs dignitas... ex totius orbis flore consisteret.* Nazarius, *Panegyr. vet.*, x, 35. Le mot *pigneraveris* pourrait presque paraître avoir été malignement choisi. Au sujet de l'impôt sur les sénateurs, *voyez* Zozime (l. II, p. 115), le second titre du sixième livre du *Code Théodosien*, avec le commentaire de Geoffroy, et les *Mémoires de l'Académie des Inscriptions*, tome XXVIII, p. 726.

lan, à Aquilée, à Sirmium, à Naissus et à Thessalonique, jusqu'à ce qu'il eût bâti une NOUVELLE ROME sur les confins de l'Europe et de l'Asie (1).

Son alliance avec Licinius. Ann. 313. Mars.

Avant de marcher en Italie il s'était assuré de l'amitié ou du moins de la neutralité de Licinius, souverain des provinces illyriennes. Constantin avait promis à ce prince sa sœur Constantia; mais la célébration du mariage avait été différée jusqu'à ce que la guerre eût été terminée. L'entrevue des deux empereurs à Milan; lieu désigné pour cette cérémonie, parut cimenter l'union de leurs intérêts et de leurs familles (2). Au milieu de la joie publique ils furent tout à coup obligés de se séparer. Constantin, à la nouvelle d'une incursion des Francs, vola sur les rives du Rhin; et l'approche du souverain de l'Orient, qui s'avançait les armes à la main, força Licinius de marcher en personne à sa rencontre. Maximin avait été l'allié secret de Maxence : sans être découragé par le sort funeste de ce tyran, il résolut de tenter la fortune d'une guerre civile. De la Syrie il se transporta,

Guerre entre Maximin et Licinius. Ann. 313.

_____

(1) Le *Code Théodosien* commence maintenant à nous faire connaître les voyages des empereurs; mais les dates des lieux et des temps ont été souvent altérées par la négligence des copistes.

(2) Zozime (l. II, p. 89) observe que Constantin avait promis, avant la guerre, sa sœur à Licinius. Selon Victor le jeune, Dioclétien fut invité aux noces; mais ce prince s'étant excusé sur son âge et sur ses infirmités, reçut une seconde lettre où on lui reprochait sa partialité prétendue pour Maxence et pour Maximin.

dans le fort de l'hiver, sur les frontières de la Bithynie. La saison était rigoureuse ; un grand nombre d'hommes et de chevaux périrent dans la neige; et comme les pluies abondantes avaient rompu les chemins, Maximin fut obligé de laisser derrière lui une partie considérable du gros bagage, qui ne pouvait suivre la rapidité de ses marches forcées. Par cet effort extraordinaire de diligence, il parvint aux rivages du Bosphore de Thrace avec une armée harassée, mais formidable, sans que les lieutenans de Licinius eussent été informés de ses intentions hostiles. Byzance ouvrit ses portes à Maximin après onze jours de résistance. Ce prince fut arrêté quelque temps au siège d'Héraclée : dès qu'il se fut emparé de cette ville, il fut étonné d'apprendre que Licinius campait à la distance de dix-huit milles seulement. Après une négociation infructueuse, dans laquelle les deux empereurs s'efforcèrent chacun de corrompre la fidélité de leurs partisans respectifs, ils eurent recours aux armes. Le souverain de l'Asie commandait une armée de plus de soixante-dix mille hommes, composée de vétérans bien disciplinés. Licinius, qui n'avait environ que trente mille Illyriens, fut d'abord accablé par la supériorité du nombre. Ses talens militaires et la fermeté de ses troupes rétablirent le combat; il remporta une victoire décisive. La diligence incroyable de Maximin dans sa fuite a été beaucoup plus célébrée que sa valeur sur le champ de bataille. Vingt-quatre heures après, on le vit pâle, tremblant et dépouillé de ses ornemens impériaux à Nicomédie,

Défaite.
20 avril.

ville éloignée de cent soixante milles du lieu de sa défaite. Les richesses de l'Asie n'avaient cependant pas encore été épuisées ; et, quoique l'élite des vétérans de Maximin eût péri dans la dernière action, il pouvait encore, avec du temps, lever de nombreuses troupes dans la Syrie et dans l'Égypte ; mais il ne survécut que trois ou quatre mois à son infortune. Sa mort, arrivée à Tarse, a été diversement attribuée au désespoir, au poison et à la justice divine. Comme Maximin manquait également de talent et de vertu, il ne fut regretté ni du peuple ni des soldats. Les provinces de l'Orient, délivrées des terreurs d'une guerre civile, reconnurent avec joie l'autorité de Licinius (1).

Et mort du premier de ces princes. Août.

L'empereur vaincu laissait deux enfans, un fils de huit ans et une fille de sept environ. L'innocence d'un âge si tendre pouvait inspirer quelque compassion ; mais la compassion de Licinius était une bien faible ressource, et elle ne l'empêcha pas d'éteindre le nom et la mémoire de son adversaire. La mort du fils de Sévère est encore moins excusable, puisque ni la vengeance ni la politique ne le condamnaient à périr. Le vainqueur n'avait point à se plaindre du père de l'infortuné Sévérien ; on avait déjà oublié le règne court et

Cruauté de Licinius.

---

(1) Zozime rapporte la défaite et la mort de Maximin comme des événemens naturels ; mais Lactance (*de Morte persecut.*, c. 45-50) les attribue à l'interposition miraculeuse du ciel ; et il s'étend beaucoup sur ce sujet. Licinius était alors un des protecteurs de l'Église.

obscur de Sévère dans une partie de l'empire fort éloignée. Mais l'exécution de Candidianus est un acte de la cruauté et de l'ingratitude la plus noire. Il était fils naturel de Galère, l'ami et le bienfaiteur de Licinius : le père, en mourant, l'avait jugé trop jeune pour soutenir le poids du diadême. Il espérait que, sous la protection des princes qu'il avait lui-même revêtus de la pourpre impériale, son fils mènerait une vie tranquille et honorable. Candidianus avait alors près de vingt ans. Sa naissance, quoiqu'elle ne fût soutenue ni par le mérite ni par l'ambition, suffit pour enflammer la jalousie de Licinius (1). A ces victimes innocentes et illustres de sa tyrannie, nous pouvons ajouter la femme et la fille de Dioclétien. Ce prince, en donnant à Galère le titre de César, lui avait accordé en mariage sa fille Valérie, dont les aventures funestes pourraient devenir le sujet d'une tragédie fort intéressante. Elle avait rempli et même surpassé les devoirs d'une femme. Comme elle n'avait point d'enfans, elle avait bien voulu adopter le fils illégitime de son mari, et avait constamment montré pour l'infortuné Candidianus la tendresse et les soins d'une véritable mère. Lorsque Galère eut rendu les derniers soupirs, les biens immenses de sa veuve irritèrent l'avarice de son successeur Maximin, et les attraits de sa personne excitèrent les désirs de ce

<small>Sort infortuné de l'impératrice Valérie et de sa mère.</small>

---

(1) Lactance, *de Morte persec.*, c. 5o. Aurelius-Victor remarque, en passant, la différence avec laquelle Licinius et Constantin usèrent de la victoire.

prince (1). Il était alors marié; mais les lois romaines permettaient le divorce, et les passions violentes du tyran demandaient une prompte satisfaction. La réponse de Valérie fut celle qui convenait à la fille et à la veuve d'un souverain. Elle y mêla seulement la prudence que sa malheureuse situation la forçait d'observer. « Si l'honneur, dit-elle aux personnes que Maximin avait employées auprès d'elle, permettait à une femme de mon caractère de penser à un second mariage, la décence me défendrait au moins d'écouter la proposition du prince dans un temps où les cendres de mon mari, son bienfaiteur, ne sont pas encore refroidies. Voyez ces vêtemens lugubres; ils expriment la douleur dans laquelle mon âme est plongée. Mais quelle confiance, ajouta-t-elle avec fermeté, puis-je avoir aux protestations d'un homme dont la cruelle inconstance est capable de répudier une épouse tendre et fidèle (2)? » A ce refus, l'amour de

---

(1) Maximin satisfaisait ses appétits sensuels aux dépens de ses sujets; ses eunuques, qui enlevaient les femmes et les vierges, examinaient avec une curiosité scrupuleuse leurs charmes les plus secrets, de peur que quelque partie de leur corps ne fût pas trouvée digne des embrassemens du prince. La réserve et le dédain étaient regardés comme des crimes de trahison, et le tyran faisait noyer celles qui refusaient de se rendre à ses désirs. Il avait introduit insensiblement cette coutume, que personne ne se mariât sans la permission de l'empereur, *ut ipse in omnibus nuptiis prægustator esset*. Lactance, *de Morte persec.*, c. 38.

(2) Lactance, *de Morte persec.*, c. 39.

Maximin se changea en fureur : comme il avait toujours à sa disposition des témoins et des juges, il ne lui fut pas difficile de cacher son ressentiment sous le voile d'une procédure légale, et d'attaquer la réputation aussi bien que la tranquillité de Valérie. Les biens de cette malheureuse princesse furent confisqués; ses eunuques, ses domestiques, livrés aux plus cruels supplices. Enfin, plusieurs vertueuses et respectables matrones, qu'elle avait honorées de son amitié, souffrirent la mort sur une fausse accusation d'adultère. L'impératrice elle-même et sa mère Prisca furent condamnées à vivre en exil dans un village situé au milieu des déserts de la Syrie. Traînées ignominieusement de ville en ville, elles exposèrent ainsi leur honte et leur misère à ces mêmes provinces de l'Orient, qui, pendant trente ans, avaient respecté leur dignité auguste. Dioclétien fit plusieurs tentatives inutiles pour adoucir le sort de sa fille; il demandait que Valérie eût la permission de venir partager sa retraite de Salone, et fermer les yeux d'un père affligé (1); c'était, disait-il à Maximin, la seule grâce qu'il attendît d'un prince auquel il avait donné la pourpre impériale. Dioclétien conjurait; mais il ne pouvait plus menacer : ses prières furent reçues

---

(1) Enfin Dioclétien envoya *cognatum suum, quemdam militarem ac potentem virum*, pour intercéder en faveur de sa fille (Lactance, *de Morte persec.*, c 41). Nous ne connaissons point assez l'histoire de ce temps pour nommer la personne qui fut employée.

avec froideur et avec dédain. Le fier tyran paraissait prendre plaisir à traiter Dioclétien en suppliant, et sa fille en criminelle. La mort de Maximin semblait annoncer aux impératrices un changement favorable dans leur fortune. Les discordes civiles relâchèrent la vigilance de leurs gardes; elles trouvèrent moyen de s'échapper du lieu de leur exil, et de se rendre, quoique avec précaution et déguisées, à la cour de Licinius. La conduite de ce prince dans les premiers jours de son règne, et la réception honorable qu'il fit au jeune Candidianus, inspirèrent à Valérie une satisfaction secrète : elle crut que désormais ses jours et ceux de son fils adoptif ne seraient plus mêlés d'amertume. A ces espérances flatteuses succédèrent bientôt la surprise et l'horreur; et les exécutions qui ensanglantèrent le palais de Nicomédie, apprirent à l'impératrice que le trône de Maximin était occupé par un tyran encore plus barbare. Valérie pourvut à sa sûreté par la fuite; et, toujours accompagnée de sa mère Prisca, elle erra pendant plus de quinze mois dans les provinces de l'empire (1), revêtues toutes les deux de l'habillement le plus commun. Elles furent

---

(1) *Valeria quoque per varias provincias quindecim mensibus plebeio cultu pervagata.* Lactance, *de Morte persec.*, c. 51. On ne sait si les quinze mois doivent être comptés du moment de son exil ou de celui de son évasion. L'expression de *pervagata* semble nous déterminer pour le dernier sens. Mais alors il faudrait supposer que le traité de Lactance a été composé après la première guerre civile entre Licinius et Constantin. *Voyez* Cuper, p. 254.

enfin découvertes à Thessalonique; et, comme la sentence de mort avait déjà été prononcée, elles eurent aussitôt la tête tranchée, et leurs corps furent jetés dans la mer. Le peuple contemplait avec effroi et avec étonnement ce triste spectacle; mais la crainte qu'inspirait une garde nombreuse, étouffa sa douleur et son indignation. Telle fut la cruelle destinée de la femme et de la fille de Dioclétien. Nous déplorons leurs infortunes; nous ne pouvons découvrir quels furent leurs crimes; et, quelque juste idée que l'on se forme de la cruauté de Licinius, il paraît toujours surprenant qu'il ne se soit pas contenté d'assurer sa vengeance d'une manière plus secrète et plus décente (1).

L'univers romain se trouvait alors partagé entre Constantin et Licinius; le premier gouvernait l'Occident, l'autre donnait des lois aux provinces orientales. On devait peut-être espérer que les vainqueurs, fatigués des guerres civiles et liés entre eux par des traités et par l'alliance de leurs familles, renonceraient à tout projet d'ambition; ou du moins qu'ils en suspendraient l'exécution; cependant douze mois s'étaient à peine écoulés depuis la mort de Maximin, que les princes victorieux tournèrent leurs armes l'un contre l'autre. Le génie, les succès, l'esprit entre-

Rivalité entre Constantin et Licinius. Ann. 314.

---

(1) *Ita illis pudicitia et conditio exitio fuit* (Lactance, *de Morte persec.*, c. 51). Il rapporte les malheurs de la femme et de la fille de Dioclétien, si injustement maltraitées, avec un mélange bien naturel de pitié et de satisfaction.

prenant de Constantin, semblent le désigner comme le premier auteur de la rupture; mais le caractère perfide de Licinius justifie les soupçons les moins favorables. A la faible lueur que l'histoire jette sur cet événement (1), on aperçoit une conspiration tramée par ses artifices contre l'autorité de son collègue. Constantin venait de donner sa sœur Anastasie en mariage à Bassianus, homme d'une grande fortune et d'une naissance illustre, et il avait élevé son beau-frère au rang de César. Selon le système de gouvernement institué par Dioclétien, l'Italie et peut-être l'Afrique devait former le département du nouveau prince dans l'empire; mais l'accomplissement de la promesse souffrit tant de délais, ou fut accompagné de conditions si peu avantageuses, que la fidélité de Bassianus fût plutôt ébranlée qu'affermie par la distinction honorable qu'il avait obtenue. Licinius avait ratifié son élection: Ce prince artificieux trouva bientôt, par ses émissaires, le moyen d'entretenir une correspondance secrète et dangereuse avec le nouveau César, d'irriter ses mécontentemens, et de le porter au projet téméraire d'arracher par la violence ce qu'il attendait en vain de la justice de l'empereur. Mais le vigilant Constantin découvrit le complot

---

(1) Le lecteur qui aura la curiosité de consulter le fragment de Valois, p. 713, m'accusera peut-être d'en avoir donné une paraphrase hardie et trop libre; mais en l'examinant avec attention, il reconnaîtra que mon interprétation est à la fois probable et conséquente.

avant que toutes les mesures eussent été prises pour l'exécuter. Aussitôt, renonçant solennellement à l'alliance de Bassianus, il le dépouilla de la pourpre et lui infligea la peine que méritaient sa trahison et son ingratitude. Lorsqu'on vint demander à Licinius la restitution des criminels qui avaient cherché un asile dans ses États, son refus altier confirma les soupçons que l'on avait déjà de sa perfidie ; et les indignités commises à Æmone, sur les frontières de l'Italie, contre les statues de Constantin, devinrent le signal de la discorde entre les deux princes (1).

Première guerre civile entre ces deux princes. Bataille de Cibalis. Ann. 315, 8 octobre.

La première bataille se livra près de Cibalis, ville de Pannonie, située sur la Save, à cinquante milles au-dessus de Sirmium (2). Les forces peu considérables que ces deux puissans monarques avaient rassemblées dans une occasion si importante, donnent lieu de croire que l'un fut provoqué subitement, et

---

(1) La position d'Æmone, aujourd'hui Laybach, dans la Carniole (d'Anville, *Géogr. anc.*, tome 1, p. 187), peut fournir une conjecture. Comme elle est située au nord-est des Alpes juliennes, une place si importante devint naturellement un objet de dispute entre le souverain de l'Italie et celui de l'Illyrie.

(2) Cibalis ou Cibalæ (dont le nom est encore conservé dans les ruines obscures de Swilei) était à cinquante milles environ de Sirmium, capitale de l'Illyrie, et à cent milles de Taurunum, ou Belgrade, ville située au confluent de la Save et du Danube. On trouve dans les *Mémoires de l'Académie des Belles-Lettres* (tome XXVIII) un excellent mémoire de M. d'Anville, où il fait très-bien connaître les villes et les garnisons que les Romains avaient sur ces deux fleuves.

l'autre surpris tout à coup. Le souverain de l'Orient n'avait que trente-cinq mille hommes ; vingt mille soldats composaient toute l'armée de l'empereur d'Occident. L'infériorité du nombre était compensée toutefois par l'avantage du terrain. Posté dans un défilé large environ d'un demi-mille, entre une colline escarpée et un marais profond, Constantin attendait l'ennemi avec assurance, et il repoussa son premier choc. Habile à profiter de cet avantage, il descendit dans la plaine ; mais les vétérans d'Illyrie se rallièrent sous les étendards d'un chef qui avait appris le métier des armes à l'école de Probus et de Dioclétien. Des deux côtés les armes de trait furent bientôt épuisées ; les armées rivales, animées d'un même courage, s'élancèrent avec impétuosité l'une contre l'autre, et se battirent à coups de lances et d'épées. Le combat était demeuré incertain depuis la pointe du jour jusqu'aux approches de la nuit, lorsque l'aile droite, que Constantin commandait en personne, détermina la victoire par une attaque vigoureuse. Une sage retraite sauva le reste des troupes de Licinius. Mais dès que ce prince eut reconnu sa perte, qui se montait à plus de vingt mille hommes, il ne se crut pas en sûreté pendant la nuit devant un adversaire actif et victorieux : abandonnant son camp et ses magasins, il marcha secrètement et avec diligence à la tête de la plus grande partie de sa cavalerie, et il se trouva bientôt hors de tout danger. Sa célérité fut le salut de sa femme, de son fils et de ses trésors qu'il avait laissés dans Sirmium. Licinius traversa cette ville; et, après avoir rompu le pont sur la Save, il se hâta de lever une nouvelle armée dans la Dacie et en Thrace : tandis qu'il fuyait, il accorda le titre précaire de César à Valens, un de ses généraux, qui commandait sur la frontière d'Illyrie (1).

La plaine de Mardie, dans la Thrace, fut le théâtre d'une seconde bataille aussi opiniâtre et non moins sanglante que la première. Les troupes des deux partis déployèrent une valeur et une discipline égales; la victoire fut encore une fois fixée par l'habileté supérieure de Constantin. Ce prince avait envoyé un corps de cinq mille hommes s'emparer d'une hauteur avantageuse, d'où, pendant la chaleur de l'action, ils tombèrent sur l'arrière-garde de l'ennemi et en firent un grand carnage. Cependant les légions de Licinius, présentant un double front, conservèrent toujours le terrain, jusqu'à ce que la nuit mit fin au combat, et favorisa leur retraite vers les montagnes de la Macédoine (2). La perte de deux batailles et de ses plus braves vétérans força l'esprit altier de Licinius à demander la paix. Mistrianus, son ambassadeur, admis à l'audience de Constantin, s'étendit sur

Bataille de Mardie.

---

(1) Zozime (l. II, p. 90, 91) donne un détail très-circonstancié de cette bataille; mais les descriptions de Zozime sont plutôt d'un rhéteur que d'un militaire.

(2). Zozime, l. II, p. 92, 93; l'anonyme de Valois, p. 713. Les Épitomes fournissent quelques faits; mais ils confondent souvent les deux guerres entre Licinius et Constantin.

ces maximes générales de modération et d'humanité, si familières à l'éloquence des vaincus. Il représenta, dans les termes les plus insinuans, que l'événement de la guerre était encore douteux, et que ses calamités inévitables entraîneraient la ruine des deux partis, et finit en disant qu'il était autorisé par les *deux* empereurs ses maîtres, à proposer une paix solide et honorable. Ce fut avec mépris et indignation que Constantin l'entendit faire mention de Valens. « Nous ne sommes pas venus, répliqua-t-il fièrement, des bords de l'Océan occidental, nous n'avons pas parcouru d'immenses contrées en livrant tant de combats, en remportant un si grand nombre de victoires, pour couronner un vil esclave, après avoir puni un parent ingrat. L'abdication de Valens est le premier article du traité (1). » La nécessité contraignit d'accepter cette condition humiliante. Après un règne de quelques jours, le malheureux Valens perdit la pourpre et la vie. Dès que cet obstacle eut été levé, la tranquillité de l'univers romain fut bientôt rétablie. Si les défaites successives de Licinius avaient épuisé ses forces, elles avaient développé son courage et ses

---

(1) Pierre Patrice, *Excerp. legat.*, p. 27. Si l'on pense que γαμβρος signifie plutôt gendre que parent, on peut conjecturer que Constantin, prenant le nom de père et en remplissant les devoirs, avait adopté ses frères et sœurs, enfans de Théodora. Mais, dans les meilleurs écrivains, γαμβρος signifie tantôt un mari, tantôt un beau-père, et quelquefois un parent en général. *Voyez* Spanheim, *Observat. ad Julian. orat.*, I, p. 72.

talens. Sa situation était presque désespérée; mais les efforts du désespoir sont souvent formidables. La prudence de Constantin préférait un avantage considérable et certain au hasard douteux d'une troisième bataille. Il consentit à laisser son rival, ou comme il appelait de nouveau Licinius, son ami et son frère, en possession de la Thrace, de l'Asie-Mineure, de la Syrie et de l'Égypte. Mais les provinces de la Pannonie, de la Dalmatie, de la Dacie, de la Macédoine et de la Grèce, furent cédées à l'empereur d'Occident; et les États de Constantin s'étendirent depuis les confins de la Calédonie jusqu'à l'extrémité du Péloponèse. Il fut stipulé par le même traité, que trois jeunes princes, fils des empereurs, seraient désignés successeurs de leurs pères. Crispus et le jeune Constantin furent bientôt après déclarés Césars en Occident. Dans l'Orient, le jeune Licinius parvint à la même dignité. Par cette double portion d'honneurs, réunie dans sa famille, le vainqueur constatait la supériorité de ses armes et de sa puissance (1).

Traité de paix. Décembre.

La réconciliation de Constantin et de Licinius, quoique envenimée par le ressentiment et par la jalousie, par le souvenir des injures récentes et par l'appréhension de nouveaux dangers, maintint ce-

Paix générale. Lois de Constantin. Ann. 315-323.

---

(1) Zozime, l. II, p. 93; l'anonyme de Valois, p. 713; Eutrope, x, 5; Aurelius-Victor; Eusèbe, *in Chron.*; Sozomène, l. 1; c. 2. Quatre de ces écrivains assurent que la promotion des Césars fut un des articles du traité. Il est cependant certain que le jeune Constantin et le fils de Lici-

pendant durant plus de huit années la tranquillité de l'univers romain. Comme vers cette époque commence une suite très-régulière des lois impériales, il ne serait pas difficile de rapporter les réglemens civils qui employèrent le loisir de Constantin. Mais ses institutions les plus importantes se trouvent étroitement liées au nouveau système de politique et de religion, qui ne fut parfaitement établi que dans les derniers temps et dans les années paisibles de son règne. Plusieurs de ses lois, en tant qu'elles concernent les droits et les propriétés des individus et la pratique du barreau, se rapportent plutôt à la jurisprudence particulière qu'à l'administration publique de l'empire, et il publia un grand nombre d'édits, dont la nature tient tellement aux lieux et aux circonstances, qu'ils ne sont pas dignes de trouver place dans une histoire générale. On peut cependant tirer de la foule deux lois qui méritent d'être connues, l'une pour son importance, l'autre pour sa singularité: la première respire la plus grande humanité; la sévérité excessive de la seconde la rend très-remarquable. 1° La pratique horrible, et si familière aux anciens, d'exposer ou de faire mourir les enfans nou-

---

nius n'étaient pas encore nés, et il est très-vraisemblable que la promotion se fit le 1er mars de l'année 317. Il avait probablement été stipulé dans le traité que l'empereur d'Occident pourrait créer deux Césars, et l'empereur d'Orient un seulement; mais chacun d'eux se réservait le choix des personnes.

veau-nés, devenait tous les jours plus fréquente, spécialement en Italie. C'était l'effet de la misère; et la misère avait surtout pour principe le poids intolérable des impositions, et les voies aussi injustes que cruelles employées par les officiers du fisc contre leurs débiteurs insolvables. Les sujets pauvres ou dénués d'industrie, loin de voir avec plaisir augmenter leurs familles, croyaient suivre les mouvemens d'une véritable tendresse, en délivrant leurs enfans des malheurs dont les menaçait une vie qu'ils ne pouvaient eux-mêmes supporter. L'humanité de Constantin, excitée peut-être par quelques exemples nouveaux et frappans de désespoir (1), engagea ce prince

---

(1) Cette explication me paraît peu vraisemblable : Godefroy a formé une conjecture plus heureuse, et appuyée sur toutes les circonstances historiques dont cet édit fut environné. Il fut rendu, le 12 mai de l'an 315, à Naissus, lieu de la naissance de Constantin, en Pannonie. Le 8 octobre de cette année, Constantin gagna la bataille de Cibalis contre Licinius. Il était encore dans l'incertitude sur le sort de ses armes : les chrétiens, qu'il favorisait, lui avaient sans doute prédit la victoire. Lactance, alors précepteur de Crispus, venait d'écrire son ouvrage sur le christianisme (*Libros divinarum institutionum*); il l'avait dédié à Constantin : il s'y était élevé avec une grande force contre l'infanticide et l'exposition des enfans (*Div. inst.*, l. 6, c. 20). N'est-il pas vraisemblable que Constantin avait lu cet ouvrage, qu'il en avait causé avec Lactance, qu'il fut touché, entre autres choses, du passage que je viens d'indiquer, et que, dans le premier mouvement de son enthousiasme, il rendit l'édit dont nous parlons? Tout porte dans cet édit le

à publier un édit dans toutes les villes de l'Italie, ensuite de l'Afrique. En vertu de ce règlement, on devait donner un secours immédiat et suffisant à ceux qui produiraient devant le magistrat les enfans que leur pauvreté ne leur permettrait pas d'élever. Mais la promesse était trop magnifique, et les moyens de la remplir avaient été fixés d'une manière trop va-

---

caractère de la précipitation, de l'entraînement, plutôt que d'une délibération réfléchie; l'étendue des promesses, l'indétermination des moyens, celle des conditions, du temps pendant lequel les parens auront droit aux secours de l'État. N'y a-t-il pas lieu de croire que l'humanité de Constantin fut excitée par l'influence de Lactance et par celle des principes du christianisme et des chrétiens eux-mêmes, déjà fort en crédit auprès de l'empereur, plutôt que par *quelques exemples frappans de désespoir?* Cette supposition est d'autant plus gratuite, que de pareils exemples ne pouvaient être *nouveaux*, et que Constantin, alors éloigné de l'Italie, ne pouvait que difficilement en être *frappé*. *Voyez* Hegewisch, *Essai historique sur les finances romaines*, p. 378.

L'édit pour l'Afrique ne fut rendu qu'en 322 : c'est de celui-ci qu'on peut dire avec vérité, que le malheur des temps en fut l'occasion. L'Afrique avait beaucoup souffert de la cruauté de Maxence : Constantin dit positivement qu'il a appris que des parens, pressés par la misère, y vendaient leurs enfans. L'ordonnance est plus précise, plus mûrement réfléchie que la précédente; le secours à donner aux parens et la source où il doit être puisé y sont déterminés. (*Code Théod.*, l. XI, tit. 27, c. 2.) Si l'utilité directe de ces lois ne put être fort étendue, elles eurent du moins le grand et heureux résultat d'établir une opposition décisive entre les principes du gouvernement et ceux qui avaient régné jusqu'alors parmi les sujets. (*Note de l'Éditeur.*)

gue, pour produire aucun avantage général ou permanent (1). La loi, quoiqu'elle mérite quelques éloges, servit moins à soulager qu'à exposer la misère publique. Elle demeure aujourd'hui comme un monument authentique pour contredire et confondre des orateurs vendus, trop contens de leur propre situation pour supposer que le vice et la misère pussent exister sous le gouvernement d'un prince si généreux (2).

II. Les lois de Constantin contre le rapt marquent bien peu d'indulgence pour une des faiblesses les plus pardonnables de la nature humaine, puisqu'elles regardaient comme ravisseur, et punissaient comme tel tout homme qui enlevait de la maison de ses parens une fille âgée de moins de vingt-cinq ans : soit qu'il eût employé la violence, ou que par une douce séduction il l'eût déterminée à une fuite volontaire, le ravisseur était puni de mort; et si la mort simple ne se trouvait pas proportionnée à l'énormité de son crime, il était ou brûlé vif ou déchiré en pièces par les bêtes sauvages au milieu de l'amphithéâtre. Si la jeune fille déclarait avoir été enlevée de son propre consentement, loin de sauver son amant par cet aveu,

---

(1) *Code Théodosien*, l. xi, titre 27, tome iv, p. 188, avec les observations de Godefroy. *Voy.* aussi l. v, tit. 7-8.

(2) *Omnia foris placita, domi prospera, annonæ ubertate, fructuum copiâ,* etc. (*Panegyr. vet.* x, 38.) Ce discours de Nazarius fut prononcé le jour des *quinquennales* des Césars, le 1er mars de l'année 321.

elle s'exposait à partager son sort. Les parens de la fille infortunée ou coupable étaient obligés de poursuivre en justice le ravisseur : si, cédant aux mouvemens de la nature, ils fermaient les yeux sur l'insulte, et réparaient par un mariage l'honneur de leur famille, ils étaient eux-mêmes condamnés à l'exil, et leurs biens confisqués. Les esclaves de l'un ou de l'autre sexe, convaincus d'avoir favorisé le rapt ou la séduction, étaient brûlés vifs, ou mis à mort par un supplice plus raffiné, qui consistait à leur verser dans la bouche du plomb fondu. Comme le crime était un crime public, l'accusation en était permise même aux étrangers. Quel que fût le nombre des années écoulées depuis le crime, l'accusation était toujours recevable, et les suites de la sentence s'étendaient jusqu'aux fruits innocens de cette union irrégulière (1). Mais toutes les fois que l'offense inspire moins d'horreur que la punition, la rigueur de la loi pénale est forcée de céder aux mouvemens naturels imprimés dans le cœur de l'homme. Les articles les plus odieux de cet édit furent adoucis ou annulés sous le règne suivant (2). Constantin lui-même tempéra souvent, par des actes particuliers de clémence, l'esprit cruel

---

(1) *Voy.* l'édit de Constantin adressé au peuple de Rome, dans le *Code Théodosien*, l. ix, titre 24, t. iii, p. 189.

(2) Son fils assigne de bonne foi la véritable raison qui a fait modifier cette loi : *Ne sub specie atrocioris judicii aliqua in ulciscendo crimine dilatio nasceretur.* Code Théod., t. iii, p. 193.

de ses institutions générales; et telle était l'humeur singulière de ce prince, qu'il se montrait aussi indulgent, aussi négligent même dans l'exécution de ses lois, qu'il avait paru sévère et même cruel en les publiant. Il serait difficile de découvrir un symptôme plus marqué de faiblesse, soit dans le caractère du prince, soit dans la constitution du gouvernement (1).

L'administration civile fut quelquefois interrompue par des expéditions militaires entreprises pour la défense de l'empire. Crispus, jeune prince du caractère le plus aimable, qui avait reçu, avec le titre de César, le commandement du Rhin, signala sa valeur et son habileté par plusieurs victoires sur les Francs et sur les Allemands. Il apprit aux Barbares de cette frontière à redouter le fils aîné de Constantin et le petit-fils de Constance (2). L'empereur s'était réservé le département plus important et bien plus difficile du Danube. Les Goths, qui, sous les règnes de Claude et d'Aurélien, avaient senti le poids des armes romaines, respectèrent la puissance de l'empire, même au milieu des discordes intestines qui le déchirèrent après

Guerre contre les Goths. Ann. 322.

---

(1) Eusèbe. (*Vie de Constantin*, l. III, c. 1) ne craint pas d'assurer que, sous le règne de son héros, l'épée de la justice resta oisive entre les mains des magistrats. Eusèbe lui-même (l. IV, c. 29, 54) et le *Code Théodosien* nous apprennent que l'on ne fut redevable de cette douceur excessive, ni au manque de crimes atroces, ni au défaut de lois pénales.

(2) Nazarius, *Panegyr. vet.*, x. Quelques médailles représentent la victoire de Crispus sur les Allemands.

la mort de ces princes. Mais cinquante ans de paix avaient alors réparé les forces de cette nation belliqueuse. Il s'était élevé une nouvelle génération qui ne se ressouvenait plus des malheurs des anciens temps. Les Sarmates des Palus-Méotides suivirent les étendards des Goths, comme sujets ou comme alliés, et ces Barbares réunis fondirent tout à coup sur les provinces illyriennes. Campona, Margus et Bononia (1), paraissent avoir été le théâtre de plusieurs siéges et de plusieurs combats (2) mémorables. Quoique Constantin trouvât une résistance opiniâtre, il vint à bout de terrasser ces redoutables adversaires; et les Goths achetèrent la permission de se retirer honteusement, en rendant le butin qu'ils avaient pris. Cet avantage ne satisfaisait pas l'indignation de l'empereur. Décidé à châtier, en même temps qu'il les repoussait, des Barbares insolens qui avaient osé envahir le territoire de Rome, après avoir réparé le pont construit par Trajan, il passa le Danube à la tête de ses légions, et pénétra dans les retraites les plus inaccessibles de la

---

(1) Aujourd'hui *Bude la vieille*, en Hongrie, Kastolatz et Biddin ou Viddin, dans la Mœsie, sur le Danube. (*Note de l'Éditeur.*)

(2) *Voyez* Zozime (l. II, p. 93, 94), quoique la narration de cet historien ne soit ni claire ni conséquente. Le panégyrique d'Optacien (c. 23) parle d'une alliance des Sarmates avec les Carpiens et les Gètes, et il désigne les différens champs de bataille. On suppose que les jeux sarmates, célébrés dans le mois de novembre, tiraient leur origine du succès de cette guerre.

Dacie (1); et, après avoir exercé une vengeance sévère, il consentit à donner la paix au peuple suppliant des Goths, à condition qu'ils lui fourniraient un corps de quarante mille soldats toutes les fois qu'il l'exigerait (2). De pareils exploits honorent sans doute ce prince, et furent utiles à l'empire; mais on doute qu'ils puissent justifier une assertion exagérée d'Eusèbe. Selon cet auteur, TOUTE LA SCYTHIE, pays immense, divisé en tant de nations de noms si différens et de mœurs si sauvages, fut, jusqu'à son extrémité septentrionale, ajoutée à l'empire romain par les armes victorieuses de Constantin (3).

Parvenu à ce haut point de gloire, il eût été difficile à Constantin de souffrir que l'empire fût plus long-temps partagé. Plein de confiance en la supériorité de son génie et de sa puissance militaire, il

Seconde guerre civile entre Constantin et Licinius. Ann. 323.

---

(1) Dans *les Césars* de Julien (p. 329, comment. de Spanheim, p. 252), Constantin se vante d'avoir réuni à l'empire la province (la Dacie) que Trajan avait subjuguée; mais Silène donne à entendre que les lauriers de Constantin ressemblaient aux jardins d'Adonis, qui se fanent et se flétrissent presque au moment où ils se montrent.

(2) Jornandès, *de Rebus geticis*, c. 21. Je ne sais s'il est possible de s'en rapporter entièrement à cet écrivain : une pareille alliance a un air bien moderne, et ne s'accorde guère avec les maximes adoptées dans le commencement du quatrième siècle.

(3) Eusèbe, *Vie de Constantin*, l. 1, c. 8. Au reste, ce passage est pris d'une déclamation générale sur la grandeur de Constantin, et il n'est point tiré d'une histoire particulière de la guerre de ce prince avec les Goths.

se détermina, sans avoir eu à se plaindre d'aucune injure, à précipiter du trône un collègue dont l'âge avancé et les vices détestés semblaient rendre la destruction facile (1). Mais, à l'approche du danger, le vieil empereur trompa l'attente de ses amis aussi bien que de ses adversaires. Rappelant tout à coup cette bravoure et ces talens qui lui avaient mérité l'amitié de Galère et la pourpre impériale, il se prépara au combat; assembla les forces de l'Orient, et remplit bientôt de ses troupes les plaines d'Andrinople, tandis que ses vaisseaux couvraient l'Hellespont. Son armée consistait en cent cinquante mille fantassins et quinze mille cavaliers. Comme cette cavalerie avait été principalement tirée de la Phrygie et de la Cappadoce, on peut se former une idée plus favorable de la beauté des chevaux que du courage et de l'habileté de ceux qui les montaient. Trois cent cinquante galères à trois rangs de rames composaient la flotte. L'Égypte et la côte adjacente de l'Afrique en avaient fourni cent trente. Cent dix de ces bâtimens venaient des ports de la Phénicie et de l'île de Chypre. Enfin, les contrées maritimes de la Bithynie, de l'Ionie et de la Carie, avaient été forcées de donner les cent dix

---

(1) *Constantinus tamen, vir ingens, et omnia efficere nitens quæ animo præparasset, simul principatum totius orbis affectans, Licinio bellum intulit.* Eutrope, x, 5; Zozime, l. II, p. 89. Les raisons qu'ils ont assignées pour la première guerre civile peuvent s'appliquer avec plus de justesse à la seconde.

autres. Constantin assigna le rendez-vous de ses troupes à Thessalonique. Elles se montaient à plus de cent vingt mille hommes, tant infanterie que cavalerie (1). Leur chef contemplait avec plaisir leur air martial; et son armée, quoique inférieure en nombre à celle de son rival, renfermait plus de soldats. Les légions de Constantin avaient été levées dans les provinces belliqueuses de l'Europe; leur discipline avait été éprouvée; leurs anciennes victoires enflaient leurs espérances, et elles avaient dans leur sein une foule de vétérans qui, après dix-sept campagnes glorieuses sous le même général, se préparaient à mériter une retraite honorable par un dernier effort de courage (2). Mais sur mer les préparatifs de Constantin ne pouvaient en aucune façon être comparés à ceux de Licinius. Les villes maritimes de la Grèce avaient envoyé chacune au célèbre port du Pirée les hommes et les bâtimens qu'elles pouvaient fournir, et toutes ces forces réunies ne formaient que deux cents petits vaisseaux : armement très-faible, si on le compare à ces flottes formidables équipées et entretenues par la république d'Athènes durant la guerre du Péloponèse (3). Depuis que l'Italie avait cessé d'être le siége

---

(1) Zozime, l. II, p. 94, 95.

(2) Constantin avait beaucoup d'égard aux priviléges et au bien-être de ses *compagnons vétérans* (*conveterani*), comme il commençait alors à les appeler. *Voyez* le *Code Théodosien*, l. VII, titre 20, tome II, p. 419, 429.

(3) Dans le temps que les Athéniens possédaient l'empire

du gouvernement, les établissemens maritimes formés dans les ports de Misène et de Ravenne avaient été insensiblement négligés; et comme la marine de l'empire était soutenue par le commerce plutôt que par la guerre, il devait naturellement se trouver un bien plus grand nombre de matelots et de bâtimens dans les provinces industrieuses de l'Égypte et de l'Asie. On est seulement étonné que l'empereur d'Orient, dont les forces navales étaient si considérables, ait négligé de porter la guerre dans le centre des États de son rival.

<small>Bataille d'Andrinople. Ann. 323. 3 juillet.</small>

Au lieu d'embrasser une résolution si active, qui aurait pu changer toute la face de la guerre, le prudent Licinius attendit l'ennemi près d'Andrinople; et le soin avec lequel il fortifia son camp décelait assez ses inquiétudes. Après avoir quitté Thessalonique, Constantin s'avançait vers cette partie de la Thrace, lorsqu'il fut tout à coup arrêté par l'Hèbre, fleuve large et rapide; et il aperçut les nombreuses troupes de Licinius, qui, postées sur la pente d'une montagne, s'étendaient depuis le fleuve jusqu'à la ville. Plusieurs jours se passèrent en escarmouches à quelque distance des deux armées. Enfin l'intrépidité

---

de la mer, leur flotte consistait en trois cents galères à trois rangs de rames, et dans la suite en quatre cents, toutes complétement armées et en état de servir sur-le-champ. L'arsenal du Pirée avait coûté à la république mille talens (environ deux cent seize mille livres sterl.). *Voy.* Thucydide, *de Bello Pelopon.*, l. II, c. 13; et Meursius, *de Fortuná atticá*, c. 19.

de Constantin surmonta les difficultés du passage et de l'attaque. Ce serait ici le lieu de rapporter un exploit prodigieux de ce prince. Quoiqu'il ne s'en trouve peut-être aucun dans la poésie ou dans les romans qui puisse lui être comparé, cependant il a été célébré, non par un de ces orateurs vendus à sa fortune, mais par un historien ennemi de sa gloire. On assure que le vaillant empereur se jeta dans l'Hèbre, accompagné seulement de douze cavaliers, et que, par la force ou la terreur de son bras invincible, il renversa, massacra et mit en pièces une armée de cent cinquante mille hommes. La crédulité l'emportait tellement sur la passion dans l'esprit de Zozime, qu'au lieu de s'attacher aux événemens les plus importans de cette fameuse bataille, il paraît avoir choisi et embelli les plus merveilleux. La valeur et le péril de Constantin sont attestés par une blessure légère qu'il reçut à la cuisse ; mais nous pouvons découvrir, même dans cette narration imparfaite, et peut-être dans un texte corrompu, que la victoire ne fut pas moins due à l'habileté du général qu'à la bravoure du héros. Il assembla d'abord des matériaux, comme s'il eût eu dessein de jeter un pont sur le fleuve ; et tandis que les ennemis étaient occupés de ces préparatifs, il envoya un corps de cinq mille archers s'emparer d'un bois épais qui couvrait leur arrière-garde. Licinius, embarrassé par une multiplicité d'évolutions trompeuses, sortit avec regret de son poste avantageux pour combattre dans la plaine sur un terrain uni, où la victoire ne fut plus disputée. Les vétérans expérimentés de l'Occident taillèrent facilement en pièces cette multitude confuse de nouvelles levées. Il périt, dit-on, trente-quatre mille hommes. Le soir même, le camp fortifié de Licinius fut pris d'assaut, et la plus grande partie des fuyards, qui avaient gagné les montagnes, se rendirent le lendemain à la discrétion du vainqueur (1). Son rival, incapable désormais de tenir la campagne, s'enferma dans les murs de Byzance.

<small>Siége de Byzance, et victoire navale de Crispus.</small>

Constantin mit aussitôt le siége devant cette ville. Une pareille entreprise exigeait de grands travaux, et le succès pouvait en paraître fort incertain. Dans les dernières guerres civiles, les fortifications d'une place si importante, regardée avec raison comme la clef de l'Europe et de l'Asie, avaient été réparées et augmentées ; et tant que Licinius restait maître de la mer, la garnison avait bien moins à craindre de la famine que l'armée des assiégeans. Les commandans de la flotte de Constantin eurent ordre de se rendre auprès de lui, et il leur prescrivit de forcer le passage de l'Hellespont, puisque les vaisseaux de Licinius, au

---

(1) Zozime, l. II, p. 95, 96. Cette grande bataille est décrite dans le fragment de Valois (p. 714) d'une manière claire, quoique concise. *Licinius vero circum Hadrianopolin maximo exercitu latera ardui montis impleverat : illuc toto agmine Constantinus inflexit. Cum bellum terrâ marique traheretur, quamvis per arduum suis nitentibus, attamen disciplinâ militari et felicitate, Constantinus Licinii confusum et sine ordine agentem vicit exercitum ; leviter femore sauciatus.*

lieu de chercher et de détruire un ennemi plus faible, demeuraient dans l'inaction et continuaient à occuper un détroit où la supériorité du nombre était si peu utile et si peu avantageuse. Crispus, fils aîné de Constantin, fut chargé de cette entreprise hardie : il l'exécuta si heureusement et avec tant de courage, qu'il mérita l'estime de son père, et qu'il excita probablement sa jalousie. Le combat dura deux jours. A la fin de la première journée, les deux flottes, après une perte considérable et réciproque, se retirèrent l'une en Europe, l'autre du côté de l'Asie. Le second jour, il s'éleva vers le midi un vent du sud (1); qui, soufflant avec violence, poussa les vaisseaux de Crispus contre ceux de l'ennemi. Ce prince profita, par son habile intrépidité, de cet heureux hasard, et remporta bientôt une victoire complète. Cent trente bâtimens furent coulés à fond, cinq mille hommes perdirent la vie, et Amandus, l'amiral de la flotte asiatique, ne parvint qu'avec la plus grande difficulté aux rivages de Chalcédoine. Dès que l'Hellespont fut libre, un grand convoi arriva au camp de Constantin, qui avait déjà avancé les opérations du siége. Après avoir construit un rempart de terre égal en hauteur aux fortifications de Byzance, il posa sur

---

(1) Zozime, l. II, p. 97, 98. Le courant sort toujours de l'Hellespont; et lorsque le vent du nord souffle, aucun vaisseau ne peut tenter le passage : un vent du midi rend la force du courant presque imperceptible. *Voyez le Voyage de Tournefort au Levant*, lettre XL.

cette terrasse des machines de toute espèce, et de hautes tours d'où ses soldats lançaient aux assiégés des dards et des pierres énormes. Les béliers avaient ébranlé les murs en plusieurs endroits; si Licinius persistait à se défendre plus long-temps, il s'exposait à être enseveli sous les ruines de la ville. Avant d'être entièrement bloqué, il passa prudemment, avec ses trésors, à Chalcédoine en Asie; et, n'ayant pas perdu le désir d'associer des compagnons à l'espoir et aux dangers de sa fortune, il donna le titre de César à Martinianus, qui remplissait un des emplois les plus importans de son empire (1).

<small>Bataille de Chrysopolis.</small> Telles étaient les ressources et les talens de Licinius, qu'après tant de défaites réitérées, pendant que Constantin exerçait son activité au siége de Byzance, il assembla en Bithynie une nouvelle armée de cinquante ou soixante mille hommes. Le vigilant empereur ne crut cependant pas devoir négliger les derniers efforts de son rival. Une partie considérable de l'armée victorieuse passa le Bosphore dans de petits bâtimens; bientôt après l'arrivée de ces troupes, la bataille décisive se donna sur les hauteurs de Chrysopolis, aujourd'hui Scutari. Les soldats de Licinius, quoique nouvellement levés, mal armés et plus mal

---

(1) Aurelius-Victor; Zozime, l. II, p. 98. Selon ce dernier historien, Martinianus était *magister officiorum* (il se sert en grec de ces deux mots latins); quelques médailles semblent indiquer que, pendant le peu de temps qu'il régna, il reçut le titre d'Auguste.

disciplinés, résistèrent au vainqueur avec un courage inutile, mais animé par le désespoir, jusqu'à ce que la défaite totale et le massacre de vingt-cinq mille hommes eussent irrévocablement déterminé le sort de leur chef (1). Il se rendit à Nicomédie, moins dans l'espoir de se défendre que dans la vue de gagner du temps pour négocier. Constantia, femme de Licinius et sœur de Constantin, sollicita son frère en faveur de son mari; elle obtint plutôt de la politique que de la compassion du vainqueur, la promesse solennelle, confirmée par un serment, que Licinius, après s'être dépouillé de la pourpre, et après avoir sacrifié Martinianus, aurait la permission de passer le reste de ses jours dans un repos honorable. La conduite de Constantia et ses liaisons avec les deux princes rivaux, rappellent naturellement le souvenir de cette vertueuse Romaine, sœur d'Auguste et femme de Marc-Antoine; mais les idées des hommes étaient changées, et l'on ne pensait plus que ce fût une tache pour un Romain de survivre à son honneur et à sa liberté. Licinius demanda et accepta le pardon de ses fautes; il déposa la pourpre aux pieds de son *seigneur et maître;* et lorsqu'il eut été relevé de terre avec une pitié insultante, il fut admis au banquet

Soumission et mort de Licinius.

―――――――――――――――――――――――――

(1) Eusèbe (*Vie de Constantin*, l. II, c. 16, 17) attribue cette victoire décisive aux ferventes prières de l'empereur. Le fragment de Valois (p. 714) parle d'un corps de Goths auxiliaires, commandés par leur chef Aliquaca, qui combattirent pour le parti de Licinius.

impérial. On l'envoya aussitôt à Thessalonique, qu'on avait choisie pour sa prison : il fut bientôt condamné à mourir (1). On ne sait si, pour motiver son exécution, on eut recours à un tumulte élevé parmi les soldats, ou bien à un décret du sénat. Selon l'usage de la tyrannie, Licinius fut accusé de tramer une conspiration et d'entretenir une correspondance criminelle avec les Barbares; mais comme il ne fut jamais convaincu ni par sa conduite ni par aucune preuve légale, sa faiblesse doit faire présumer (2) qu'il était innocent. La mémoire de ce malheureux prince fut dévouée à une infamie perpétuelle; on renversa ses statues avec ignominie; et par un édit précipité, dont les suites parurent si funestes qu'il fut presque aussitôt modifié, on annula toutes les lois et toutes les procédures judiciaires de son règne (3). Cette victoire de Constantin réunit de nouveau les

Réunion. de l'empire. Ann. 324.

---

(1) Zozime, l. II, p. 102; Victor le jeune, *in Epitom.*; l'anonyme de Valois, p. 714.

(2) *Contra religionem sacramenti Thessalonicæ privatus occisus est.* Eutrope, x, 6; et son témoignage est confirmé par saint Jérôme (*in Chron.*) aussi bien que par Zozime, l. II, p. 102. Il n'y a que l'anonyme de Valois qui parle des soldats, et Zonare est le seul qui ait recours à l'assistance du sénat. Eusèbe glisse prudemment sur ce fait délicat; mais un siècle après, Sozomène ose soutenir que Licinius fut coupable de trahison.

(3) *Voyez* le *Code Théodosien*, l. XV, tit. 15, tome V, p. 404, 405. Ces édits de Constantin décèlent un dégré de passion et de précipitation indigne du caractère d'un législateur.

membres épars de l'univers romain sous l'autorité d'un seul monarque, trente-sept ans après que Dioclétien eut partagé avec Maximien, son associé, sa puissance et ses provinces.

Les degrés successifs de l'élévation de Constantin, depuis sa première élection dans la ville d'York jusqu'à l'abdication de Licinius à Nicomédie, ont été représentés avec détail et précision, non-seulement parce que ces événemens sont en eux-mêmes fort intéressans et de la plus grande importance, mais encore parce qu'ils ont contribué à la décadence de l'empire par tout le sang et par les richesses immenses qui furent alors prodigués, et par l'accroissement perpétuel des taxes aussi bien que des forces militaires. La fondation de Constantinople et l'établissement de la religion chrétienne furent les suites immédiates et à jamais mémorables de cette révolution.

FIN DU TOME SECOND.

TABLE DES CHAPITRES
CONTENUS DANS LE DEUXIÈME VOLUME.

Pages

Chapitre viii. De l'état de la Perse après le rétablissement de cette monarchie par Artaxercès. 1

Chapitre ix. État de la Germanie jusqu'à l'invasion des Barbares sous le règne de l'empereur Dèce. . . 40

Chapitre x. Les empereurs Dèce, Gallus, Émilien, Valérien et Gallien. Irruption générale des Barbares. Les trente tyrans. 94

Chapitre xi. Règne de Claude. Défaite des Goths. Victoires, triomphe et mort d'Aurélien. 181

Chapitre xii. Conduite de l'armée et du sénat après la mort d'Aurélien. Règne de Tacite, de Probus, de Carus et de ses fils. 244

Chapitre xiii. Règne de Dioclétien et de ses trois associés, Maximien, Galère et Constance. Rétablissement général de l'ordre et de la tranquillité. Guerre de Perse. Victoire et triomphe des empereurs romains. Nouvelle forme d'administration. Abdication de Dioclétien et de Maximien. 305

Chapitre xiv. Troubles après l'abdication de Dioclétien. Mort de Constance. Élévation de Constantin et de Maxence. Six empereurs dans le même temps. Mort de Maxence et de Galère. Victoires de Constantin sur Maximien et sur Licinius. Réunion de l'empire sous l'autorité de Constantin. 384

FIN DE LA TABLE DES CHAPITRES.

TABLE DES MATIÈRES
CONTENUES DANS CE VOLUME.

	Pages		Pages
Barbares de l'Orient et du Nord.	1	Climat.	48
Révolutions d'Asie.	2	Ses effets sur les naturels.	50
Monarchie des Perses rétablie par Artaxercès.	4	Origine des Germains.	52
		Fables et conjectures.	53
Réformation du culte des mages.	6	Les Germains n'avaient pas l'usage des lettres.	55
Théologie des Perses : deux principes.	10	Des arts, de l'agriculture.	56
		Et des métaux.	59
Culte religieux.	13	Leur indolence.	61
Cérémonies et préceptes moraux.	15	Leur goût pour les liqueurs fortes.	63
Encouragement de l'agriculture.	16	Population de la Germanie.	64
		Liberté.	66
Pouvoir des mages.	18	Assemblées du peuple.	68
Esprit de persécution.	21	Autorité des princes et des magistrats.	69
Établissement de l'autorité royale dans les provinces.	22	Plus absolue sur les propriétés que sur les personnes des Germains.	70
Étendue et population de la Perse.	24	Service volontaire.	71
Récapitulation des guerres entre les Parthes et les Romains.	25	Chasteté des Germains.	73
		Ses causes probables.	74
		Religion.	76
Séleucie et Ctésiphon. Ann. 165-198.	26	Son influence dans la paix.	78
		Dans la guerre.	79
Conquête de l'Oshroène par les Romains.	29	Les bardes.	80
Artaxercès réclame les provinces de l'Asie, et déclare la guerre aux Romains. Ann. 230.	30	Causes qui ont arrêté les progrès des Germains.	82
		Manque d'armes.	83
		Et de discipline.	84
Prétendue victoire d'Alexandre-Sévère. Ann. 233.	32	Dissensions civiles des Germains.	86
Relation plus probable de la guerre.	34	Fomentées par la politique de Rome.	87
Caractère et maximes d'Artaxercès. Ann. 240.	36	Union passagère contre Marc-Aurèle.	89
Puissance militaire des Perses.	37	Distinction des tribus germaniques.	91
Leur infanterie méprisable.	Ibid.	Leur nombre.	92
		Nature du sujet. Ann. 248-268.	94
Leur cavalerie excellente.	38		
Étendue de la Germanie.	42	L'empereur Philippe.	95

	Pages		Pages
Services, révolte, victoire et règne de l'empereur Dèce. Ann. 249.	95	Incursions des Barbares.	128
		Origine et confédération des Francs.	Ibid.
Il marche contre les Goths. Ann. 250.	97	Ils envahissent la Gaule.	131
		Ils ravagent l'Espagne.	132
Origine des Goths.	98	Et passent en Afrique.	133
Religion des Goths.	100	Origine et renommée des Suèves.	Ibid.
Institutions d'Odin ; sa mort.	101	Différentes tribus de Suèves prennent le nom d'Allemands.	134
Hypothèse agréable, mais incertaine, touchant Odin.	102	Les Allemands envahissent la Gaule et l'Italie.	136
Migrations des Goths de la Scandinavie en Prusse.	103	Ils sont repoussés de devant Rome par le sénat et par le peuple.	137
De la Prusse en Ukraine.	106		
La nation des Goths s'accroît dans sa marche.	107	Gallien interdit aux sénateurs le service militaire.	Ibid.
Distinction des Germains et des Sarmates.	109	Traité de ce prince avec les Allemands.	138
Description de l'Ukraine.	110	Incursion des Goths.	139
Les Goths envahissent les provinces romaines.	111	Ils s'emparent du royaume du Bosphore.	140
Divers événemens de la guerre des Goths. Ann. 250.	113	Ils acquièrent des forces navales.	142
		Première expédition maritime de ces peuples.	143
Dèce rétablit l'office de censeur dans la personne de Valérien. Ann. 251, 27 octobre.	115	Les Goths assiégent et prennent Trébisonde.	Ibid.
		Seconde expédition des Goths.	145
Ce projet impraticable et sans effet.	117	Les villes de Bithynie saccagées.	146
Défaite et mort de Dèce et de son fils.	118	Retraite des Goths.	147
Élection de Gallus. Ann. 251. Décembre.	120	Troisième expédition maritime des Goths.	148
Retraite des Goths.	121	Ils passent le Bosphore et l'Hellespont.	149
Gallus achète la paix en payant aux Barbares un tribut annuel.	Ibid.	Ravagent la Grèce et menacent l'Italie.	150
Mécontentement public.	123		
Victoire et révolte d'Émilien. Ann. 253.	Ibid.	Leur séparation et leur retraite.	151
Gallus abandonné et tué. Ann. 253. Mai.	124	Ruine du temple d'Éphèse.	153
		Conduite des Goths à Athènes.	154
Valérien venge la mort de Gallus, et est proclamé empereur. Ann. 253. Août.	125	Conquête de l'Arménie par les Perses.	155
		Valérien marche en Orient.	156
Caractère de Valérien.	126	Il est vaincu et fait prisonnier par Sapor. Ann. 260.	157
Malheur général des règnes de Valérien et de Gallien. Ann. 253-268.	127	Sapor ravage la Syrie, la Cilicie et la Cappadoce.	159

TABLE DES MATIÈRES.

	Pages		Pages
Hardiesse et succès d'Odenat contre Sapor.	161	Guerre contre les Allemands. Ann. 270. Septembre.	203
Sort de Valérien.	162	Les Allemands envahissent l'Italie.	206
Caractère et administration de Gallien.	164	Et sont enfin vaincus par Aurélien.	207
Les trente tyrans.	166	Cérémonies superstitieuses. Ann. 271, 11 janvier.	208
Ils n'étaient réellement que dix-neuf.	167	Fortifications de Rome.	210
Caractère et mérite de ces tyrans.	168	Aurélien défait entièrement deux usurpateurs.	211
Leur naissance obscure.	169	Succession d'usurpateurs en Gaule.	212
Cause de leur rebellion.	170	Règne et défaite de Tetricus. Ann. 271.	214
Leur mort violente.	171	Caractère de Zénobie. Ann. 272.	216
Suites fatales de ces usurpations.	172	Sa beauté et son érudition.	Ibid.
Désordres de la Sicile.	175	Sa valeur.	217
Tumulte d'Alexandrie.	Ibid.	Elle venge la mort de son mari. Ann. 267.	218
Rebellion des Isauriens.	177	Et règne dans l'Orient et en Egypte.	219
Famine et peste.	178	Expédition d'Aurélien. Ann. 272.	221
Diminution de l'espèce humaine.	179	L'empereur défait les Palmyréniens dans les batailles d'Antioche et d'Emèse.	222
Auréole envahit l'Italie, est vaincu et assiégé dans Milan. Ann. 268.	181	Description de Palmyre.	224
Mort de Gallien. Ann. 268, 20 mars.	184	Cette ville est assiégée par Aurélien.	225
Caractère et avénement de l'empereur Claude.	Ibid.	Zénobie tombe entre les mains de l'empereur. Ann. 273.	227
Mort d'Auréole.	187	Conduite de Zénobie.	228
Clémence et justice de Claude.	188	Révolte et ruine de Palmyre.	229
Il entreprend la réforme de l'armée.	189	Aurélien détruit la rebellion de Firmus en Egypte.	230
Les Goths envahissent l'empire. Ann. 269.	190	Triomphe d'Aurélien. Ann. 274.	231
Détresse et fermeté de Claude.	191	Sa clémence envers Tetricus et Zénobie.	234
Sa victoire sur les Goths. Ann. 270.	192	Sa magnificence et sa dévotion.	235
Mort de Claude, qui recommande Aurélien pour son successeur. Mars.	195	Il éteint une sédition à Rome.	237
Usurpation et chute de Quintilius. Avril.	196	Observations sur cet événement.	238
Origine et services d'Aurélien.	Ibid.	Cruauté d'Aurélien.	240
Règne heureux d'Aurélien.	198	Il marche en Orient, et est assassiné. Ann. 274, oct. 275, janvier.	242
Sa discipline sévère.	Ibid.		
Traité de ce prince avec les Goths.	199		
Il leur cède la Dacie.	201		

	Pages		Pages
Contestation singulière entre le sénat et l'armée pour le choix d'un empereur. Ann. 275.	244	Sentimens du sénat et du peuple.	284
Interrègne paisible de huit mois.	246	Carus défait les Sarmates et marche en Orient.	285
Le conseil assemble le sénat. Ann. 275, 25 septembre.	248	Il donne audience aux ambassadeurs persans. Ann. 283.	286
Caractère de Tacite.	249	Ses victoires et sa mort extraordinaire. Ann. 283, 25 décembre.	287
Il est élu empereur.	251		
Et il accepte la pourpre.	Ibid.	Ses deux fils Carin et Numérien lui succèdent.	289
Autorité du sénat.	253		
Joie et confiance des sénateurs.	254	Vices de Carin. Ann. 284.	290
		Il célèbre des jeux à Rome.	293
Tacite est reconnu par l'armée. Ann. 276.	256	Spectacles de Rome.	294
		L'amphithéâtre.	296
Les Alains envahissent l'Asie et sont repoussés par Tacite.	Ibid.	Retour de Numérien avec l'armée de Perse.	299
		Mort de Numérien.	301
Mort de l'empereur. Ann. 276, 12 avril.	258	Election de l'empereur Dioclétien. Ann. 284, 27 sept.	303
Usurpation et mort de son frère Florianus. Juillet.	259	Défaite et mort de Carin. Ann. 285. Mai.	Ibid.
Leurs enfans subsistent dans l'obscurité.	260	Elévation et caractère de Dioclétien. Ann. 285.	305
Caractère et avénement de l'empereur Probus.	261	Sa victoire et sa clémence.	308
		Elévation et caractère de Maximien. Ann. 286, 1er avril.	309
Sa conduite respectueuse envers le sénat. Ann. 276, 3 août.	262		
		Association des deux Césars Galère et Constance. Ann. 292, 1er mars.	311
Victoires de Probus sur les Barbares.	265		
Il délivre les Gaules des invasions des Germains. Ann. 277.	267	Départemens et harmonie des quatre princes.	313
		Ordre des faits.	314
Probus porte ses armes en Germanie.	270	Etat des paysans de la Gaule. Ann. 287.	Ibid.
Il bâtit un mur depuis le Rhin jusqu'au Danube.	271	Leur rebellion. Leur punition.	316
Les Barbares introduits dans l'empire : leurs établissemens.	273	Révolte de Carausius en Bretagne. Ann. 287.	317
		Importance de la Bretagne.	319
Entreprise hardie des Francs.	275	Pouvoir de Carausius.	Ibid.
Révolte de Saturnin en Orient. Ann. 279.	277	Reconnu par les empereurs. Ann. 289.	320
De Bonosus et de Proculus en Gaule. Ann. 280.	278	Mort de Carausius. Ann. 294.	322
Triomphe de l'empereur Probus. Ann. 281.	279	Constance reprend la Bretagne. Ann. 296.	Ibid.
		Défense des frontières.	323
Sa discipline. An. 282. Août.	280	Fortifications.	324
Elévation et caractère de Carus.	283	Dissensions des Barbares.	325
		Conduite des empereurs.	Ibid.

TABLE DES MATIÈRES. 479

	Pages		Pages
Valeur des Césars.	326	Abaissement de Rome et du sénat.	357
Traitement fait aux Barbares.	327		
Guerres d'Afrique et d'Egypte.	328	Nouveaux corps de gardes, les Joviens et les Herculiens.	359
Conduite de Dioclétien en Egypte. Ann. 296.	329	Magistratures civiles négligées.	360
Il détruit les livres d'alchimie.	331	Dignité et titre de l'empereur.	361
Nouveauté et progrès de cet art.	332	Dioclétien prend le diadème, et introduit à la cour les manières persanes.	363
Guerre de Perse.	333		
Tiridate l'Arménien. Ann. 282.	Ibid.	Nouvelle forme d'administration : deux Augustes et deux Césars.	366
Il remonte sur le trône. Ann. 286.	335		
Etat de l'Arménie.	Ibid.	Augmentation des taxes.	367
Révolte du peuple et des nobles.	Ibid.	Abdication de Dioclétien et de Maximien.	369
Histoire de Mamgo.	336	Parallèle de Dioclétien et de Charles-Quint.	370
Les Perses reprennent l'Arménie.	338	Longue maladie de Dioclétien.	Ibid.
Guerre contre les Perses et les Romains. Ann. 296.	340	Sa prudence. Ann. 305, 1er mai.	371
Défaite de Galère.	Ibid.	Soumission de Maximien.	372
Réception que lui fait Dioclétien.	342	Retraite de Dioclétien à Salone.	373
Seconde campagne de Galère. Ann. 297.	Ibid.	Sa philosophie.	374
Sa victoire.	343	Et sa mort. Ann. 313.	375
Et sa conduite envers les prisonniers de la famille de Narsès.	344	Description de Salone et des environs.	376
		Palais de Dioclétien.	377
Négociation pour la paix.	345	Décadence des arts.	380
Discours de l'ambassadeur persan.	Ibid.	Des lettres.	Ibid.
		Nouveaux platoniciens.	382
Réponse de Galère.	346	Temps de guerres civiles et de confusion. Ann. 305-323.	384
Modération de Dioclétien.	347		
Conclusion.	Ibid.		
Articles du traité.	348	Caractère et situation de Constance.	Ibid.
L'Aboras fixé comme la limite des deux empires.	349	De Galère.	386
		Les deux Césars, Sévère et Maximin.	387
Cession de cinq provinces au-delà du Tigre.	350	Ambition de Galère trompée par deux révolutions.	389
Arménie.	351		
Ibérie.	352	Naissance, éducation et fuite de Constantin. Ann. 274-292.	Ibid.
Triomphe de Dioclétien et de Maximien. Ann. 303.	353		
Rome privée de la présence des empereurs.	354	Mort de Constance et élévation de Constantin. Ann. 306, 25 juillet.	393
Leur résidence à Milan.	356		
A Nicomédie.	Ibid.	Il est reconnu par Galère,	

	Pages		Pages
qui lui donne seulement le titre de César, et qui accorde à Sévère celui d'Auguste.	396	Bataille de Turin.	428
		Siége et bataille de Vérone.	429
		Indolence et craintes de Maxence.	432
Frères et sœurs de Constantin.	Ibid.	Victoire de Constantin près de Rome. Ann. 312, 28 octobre.	434
Mécontentement des Romains lorsqu'on veut leur imposer des taxes.	397	Sa réception.	437
		Et sa conduite à Rome.	440
Maxence déclaré empereur à Rome. Ann. 306, 28 oct.	400	Son alliance avec Licinius. Ann. 313. Mars.	442
Maximien reprend la pourpre.	401	Guerre entre Maximin et Licinius. Ann. 313.	Ibid.
Défaite et mort de Sévère. Ann. 307. Février.	Ibid.	Défaite. 30 avril.	443
		Et mort du premier de ces princes. Août.	444
Maximien donne sa fille Fausta à Constantin, et il lui confère le titre d'Auguste. Ann. 307.	404	Cruauté de Licinius.	Ibid.
		Sort infortuné de l'impératrice Valérie et de sa mère.	445
Galère envahit l'Italie.	Ibid.	Rivalité entre Constantin et Licinius. Ann. 314.	449
Sa retraite.	407		
Licinius est élevé au rang d'Auguste. Ann. 307, 11 novembre.	408	Première guerre civile entre ces deux princes. Bataille de Cibalis. Ann. 315, 8 octobre.	451
Elévation de Maximin à la même dignité.	409	Bataille de Mardie.	453
Six empereurs. Ann. 308.	410	Traité de paix. Décembre.	455
Malheurs de Maximien.	Ibid.	Paix générale. Lois de Constantin. Ann. 315-323.	Ibid.
Sa mort. Ann. 310. Février.	413		
Mort de Galère. Ann. 311. Mai.	415	Guerre contre les Goths. Ann. 322.	461
Ses États partagés entre Maximin et Licinius.	416	Seconde guerre civile entre Constantin et Licinius. Ann. 323.	463
Administration de Constantin dans la Gaule. Ann. 306-312.	417	Bataille d'Andrinople. Ann. 323, 3 juillet.	466
Tyrannie de Maxence en Italie et en Afrique. Ann. 306-312.	418	Siége de Byzance, et victoire navale de Crispus.	468
		Bataille de Chrysopolis.	470
Guerre civile entre Constantin et Maxence. Ann. 312.	422	Soumission et mort de Licinius.	471
Préparatifs.	424	Réunion de l'empire. Ann. 324.	472
Constantin passe les Alpes.	426		

FIN DE LA TABLE DES MATIÈRES.

ON TROUVE CHEZ LE MÊME LIBRAIRE :

DICTIONNAIRE DE LA LANGUE FRANÇAISE, par *J.-Ch. Laveaux*; seconde édition ; 2 très-forts vol. in-4° à trois colonnes. 42 fr.

DICTIONNAIRE DE LA LANGUE FRANÇAISE, par *J.-Ch. Laveaux*; 2 très-forts vol. in-8° à deux colonnes, caractère petit-texte, formant ensemble 2000 p. 21 fr.

DICTIONNAIRE RAISONNÉ DES DIFFICULTÉS GRAMMATICALES ET LITTÉRAIRES DE LA LANGUE FRANÇAISE, par *J.-Ch. Laveaux*; seconde édition ; 2 vol. in-8° à 2 colonnes, caractère petit-texte, formant ensemble 1360 pag. 21 fr.

NOUVEAU DICTIONNAIRE PORTATIF DE LA LANGUE FRANÇAISE, par *J.-Ch. Laveaux*; 1 vol. in-16. 6 fr.

ABRÉGÉ DE L'HISTOIRE GÉNÉRALE DES VOYAGES, par *J.-F. La Harpe*; nouvelle édition ; 24 vol. in-8°, ornés de 24 figures et accompagnés d'un bel atlas in-folio composé de 15 cartes enluminées, imprimés sur papier fin satiné. 162 fr.

COURS DE LITTÉRATURE ANCIENNE ET MODERNE, par *J.-F. La Harpe*; 18 vol. in-8° très-bien imprimés sur papier d'Annonay satiné. 90 fr.

HISTOIRE DE FRANCE, par *Anquetil*; 12 vol. in-12. 36 fr.

Le même ouvrage, avec 3 volumes de continuation, par M. *Lemaire*, depuis la mort de Louis XVI jusqu'à ce jour; en tout 15 vol. in-12. 48 fr.

Le même ouvrage, 12 vol. in-8°. 50 fr.

Le même ouvrage, la continuation de M. *Lemaire* y comprise; en tout 15 vol. in-8°. 60 fr.

BIOGRAPHIE NOUVELLE DES CONTEMPORAINS, par MM. *A.-V. Arnault, E. Jouy* et *J. Norvins*; 20 vol. in-8°, ornés de 300 portraits et de couvertures imprimées. 120 fr.

VOYAGE D'ANACHARSIS EN GRÈCE, par *J.-J. Barthélemy*; nouvelle édition en 7 vol. in-8°, imprimée par Didot aîné, sur papier fin des Vosges, ornée d'un beau portrait de l'auteur et accompagnée d'un bel atlas in-4° entièrement neuf, composé de 37 cartes et vues, papier fin satiné. 56 fr.

Le même ouvrage, grand papier vélin d'Annonay satiné. 104 fr.

L'atlas se vend séparément 16 fr.

ŒUVRES CHOISIES DE BOSSUET; 21 vol. in-8°, ornés d'un beau portrait, imprimés par Didot aîné sur papier fin des Vosges satiné. 115 fr. 50 c.

Papier vélin sup. satiné. 210 fr.

ŒUVRES CHOISIES DE MASSILLON; 6 vol. in-8° avec portrait et *fac simile*, imprimés par Lachevardière fils, sur papier fin des Vosges satiné. 33 fr.

Papier vélin superfin satiné. 60 fr.

ŒUVRES CHOISIES DE FÉNELON; 6 vol. in-8°, ornés d'un portrait, imprimés par Fournier, sur papier fin des Vosges satiné. 33 fr.

Papier vélin superfin satiné. 60 fr.

ŒUVRES DE F. RABELAIS, édition publiée par Louis Janet; 3 vol. in-8°, imprimés par Didot aîné, sur papier fin des Vosges satiné. 27 fr.

Papier superfin d'Annonay satiné. 36 fr.

Grand papier vélin. 72 fr.

www.ingramcontent.com/pod-product-compliance
Lightning Source LLC
Chambersburg PA
CBHW050246230426
43664CB00012B/1848